고대
인류의
이동로

문명의 요람
아프리카를
가다

2

문명의 요람
아프리카를
가다

2

— 정수일 지음 —

창비

아프리카는 필자의 삶에서 세계를 향해 눈을 뜨게 한 개안지(開眼地)다. 그 착지(着地)는 유학의 첫발을 들여놓은 이집트 카이로 대학이다. 1955년 12월, 약관을 갓 넘겨서야 처음으로 바깥세상과 맞닥뜨린 철부지에게 낯선 이집트와 아프리카는 두가지 상반된 세상사에 눈뜨게 했다. 이집트가 피라미드나 상형문자 같은 찬란한 고대문명의 꽃으로 필자를 매료시켰다면, 아프리카의 그 비참한 현실은 필자로 하여금 설욕의 마음을 갖도록 했다. 매료와 설욕, 하나의 입지를 놓고 일어난 이러한 엇갈린 심리적 공존은 아프리카에 대한 구지욕(求知慾)을 더욱 자극했다.

지난 세기 1950~60년대 유학을 마치고 중국 외교부와 모로코 주재 중국 대사관에서 아프리카 사업을 전담하면서 아프리카에 관한 심층 연구를 요청받았다. 격동하는 아프리카의 현실은 젊음을 불태우기에 충분했다. 기라성 같은 아프리카 변혁 1세대들이나 1.5~2세대의 어금지금한 또래들의 설욕 투지와 투쟁은 필자의 설욕 의지에 큰 힘을 보태주었다. 우리는 의기투합한 전우가 되고 동지가 되어 아프리카의 '무지개 미래'를 함께 꿈꾸고 설계해봤다.

돌이켜보면 요원의 불길처럼 타오르는 투쟁의 현장에서 동분서주하면서 나 자신을 더 튼실하게 담금질한 그때가 바로 생애의 변곡점이었다. 그 변곡점에서 필자는 절체절명의 소명을 안고 환국(還國)의 길에 올랐다. 스스로 다짐했던 아프리카를 위한 설욕은 풀지 못한 채 오랜 세월 응어리로 남아 가슴을 짓누르고 있었다.

지난 60여년 동안 아프리카에 몇차례 다녀왔고, 아프리카를 위한 '설욕의 글'을 써보려고 시도했지만 번번이 각필(擱筆)하고야 말았다. 원인은 현장이나 현실에서밖에 얻을 수 없는 그러한 앎의 모자람에 있었다. 그 앎을 채우기 위한 기회를 기다릴 수밖에 없었다.

한편 학문적으로는 인류문명 교류의 통로인 실크로드가 으레 전지구를 아울러야 한다는 필자의 지론인 범지구론(汎地球論)으로 실크로드가 유라시아 구대륙만을 포괄한다는 진부한 통론인 국한론(局限論)을 극복하는 데서 아프리카는 마지막 '인증샷'의 현장이다. 따라서 그 필수적인 현장 탐사를 손꼽아 기다려왔다.

때마침 경상북도에서 야심차게 추진하고 있는 '코리아 실크로드 프로젝트'의 일환으로 『해상실크로드 사전』과 『해상실크로드 도록』 편찬 과제가 주어졌다. '일기일회(一期一會)', 기회란 한번밖에 없는 법. 후원을 보장받고 곧바로 2014년 3월 20일 아프리카 탐사의 대장정에 올랐다. 투어블릭 강상훈 대표와 함께 60일간 총 21개국, 32개 지역에 대한 답사를 마쳤다. 그 기간에 비행기만 32번 탑승했으니 실로 녹록잖은 여정이었다. 답사 내내 '설욕의 문명사'를 엮어내고 실크로드의 범지구성을 입증해야 한다는 사명감으로 일분일초를 아껴가며 누비고 또 누비면서 앎을 채워나갔다. 그 보람으로 모든 역경과 불편함을 이겨냈고 노독도 풀었다.

이 책에는 2014년 60일간의 집중답사를 비롯해, 몇년 전 두번에 걸쳐 행한 북아프리카 답사 기록을 한데 묶은 65편의 글과 700여장의 관련 사진이 실려 있다. 65편의 글은 지역적으로 북아프리카(1~28장), 서아프리카(29~39장), 남아프리카(40~56장), 동아프리카(57~65장)로 구분해볼 수 있지만, 주제에 따라 4부로 구성했다. 지구상에서 가장 오래된 대륙, 그만큼 많은 것들을 내장하고 있는 아프리카 문명사를 한 사람의 힘으로 엮어낸다는 것은 애당초 일종의 만용이고 과욕이 아닐 수 없다. 답사 과정에서 이 점을 더욱 절감했다. 결국 필자가 추구한 설욕의 문명사는 문명사 전반을 아우른 거대담론이 아니라, 현장답사를 통해 아프리카를 욕되게 한 근현대의 치욕사를 밝혀내고 소생의 길을 모색하는 데 주안점을 둘 수밖에 없었다. 비록 설욕의 착상과 엮음은 반세기라는 시차를 두고 있지만, 그 근본 뜻은 시종여일했다.

문제는 변화해온 그리고 변화하는 현실을 어떻게 제대로 반영하는가 하는 것이었다. 반세기 전 아프리카 벗들과 함께 그려봤던 무지개 미래 상에 비춰보면, 그동안 아프리카의 정세에는 순행(順行)도 있지만 역행(逆行)도 적지 않았던 게 사실이다. 필자는 그 순행도와 역행도에 대한 초점을 아프리카 변혁 1세대들이 주창한 이른바 '아프리카식 사회주의'에 맞춰보았으며 그 해명에 적잖은 지면을 할애했다.

아프리카 답사는 필자가 평생을 걸고 수행하려던 '종횡(縱橫) 세계일주'의 마지막 관문이었다. 2014년 5월 8일 아프리카 답사를 끝으로 지구를 종횡으로 일주하려던 평생의 숙원을 이루었다. 그러는 데는 세번의 기회, 총 28년이 걸렸다. 그러나 이것은 세계 주유의 끝이 아니라 또다른 시작이다. 아직 가보지 못한 구석구석이 많이 남아 있기 때문이다.

필자는 본 답사기에서 누누이 '설욕'을 화두로 내세웠다. 거기에는 그럴 만한 이유가 있다. 역사가 일러주다시피 세계 6대주 중 아프리카에 사는 사람들은 서구 식민주의의 덫에 걸려 인간임이 부정되는 능욕을 가장 많이 당해왔으며, 또 당하고 있다. 이제 능욕을 일삼던 사람들은 자성하고, 능욕을 강요당한 사람들은 각성해 다 함께 인간에 의한 인간의 반인륜적 능욕을 깡그리 추방해야 할 것이다. 따라서 아프리카를 위한 설욕은 곧 인류를 위한 설욕이며, 인류를 위한 설욕은 곧 인류의 영원한 공생공영을 위한 설욕이다. 뜻이 있어 설욕을 화두로 삼고 나름대로 그 실현에 신명과 미력을 바치느라고는 했지만, 과연 그 내밀(內密)을 얼마만큼이나 파헤치고 진실에 근접했는지는 의문이고, 자신이 없는 것이 솔직한 심경이다. 바꿔 말하면 미흡함이 많다는 뜻이다. 독자 여러분의 엄정한 질정을 바라마지않는다.

끝으로 담찬 실크로드 프로젝트로 후원을 아끼지 않은 전(前) 경상북도 김관용 지사님과 실크로드사업본부 임원님들께 깊은 사의를 표하는 바이다. 책을 이토록 성의껏 잘 만들어낸 ㈜창비 강일우 대표님과 편집진 여러분의 노고에 따뜻한 위로를 보낸다. 아울러 탐사에서부터 책의 출간에 이르기까지 깊은 배려를 해주신 한국문명교류연구소 장석 이사장님과 지원팀 여러분께 진심으로 감사의 말씀을 드린다. 그리고 내내 답사를 이끌어주며 동고동락한 투어블릭 강상훈 대표와는 추억과 성과를 함께 나누고 싶다.

2018년 8월
옥인학당에서
정수일

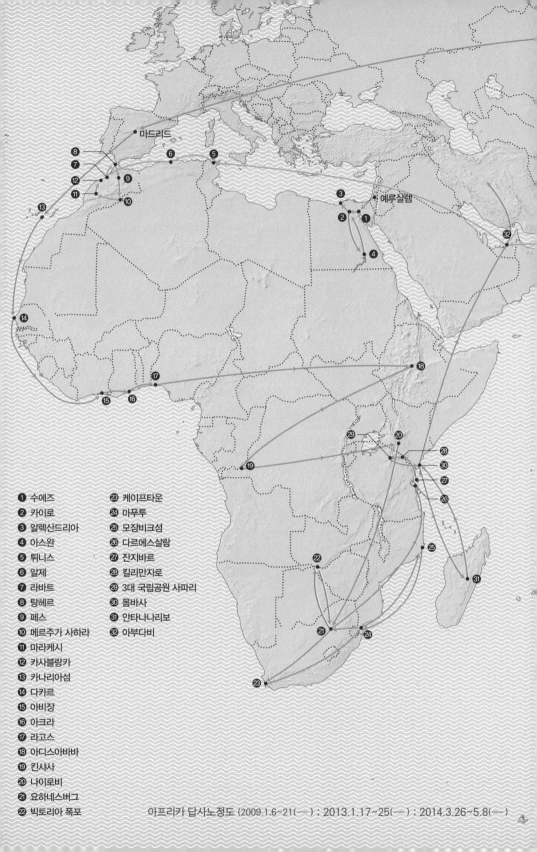

마드리드

예루살렘

❶ 수에즈
❷ 카이로
❸ 알렉산드리아
❹ 아스완
❺ 튀니스
❻ 알제
❼ 라바트
❽ 탕헤르
❾ 페스
❿ 메르주가 사하라
⓫ 마라케시
⓬ 카사블랑카
⓭ 카나리아섬
⓮ 다카르
⓯ 아비장
⓰ 아크라
⓱ 라고스
⓲ 아디스아바바
⓳ 킨샤사
⓴ 나이로비
㉑ 요하네스버그
㉒ 빅토리아 폭포

㉓ 케이프타운
㉔ 마푸투
㉕ 모잠비크섬
㉖ 다르에스살람
㉗ 잔지바르
㉘ 킬리만자로
㉙ 3대 국립공원 사파리
㉚ 몸바사
㉛ 안타나나리보
㉜ 아부다비

아프리카 답사노정도 (2009.1.6~21(─) ; 2013.1.17~25(─) ; 2014.3.26~5.8(─)

차례

차례(1권)

제1부 세계를 향해 눈을 뜨게 한 곳

일러두기

이 책의 인명·지명과 외래어는 현지음에 가깝게 우리말로 표기하는 것을 원칙으로 했다. 단 관용적으로 두루 쓰이는 국가명·지명·용어 등의 경우에는 국립국어원의 표기법에 따랐다. 용어 별로 빈도와 중요도에 따라 원어를 병기했다.

여는 글
실크로드와 설욕의 땅 아프리카

I 왜 설욕인가

지구상의 어느 곳보다 서구 식민주의자들의 능욕을 가장 많이, 가장 오래, 가장 뼈저리게 받아온 곳은 아프리카다. 이러한 능욕을 원천적으로 제거하지 않고서는 아프리카의 소생이나 미래를 기대할 수 없다. 글로벌 시대에 접어든 인류사는 수세기 동안 아프리카에 강요된 능욕의 멍에를 더이상 허용하지 않는다. 아프리카인들 스스로도 이 도도한 역사의 흐름을 자각하고 있다.

그동안 이 능욕의 멍에는 지구상 유례없는 전역(全域)의 식민지화와 노예무역이라는 가증스러운 두 '마수(魔手)'에 의해 강요되고 유지되어왔다. 따라서 그 멍에를 벗어던지려면 두 마수의 마법(魔法)과 속내를 샅샅이 파헤쳐 엄하게 단죄해야 한다. 이와 더불어 아프리카의 유구하고 찬란한 역사·문화를 복원하고 소생시키는 길, 즉 '아프리카의 길'을 명시함으로써 암흑으로 점철된 능욕을 말끔히 가셔내야 할 것이다. 이것이 필자 나름의 일관된 아프리카 설욕지론(雪辱持論)이며, 그 입론(立論)을 소명으로 간직하고 전후 반세기를 넘어 아프리카 현장을 직접 탐방하는 이유와 목적이기도 하다.

1 아프리카의 개황

역사가 오래고 땅이 넓은 것만큼이나 아프리카의 인문지리나 사회문화는 다양하고 복잡하며 변화무쌍하다.

'아프리카'라는 말의 어원에 관해서부터 고대 그리스어의 '아프리케'(Aphrike, 추위 없는) 또는 페니키아어의 '아페르 테라'(Afer terra, 먼지의 땅)에서 유래되었다는 설이 있는가 하면, 중세 라틴어의 '아프리카'(Aprica, 햇빛이 내리쬐는)에 어원을 두고 있다는 타설도 있다. 그 가운데서 라틴어가 음사나 어의에서 가장 근사하지만, 그렇다고 상이한 시기에 각이한 언어로 음사된 어원을 무시할 근거는 없다. 일반적으로 음사나 어의의 근접성을 따져 고유명사의 어원을 추정하는 것이 상례다.

아시아 대륙에 버금가는 대륙인 아프리카는 총면적 3,024만 4,050km²로 육지 면적의 20.3%를 차지한다. 인구는 약 12억 1,600만명(2016)으로 세계 인구의 7분의 1에 달한다. 이 넓은 대지에는 무려 54개국(세계 국가의 25%)이나 자리하고 있다.

지형은 대부분 고도 150~5,000m(평균 670m)의 단조로운 저지대이며, 남부와 동부가 높은 편이다. 고산으로는 일년 내내 만년설을 머리에 이고 있는 최고 최대의 활화산 킬리만자로(Kilimanjaro, 6,300m)를 비롯해 케냐산(Kenya, 5,700m)과 카메룬산(Cameroun, 4,300m) 등이 동서에 우뚝 솟아 있다. 하천은 세계 최장의 나일강을 비롯해 니제르강·콩고강 등 수량이 풍부한 7대 강이 흐르고 있는데, 대부분 강의 하류는 급경사이고 상류에는 폭포가 많아 콩고강 말고는 하천교통로로서의 이용가치가 별로 없다. 잠베지강 중류에는 세계 3대 폭포의 하나인 빅토리아 폭포가 장관을 이루고 있다. 지세는 열대우림 지대와 초원, 사바나, 사막(북부의 사하라, 남부의 칼라하리) 등 다양하다. 사바나는 연강수량이 600mm 이하로, 나무가 듬성듬성 자라고 있는 반건조·반초원 지대를 말한다.

북위 37도에서 남위 35도 사이에 위치한 아프리카의 기후는 몇가지 특징을 지니고 있다. 우선 다양성이다. 열대와 아열대, 온대, 우림(雨林, 강우량 최다 지역은 카메룬산 서남기슭으로 연강우량 1만mm 이상), 건조(강우량 10mm의 사하라), 사바나(반건조) 등 실로 다양하다. 다음 특징은 고온인데, 대부분 지역이 연중 9개월 이상 평균 20도의 기온을 유지하고 있다. 아프리카는 무덥다는 등식은 바로 여기서 기인한다. 끝으로 적도를 중심으로 남북이 대칭적 기후대를 형성하고 있는 현상은 아프리카만의 것이다. 적도에서 남북으로 신통히도 열대우림→사바나→사막→초원→온대 순으로 대칭적 기후대를 이루고 있다.

지형지세가 복잡하고 역사가 유구한 것만큼이나 아프리카의 사회적·문화적 구조도 다양하며 복합적이다. 아프리카의 원주민은 주로 4대 종족으로 구성되어 있는데, 즉 ① 서부 수단과 콩고 분지, 남아프리카에 산재한 아프리카 니그로(Negro, 흑인), ② 아프리카 니그로와 코카서스 백인종의 혼혈인 네로익 니그로(Neroic Negro), ③ 니그리토(Negrito)와 피그미(Pygmy) 등 키 작은 종족, ④ 호텐토트(Hottentot) 등

키 큰 혼혈 종족의 4대 부류다. 그런가 하면 토착인과 백인, 아랍인과 인도인 등 다양한 인종이 혼재해 있다. 인구의 80%가 사하라 이남 지역에 거주하고 있다.

종족과 인종의 다양성은 필연적으로 언어의 다양성을 초래한다. 지금까지 이 대륙에서는 무려 1,000여개의 언어가 쓰여왔다. 언어학계에서는 그 언어 구성을 다음의 4대 어족으로 대별하고 있다. ① 아프리카-아시아 어족. 240여개의 방언을 갈무리하고 있는 이 언어는 2억 8,520만이라는 최다 인구가 사용하고 있다. ② 나일-사하라 어족. 100여개의 방언이 속한 이 언어의 사용 인구는 약 3,000만이다. ③ 니제르-콩고 어족. 사하라 이남의 중남아프리카 지역에서 사용되는 이 언어의 방언은 다양한데, 대부분을 반투어군으로 묶는다. ④ 코이-산 어족. 50여개의 방언을 포함하고 있는 이 언어는 주로 1,200만 이상의 남아프리카 첫 토착민인 코이족과 산족이 사용하고 있으나, 사멸 위기에 처해 있다. 그밖에 여러 유럽어가 통용되고 있으며, 자연환경 때문에 고립어도 많다.

다양한 종족과 언어는 필연적으로 다양한 문화를 창출하게 마련이다. 오늘날의 아프리카 문화는 다양성에 바탕한 복합문화다. 크게 사하라 이남과 이북의 문화, 전통문화와 근대문화로 대별할 수 있다. 사하라 이남 문화는 원초적으로 다양한 복합문화이기는 하나, 오늘에 와서는 반투어족 문화가 우세를 차지하고 있다.

흥미로운 것은 오늘에 이르기까지 전대륙이 사회·경제·문화의 발전 수준과 지역적 특성에 따라 서로 구분되면서도 상부상조 관계를 유지하고 있는 6대 문화 지역으로 나뉘어 있다는 사실이다. 상부상조 관계에 있기 때문에 서로의 구분이 확연치 않은 면이 있으나, 전통적으로 형성된 지역체라서 지역 나름의 특징은 포착할 수 있다. 이 6대 문화 지역에 대한 이해는 총체로서의 아프리카에 대한 이해의 바탕이 될 것이다.

그 6대 문화 지역은 ① 칼라하리 사막 주변에서 사냥과 채집에 종사하고 석기를 사용하며 혈거(穴居)와 유목 생활을 하는 부시먼 지역, ② 주민들이 털가죽 옷을 입고 사냥과 채집에 종사하며 돔형 초가집에 사는 서부 아프리카의 호텐토트 지역, ③ 농업·목축을 병행하고, 진흙과 짚으로 가옥을 짓고 철기를 사용하는 아비시니아 및 남부 고지대의 동아프리카 목축 지역, ④ 화전(火田) 농업과 목축·어업을 생계 수단으로 하고, 철과 동 채광을 하며 집단생활을 영위하는 기니-콩고 지역, ⑤ 농업과 목축업, 상업에 골고루 종사하며 유목·이동 생활을 하는 서부 사바나 지역, ⑥ 동남아시아 말레이 일원에서 서천(西遷)해 여전히 말레이어를 사용하고 관개 및 계단식 벼농사를 짓는 마다가스카르 지역 등이다.

아프리카에서는 이른 시기부터 각종 예술이 발달하였다. 건축술에서는 사하라를 경계로 그 이북에서는 석조 건축이, 그 이남에서는 흙이나 나무를 이용한 건축이 발달하였다. 니제르에서는 6,000년 전의 석조 조각이 발견되었으며, 이집트에서는 5,000년 전에 이미 피라미드 같은 대형 구조물이 건조되었다. 역동적인 아프리카 음악은 세계음악 발전에 지대한 기여를 하였다. 서남아프리카의 리듬 전통이 노예무역을 통해 남·북 아메리카에 전파되어 근대의 블루스와 재즈, 탱고, 힙합 음악을 탄생시킨 것은 그 생동한 일례다.

2 전역의 식민지화

역사상 한 대륙이 통째로 외래 식민지로 전락한 예는 일찍이 없었다. 전역의 식민지화는 아프리카 대륙이 수세기 동안 착취와 약탈, 능욕의 대상으로 빈곤과 후진, 몽매의 수난을 겪게 된 단초가 되었다. 한마디로 모든 재난과 불행의 화근이었다. 이 화근을 뿌리 뽑지 않고서는 아프리카의 소생이나 번영을 기대할 수 없다.

중세에 아프리카 전역이 식민지화되기 꽤 이전부터 주위 세력들은 호시탐탐 아프리카에 대한 탐지와 침투를 노리고 있었다. 기원전 600년경 이집트 왕 네초(Necho)의 명을 받은 페니키아인들이 아프리카를 처음으로 항해했으며, 기원전 5세기에 '역사의 아버지'라 불리는 그리스 사학자 헤로도토스(Herodotos)가 나일강 하류를 여행한 기록도 전해오고 있다. 기원후 70년경 이집트 상인 그레코(Greco)가 저술했다고 하는 『에리트라해 안내기』(*Peripulus Maris Erythrai*)에는 그리스 상인들이 잔지바르에 이르는 아프리카 동부 해안의 해역에서 진행한 해상교역 활동이 기술되어 있다. 2세기 그리스 지리학자 프톨레마이오스는 최초의 지리학 입문서인 『지리학 입문』(*Geographike Hyphegesis*)에 나일강에 관한 기술을 남겨놓았다. 시대를 좀 뛰어넘어 7~8세기 이슬람 시대에 들어와서는 아랍 무슬림들이 선교 및 교역 활동을 위해 사하라 이남 지역과 동부 해안 일대에 깊숙이 침투해 기반을 닦아놓았다. 14세기 전반 아랍의 대여행가 이븐 바투타는 사하라를 넘어 오늘날의 말리까지 여행하고, 여행기(『이븐 바투타 여행기』) 속에 사하라를 통한 말리왕국과의 사막 교역에 관해 상세히 기록해두었다.

이러한 탐지기를 거쳐 15세기 '대항해시대'를 맞은 서구 식민주의자들은 탐험과 항로 개척을 통해 본격적인 아프리카 식민화 활동을 벌였다. 포르투갈의 항해왕자 엔히끄(Henrique)는 1415년 원정대를 이끌고 북아프리카 지중해 연안에 자리한 현 모로코 영토 세우타(삽타)를 점령했다. 이것은 서구인들의 아프리카 식민화 효시(嚆矢)였다. 이어 엔히끄는 1460년 대항해시대의 서막으로 탐험대를 이끌고 인도항로 개척에 나섰다. 그는 아프리카 서해안을 따라 남하하면서 베르데 갑 군도 등 여러 섬을 발견했다. 그의 사후, 뒤를 이어 디아스(Dias)가 이끄는 3척의 범선이 1488년 아프리카의 남단에 도착했다. 심한 폭풍우 속에서 발견했다고 해 이곳을 '폭풍우의 곳'(Cape of Storms, 혹은 Cape Point)이라 명명했다. 그러나 당시 포르투갈의 국왕 주앙 2세는 '미래의 희망'을 시사하는 뜻에서 '희망봉'(The Cape of Good Hope)으로 개명하도록 했다. 그로부터 9년이 지난 1497년, 포르투갈의 항해가 바스꾸 다 가마(Vasco da Gama)는 4척의 범선을 이끌고 디아스가 개척한 아프리카 남단의 항로를 우회해 동해안에서 북상했다. 케냐의 말린디(Malindi)에 이르러 아랍 항해가의 도움으로 출항 10개월 만에 인도 서해안 캘리컷(Culicut)에 도착, '인도항로' 개척에 성공했다. 그후 16세기 초반 마젤란(Magellan)–엘까노(Elcano)의 세계일주(1519~22)도 아프리카의 남단을 경유함으로써 성공리에 수행되었다.

　서구 식민주의자들은 이렇게 초보적인 탐험과 항로 개척을 마친 바탕에서 식민지화 정지 작업에 돌입했는데, 그 구체적 실행 방도로 이른바 '4C 정책'을 제시하고 추진해나갔다. 1760년대에 이르러 산업혁명을 완수한 유럽은 자본주의의 고도화에 따라 해외의 상품 판매 시장과 원료 공급지가 절실히 필요해진 까닭에 세계인들의 저주를 받아오던 노예무역은 포기하고, 대신 아프리카의 식민지화에 착수했다. '4C 정책'이란 상업(commerce), 기독교(christianity), 문명(civilization), 식민

(colonization)의 동시 추진 정책이다. 그 본질은 합법적 상업(교역)으로 노예무역을 대치하고, 기독교 복음과 서구문명의 전파를 수단으로 삼아 궁극적으로 아프리카를 서구의 완전 식민지로 만든다는 중장기적인 아프리카 말살 정책이다. 특히 18세기 말과 19세기 초 종교시설을 늘려 선교 활동을 대대적으로 벌이면서 식민화에 필요한 정보를 수집하고 기독교 서구문명을 주입하는 데 혈안이 되었다. 이로써 후일 식민통치의 사회적·문화적 기반을 쌓아놓았다. 한편 각종 탐험과 4C 정책의 실행 과정을 통해 식민주의자들은 연해지대에 성채와 요새, 주둔지 같은 식민거점과 행정기구 및 군사기지를 공개적으로 구축했다. 1870년대까지 이러한 식민거점에 할애된 면적은 아프리카 전체 면적의 10.8%에 달했다.

서구 열강에 의한 아프리카의 식민화는 열강들 간의 약육강식(弱肉強食)의 법칙에 따라 분할과 재분할의 반복을 거쳐 진행되었다. 생태적으로 자본주의의 승승장구에는 더 많은 해외 식민지 개척이 필수적이었다. 이를 둘러싼 열강들 간의 각축전이 점차 치열하게 벌어지자 개척과 분할을 위한 조정이 필요하게 되었다. 한편 19세기에 이르러 아시아 나라들에 대한 식민화가 고착 상태에 빠지고, 라틴아메리카에서는 독립의 붐이 일어나 노예무역이 폐기되자, 그 '피해'를 보상받을 수 있는 대상지는 오로지 아프리카뿐이었다. 그리하여 서구열강들은 경쟁적으로 아프리카 식민지 분할 전쟁에 뛰어들기 시작했다. 특히 후발국인 독일과 미국은 아프리카에서의 식민지 획득이 더욱 절실했다.

열강들 간의 식민지 분할과 재분할에 따른 갈등은 날이 갈수록 격화되어, 급기야 공개적인 쟁탈 전쟁으로까지 치달았다. 아프리카에 정착한 네덜란드인의 후예인 보어인들과 영국 사이에 벌어진 보어전쟁(Boer War, 1899~1902)이 그 일례다. 1815년 빈 회의에서 영국이 네덜란드로부터 케이프 식민지(Cape Colony)를 획득하자, 보어인들은 북쪽으로 이동해 트란스발 공화국과 오렌지 자유국을 건립했다. 그러다 19세기 후반 이곳에서 금과 다이아몬드가 발견되자 영국은 무력진공을 발동해 보어인들과 전쟁을 벌였다. 전승한 영국은 1910년 이곳과 케이프 식민지 등을 합쳐 남아프리카연방(Union of South Africa)을 수립했다. 결국 영국은 식민지 재분할에 '성공'한 셈이다.

식민지 분할과 재분할을 둘러싼 열강들 간의 각축전이 더욱더 치열하게 벌어지자, 그것을 조정하기 위해 '베를린 서아프리카 회의'(약칭 '베를린 회의')가 소집되었다. 본래는 콩고강 유역 분쟁을 해결하기 위한 당사국 간의 소규모 회의였으나, 열강들 간의 이해관계가 얽히면서 영국·프랑스·포르투갈·벨기에·독일·스페인·이탈리아 등 주요 서구 열강 7개국이 참가하는 국제회의로 확대되었으며, 회의 기간도 장장 100일(1884.11.15~1885.2.26)로 연장되었다. 회의에서는 크게 두가지 결의가 채택되었다. 하나는 콩고강과 니제르강은 모든 국가들에게 자유 개방한다는 것이었고, 다른 하나는 실효지배(實效支配, effective occupation) 원칙이었다. 실효지배 원칙이란 실효지배가 이루어지기만 하면 그 지역에 대한 보호령 선포가 가능하다는 원칙이다. 보호령 선포는 실제 식민지 세력범위(sphere of influence)의 확정을 의미한다. 이러한 결의 내용에 명백히 드러나듯, 베를린 회의는 아프리카 식민지 분할을 위한 서구 열강들 간의 이해 조정과 식민지 분할의 규범을 마련하는 아프리카 식민화 회의라고 그 성격을 규정할 수 있다.

베를린 회의를 계기로 아프리카 식민지 분할은 가속화되어 20세기

초에 이르면 기본 상이 완성되기에 이른다. 외형상 독립국인 에티오피아와 리베리아를 제외한 모든 나라와 지역들이 다음과 같이 열강들에 의해 분할되었다.(종주국: 식민지국, 총 면적, 아프리카 총 면적 대비 비율)

1) 영국: 이집트·남아프리카·수단·나이지리아 등, 886만km², 29%. 영국은 2C(Cairo-Cape Town) 정책을 세워 아프리카 독점 시도.

2) 프랑스: 모로코·알제리·튀니지·프랑스령 서아프리카·프랑스령 적도아프리카 등, 1,079만km², 35.6%.

3) 독일: 카메룬·독일령 동아프리카(탄자니아 등)·독일령 서남아프리카, 234만km², 7.7%.

4) 이탈리아: 에리트리아·이탈리아령 소말리아·이탈리아령 리비아, 233만km², 7.7%.

5) 벨기에: 콩고, 234만km², 7.7%.

6) 포르투갈: 모잠비크·앙골라 등, 208만km², 7%.

7) 스페인: 스페인령 사하라 등, 30만km², 1%.

그러나 1차 세계대전 중 독일의 패망으로 인해 독일령 아프리카는 다음과 같이 재분할되었다. 즉 탄자니아가 영국 위임통치령으로, 르완다와 부룬디가 벨기에령으로, 토고와 카메룬이 영국령과 프랑스령으로 양분되었으며, 서남아프리카가 남아프리카의 위임통치령으로, 이탈리아령이 1931년과 1936년 각각 리비아와 에티오피아령으로 재분할되었다.

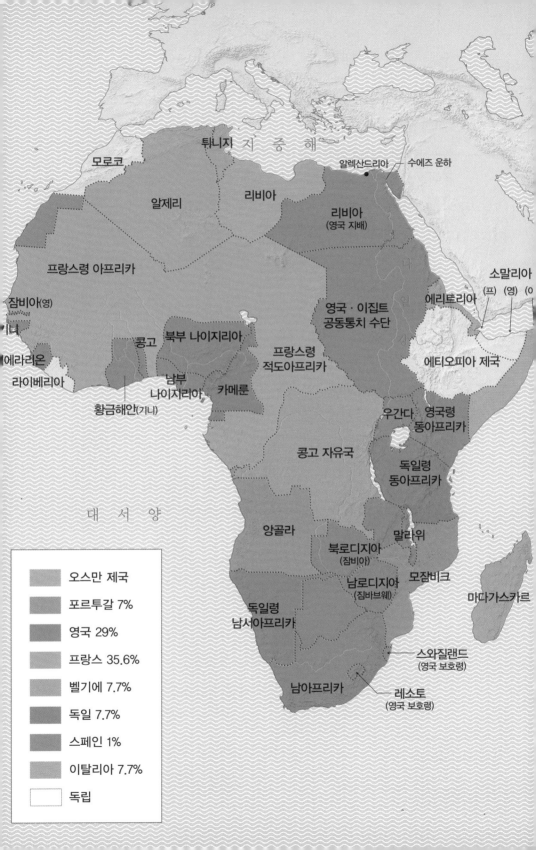

모로코

튀니지 지 중 해

알제리

리비아

리비아
(영국 지배)

알렉산드리아 — 수에즈 운하

프랑스령 아프리카

잠비아(영)

니

에라리온

라이베리아

콩고

북부 나이지리아

남부
나이지리아

황금해안(기니)

카메룬

영국·이집트
공동통치 수단

프랑스령
적도아프리카

에리트리아

소말리아
(프) (영) (이

에티오피아 제국

우간다

영국령
동아프리카

독일령
동아프리카

콩고 자유국

말라위

앙골라

북로디지아
(잠비아)

남로디지아
(짐바브웨)

모잠비크

마다가스카르

대 서 양

독일령
남서아프리카

남아프리카

스와질랜드
(영국 보호령)

레소토
(영국 보호령)

	오스만 제국
	포르투갈 7%
	영국 29%
	프랑스 35.6%
	벨기에 7.7%
	독일 7.7%
	스페인 1%
	이탈리아 7.7%
	독립

3 인류사의 재난, 노예무역

역사상 아프리카에도 다른 지역과 마찬가지로 사회분화 현상으로서의 노예와 노예제도가 존재해왔으며, 사회발전 과정에서 부여된 나름의 기능을 수행하고 있었다. 그러던 어느날 서구 식민주의자들은 신흥 자본주의 개발에 필요한 노동력 충당과 이윤 추구를 위해 폭력과 술수로 아프리카 원주민들에 대한 반인륜적 노예 매매와 무역을 실시함으로써 인류 역사상 가장 비참한 재난을 초래했다. 약 400년 동안(16~19세기) 지속된 노예무역은 철두철미 서구 자본주의의 산물로서, 인류의 지탄 속에서 제도로서의 노예무역은 일단 폐지되었지만 그 잔재는 오래도록 남아 있었다.

유례없는 인류사의 재난을 몰고 온 이러한 노예제도에 대한 시각과 평가는 입장에 따라 사뭇 다양하다. 그 주요한 몇가지만을 들어보자. 첫째는 '자생론'으로, 아프리카에서의 노예무역은 '아프리카 전통 노예매매의 계승'이며, 노예무역의 화근은 '아프리카 내에서 찾아야 한다'는 지론이다. 자생론의 문제점은 노예매매와 노예무역을 혼동시한다는 데 있다. 동서양 어디서나 노예제 사회에서 노예는 최하층 계급으로서 재산으로 취급되면서 개별적인 매매가 이루어진 것은 역사적 사실이다. 그러나 그것이 개발이나 이윤 추구를 위한 제도적 장치로서의 광범위한 무역은 결코 아니었다. 이러한 주장은 다분히 노예무역이 자본주의의 산물이라는 점을, 즉 자본주의의 악폐를 감싸기 위한 사론(邪論)이다.

두번째 시각은 '아랍 원조론(元祖論)'이다. 아프리카 노예무역의 원조는 2,000년 전부터 동아프리카와 노예매매를 해온 아랍인들로서 모든 폐단의 책임이 그들에게 있다는 견해다. 예멘이나 오만, 바레인 같은 아라비아 반도의 일부 고대 부족들이 일찍부터 인근 동아프리카 연해지역과 노예매매를 해온 사실은 역사의 기록으로 확인되고 있다. 노예매매를 종교적으로 금지하고 있는 이슬람 시대(8~15세기)에도 여전히 일부 아랍-무슬림들이 동아프리카 지역과 노예매매를 해온 사실을 알려주는 유적이 지금까지 남아 있다. 그러나 그 규모나 이익 추구 면에서 보면 서구 식민주의자들이 전문 네트워크를 통해 진행한 대규모 노예무역과는 큰 차이가 있다. 따라서 그들의 노예매매를 근대 서구 노예무역의 원조로 보는 데는 무리가 따른다.

세번째 시각은 이른바 '관계론'이다. '관계론자'들은 노예무역의 죄악을 폭로하는 데만 급급하지 말고, 자본주의의 생산 및 교환 방식과의 관계 속에서 그 불가피성이나 필요성을 폭넓게 이해해야 한다고 주장한다.

네번째 시각은 철저한 '악폐론'이다. 이 시각에 따르면 노예무역은 '특대 폭풍'처럼 아프리카를 휩쓸어 아프리카를 전대미문의 재앙 속에 몰아넣었기 때문에 전면적으로 부정하고 폐기해야 한다. 따라서 노예무역에 대한 입장에서 긍정적 의의도 있고 부정적 폐단도 있다는 '양 다리 걸기' 식은 있을 수 없다는 일변도 강경론이다.

아프리카 전역을 휩쓴 약 400년 동안의 노예무역은 주로 3면의 바다, 즉 북방의 지중해와 동방의 인도양, 서방의 대서양을 통해 형성된 무역 네트워크 상에서 각이한 루트와 형식 및 내용으로 진행되었다.

9세기부터 19세기까지 약 1,000년 동안 사하라 사막을 종단해 진행된 지중해 노예무역의 주역은 북아프리카의 베르베르족과 사하라 이남의 흑인들이었다. 그들은 사하라 이남까지 모로코와 트리폴리(현 리비아)에서 개통된 각각 2개와 3개의 길을 통해 주로 노예·금·소금·상아·피혁 등을 무역했는데, 무역에 투입된 노예는 약 500만명이었던 것으로 추산된다. 지중해 노예무역의 특징은 노예들을 주로 이슬람 국가들에 수출하고, 일부만을 유럽이나 '신대륙'에 수출했다는 점이다.

기원 전후부터 19세기까지 약 1,900년 동안 진행된 인도양 노예무역은 가장 오래 지속되었을 뿐만 아니라, 노예 획득 방법도 다양했다. 『에리트라해 안내기』에는 당시 동아프리카 해안지대에서 성행했던 노예무역에 관한 상세한 정보가 적혀 있다. 인도양 노예무역은 초기에는 아랍인들이, 후에는 인도인들이 담당했다. 그들은 동아프리카 연해를 거점으로 중동과 인도 지역으로 이어진 해로와 인도양에서 플랜테이션(plantation, 농장)을 경영하는 프랑스령 섬들로 이어지는 인도양 해로를 통해 노예·상아·옷감·구슬 등의 무역에 종사했다. 무역에 끌려간 노예들은 어림잡아 매해 8~10만명에 달했다. 투입된 노예는 총 200~400만명으로 추산된다. 인도양 노예무역의 특징은 아랍 상인들을 통해 잔인한 방법으로 노예를 확보하는 것이다. 무역상들의 사촉을 받은 아랍 상인들은 직접 내륙지대에 들어가 무역거점을 꾸리고 노예들을 생포했다. 상인들이 직접 원주민 마을을 급습하든가, 아니면 우호관계를 맺은 원주민과 연합해 타종족을 급습하는 방법으로 포획했다. 그런가 하면 사전에 밀약을 한 종족에게 무기를 주어 타종족을 공격해 노예를 얻기도 했다.

15세기 중엽부터 20세기 초까지 400여년 동안 대서양 일원에서 진행된 대서양 노예무역은 포르투갈의 안땅 곤살베스(Antão Gonçalves)와 누노 뜨리스땅(Nuno Tristão)이 1441년 12명의 노예를 아프리카에서 유럽으로 이송한 것이 그 효시다. 이어 1492년 콜럼버스의 제1차 대서양 횡단항해를 계기로 '신대륙'이 알려지면서 카리브해(서인도) 지역으로 노예 운송이 시작되었다. 노예무역의 주역은 스페인, 포르투갈, 네덜란드, 영국, 프랑스 등 신흥 서구 열강이었다. 그들은 대서양 횡단로와 아프리카 서해안에 마련한 성채(총 41개)와 노예시장, 그리고 노예무역항을 통해 서인도 제도와 중남미에 총 1,540만명(최성기인 17~18세기에 743만명)의 아프리카 노예들을 강제 수출해 막대한 이윤을 챙겼다. 대서양 노예무역에 투입된 노예의 총 수에 관해서는 여러 설이 있다. 미국의 던바(E. Dunbar)는 1,389만, 미국의 두보이스(W.E.B. Du Bois) 는 1,500만, 소련 학계는 2,000만, 아프리카 학자들은 보통 1,540만으로 추산한다. 대서양 노예무역의 특징은 이른바 삼각무역이다. 삼각무역이란 3단계로 이루어지는 국제무역 네트워크인데, 첫 단계는 유럽 상인들이 공업 제품을 서아프리카의 해안이나 내륙지대에 가지고 가 노예와 교환하고, 둘째 단계에서는 아프리카 노예들이 남·북 아메리카에 끌려가 거기서 현지 플랜테이션(농장) 소유주들에게 팔려 고역에 고용되며, 셋째 단계에서는 유럽 상인들이 아메리카 대륙에서 얻은 상품을 유럽에 가지고 와 판매해 높은 이윤을 취한다.

　노예무역에 강제로 끌려간 노예들은 항해 도중 기아와 질병, 타살 등으로 죽음을 맞게 되는데, 사망하면 그대로 바다에 버려졌다. 무역 노예들의 사망에 관해서는 노예주들이 극비에 붙였기 때문에 정확한 사망률은 공표된 바 없다. 대체로 사망률을 25~33%로 보고 있으나, 6분의 1이라는 설도 있다. 무역선 상에서의 사망률은 나라마다 차이가 있는데, 프랑스선의 경우는 12%, 영국과 네덜란드선은 17%, 포르투갈선은 15%에 달했다고 한다. 아이러니한 것은 19세기 노예매매와 노예무역이 폐지된 후 사망률이 도리어 증가했다는 사실이다. 폐지를 앞두고 더 가혹한 압제가 뒤따랐기 때문일 것이다.

인류사의 재난인 이 노예무역이 아프리카의 역사 흐름에 어떤 영향을 미쳤는가 하는 평가는 입장과 시각에 따라 크게 두가지로 분류된다. 그 하나는 상대적 긍정 평가로서 다분히 노예무역에서 득을 본 사람들의 요사한 역설(逆說)이다. 그들은 삼각무역을 통해 유럽이나 아메리카 대륙과의 교역망이 형성됨으로써 아프리카가 비로소 국제적 네트워크에 참여할 수 있게 되었으며, 중남미의 음악이나 예술·신화 등에 남아 있는 아프리카적 요소들에서 보다시피 노예무역을 계기로 아프리카의 전통문화가 세계에 보급되었다고 말한다. 그뿐만 아니라 노예무역에 의한 굴욕과 재난이 오히려 아프리카인들의 각성을 촉발했다고 본다. 이는 서구인들이 자신들의 식민지화를 합리화하는 방패로 흔히 동원하는 역설적인 논리다.

정평(正評)으로 인정되는 것은 노예무역이 궁극적으로 아프리카의 후진과 재난을 초래했다는 절대적 부정 평가이다. 혹독한 노예무역으로 인해 아프리카의 인구는 순리적인 성장을 멈추고 절반으로 감소해 결국 노동력의 대량 상실을 초래했으며, 유럽 제품의 유입으로 아프리카 본토의 정상적인 경제성장의 계기가 봉쇄되었다. 역사가 증명하다시피 14~15세기 당시 아프리카의 전반적 경제 수준은 결코 유럽에 뒤지지 않았으며, 서구인들이 유입되기 이전의 아메리카보다 앞섰다. 그리고 유럽으로부터의 무기 수입이나 노예 포획을 위한 종족 간의 무자비한 전쟁은 분쟁의 악순환을 부추겨 사회적 혼란과 불안이 만연되기에 이르렀다.

이와 같이 인류에게 재난과 고통을 안겨주는 말세적인 제도나 작태는 한정적일 수밖에 없었다. 수백만년의 인간 개척사에 비하면 한순간에 불과하지만 만물의 영장인 인간의 문명사에서 있어서는 안

되었던 너무나 잔인무도한 이 400년간의 아프리카 노예무역의 존속을 역사는 결국 허용치 않았다. 19세기에 이르러 유럽에서 열대농산물의 수요가 늘어남에 따라 그것을 아프리카 현지에서 생산 및 조달하기 위한 노동력이 절실히 필요해졌다. 각성해가는 노예들은 빈번히 반란을 일으켜, 그 진압에 거액이 탕진되어 노예주들은 더이상 노예무역으로 이윤 추구를 기대하기 어렵게 되었다. 평균 10번의 항해당 한번꼴로 노예들의 집단 반란이 일어나, 18세기 후반 이래 약 500건에 달하는 반란이 일어났다. 보통 반란이 일어난 상선은 반란을 진압하느라고 일반 상선보다 비용을 50%나 더 썼다. 이와 더불어 노예무역이 안고 있는 각종 악폐가 세상에 알려지자, 아프리카는 물론 유럽과 아메리카에서도 반대 여론이 비등하기 시작했다.

이와 같은 주·객관적 요인에 의해 아프리카의 노예무역은 역사의 뒤안길로 사라지지 않을 수 없었다. 1817년 영국과 마다가스카르의 추장 간에 노예무역 종식에 관한 협약이 이루어진 것을 시작으로 1918년 탕가니카에서 최종 금지될 때까지 그 폐지에만도 장장 한세기가 걸렸다. 비록 외형상으로 조직적인 노예 매매나 무역은 불법화되고 자취를 감췄지만, 사적·음성적으로 진행되는 매매나 무역은 오랫동안 지속되어왔다.

4 문명의 요람 아프리카

문명은 언제 어디서 누구에 의해 어떻게 만들어졌으며, 또 어떻게 발달해왔을까? 이것은 마치 자연과학계의 우주 생성에 관한 비밀처럼 인문학계에서 일찍부터 제시한 수수께끼다. 인문학이 학문으로서의 체통을 갖추기 시작한 근·현대에 와서 각방으로 연구를 전개해간 결과 초보적으로나마 그 해답을 찾기에 이르렀다.

문명은 인간에 의한 피조물이기 때문에 문명의 탄생과 형성, 발달은 으레 인류의 출현과 진화에 착안점을 두어야 한다. 지금까지 이 착안점에 준해 연구를 거듭한 끝에 인류의 출현지는 다름 아닌 아프리카이며, 그곳에서 인류는 수백만년 동안 여러 단계의 진화 과정을 거쳐 현생인류로 진화했다는 것이 밝혀졌다. 그 과정은 곧 인류문명의 탄생과 형성, 발달 과정이었다. 그래서 우리는 아프리카를 인류의 출현지이자 인류문명의 요람(搖籃)이라고 자신있게 단정하는 것이다.

그러나 이것은 어디까지나 오늘에 이르기까지 도달한 인간의 미흡한 지식 수준에서 내린 추단이나 예측에 불과할 수도 있다는 사실을 잊어서는 안 될 것이다. 아프리카의 역사나 문명을 밝혀내는 데서 아직은 넘지 못한 한계가 수두룩하기 때문이다. 연구의 가장 큰 난점은 사료의 결핍이다. 사하라 이남의 구조물은 짐바브웨 등 극히 일부만 제외하고는 대체로 흙이나 나무로 이루어져 있었기 때문에 파괴나 부식이 쉬워 유적이나 유물로 오래 남아 있을 수 없었다. 또한 지금까지 발굴에 의하면 고대 문자가 없었기 때문에 자체 기록물이 거의 없고, 고작 있다는 것이 7세기 이후의 아랍 문헌과 15세기 이후의 유럽 문헌 기록뿐이다. 그것도 영성적(零星的)인데다 왜곡된 내용도 적잖아 신뢰도가 떨어진다. 따라서 이용에 신중을 기해야 한다.

다음으로 주민들의 심한 이동은 역사 기술을 위한 집단적 기억이나 전승·사료 축적에 차질을 빚게 하며, 일관성이나 통일성·관계성을 유지할 수 없게 한다. 문자가 없는 곳의 역사나 전통은 주로 구전(口傳)에 의해 전승되는데, 주민들의 빈번한 이동과 그에 따르는 잦은 집산(集散)은 구전을 제대로 이루어지지 못하게 만들어 필연적으로 역사연구에 난관이 조성된다.

끝으로 식민사관을 비롯한 사이비 사관은 아프리카 역사의 정립에 혼란과 왜곡을 불러일으키고 있다. 이른바 '외래설'이나 '영향설'이 대표적인 식민사관으로, 아프리카를 '역사 없는 암흑대륙'으로 호도하면서 아프리카의 유구한 역사와 문명을 무시하고, 설혹 역사 문명에서의 어떤 발전적 실존을 인정한다 하더라도 그것은 자생이 아니라 외부의 영향을 받은 것이라고 주장한다.

이러한 난점들이 발목을 잡았으나, 2차 세계대전 이후 활발하게 전개되기 시작한 반식민주의 독립운동의 물결 속에서 정체성을 되찾기 위해 설욕을 다짐하면서 각성한 아프리카 출신 학자들의 연구 성과에 의해 수수께끼와 오해, 편견, 왜곡이 하나씩 해명되고 극복되어가고 있다. 물론 일부이기는 하지만 양심적인 서구 학자들의 학문적 기여도 무시할 수 없다. 그동안 아프리카 문명사 연구에서 달성한 가장 큰 성과를 한마디로 요약하면, '문명의 요람 상'을 복원한 것이라고 말할 수 있다. 고인류의 유골을 비롯한 일련의 역사유물이 발견됨에 따라, 아프리카 출신 연구자들을 중심으로 양심적인 세계 역사학계가 문명의 요람으로서의 아프리카의 역사적 위상을 복원하기 위한 연구를 진행해 괄목할 만한 성과를 거두었다.

구체적으로 그 성과들을 더듬어보면, 고인류 유골과 석기를 비롯한 각종 선사시대 유물이 발견되어 범지구적인 인류의 진화 과정이 밝혀지기 시작했으며, 이에 따라 아프리카의 역사 발전 과정이 부분적으로 정립되기에 이르렀다. 지구상의 다른 지역에 비해 석기의 출현 연대가 이를 뿐 아니라 모양새도 다르기 때문에 유럽식 분법과는 달리 대체로 석기시대를 전기(前期) 석기시대(Early/Old Stone Age)→제

1 이행기(移行期)→중기(中期) 석기시대(Middle Stone Age, 12만년 전에 진입)→제2 이행기→후기(後期) 석기시대(Late Stone Age, 2만년 전에 진입)의 5기로 구분한다. 이 과정에서 지금까지 미지의 세계로 남아 있던 고대 문명국들(예컨대 악숨, 쿠시, 가나, 말리, 송가이, 베닌 등)의 실상이 밝혀지기 시작했다. 아울러 아프리카의 식민지화와 특유의 노예무역 등 중·근세의 암울했던 역사상, 한때 '암흑의 대륙'으로 전락하게 된 역사적 요인 등이 점차 밝혀졌으며, 그 잔재를 극복하기 위한 연구도 상당히 진척되었다.

연구 성과에서 특기할 만한 사항은 인류의 진화 과정이 밝혀졌다는 사실이다. 이는 인류 역사의 해명에 대한 거대한 기여인 것이다. 지금까지의 체질인류학적 연구에 의하면 인류의 조상은 약 1억년 전에 진화를 시작한 영장류 중 인류와 가장 가까운 유인원군인데, 발견된 유인원군 중 가장 오래된 유인원은 약 1,400만년 전에 살았던 드리오피테쿠스(Dryopithecus)다. 이 유인원은 프랑스에서 처음 발견(1885)된 후 이어 동아프리카와 인도, 중국 등지에서도 발견되었다. 드리오피테쿠스를 시작으로 인류는 5단계의 진화 과정을 거쳐 오늘에 이르고 있다는 것이 지금까지의 통설이다. 그 5단계는 다음과 같다.

1. 드리오피테쿠스(유인원) 단계: 1,400~700만년 전. 동아프리카, 프랑스, 인도, 중국, 조지아에서 발견.

2. 호모하빌리스(Homo habilis, 손재주 있는) 단계: 240~180만년 전. 인류의 최초 문화인 자갈석기(礫石) 사용, 유일하게 동아프리카(올두바이)에서 발견.

3. 호모에렉투스(Homo erectus, 직립인) 단계: 200~20만년 전. 불 사용,

화식(火食). 동아프리카에서 가장 오래된(170만년 전) 유골 발견. 베이징 원인과 자바 원인 등도 이에 속하며 서유럽 및 북아프리카에서 화석 발견, 충북 청원군 만수리에서 구석기 유물(2점, 56~54만년 전) 발견.

4. 호모사피엔스(Homo sapiens, 조기지인): 25~5만년 전. 뇌 용량이 현대인에 근접해서 조기지인(早期智人)이라고 부름. 유골이 아프리카 동서남북 각지에서 발견.

5. 호모사피엔스사피엔스(Homo sapiens sapiens, 현대인): 5만년 전~현대. 유골이 아프리카와 유라시아 전역에서 발견.

여기서 중요한 것은 아프리카는 이상의 5단계를 모두 거친 유일한 대륙이라는 사실이다. 바꿔 말하면 다른 곳에서는 아프리카처럼 모든 단계의 유골이나 유물이 발견되지 않고 있다. 아프리카만이 실제 유골로 인류의 진화 과정을 체계적으로 완벽하게 입증하고 있는 것이다.

아프리카 대륙에서 출토되고 있는 선사시대의 각종 석기문화나 금석기(金石器)문화, 그리고 농경문화의 유물들은 문명의 요람으로서의 아프리카의 선진성을 여실히 말해준다. 탄자니아의 올두바이(Olduvai) 유적에서 호모하빌리스가 만든 최초의 석기(한쪽이 얇고 다른 쪽이 두터운 돌도끼 위주의 '올두바이'형 석기)가 발견되었는데, 다른 대륙에서는 아직 발견된 예가 없다. 납작한 복숭아형이나 계란형 석기, 손도끼, 돌공(石球), 뚫기 석기 등 호모에렉투스가 만든 아슐리안(Acheulean) 복합형 석기(일명 '아슐리안 문화')가 서구와 서아시아, 인도, 중국(산시, 25만년 전) 등지에서 발견되기는 했으나, 케냐에서 발견된 170만년 전 유물이 가장 오래된 것이다. 그래서 아프리카의 호모에렉투스들이 다른 대륙으로 이동(아프리카 고인류의 최초 이동?)했을 개연성이 제기되고 있다.

　금석기시대에 들어서도 아프리카는 나름대로의 선사문명을 꽃피웠다. 사하라 이북은 석기시대를 거쳐 기원전 2000년경에 청동기시대에 진입하고, 기원전 500~1000년대에는 철기시대를 맞았다. 그러나 지금까지의 발굴 결과에 의하면 사하라 이남의 대부분 지역은 청동기시대를 뛰어넘어 석기시대에서 9세기경에 철기시대로 도약했다. 이 청동기시대 부재론(不在論)에 관해서는 의문의 여지가 많다. 이 금석기시대의 찬란했던 사회상에 관해서는 암각화뿐 아니라 발달한 농업 및 목축업 기술이 전해주고 있다.

　1721년 모잠비크에서 첫 암각화가 발견된 이래 남아프리카를 비롯해 동서남북 각지에서 암각화가 수만점 발견되었다. 가장 오래된 것은 모잠비크에서 발견된 1만년 전 후기 석기시대에 속하는 암각화인데, 원시인들의 수렵 위주의 생산 및 생활 모습을 생생하게 전해주고 있다. 그림의 주역으로는 멧돼지·코끼리·물소·하마·뿔소·타조 등 다양한 동물들이 등장하며, 목제 가옥과 가구와 소젖 짜는 모습 등 일상 생활 모습도 엿볼 수 있다.

　아프리카에서는 이미 후기 석기시대(2만년 전 진입)에 상당히 다양하고 높은 수준의 농업과 목축업이 성행하고 있었다. 모리타니의 남부 사막지대에서 3,000년 전 촌락 유지가 발견되었으며, 농업지대인 서아프리카에서 후기 석기시대에 이미 옥수수와 향료·카카오·참깨·수박·벼가 재배되었다. 동아프리카에서는 수수와 참깨, 밀, 보리, 흑맥(黑麥) 등 농작물이 생산되었다. 서아프리카 농업지대에서는 농업과 더불어 기원전 4000년경에 목축업이 출현했다. 동아프리카의 한 계곡 유적에서는 약 1만년 전 동물 유골이 발견되었는데, 95%가 가축이었다. 그중 57%는 산양과 면양이고, 39%는 소로 밝혀졌다.

여기서 특기할 점은 서아프리카 니제르강 유역이 동남아시아나 한반도와 더불어 세계 벼 원산지의 하나라는 사실이다. 서아프리카에서 벼 재배는 계속되어오다가 중세 서구 식민주의자들이 침입해 벼 대신 밀을 심으면서 벼 재배는 시들어가, 급기야 세인의 시야에서 사라져버렸다. 그래서 아프리카에서의 벼 재배 연혁사가 제대로 밝혀지지 못했던 것이다. 그럼에도 오늘날까지 서아프리카를 비롯한 일부 지역에서 벼를 재배하고 있음이 현지에서 확인되었다.

II 실크로드와 아프리카

세계에 대한 개안지로서의 아프리카가 당하고 있는 처절한 능욕을 지성의 양식으로 씻어내야 한다는 시대적 소명이 필자로 하여금 일찍이 유학 시절부터 아프리카에 대한 연민과 애정을 갖게 했으며, 그럴 때마다 언젠가는 꼭 설욕으로 보답하겠다는 다짐을 가다듬곤 했다. 이것이 시공을 마다하지 않고, 아직은 얼마간 거칠고 어설픈 아프리카 땅을 굳이 찾아가는 원초적인 이유이자 동력이다.

이와 더불어 아프리카 탐방의 끈을 놓지 않는 또 하나의 이유는 문명교류의 통로인 실크로드의 아프리카 연장을 현장에서 확인하고 복원하려는 것이다. 사실상 이것은 설욕의 요청이고 과제이기도 하다. 아프리카를 '암흑의 대륙' '비문명의 대륙'으로 비하하거나 모독하는 문명 우월주의자들이나 중심론자들은 실크로드, 특히 해상실크로드를 자신들이 사리(私利)를 위해 직접 개척하고 실컷 써먹었던 엄연한 역사적 사실을 '눈 감고 아웅 하는 식'으로 외면한 채 아프리카를 애당초 문명교류나 실크로드의 주역은커녕 대상에서조차 제외하고 무시했기 때문이다.

이른바 중세 대항해시대의 개막 무대는 서구 식민세력들 간에 아프리카를 위요(圍繞)한 해상실크로드를 선점하기 위한 쟁탈전이었다. 15세기 바스꾸 다 가마에 의한 인도항로의 개척은 아프리카의 서해안을 기점으로 남해안과 동해안을 통과함으로써 비로소 가능했으며, 그 개척은 서세동점(西勢東漸)의 효시였다. 16세기 마젤란 일행의 세계일주는 아프리카의 연해 해로 덕분에 드디어 완수를 보게 되었다. 동양의 경우 15세기 초엽 중국 명나라의 정화(鄭和) 선단이 아프리카 동해안까지 항행함으로써 해상실크로드를 통한 중국과 아프리카 간의 교류가 시작되었다. 그뿐만 아니라 중세 400년간 아프리카의 해상실크로드를 통해 숱한 아프리카 노예들이 아메리카 대륙을 비롯한 세계 각지로 수출되었으며, 그에 수반해 아프리카와 세계 간의 첫 소통이 이루어지고 문물이 교류되었다. 19세기 이래 아시아와 아프리카의 경계를 이루는 수에즈 운하는 지중해를 매개로 대서양과 인도양, 나아가 태평양을 잇는 환지구적 해상실크로드의 중간환절(中間環節)로서 동서 문명교류에 지대한 기여를 하고 있다.

해상실크로드와 더불어 아프리카의 국제성을 보장하는 데서 일익을 담당하고 있는 통로로는 육상 통로, 즉 실크로드 육로가 있다. 지금까지 이 아프리카 육상실크로드에 관한 연구는 극히 부진해서 그 실체가 거의 드러나 있지 않다. 기원전 3세기부터 기원후 1세기 사이에 오늘의 요르단에 터를 잡았던 페트라 왕국 시대에 아라비아 반도 남부에서 홍해 동안을 끼고 북상해 페트라를 지나 시리아의 다마스쿠스를 거쳐 오아시스 교역도시 팔미라(Palmyra)에 이르는 이른바 '왕의 길'이 개통되었다. 이 길은 실크로드 오아시스로(路) 서단(西段)의 한 갓길로, 시나이 반도를 거쳐 이집트에 이르는 '모세의 출애굽로'와 연결되어 있었다. 이 길을 따라 아프리카 동북방 일우(一隅)에 자리한 이집트와 서아시아 레반트 지역 간의 대상교역이 활발하게 진행되었다.

아프리카 대륙 영내에서도 교류 통로의 기능을 수행하는 실크로드 육로가 사통팔달했다. 일찍이 사하라 남부로부터 모로코나 리비아를 경유하는 노예무역로가 몇갈래 있었다. 식민시대에 들어와서는 서구 열강들이 앞다투어 연해에서 내륙 깊숙이까지 종횡무진으로 수탈 물자를 운반하기 위한 길들을 터놓았다. 영국은 1856~57년에 아프리카 최초의 철도를 이집트의 지중해 연안 지역에 부설한 데 이어 황금해안(현 가나)의 카카오 철도와 나이지리아의 팜 철도 등도 부설하였다. 특히 영국은 전아프리카를 장악할 야망으로 이른바 '2C 계획'에 따라 북단 이집트의 카이로에서 남단 남아공의 케이프타운(실제로는 탄자니아의 다르에스살람까지)에 이르는 아프리카 최장의 남북 종단철도를 건설했다. 1934년의 통계에 의하면, 영국은 아프리카 투자 총액의 거의 80%에 해당하는 2억 7,070만 파운드를 철도 건설에 투자하였다.

영국에 뒤질세라 프랑스도 1차 세계대전 전까지 다카르-니제르 철도(일명 '땅콩 철도'), 우간다 철도(일명 '면화 철도'), 아디스아바바 철도, 코나크리-캉칸 철도를 건설했다. 프랑스가 아프리카에서 최초로 부설한 철도는 알제리 철도인데, 1870년부터 1차 세계대전까지의 기간에 철도에 투자한 금액은 전체 알제리 투자액의 평균 33~34%였다.

벨기에령 콩고에서도 바콩고-카탕가 철도(일명 '동 철도')가 뚫렸다. 요컨대 식민통치 시대를 기해 아프리카에서는 동서남북을 아우르는 망상적(網狀的) 도로망이 형성되었다.

이렇게 아프리카 대륙도 유라시아 대륙과 마찬가지로 육상과 해상에서 문명교류 통로로서의 실크로드 교통망이 형성되어 작동하고 있었으며, 그 모든 전개 과정은 남아 있는 유적·유물에 의해 명백한 역사적 사실로 입증되고 있다. 그러나 불행하게도 유라시아 실크로드만을 실크로드로 간주하는 진부한 통념에 의해 엄연하게 문명교류의 통로 역할을 해온 아프리카 대륙의 실크로드는 무시되고 소외되어왔다. 지금까지 유네스코를 비롯해 세계 어느 나라의 학계도 아프리카의 해로나 육로를 이른바 '실크로드 지도'에 자리매김해주지 않고 있다. 작금 '일대일로(一帶一路)' 구상을 범지구적 전략으로 제시하면서 실크로드의 붐을 선도하고 있는 중국도 고작 정화가 선단을 이끌고 종착한 아프리카 동해안의 케냐까지만을 '21세기 해상실크로드'의 서단으로 인정할 뿐이다.

이와 같이 실크로드를 구대륙(유라시아 대륙)에만 국한시키는 진부한 통념에 의해 아프리카의 육상·해상 실크로드는 실크로드 범주에서 제외되고 있으며, 실크로드의 환지구성(環地球性)은 무시당하고 있다. 따라서 아프리카 현장에서 직접 접하는 유적·유물을 통해 실크로드의 엄존을 확인하고 환지구성을 복원하는 것은 아프리카를 위한 설욕의 불가결한 일환이기도 하다.

제3부

‘문명화’의 덫에 걸린
비운의 대륙

36
'황금해안', 가나

　2014년 4월 2일 수요일, 오전 반나절은 아비장에서 몇곳을 둘러보
고 나서 오후에 에미레이트 항공 788편(좌석 28D)으로 가나 수도 아
크라(Accra)로 향발하였다. 오후 3시 24분에 아비장 국제공항을 이륙
한 비행기는 4시 11분에 아크라의 코토가 국제공항에 안착했다. 47분
간 비행한 셈이다. 조금 전 아비장 공항에서는 안방에 데리고 가 휴대
전화와 허리띠를 샅샅이 검열하더니, 여기 가나 공항에서는 지문까지
확인한다. 서아프리카 지역은 여행자들에 대한 검열과 감시가 비교적
심하며 노골적이다.
　공항에서 30분간 달려 알리사(Alisa) 호텔에 도착해 303호에 여장을
풀었다. 내부시설이 낡고 허술하다. 2인실인데도 타월이 하나뿐이다.
3성급 호텔인데 1일 방값이 한화로 약 23만원이니 꽤 비싼 편이다. 이
호텔은 매주 수요일 저녁에는 이른바 '국제음식 뷔페'를 서비스한다.

아크라의 옛 성보

비교적 저렴한 금액으로 유명한 국제음식 한가지씩을 돌아가면서 제
공하는데, 일행이 들른 날은 인도 음식이었다. 커리를 비롯해 다양한
인도 음식이 투숙객들의 식미를 자극한다. 간혹 해당 나라 음악밴드
가 함께하기도 한다고 한다. 일종의 홍보 프로그램이다. 이때만큼은
현지 인도인들에게 저렴한 가격으로 식당을 개방한다고 한다.

　가나라는 이름은 오늘날의 말리공화국에 자리했던 고대 가나왕국
(4~13세기)에서 유래했다는 것만 알려져 있을 뿐, 서구 식민주의자들
이 침입해온 15세기 이전의 역사는 기록이나 유물이 별로 없어 아직
미상이다. 금과 노예무역의 매력에 끌려 서구인으로서는 처음으로 포
르투갈인들이 1470년에 가나 땅에 발을 붙였다. 그들은 1481~82년
에 지금의 케이프코스트(Cape Coast) 서쪽의 엘미나 지역에 성채를 지

어 금과 노예 무역에 착수하였다. 뒤를 이어 영국과 네덜란드, 덴마크 등의 선박도 이 해안에 찾아와 성채를 지었는데, 18세기 중엽에는 약 40개의 각국 성채가 해안에 늘어섰다. 이 시기 여러 부족들이 흥망성쇠와 병합을 진행해오다가 18세기 전성기를 맞은 아칸족의 연합국인 아샨티왕국이 연안의 부족국가들을 정복하기 시작하자 위기에 처한 부족국가들은 제각기 영국이나 네덜란드, 덴마크에 보호를 요청하였다. 식민 열강들 간에도 각축전이 벌어져 영국은 1850년 덴마크 성채를 강제 매입했고, 네덜란드는 1872년 해안에서 철수하였다. 이런 기회를 타 영국은 1874년 황금이 생산되는 케이프코스트 지역을 식민지로 삼고 '골드코스트'로 명명했다. 1895~1901년 사이에 아샨티왕국 북부의 여러 부족들에게도 야금야금 보호령의 멍에를 씌워놓았다. 드디어 연안국 전체를 '골드코스트 직할식민지 및 보호령'으로 하는 이른바 '황금해안'(Gold Coast) 체제가 수립되었다. 1차 세계대전 후에는 동쪽에 이웃한 독일 식민지 토골란드의 서부가 영국을 시정권국(施政權國, 신탁 통치 지역에 대해 입법, 사법, 행정의 삼권을 행사하는 나라)으로 하는 국제연맹의 위임통치령이 되었으며, 1919년부터는 황금해안의 일부가 되어 영국의 직접통치를 받았다.

영국의 이러한 식민통치 실현 과정은 결코 순탄하지 않았다. 1897년 영국의 식민 당국이 부족의 토지를 국유화(왕실 소유)하는 법령을 반포하자 이를 반대하는 '원주민이익옹호협회'가 결성되어 저항운동을 벌였는데, 이 운동은 추장들을 중심으로 한 하나의 정치운동이었다. 이 운동을 계기로 영국의 식민통치를 거부하는 사회적 운동이 1920년 아크라에서 결성된 '서아프리카민족회의'와 1947년 단콰(J.B. Danquah)를 중심으로 조직된 '황금해안통일회의당'(UGCC)의 지도하에 불타올랐다. 특히 황금해안통일회의당의 서기장이던 은크루마는 민족 독립운동의 추진을 위해 청년층을 중심으로 1949년 6월 '인민회의당'(CPP)을 결성하고 보다 적극적인 반영투쟁에 나섰다. 그즈음 영국이 허울뿐인 자치정부를 인정하는 헌법안을 제안하자 은크루마를 비롯한 인민회의당 지도부는 그것에 반대하다가 체포 투옥되었다. 1951년 총선에서 은크루마는 옥중 입후보로 당선하여 진일보한 자치정부의 수반이 되었다. 이어 1956년 서부 토골란드에서 치러진 국민투표에서 이 지역도 통합하기로 결정되었고, 1957년 3월 6일 골드코스트는 '가나'라는 옛 이름으로 독립하였다. 3년이 지난 1960년 가나는 국민투표로 '가나공화국'이 되었으며, 은크루마가 초대 대통령으로 추대되었다.

골드코스트, 즉 황금해안은 근 100년 동안 서구 식민주자들이 이 땅의 보물 중 보물인 황금을 난발하고 마구 뜯어가기 위해 남용해온 치욕과 저주의 오명이다. 이제 그 오명을 본래의 옛 이름 가나로 돌려 세운 것은 이 치욕에 대한 설욕이다. 원래 아프리카, 특히 사하라 이남 지역은 지질구조상 금 매장량이 풍부해 황금 주조술이 일찍부터 발달했다. 기원후 3세기 말부터 사하라 횡단 금무역이 시작되어 로마나 카르타고, 반달족의 금화에는 이 금무역에 의해 수출된 아프리카 금이 재료로 이용되었다. 아랍-이슬람 제국에서 금화를 주조하면서부터 서아프리카의 금 생산은 배로 늘어났다. 사료에 의하면 식민 시대 이전에 금 생산지로 유명했던 5개 지역은 모두 아프리카 사하라 이남에 집중되어 있다. 그 지역은 에티오피아 고원 북부의 악숨, 서아프리카의 고대 가나, 말리, 아샨티, 짐바브웨 등이다. 그 가운데서도 고대 가나, 즉 지금의 가나(골드코스트)가 가장 유명했다. 11세기부터

17세기까지 서아프리카는 국제 경제에 금을 가장 많이 공급하였으며, 중세 후기에는 세계 금 생산량의 거의 3분의 2를 차지하였다.

고대 가나는 서아프리카에서 최초로 사하라 횡단무역으로 금을 수출한 나라다. 이란의 이븐 알파끼(Ibn al-Faqih)는 "나일강의 수원 너머에는 어둠이 있고, 그 어둠 너머에는 금이 자라는 물이 있다고 한다. (…) 가나 도시까지는 사막을 통해 석달을 가야 한다. 가나의 금은 모래 속에서 당근처럼 자라는데, 동이 틀 때 뽑는다"라고 900년경 이슬람 세계의 한 백과사전에 기술하였다. 그런가 하면 아랍 역사가들은 가나의 금 문화에 관해 다음과 같은 내용의 기록을 남겼다. '가나 왕은 자기 몸과 시종들, 궁전을 금으로 장식한다.' '왕은 금으로 된 마의를 입은 말들이 둘러싼 누각에서 신하들을 접견하며, 말에 오를 때도 금으로 된 밧줄을 사용한다.' '전국의 모든 광산에서 나온 금덩이는 전부 왕의 것이고 사금만 백성들의 몫으로 남긴다.' '가장 질이 좋은 금이 나는 곳은 수도에서 백성들이 사는 영토를 18일 동안 여행해야 갈 수 있는 도시다.' '아샨티 지배자들은 다른 어떤 물건보다도 금이 귀중한 거래 매체라는 것을 알았으므로 창고에 금을 비축하려 애썼다.'

근세 가나 전역을 평정했던 아샨티왕국의 강성은 금으로 무기를 구입하는 등 금의 무역과 직결된다. 이 왕국에서 금은 건국신화의 주역이 되리만치 중요한 의미를 지닌다. 건국 왕이던 오세이 투투(Osei Tutu)는 어떻게 하면 아샨티가 여러 부족집단을 복속시키고 통합할 수 있을까를 고민하고 있었다. 그러던 어느날 하늘에서 금제 의자 하나가 그의 발밑에 떨어졌다. 그 광경을 곁에서 지켜보던 주술사가 말을 건넸다. "이것은 새 아샨티 국가의 순숨(sunsum, 정령, 영혼)입니다.

이것이 납치되거나 파괴된다면, 영혼이 없는 인간이 죽을 수밖에 없듯이 아샨티도 힘을 잃고 무너져 혼돈에 빠질 것입니다." 이 말을 들은 왕은 이 의자를 고이 보존했다. 그러자 행운이 뒤따랐다. 투투 왕의 영도 아래 아샨티는 점차 세력을 키우고 승승장구하여 1701년에는 마침내 마지막 반대파를 격파하고 아칸족 가운데서 최강국으로 발돋움해 해안 일대의 자원과 무역을 장악하였다.

아샨티를 비롯한 가나 전역에서 캐낸 금의 양은 어마어마하였다. 주민의 다수를 차지하는 아칸인들이 1500~1800년 사이에 채굴한 금의 양은 자그마치 150만kg이나 된다고 한다. 20세기 말에 이르기까지도 아샨티의 금은 가나 최대의 외화 수입원이었다. 19세기 초 황금해안에 거주하는 한 유럽인의 전언에 의하면, 아샨티의 한 금광에서는 광부 한 사람이 하루에 2온스(1온스는 28.35g)의 금을 캐내며, 또 어느 한 금광에서는 노예 1만명을 고용했다고 한다. 왕실에서는 세금과 십일조, 공물, 각종 요금 등의 명목으로 금을 축적했다. 어느 지방에서는 황금의자에 연간 1만 8,000온스의 공물을 바쳤다고 한다. 모든 기혼자들은 1인당 인두세 0.1온스를 바쳤다. 법정에서 무죄로 판결난 사람은 황금의자에 사례금을 내야 했다. 사형선고를 받은 자도 금 500온스만 내면 석방될 수 있었다. 그야말로 황금만능 시대였다.

사실 황금만능은 황금 남용이라는 의미로 만물의 지보(至寶)인 황금에 대한, 문명의 지존(至尊)인 황금문화에 대한 멸시이고 모욕이다. 아프리카 처처에서 캐낸 황금이 서구 식민주의자들의 약탈 대상이 되어 고작 그들의 사복을 채우는 장물(臟物)이 되어버린 나머지, 진정한 황금의 주인인 아프리카인들에게는 오히려 수난과 수모의 촉발제에 불과하였다. 이제부터라도 아프리카인들은 자신의 황금손으로 그

풍부한 금광을 녹여 황금빛 찬란한 금제품을 만들어 황금문화를 꽃 피우며, 아직껏 텅 비어 있는 자신들의 박물관을 금제품으로 그득그 득 채워넣어야 할 것이다.

이러한 황금문화의 역사로 가나의 굴곡진 역사·문화의 한 단면을 엿볼 수 있었다. 이보다 더 처참했던 과거 상은 악명 높았던 가나의 노예무역에 고스란히 투영되어 있다. 그 실상을 현장에서 체감하기 위해 다음날 하루 종일을 엘미나(Elmina) 지역 탐방에 할애하였다. 아 크라에서 서쪽으로 150km 지점에 있는 이 지역에는 중세 노예무역 으로 악명 높았던 두 성보가 자리하고 있다. 1481년 3월 포르투갈 함 대 사령관이던 엘미나는 예하 부대와 건축공장(工匠) 600명을 이끌고 3개월간 항해 끝에 이 지역 해변가에 상륙해 이곳에 자신의 이름을 붙여 '엘미나'라고 명명하였다. 이듬해부터 흑인 수천명을 끌어다가 밤낮 가리지 않고 성보 축조공사를 다그쳤다. 뜨거운 햇볕에서 굶주 림과 중역에 시달린 흑인 노역자들은 무시로 땅바닥에 쓰러졌다. 일 단 쓰러지기만 하면 목숨이 붙어 있어도 바다에 던져지곤 하였다. 성 보가 지어진 후 처음에는 황금무역장으로 쓰였으나, 차츰 노예시장이 열리는 노예무역장으로 변해갔다. 그리하여 사람들은 이곳을 '엘미 나 노예성보'라고 불렀다.

아침 8시에 호텔을 나서서 잘 포장된 아스팔트 길을 3시간 달려 우 선 도착한 곳은 해안가에 위치한 세인트조지 성보다. 오는 길에 승합 차 한대가 추월해 일행이 탄 차 바로 앞에서 달리기에, 차 뒤 유리창 에 가로로 쓴 낯익은 글자를 살펴보려 카메라 렌즈를 통해 확대해보 니 한글로 '연세대학 태권도부'라고 쓴 글씨가 또렷이 보인다. 운전 기사에게 물어보니 어디서 왔는지는 모르지만 중고차라는 것이다.

멀리서 바라본 세인트조지 성보   세인트조지 성보 나루터

성보 정문

'연세대 1호차'라는 글씨가 뚜렷한 승합차

노예 감방

형구

여성 노예 감방

노예들을 실어갔던 바닷가 비밀통로

후예들이 방문해 헌정한 화환

바다를 향한 성보의 대포

한국에서 들어온 차라고 하니 기사는 깜짝 놀라면서 저런 중고차가 많이 있다고 한다. 아니나 다를까 이튿날 아크라 시내에서도 '초보'라고 쓴 택시가 손님을 태우고 거리를 달리는 모습이 눈에 띄었다. 놀랍기도 하고 반갑기도 하다. 어떻게 한국 중고차가 수만 킬로미터 떨어진 서아프리카 대서양 연안까지 팔려왔을까! 6대주 세계 방방곡곡을 누비고 있는 '현대'나 '기아' 차를 만날 때면 뿌듯한 자긍심을 느끼곤 한다.

세인트조지 성보는 주인이 포르투갈에서 네덜란드로, 다시 영국으로 세번 바뀌었다. 성보의 대문에 들어서면 우선 광장의 양측에 좁고 음침한 사형수들의 감방이 보인다. 노예들 속에서 조금이라도 반항하는 기색이 보이면 이 사형수 감방에 가둔다. 방 한구석에는 가시 돋친 십자형 철제 칼이 놓여 있다. 수감된 노예들이 조금이라도 반항하면 남녀노소 할 것 없이 이 철제 칼을 목에 씌운다. 칼이 씌워지면 앉을 수도 누울 수도 없다. 앉거나 누우면 날카로운 쇠가시가 살가죽을 찔러 선혈이 낭자하게 된다. 할 수 없이 주야로 서 있다보면 결국 지쳐서 죽게 된다. 60m²도 채 안 되는 남자 감방에 많을 때는 400여명의 노예가 한데 갇혀 있었다. 사발 크기만 한 환기창으로 해소하기에는 실내 공기가 혼탁할 대로 혼탁해 질식사하기가 일쑤이다. 낡은 성보의 2층 사위에는 여자 노예들의 감방이 있는데, 간수들은 눈에 든 노예들은 위층 욕실에 끌고 가서 목욕시킨 후 마음대로 강간했다. 조금이라도 불복하면 쇳덩어리에 결박하고는 죽을 때까지 햇볕에 노출시켜 모기가 뜯어먹게 했다. 감방 위층에는 널찍한 홀이 있는데, 거기가 바로 노예시장이다. 노예들은 여기서 마치 화물이나 가축처럼 거래되었다. 어떤 노예는 자그마한 주머니에 담긴 총알에, 그런가 하면 어떤 노예는 술 몇병에 팔려갔다. 거래가 끝나면 배에 실려 타향으로 수송되어갔다. 당시 이 한곳에서만 실려가는 노예가 약 1만명에 달했다. 성보의 동북쪽 모퉁이에 바다로 통하는 긴 통로(너비 60~70cm, 길이 7~8m)가 있다. 바닷물이 만조가 될 때면 노예들은 이 좁은 통로를 통해 어디론가 실려갔다. 성보 위에는 해면과 엘미나 주민들을 감시하기 위한 대포들이 줄지어 아궁이를 벌리고 있다. 성보 원내에는 성당과 창고, 무기고, 망원초소, 우물 등의 시설이 갖춰져 있다. 성보는 깊이 3m, 너비 6m의 해자(垓字)로 에워싸여 있다.

점심은 성보에서 약 5km 떨어져 있는 수림 속 아담한 식당에서 이곳 특식인 닭구이로 때웠다. 갑자기 먹구름이 몰려오더니 세찬 바람이 일면서 하늘에서는 동이로 물을 퍼붓는다. 약 30분간 이렇게 폭풍우가 몰아닥치더니 별안간 바람과 비와 구름은 가뭇없이 사라지고 햇볕이 쫙 난다. 신기한 하늘의 조화다. 다시 엘미나 마을에 돌아와서 세인트조지 성보 맞은편 약 200m 언덕 위에 있는 케이프코스트 성보를 찾았다. 전망대에 오르니 엘미나 지역이 한눈에 들어온다. 지금은 어항으로 고깃배들이 즐비하다. 성보 2층은 노예교역장이고 1층에는 작은 감방들이 다닥다닥 붙어 있다. 노예들을 감금하고 학대하며 거래했던 처참한 양상은 건너편 세인트조지 성보와 진배가 없다. 특이하게도 방마다 홈이 패어 있는데 그것이 곁방과 연결되어 있다. 물을 공급하는 수로 아니면 소변 통로였을 것이라 추측된다. 몇몇 방에는 웬 꽃다발이 놓여 있다. 더러는 오래되어 시들었고, 더러는 금방 갖다놓은 듯 싱싱하다. 꽃다발 댕기에 씌어 있는 글을 보니 라틴아메리카를 비롯해 해외로 끌려간 아프리카 노예들의 후예들이 답사하면서 봉헌한 꽃다발들이다. 적어도 200~300년 전 짐짝처럼 끌려가 구사

일생(九死一生)한 그 노예들의 후예들이 고향과 조상을 잊지 않고 이렇게 찾아온 것이다. 어느 나이 든 흑인 여성은 손으로 땅바닥을 닦으면서 그 자리에 가지고 온 싱싱한 꽃 세송이를 정성껏 올려놓는다. 그 눈가가 물기로 촉촉하다. 필자는 뭉클한 가슴을 가까스로 짓누르며 눈인사를 건넸다.

시침이 4시를 가리키자 서둘러 귀로에 올랐다. 돌아서기는 했지만 눈길은 오래도록 저 저주스러운 성보에 머물러 종시 떨어지지 않는다. 그곳은 슬프고 아픈 인류사의 재난을 고발하는 또 하나의 현장이기 때문에. 이제 그곳은 개방만으로도 그 자체가 설욕의 증좌이기 때문에. 바로 이 때문에 필자는 그 지긋지긋한 현장을 하나라도 더 찾아다니는 것이다. 이 인류사의 재난 하나만을 반추하고 투시하는 데 귀로의 노정 3시간이 부족하다.

이튿날(2014.4.4.금)은 아크라시의 요소(要所) 몇군데를 뚫어보기로 하였다. 아크라라는 이름은 '검은 개미'라는 뜻의 아칸어 '은크란'이 와전된 말이라고 한다. 면적 23만 8,533km²에 인구 약 2,700만명(2015)이 살고 있는 가나는 다민족 국가로 모두 75개의 종족으로 구성되어 있다. 그 가운데서 가장 많은 종족이 아칸족(45.3%)이며, 공식적으로는 영어를 국어로 정하고 있지만 아칸어를 국어로 권장한다. 인구 약 227만(2015)의 수도 아크라는 대서양의 기니만에 면한 아크라 평원에 자리하고 있는 가나 최대의 정치·경제·문화 중심도시다. 1482년 포르투갈인들이 이곳에 처음 왔을 때 이곳에는 가(Ga)족의 촌락이 몇개 있었다. 1650~80년 사이에 유럽 식민주의자들이 몰려들어 노예무역을 위해 영국(제임스 요새)과 네덜란드, 덴마크가 각각 요새 하나씩을 세우면서 도시로 발전하기 시작하였다. 이렇게 보면 아크라는 500여

멀리서 본 제임스 요새

제임스 요새의 등대

제임스 요새의 어부들

가나 국립박물관 외경

년의 역사를 지닌 고도다.

아침 9시 이 3개 요새 가운데서 가장 크며, 아직 비교적 완전하게 남아 있는 제임스 요새(혹은 타운)를 찾아갔다. 긴 해안을 따라 노예교역소로 사용했던 흉측스러운 건물들이 늘어섰다. 은크루마 대통령은 폐쇄하라고 지시했으나, 살펴보니 아직까지도 일부는 주택이나 창고로 사용되고 있으며, 심지어 소학교 교실로 이용되고 있었다. 틈 사이로 도란도란 글소리가 들리기에 틈으로 들여다보니 교실이다. 요새와 더불어 40m 높이의 등대를 세워 항구로도 개발하였는데, 지금은 주로 어항과 어장으로 쓰이고 있다. 항구로서는 수심이 얕아 은크루마 시절 여기서 동쪽으로 27km 지점에 새로운 테마항을 건설하여 아크라의 주요한 항구로 이용하고 있다.

서아프리카에서 가장 오래된
라라반가 마스지드 모형(17세기)

전통 타악기 실로폰

　이어 국립박물관으로 발길을 옮겼다. 원형 지붕의 나지막한 2층 건물인데 주변 고층건물들에 눌려 건물 자체가 왜소해 보인다. 게다가 평범한 정문에는 박물관이라는 현판도 없다. 몇 발자국 들어서니 화살표를 그린 안내 팻말 하나가 눈에 띈다. 화살표대로 따라가니 우중충한 접수구가 나타났다. 무료입장이다. 방문 사연을 말하니 이윽고 여성 해설원이 신분을 확인한 다음 친절하게 안내한다. 제일성은 이 박물관의 특성에 관한 언급이다. 내용인즉 은크루마 초대 대통령의 범아프리카주의의 신념에 따라 가나뿐 아니라 아프리카 여러 지역에서 구했거나 기증받은 유물들을 전시해놓았다는 것이다. 이집트를 비롯한 일부 아프리카 나라들의 유물이 보이는가 하면 로만글라스 같은 그리스-로마 유물들도 끼어 있다. 그런데 문제는 그러한 유물이 몇점 되지 않는다는 것이다. '범아프리카'라고 하기에는 너무 미흡하다. 신념에는 한참 불급(不及)한 것이 안타깝다. 그럼에도 애쓴 흔적

은크루마능 전경

머리가 잘려나간 은크루마의 동상

민예품

능 내에서 청취 내용을 기록하는 학생들

은 엿보인다. 1층에 전시된 노예무역에 관한 기록 유물, 특히 노예무역 루트 지도는 비교적 정밀하다. 아프리카 가면(假面) 코너는 컬렉션을 방불케 할 정도로 다양하고 수준 높다. 2층은 구석기시대부터 토기시대까지의 유물 전시실인데, 각종 토기 유물이 눈길을 끈다. 채색과 성형(成形), 무늬에 이르기까지 아프리카 토기의 특색이 손에 잡힌다. 작지만 그리고 미흡한 점이 있지만 꽤나 알찬 박물관이다. 앞으로 명실상부한 범아프리카적 박물관으로 발돋움하기를 기대하면서 박물관 문을 나섰다.

다음으로 찾아간 곳은 은크루마능(陵)이다. 능은 높이 6m의 동상과 기념관으로 구성되어 있다. 아크라 중심부의 널찍한 부지에 운치있게 세워진 조형물이다. 기념관 지하에 가나공화국의 종신 대통령 콰메 은크루마의 시신이 안치되어 있다. 긴 두루마기의 전통의상을 입고 오른손을 치켜든 동상 앞에는 좌우 2열로 수중에서 여러가지 악기를 능란하게 연주하는 모습의 조형물 30여개가 늘어서 있다. 동상 뒤가 바로 기념관이다. 내부는 촬영이 금지되어 생생한 사진자료를 독자들에게 전할 수 없는 것이 못내 유감스럽다. 내부는 꽤 넓다. 깔끔한 교복을 차려입은 일군의 학생들이 해설자의 설명을 일일이 메모하는 것이 인상적이다. 기념관에는 은크루마의 생전 활동에 관한 기록과 사진자료, 이력 등이 도표와 함께 전시되어 있어 그를 이해하는데 큰 도움이 되었다.

그 가운데서 필자가 주목한 것은 사회주의를 표방한 그의 각종 정책과 조치 및 사회주의 나라들과의 관계다. 1961년 그의 첫 중국 방문을 앞두고 중국 주재 모로코 대사관에서 그의 사상 동향에 관한 보고서를 작성하던 일이 어렴풋이 떠올랐다. 그가 중국에서 중국 지도자

흑성문(黑星門) 전경

들과 친교를 맺고, 소련의 흐루쇼프나 쿠바의 카스트로와도 친분을
쌓는 사진자료들은 퍽 흥미로웠다. 기념관 밖에는 특수한 전시물이
하나 마련되어 있다. 1966년 반(反)은크루마 쿠데타가 일어났을 때,
쿠데타 세력은 은크루마의 철제상을 짓부수면서 두상을 잘라놓은 바
있다. 그의 명예가 회복되었지만 잘라진 두상을 그대로 노천 전시하
고 있다. 이 목 잘린 철제상과 저 하늘 높이 당당히 서 있는 동상의 시
차는 30년도 채 안 된다. 정말로 보기 드문 역사의 전도(顚倒), 아이러
니한 역사의 뒤틀림이다.

　여러가지 알록달록한 채색 직물과 전통 의상을 파는 인근 수예품

50만명을 수용할 수 있는 독립광장

시장을 거쳐 유명한 흑성(黑星, 검은 별) 광장으로 향했다. 붐비는 시 중
심 거리를 빠져나와 한참 달리니 앞이 탁 트인 네거리 복판에 육중한
아치가 가로놓여 있다. 일컬어 '흑성문(黑星門)'이다. 가까이 다가가
보니 높이가 약 30m는 실히 되는 아치 한복판에 커다란 흑성 하나가
버젓이 박혀 있다. 아니, 검은 별이라니? 하늘의 별빛을 따른 황금빛
별이나 혁명투쟁을 상징하는 붉은 별은 봤어도 검은색 별은 처음이
다. 현지 안내원 로메오 씨에게 물어봐도 머뭇거리며 시원한 대답은
없다. 순간 한두가지 예시(豫示)가 떠오른다. 현대 미국사의 진보주의
시대라고 하는 20세기 초(1890년부터 1차 세계대전까지의 25년간) 미국에
서 설립된 미국흑인지위향상협회(1905)가 펴낸 책『미국사 다이제스
트 100』중 제50항 제목은 '검은 것이 아름답다'이다. 세네갈의 초대
대통령이자 시인인 상고르의 유명한 시「검은 여인」에서 '검음'은 아

1948년 2월의 군중시위 희생자들을 기리는 열사기념비

프리카의 영광과 자부, 건전함을 뜻한다. 한마디로 인류문명의 탄생지
이자 요람을 자랑스러운 본향으로 삼는 아프리카인들은 네그리뛰드
의 생태적 본성에서 검은색에 대한 애착을 간직하고 있다고 봐야 하
지 않겠는가. 그렇다면 '검은 별'의 연원은 이해하고도 남음이 있다.

  흑성문 바로 옆에는 50만명을 수용할 수 있는 넓은 독립광장이 바
다를 향해 펼쳐져 있다. 해마다 여기서 대규모의 독립절 기념행사가
치러진다고 한다. 흑성문 지나서는 독립투쟁 시기 시위운동이 자주
일어났던 독립로가 나타난다. 독립로부터는 약 1.5km의 유명한 '2월
28일 거리'가 이어진다. 이 거리 끝 해변가에는 옛 식민 시대의 총독

부(지금은 대통령 관저)였던 백색 크리스티안스보르 성보가 자리하고 있다. 1948년 2월 28일 이 거리에서 영국 식민 당국이 가나 제대군인들을 학살한 이른바 '아크라 사건'이 발생하였다. 2차 세계대전 중에 7만명에 달하는 가나인들이 영국군에 끌려가 복역하였는데, 원래 식민 당국은 전후 제대군인들에 한해서 생활비를 지불하고 직장을 마련해주기로 약속했으나 그 약속을 지키지 않았다. 이에 격분한 제대군인들은 이날 시위에 나섰다. 당국은 요구를 들어주기는커녕 무차별 사격해 3명이 사살되고 여러명이 부상을 입었다. 이 소식이 알려지자 아크라에서는 대규모 군중시위가 일어났다. 당황한 식민 당국은 또 한차례 무차별 진압으로 29명의 사망자와 237명의 부상자를 냈다. 시위는 요원의 불길처럼 전국 방방곡곡으로 퍼져나가 시위 군중은 전단을 뿌리고 영국인들의 상점을 짓부수며 경찰서와 감옥을 습격했다. 투쟁은 한달 남짓 진행되었다.

흑성문 곁에는 그때 희생된 군인들의 군상이 있으며, 이 거리 끝 옆 광장에는 새로이 열사 기념비가 세워졌다. 기념비는 사건 발생 전후의 사태를 생생하게 반영한 대형 조각벽을 배경으로 하고 있다. 그리고 이 거리 끄트머리의 옛 총독부 곁에는 포르투갈과 네덜란드 식민주의자들이 각각 구축한 성보가 하나씩 있는데, 지하 통로가 바다와 연결되어 있는 이곳은 전문 노예무역소였다. 그래서 보통 이곳을 '노예 성보'라고 불렀다. 200년간 이곳에서 죽거나 끌려간 노예는 기수부지(其數不知)다. 몇차례의 노예폭동이 있었지만 그때마다 잔혹하게 진압되었다.

37
가나의 '오사지에포(구세주)', 은크루마

필자가 1950년대 중반 이집트 카이로 대학에서 공부하는 동안 여러 아프리카 지도자들 가운데서 늘 유심히 지켜봤던 인물은 가나의 콰메 은크루마(Kwame Nkrumah, 1909~72)였다. 그후 중국 외교부의 서아시아 및 아프리카사(司)에서 아프리카 정세를 연구하면서 그에 대한 신뢰가 더 깊어졌으며, 1960년대 초 모로코 주재 중국 대사관에서 근무할 때는 외교관계 수립 가능성을 타진하기 위한 '외교투어'와 현지 실태조사를 위해 가나 땅을 밟아본 적이 있다. 근 60년 전 일이다. 나라는 '구세주'를 만나 미증유의 번영을 누리고 있었다. 은크루마는 건전한 '아프리카 사회주의'를 정치적 이념으로 삼고 조국 가나는 물론 온 아프리카의 독립과 통일을 투쟁 목표로 내세웠을 뿐 아니라, 제3세계 비동맹운동의 창시자 역할까지 도맡은 비범한 사건창조적 인물임이 분명하였다. 물론 그후의 역사적 격랑 속에 초지(初志)에서 일탈(逸脫)된 변모가 없지는 않았지만 그 기조만은 그런대로 유지되어오지 않았나 하고 자평하면서, 이 글에서 그 기조와 변모를 아우르는 그의 한생을 짚어보려고 한다.

가나의 '구세주', 은크루마

은크루마는 1909년 9월 21일 영국령 황금해안(현 가나) 서부지구의 은크로풀(NKroful)촌에서 태어났다. 가문은 다수인 아칸족은 아니었다. 아버지는 금 세공장이었고 어머니는 시내에서 자그마한 가게를 운영하는 소상인이었다. 어릴 적에 소년은 시내에 들어가 어머니의 일손을 도와주곤 하였다. 6세가 되자 촌에 있는 로마천주교 소학교에 입학해 세례를 받고 천주교에 귀의하였다. 졸업 후 소학교 교사를 하다가 1927년 교회의 추천으로 아크라 국립사범학원에 입학해 교사 과정을 마쳤다. 같은 해 아치모타 학원(Achimota College)에 전학해 이 학교의 아프리카 출신 교사이자 서아프리카학생연합회 회장인 아그레(Kwegyir Aggrey)의 민족주의 사상의 영향을 받아 민족독립 사상을 싹틔우기 시작했다. 이 학원을 졸업한 후 고향의 교회학교와 아미사노(Amisano) 천주교 신학원에서 교편을 잡았다.

당시 금강석 채광업을 하고 있던 삼촌은 은크루마의 비범성을 발견하고 미국으로 유학을 보냈다. 은크루마는 1935년 미국 펜실베이니아주 링컨 대학에 입학해 경제학과 사회학을 공부해 문학학사가 되고, 이어 동대학 신학원에서 신학석사와 철학석사 학위를, 펜실베이니아 대학에서는 교육학 석사학위를 받았다. 그는 미국 유학 중에 세계에 대한 시야를 넓히기 위해 칸트, 헤겔, 니체, 맑스, 엥겔스, 레닌 등 대가들의 저서를 탐독하면서 아프리카 식민지 나라들이 나아갈 길을 모색하였다. 특히 그는 미국 흑인운동의 지도자 마커스 가비(Marcus Garvey)의 '아프리카로 돌아가자'와 아프리카합중국 건설 주장에서 영감을 얻어 아프리카의 완전 독립과 통일을 위해 헌신할 것을 다짐했다. 그러면서 정치활동에 투신하는데, 그 첫걸음으로 미국과 캐나다의 아프리카학생연합회를 조직하고 그 회장을 맡았다. 또한 아프리카 전문잡지 『아프리카 해설원』을 창간해 아프리카의 독립과 통일 사상을 적극 홍보했다. 그의 유학 생활은 넉넉지 않았다. 방학이 되면 생활비를 벌기 위해 비누공장에서 노동을 하거나 배를 탔고, 길모퉁이에 생선 좌판을 벌여놓기도 했다. 은크루마는 아프리카에서는 보기 드물게 고학으로 자수성가한 지도자다.

9년간(1935~44)의 미국 생활을 접고 1945년 6월 영국에 온 은크루마는 런던 정치경제대학과 그레이(Grey) 법학원에서 박사 학업을 계속했다. 온 지 얼마 되지 않아 서아프리카학생연합회 부회장으로 선출되었다. 이제 그는 학업을 중단하고 정치에 몰두하기로 행동좌표를 정한 뒤, 국내 투쟁단체들의 요청에 따라 사회주의와 범아프리카주의에 대한 열렬한 동경을 안고 1947년 말 귀국했다. 귀국하자마자 이듬해 초에 '황금해안통일회의당'(UGCC) 서기장으로 추대되었다. 전국 각지를 누비면서 군중연설을 했고, 당 조직을 정비해 전국적인 조직으로 확대했다. 그러면서 제대군인들과 노동자들의 일자리 요구를 지지하고 외제상품의 불매운동을 선동하며 식민 당국에 행정권을 황금해안 임시정부에 이양할 것 등을 요구하는 대중투쟁을 이끌었다는 이유로 당국에 체포되어 4개월간의 옥고를 치렀다. 출옥 후에는 운동의 골간을 형성하기 위해 급여를 털어 '가나 학원'을 세웠다. 이어 『아크라 이브닝 뉴스』와 『조간신보』를 창간해 독립은 아니더라도 자치나마 성취해야 한다는 민족주의 사상을 적극 선전하며, 통일회의 당 내에 전국청년위원회를 조직하였다. 1946년 6월 12일에는 즉각적인 자치를 주장하면서, 영국은 이미 식민지에 대한 태도를 바꿨다고 주장한 단콰를 비롯한 당내 보수파들과 결별하고 따로 인민회의당(CPP)을 창당해 당 위원장 겸 서기장으로 선출되었다. 그는 비폭력의 '적극적 행동'과 일체 합헌적 수단, 그리고 비폭력·비합작 방식으로 식민 정부와 투쟁하며 즉각 완전 자치를 실현할 것을 제시하였다. 그는 전국 순회연설에 특별히 공을 들이면서 당장 자치정부를 세워야만 온갖 고통을 강요하는 식민통치를 물리치고 번영의 새로운 세계를 맞이할 수 있다고 강조했다. 화려한 말솜씨와 사람들의 마음을 사로잡는 미소를 짓는다고 하여 '쇼보이'(Showboy)로 불리웠다고 한다. 그는 사람들에게 희망을 안겨주는 '정치적 마술사'로 경배의 대상이 되었다. 그의 자치국가 요구는 돈도 직장도 없는 사람들에게는 '구원의 약속'이었다.

은크루마는 그의 비폭력적이며 평화적인 요구가 식민 당국에 의해 받아들여지지 않자 당국의 거짓과 사기를 폭로하면서 실천 행동을 벌이겠다고 엄포를 놓았다. 파업과 시위 등 폭력 활동의 기미가 보이자 클라크 총독은 은크루마를 비롯한 여러 정당 지도자들을 체포하라는 명령을 내렸다. 은크루마는 형사법정에서 선동과 치안 방해 등 세가지 죄목으로 징역 3년형을 받았다. 그는 제임스 요새 감옥에서 낚시용 그물을 짜고 바구니를 만들면서 허송세월했다. 그사이 식민 당국은 그에게 국회의원 선거에 출마할 자격이 없다고 통보하였으나 은크루마는 1년 이하의 징역형을 선고받은 사람은 후보로 등록할 자격이 있다는 법률 규정을 찾아냈다. 그의 징역 기간은 모두 3년이지만, 세가지 죄목으로 각각 1년의 징역형을 받은 것이었다. 그리하여 그는 몰래 등록을 마치고 식민 당국에 알렸다. 그가 선거에 입후보하자 지지 열풍은 더욱 세차게 불어닥쳤다. 총선 결과 인민회의당은 38석 중 34석을 차지해 압승하였고, 은크루마는 아크라 선거구에서 총 2만 3,122표 가운데 2만 780표를 얻었다. 총독은 은크루마의 석방을 놓고 고민에 빠졌다. 그는 뒷날 이때를 이렇게 회상하였다. "어느쪽도 장단점이 있었고 압박감도 만만찮게 컸다. (…) 은크루마를 석방하지 않으면 헌법 개혁은 실패로 끝날 것이고, 자치정부라는 위대한 정책에 대한 희망과 열망, 구체적인 제안들이 물거품이 되면 영국 정부의 선의에 대한 대중의 신뢰 역시 무너지고 황금해안은 무질서와 폭력과 유혈 사태로 걷잡을 수 없이 빠져들게 될 터였다." 결국 총독은 1951년 2월 12일 은크루마를 특별사면했다.

그는 14개월의 수감 생활을 마치고 출소했다. 이튿날 오전 총독의 요청으로 총독 관저에서 두 사람의 회담이 이루어졌다. 첫 대면이어서 두 사람은 퍽 긴장했다. 후일 총독은 회담 분위기를 이렇게 회상했다. "우리는 서로를 세상의 평판으로만 알고 있었다. 나나 그나 서로에 대해 좋지 않은 평판을 들어왔던 터라 회담 내내 의심과 불신을 품은 채 서로를 대했다. 마치 처음 만난 두마리 개가 물어뜯어야 할지 꼬리를 흔들어야 할지 판단하기 위해 목털을 곤추세우고 상대방 주위를 맴돌며 냄새를 맡고 있는 형국이었다." 은크루마는 총독에게 정부를 구성하게 해달라고 요청했다. 이렇게 은크루마는 하루 만에 죄수에서 총리로 급승진하였다.

이듬해 3월 영국 정부는 은크루마의 헌법 수정안을 받아들여 그를 총리로 정식 임명했다. 총리의 지위는 총독보다는 낮지만 영국인 장관보다는 높았다. 이듬해 은크루마는 "우리는 평온한 예속보다는 위험한 자치정부를 더 원한다"라고 선언하면서 또다시 완전한 자치정부를 인정해달라는 헌법 수정안을 내밀었다. 결국 이듬해 영국 정부는 울며 겨자 먹기로 아프리카인만으로 구성된 내각과 완전한 내정 자치를 규정한 새로운 헌법을 승인했다. 그후 1954년의 총선에서 인민회의당이 압승을 거두었고 은크루마는 총리에 임명되었다.

천부적인 선전 능력과 친화력을 가진 은크루마는 언제 어디서나 세간의 주목을 끌면서 여론과 언론을 지배했고, 숱한 집회와 회의, 연설을 통해 자신의 주의주장을 관철하였다. 그리하여 국내외를 막론하고 그의 인기와 신망은 타의 추종을 불허했다. 인민회의당이 발행하는 신문은 그의 이미지를 초자연적 능력을 가진 인물, 예언자, 국민을 독립의 땅으로 인도해가는 이 시대의 모세로 부각시켰다. 1954년 6월의 어느날 『아크라 이브닝 뉴스』는 그를 "운명의 인물, 아프리카의 별, 탄압받는 수백만 흑인의 희망, 가나의 구세주, 철의 사나이, 가난한 자들의 위대한 지도자"로 극찬했다. 서민들 속에서 회자인구(膾炙人口)된 경칭은 초인간적 능력으로 기적을 행하는 '구세주'였다. 그를 기리는 찬가와 기도문이 쏟아져나왔고, 지지자들은 "나는 콰메 은크루마를 신봉한다"라는 말을 되뇌며 다녔다. 새벽부터 그의 집 앞은 온갖 문제에 관해 조언을 들으려는 사람들로 장사진을 이뤘다. 은크루마는 바쁜 와중에도 그들을 만나려고 늘 애를 썼다.

은크루마 초상이 그려진 가나 지폐

승승장구하던 은크루마에게 뜻밖에도 식민통치의 마지막 단계에 이르러 심각한 문제가 발생했다. 나라의 주 수입원인 코코아 값이 국제적으로 급격히 하락한 것이다. 이에 대처하기 위해 은크루마는 코코아 수매가를 세계 가격의 3분의 1 이하로 고정하겠다고 발표했다. 그러자 전국 코코아 생산의 절반을 차지하고 있던 아샨티주 농민들뿐 아니라 코코아 무역업자들과 기업가들마저 불만을 나타냈다. 야당인 '민족해방운동'(MLM)은 중앙정부의 부패무능을 규탄하며 농민들의 투쟁에 가세했다. 급기야 민족해방운동과 인민회의당 간에 주도권 다툼이 벌어지면서 폭력 사태가 일어났다. 아크라에 있는 은크루마의 자택에 폭탄이 던져지기까지 했다. 이러한 사태를 구실로 영국 식민당국은 독립정부의 출범 시점을 확정하자는 인민회의당 측의 건의를 거부하고 문제 해결을 위해 재총선을 실시할 것을 고집했다. 1956년 7월 재총선 결과 인민회의당이 104석 중 72석(57%)을 얻었고, 은크루마는 총리에 연임되었다. 그리고 독립정부의 출범 시점을 1957년 3월 6일로 공포하였다.

아프리카 나라들 중 첫번째로 이룬 가나의 독립을 가나는 물론 전 아프리카에서 파천황적(破天荒的) 대결사로 맞이했다. 세계 유수의 지도자들이 축하 메시지를 보내왔으며, 56개 나라에서 축하 사절단을 보내왔다. 축하 행사는 장장 엿새 동안 이어졌다. 경마대회와 보트 경주, 가든파티, 교회 예배, 미스 가나 선발대회 등 수많은 행사들이 치러졌다. 처음 치러보는 큰 잔치라서 웃지 못할 일도 속출했다. 각국 고관들이 묵게 될 총리 관저 1층 화장실 변기에서 물이 흘러넘치는 바람에 서가 정리를 위해 총리 서재 바닥에 쌓아두었던 책 수백권이 물벼락을 맞았다. 만찬 연회장에서는 만찬이 열리기 직전 행사 진행요원들이 술에 취해 주방 바닥에 뻗어 있기도 했다. 가까스로 깨어난 몇몇은 위태롭게 접시를 든 채 몽유병(夢遊病) 환자처럼 휘청거렸다. 그러나 은크루마가 이 번다한 행사의 중심에 올곧게 서서 매력적으로 주최자의 역할을 하자 찬사를 받았다.

3월 6일 자정, 군중이 모여 춤을 추고 노래를 부르는 의사당 광장 국기게양대에서 83년간 펄럭이던 영국 국기가 내려지고, 빨강·노랑·초록이 선명한 가나 국기가 하늘을 향해 서서히 올라갔다. 은크루마는 'PG'라는 두 글자가 새겨진 죄수용 흰색 니트 모자를 쓰고 동료들의 어깨에 실려와 의사당 인근 포로경기장에 준비된 작은 연단에 올라섰다. 그는 눈부시게 찬란한 조명 속에 즉흥적으로 춤을 추고 나서 눈물을 펑펑 쏟으며 떨리는 목소리로 자유의 순간이 왔음을 온 천하에 이렇게 선포했다. "오늘 지금 이 순간, 새로운 아프리카 국가가 이 세상에 탄생하였습니다!" 당시 47세였던 은크루마는 국민에 의해 만장일치로 새로운 국가 가나의 초대 총리로 선출되었다. 이미 그는 6년 동안 총리로서 국정을 운영해왔고, 출중한 능력을 지닌 지도자로 존경받고 있었다. 희세의 지도자를 맞은 가나의 앞날은 창창해 보였다.

은크루마는 이제 당당히 식민권력의 아성을 차지했음을 과시하기 위해 식민 총독의 관저이자 노예감옥이던 크리스티안스보르 요새를 자신의 관저로 정했다. 그로부터 3개월 후 런던에서 열린 영연방 회의에 참석하고 엘리자베스 여왕과 1시간 남짓 만났다. 여왕은 접견 당시 그에게 매료되어 사저인 발모랄성에서 열리는 행사에 매우 이례적으로 그를 사적인 손님으로 초청하였다. 행사가 끝난 후 여왕은 은크루마를 영국 왕실추밀원의 일원으로 인정한다고 밝혔다. 은크루마는 그때 여왕과 함께 찍은 사진을 가장 아끼는 소장품이라고 자랑하곤 했다고 한다.

나라를 독립시킬 때까지 은크루마의 입신양명의 가도는 순탄했다. 환호와 찬사, 지지와 추대의 물결만이 일렁거렸다. 의회 청사 앞에 세워진 높이 6m나 되는 동상 좌대에는 '나라의 창설자'라는 글귀가 새겨져 있었다. 저잣거리에서는 구세주라고 인구회자되고 있었다. '아프리카의 위대한 지도자' '아프리카 통일의 기수' '비동맹회의의 창시자'… 이 모든 것에 의문을 제기하는 사람은 없었다. 은크루마 자신도 이것을 믿고 받아들였다. 그러한 맥락에서 그는 가나를 산업강국이자 학문의 중심지, 다른 나라들이 따르고 싶어하는 모범적인 사회주의 나라로 전환하려고 했다. 또한 자신의 지휘 아래 아프리카를 모든 면에서 미국이나 소련처럼 단합된 강력한 통일체로 만들어보려는 원대한 포부도 안고 있었다. 그는 가깝게는 마오쩌둥이 중국을 위해 이루어놓은 것을 아프리카에서도 이룰 수 있다고 자신했다. 이를 위해 그는 '은크루마주의'라는 새로운 이데올로기를 창안하고 수백만 달러를 들여서 자기 이름을 붙인 이데올로기 연구소를 세워 연구원을 양성했다. 그러나 은크루마주의란 도대체 어떤 주의인지는 각인각설이어서 통 종잡을 수가 없다. '복잡한 정치 사회 철학'이라고 정의하는가 하면, '과학적 사회주의를 토대'로 한 주의라고도 하고, '새로운 아프리카를 세우기 위한 이데올로기'라고도 규정한다.

독립 초기 은크루마의 주도하에 실행된 제반 정책에서 어렴풋이나마 은크루마주의의 윤곽을 엿볼 수 있으며, 역시 그 과정에서 은크루마주의의 허점과 한계성이 드러나기도 하였다. 권력을 잡은 은크루마에 대한 찬양과 추종은 개인숭배와 맹종으로 도를 더해갔다. 1961년 『아크라 이브닝 뉴스』는 "콰메 은크루마는 우리 역사에서 해방자이자 구세주, 우리 시대의 그리스도로 기록될 것이다. 그의 탁월한 인류애는 가나와 아프리카, 나아가서는 전세계에 변화를 불러일으켰다"라고 신격화하였다. 같은 톤으로 매체들에서 그를 두고 가나의 "아버지이자 선생님이자 형제이자 친구이자 우리의 목숨 그 자체다. 그가 없으면 우리는 존재할 수도 살아갈 수도 없다"라거나 "그가 우리에게 베푸는 은혜는 허공의 공기가 베푸는 은혜보다 더 위대하다"라며 서로 앞을 다투어 미사여구를 총동원했다.

이런 분위기 속에서 은크루마는 초지(初志)를 망각하고 숭배와 맹종, 그리고 권력의 맛에 스스로 현혹되어갔다. 역사가 보여주듯이 현혹의 늪에서 자라나는 것은 오로지 오만과 독선, 불신의 독초뿐이다. 1960년 공화국을 선포하고 자신이 대통령이 되면서 개정한 신헌법에는 의회 결정에 대한 거부권, 공무원과 군인 및 법관의 해임권, 매체에 대한 통제권, 사법절차를 거치지 않고도 사람(주로 정적)을 구속할 수 있는 '예방적 구금법' 등 대통령의 전제주의적 권력 행사를 보장하는 조항들을 삽입하였다. 이 예방적 구금법에 의해 정치적 반대파를 1961년에는 311명, 1963년에는 586명, 1965년에는 약 1,200명 구금했다. 그리하여 사회에는 점차 공포 분위기가 감돌고, 사회갈등이 심화되어갔다. 또한 1964년 일당제를 채택하면서부터 은크루마는 종

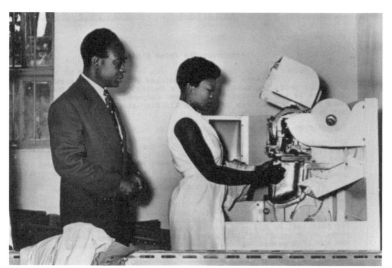
숙련공의 작업을 지켜보는 은크루마(ⓒThe National Archives UK)

신 대통령으로 군림했고, 당은 독주를 가속화했으며, 정실주의(情實主義)와 부패는 걷잡을 수 없이 사회 전반을 좀먹었다. 은크루마는 좌절에 부딪힐 때면 허심하게 자신의 소행을 돌아보기에 앞서 무조건 제국주의자들과 식민주의자들의 책동이 그 원인이라고 단정해버렸다. 오만과 독선에서 오는 좌절과 실정이 꼬리를 물었다. 이를테면 어느 순간 그의 지도자 됨됨이에서 자성과 자숙이라는 덕목이 빠져버린 것이다.

정치적 퇴행은 필연적으로 경제적 실책을 수반하게 되고, 경제적 실책은 사회적 불만을 야기하게 마련이며, 사회적 불만은 국가적 소요를 결과하기가 일쑤다. 가나의 경험이 이것을 여실히 입증하고 있다. 독립 초기만 하더라도 가나는 아프리카 대륙에서 부유한 나라에 속했다. 외화비축액은 약 4억 달러에 달했는데, 이것은 인구 700만에 불과한 소국으로 말하면 대단한 재부였다. 이에 바탕해 은크루마 정부는 초기에 임업과 어업, 목축업을 대대적으로 발전시키고, 주요 수출품인 코코아 생산량을 늘렸으며, 황금과 보크사이트 등 광물자원을 최대한 이용하였다. 대형 댐을 건설해 홍수를 막고 전기를 생산하며 항운과 어업을 발전시키는 등 적잖은 부가가치를 창출했다. 그밖에 농촌 지원과 학교 건설, 교통망 확충, 무상치료와 의무교육 도입 등 사회주의 복리제도와 사회주의 제반 시책을 도입해 표면상 괄목할 만한 성과를 거두었다.

그러나 총체적으로는 낙후한 농업국가의 신세를 벗어나지 못했다. 농업인구가 전체 인구의 80% 이상을 차지하고, 국가경제는 여전히 전통적 농작물인 코코아의 수출(총 수출액의 60%)에 의존하고 있었다. 그리하여 은크루마는 1960년부터 이른바 아프리카 사회주의라는 사회·경제 개혁을 추진하였다. 은크루마의 아프리카 사회주의의 내용은 크게 공업화와 국유화의 두가지다. 공업화를 통해 경제적 자립을 이루어 자급자족함으로써 과다한 수입을 막고, 외국의 자본과 기술 및 물품에 대한 의존도를 낮추려 하였다. 이와 동시에 기업과 농장, 상점 국유화를 통해 정부가 생산과 유통에 직접 개입함으로써 나라의 부를 창출하려 하였다. 1961년 은크루마는 소련과 중국 등 공산국가들을 장기 순방하고 나서 산업선진국 건설을 목표로 국영기업을 대대적으로 확대했다. 1966년까지 50개가 넘는 법인이 신설되었는데, 이들 법인 대부분은 비효율적인 관료체제하에서 부실하게 운영되다 막대한 손실을 냈다. 단적인 일례로 제트항공기를 도입해 세운 국영항공사는 카이로와 모스크바 등 거의 수요가 없는 노선을 배정받았는데, 이 노선을 이용하는 승객은 의회 의원이나 정당 간부, 그들의 지인들뿐이었다. 그마저 이들은 공공자금으로 경비를 지불했으므로, 결과적으로 국가 수입은 0이었다.

은크루마가 방점을 찍었던 농업정책도 재앙만을 불러왔다. 기계화된 국영농장을 꿈꿔온 그는 영세농민들의 요구를 무시하고 국영농장에만 재정 및 기술 지원과 수입할당제 등 엄청난 정부 지원을 집중 투입했다. 국영 독점기업이 제시하는 낮은 코코아 수매 가격에 불만을 품은 농민들은 코코아를 밀수입하면서 코코아 생산 확대를 거부했다. 그리하여 1965년부터 15년 동안 전통 농작물이며 주 수입원이던 코코아 생산량은 절반으로 줄었다. 배타적인 국영농장들은 대부분 인민회의당 지지자들만을 고용해 느슨하게 운영했기 때문에 국영농장의 코코아 생산량은 자영농 생산량의 5분의 1에도 미치지 못했다. 결국 대부분의 국영농장은 녹슬어가는 농기계들의 무덤이 되고 말았다.

이와 같이 은크루마의 정치·경제 정책은 그의 기대와는 달리 1965년에 이르러 거의 파탄 지경에 이르렀다. 가나는 치솟는 물가와 높은 세금, 식량 부족과 막대한 외채(10여억 달러)에 시달렸다. 1959~64년에 4억 3,000만 파운드의 막대한 금액을 퍼부었지만 모든 산업 부문이 적자에 허덕였고, 1960~66년 사이에 국민총생산액은 거의 정체 상태였다.

38
아프리카 통일의 기수, 은크루마

1945년 6월 박사 학업을 이어가기 위해 영국에 온 은크루마는 온 지 얼마 되지 않아 서아프리카학생연합회 부회장으로 선출되었다. 이제 그는 학업을 중단하고 정치에 몰두하기로 결정하는데, 그의 행동 좌표에서 축을 이루는 것은 아프리카의 독립과 통일을 위해 투쟁하는 것이었다. 마침 그해 10월 영국 맨체스터에서 열리는 제5회 범아프리카대회의 조직 준비 사업에 참여하게 되어 은크루마는 대회에서 「식민지 열강들의 도전에 대하여」와 「식민지 노동자와 농민, 지식인들에게 고함」이라는 중요한 문건을 기초(記草)하였다. 문건에서 그는 비폭력적인 적극 행동에 바탕한 투쟁을 통해 자치와 독립을 쟁취할 것을 제안했다. 대회 후 그는 신설된 사업위원회 서기장으로 임명되어 대회에서 채택된 강령의 집행 계획을 세우고, 아프리카와 서인도군도 식민지 국민들 간의 투쟁을 조절하는 과업을 맡아 훌륭히 수행하였다. 동시에 대회에 참가한 서아프리카 대표들과 '서아프리카국민대회'를 결성하고 그 서기장에 임명되었다.

이듬해에는 월간지『신아프리카인』을 발간해 아프리카의 통일과 민족주의 사상을 고취하고 아프리카의 완전독립과 통일 달성을 호소했다. 한편 서아프리카에서의 반식민주의 투쟁의 행동 통일을 위해 프랑스 빠리에 가서 상고르와 우푸에부아니 등 프랑스 국민의회 소속 아프리카 출신 의원들을 만나 서아프리카사회주의연맹 창설 계획안을 만들고, 유럽 각지에 퍼져 있는 서아프리카 유학생 가운데서 서아프리카의 단결과 독립 투쟁의 선봉대 역할을 할 비밀조직 '서클'을 결성하기도 하였다. 그리고 런던에서 두차례나 서아프리카 회의를 주최하고, 영국 '유색인종노동자연합회'를 설립했으며, '황금해안노동자대회' 위원장을 맡기도 하였다. 이렇게 그는 법학을 공부하려고 영국에 갔지만, 곧바로 좌익 정치에 매료되어 반식민 저항운동에 열중하였다. 정치운동에 매진하느라 돈이 떨어지면 허름한 카페에서 커피 한잔과 롤빵 한개로 끼니를 때울 때가 많았다.

독립을 이루고 나서 은크루마는 국내에 대한 관심 못지않게 아프리카의 독립과 통일 문제에 깊은 관심을 돌렸다. 그는 독립절에 폴로경기장에 모인 군중을 향해 "아프리카 대륙의 완전한 해방으로 이어지지 않는다면 우리의 독립은 아무런 의미가 없다"고 아프리카 독립과 가나 독립의 불가분의 관계를 강조했다. 그는 아크라를 아프리카 독립과 통일의 중심지로, 후원 기지로 만들려고 작심했다. 1958년에 그는 아프리카의 비폭력 혁명 세력을 조직화할 목적으로 아프리카 내에서 활동하는 여러 정당과 노동조합, 학생 조직을 하나로 묶는 통합운동에 나섰다. 그리하여 화려한 가나 의사당에서 300여명의 아프리카 대표단이 참석하는 '전아프리카 인민회의'(AAPC)가 개최되었다. 탄자니아의 줄리어스 니에레레, 짐바브웨의 조슈아 은코모, 잠비아의 케네스 카운다, 말라위의 헤이스팅스 반다, 콩고의 파트리스 루뭄바, 포르투갈령 기비니사우의 아밀카르 카브랄, 앙골라의 홀덴 로베르토 등 기라성 같은 아프리카 독립운동의 지도자들이 회의에 참석했다. 케냐 출신의 젊은 노동조합 활동가 톰 음보야가 회의 의장으로 선출되었다. 톰 음

은크루마 동상

보야는 폐회 연설에서 이제는 식민열강이 아프리카를 쟁탈하려는 정책을 버려야할 때라고 장엄하게 선언했다. "너희들의 시대는 끝났다. 아프리카는 기필코 해방될 것이다. 아프리카에서 당장 물러가라!"라는 톰 음보야의 우렁찬 함성과 함께 일주일간의 회의는 막을 내렸다.

그러나 국내의 독립국가 건설 과정에서 범한 일련의 실정과 실책으로 인해 아프리카와 제3세계에서 발군의 지도자로 추앙받던 은크루마의 위상에는 검은 구름이 드리우기 시작했다. 그는 일찍부터 '아프리카합중국' 건설의 당위성과 절박성을 강조하면서 자신이 그 건설의 주역이 되고자 엄청난 노력을 기울였고, 기회가 있을 때마다 다른 아프리카 나라 지도자들에게 이러한 노력에 즉각 합류할 것을 호소했다. 그러나 그들은 머뭇거리며 가세하지 않았다. 1963년 아프리카통일기구(OAU)의 설립을 위한 아프리카 지도자들의 회담에서 '아프리

나세르와 함께 자리한 은크루마(오른쪽 첫번째)

카의 모든 독립국가들이 지금 당장 아프리카국가연맹의 설립에 동의한다는 공식선언'을 하자고 제안했지만 아무도 그의 제안에 찬동하지 않았다. 그는 자신이 신봉하는 '과학적 사회주의'가 정도(正道)라고 하면서 그가 아프리카 사회주의를 주장한 이래 다른 지도자들이 저마다 내놓은 '아프리카 사회주의'를 비난했다. 그리하여 그는 여러 나라 지도자들과 대립각을 세우고 갈등하면서 그 나라들의 반란세력을 암암리에 지원하기도 했다. 심지어 '아프리카사무국'을 설치해 아프리카 9개국에 반군 지원 요원을 파견하고 동독과 중국 전문가의 도움을 받아 반정부 세력을 양성하기 위한 훈련기지를 여러곳에서 운영했다.

여러가지 시도가 실패하고 경제가 바닥을 치는 가운데 그는 오직 아프리카의 통일을 달성해야 한다는 일념으로 1965년에는 아프리카

통일기구 정상회담을 유치하기 위해 이른바 '잡(jab) 600'이라는 웅대한 프로젝트를 강행했다. 이 프로젝트는 1,000만 파운드를 들여 60개의 객실과 2,000명을 수용할 수 있는 연회장, 72개의 살수구를 가진 높이 18m의 분수 등을 포함한 대규모 복합건물을 신축하는 사업이었다. 그러나 여러 나라 정상들과의 갈등 속에서 회원국 36개국 가운데 13개국 정상만이 회담에 참석했다. 회담에서 은크루마의 아프리카 통일정부 수립 주장을 지지한 나라는 없었다.

이렇게 일세를 '구세주'로 풍미하던 위인도 하늘이 내린 업보(業報)의 망에서는 결코 벗어날 수 없는 터, 추락의 시각은 바야흐로 다가오고 있었다. 이 정상회담으로부터 두달 뒤, 은크루마는 군사쿠데타에 의해 권좌에서 쫓겨났다. 일국의 국부요, 해방자요, 구세주요 하던 인물치고는 그 추락이 너무나도 드라마틱하다. 1966년 2월 23일 자시(子時, 밤 11~1시 사이) 쿠데타군은 아크라의 대통령 궁전을 기습했는데, 이때 대통령 은크루마는 베트남 호찌민 주석의 공식 초청을 받아 수행원 88명을 대동하고 미얀마의 양곤을 거쳐 베트남 하노이로 가기 위해 베이징 공항에 중간 기착한 상태였다. 중국 측에서는 비행기가 착륙하기 전 가나에서 쿠데타가 일어났다는 정보를 입수하였다. 공항에 영접 나온 저우언라이 총리는 국가 주석 류사오치와 쿠데타에 관해서는 일체 함구하고 예정대로 대통령 영접 행사를 치르기로 합의했다. 은크루마는 일정대로 류사오치가 베푼 국빈만찬에 참석하고 댜오위타이(釣魚台) 영빈관에 여장을 풀었다. 그제야 저우언라이는 가나 주재 중국 대사 황화(黃華)를 댜오위타이에 보내 쿠데타 소식을 알리고, 관련된 외신 보도자료를 넘겨주었다. 은크루마는 베트남 방문을 취소하고 향후 처신에 관해 깊이 고민했다. 그때 저우언라이는 두번이나 찾아가 위로하면서 냉정을 되찾아 힘을 모으고 장기투쟁에 대비하라는 충고를 했다고 한다. 은크루마는 중국에 관해 특별한 호감을 지녔으며 중국이 걸어온 길이 바로 아프리카가 걸어가야 할 길이라고 확신하고 있었다. 특히 그는 저우언라이 총리와 두터운 친분을 갖고 서로를 존경해왔다. 공화국 선포 나흘 뒤인 1960년 7월 5일 가나는 중화인민공화국과 국교를 맺고, 이듬해 9월에는 기니 대통령 세쿠 투레에 이어 아프리카 국가원수로는 두번째로 중국을 방문하였다. 그때 은크루마는 저우언라이 총리와 함께 항저우에 체류 중이던 마오쩌둥 주석을 찾아갔다. 아크라의 은크루마능 전시관에는 그의 중국 방문 사진들이 유난히 눈에 띈다. 그즈음 모로코 주재 중국 대사관에서 근무하고 있던 필자가 은크루마에 관해 특별한 관심을 갖게 된 데는 그의 이러한 대중관계가 동기로 작용하였다.

차제에 은크루마와 저우언라이 두 지도자 간에 있었던 친분관계 사실 하나를 첨언하고자 한다. 어느 비동맹국 정상회의에서 은크루마는 저우언라이를 아프리카에 초청하면서, 만약 방문하게 될 경우 가나를 첫 방문지로 해달라고 요청했다. 저우 총리는 즉석에서 확답을 주었다. 약속대로 저우 총리는 1964년 1월 11일부터 16일까지 가나를 방문하기로 했고, 모든 일정이 잡혀 있었다. 그런데 뜻밖에도 방문 9일 전 아크라에서 은크루마 암살미수사건이 일어났다. 일시에 가나 정세가 요동치면서 수도에는 군 계엄령이 발동되었고, 은크루마 일가와 보좌진은 해변가에 있는 크리스티안스보르 성보로 긴급 대피하였으며, 대통령은 모든 대외활동을 중단했다. 저우 총리는 이 소식을 접한 후 외교부장 천이(陳毅)를 비롯해 만류하는 보좌진들을 불러놓고 사견이라면서 이렇게 말했다. 계획대로 가나 방문을 단행한다. 우리는 남들이 잠시 겪고 있는 어려움 때문에 방문을 취소해서는 안 된다. 이것은 그네들을 존중하지 않으며 지지도 하지 않는다는 이야기다. 바로 이러한 때 찾아가는 것이야말로 진정한 친선의 표시이며 진정한 환난지우(患難之友)다. 외교 의전은 통상적인 예우 관행에서 벗어나도 된다.

저우 총리는 외교부 황전(黃鎭) 차관을 가나에 파견해 은크루마를 위문하고 방문절차 문제에 관한 총리의 이런 생각을 전하였다. 대통령의 안전을 고려해 외교 의전은 될수록 간략하게 한다. 총리가 가나에 도착하고 떠날 때 대통령이 공항에 나와 영접하거나 환송하는 행사, 중국 대표단이 머무는 호텔에 찾아오는 행사나 연회는 취소하며, 회담은 대통령의 거처에서 진행한다. 저우 총리의 세심한 배려에 은크루마 대통령은 크게 감동했다고 한다. 총리는 아크라에 도착한 당일 저녁에 크리스티안스보르 성보에 기거하고 있는 대통령을 방문하고 마오쩌둥 주석이 보내는 위문 서한을 전했다. 대통령은 즉석에서 대변인을 불러 위문 서한 전문을 발표하도록 하였다. 체류기간 두 수뇌 사이에는 세번의 회담이 이루어졌다. 회담에서 대통령은 총리의 이번 방문이 역대 여러 외국 지도자들의 방문 가운데서 가장 중요한 방문이라고 평가했으며, 가나 신문들은 일제히 중국은 가나의 반제국주의·반식민주의 투쟁에서 가장 믿을 만한 벗이라고 찬사를 보냈다.

쿠데타로 실각한 은크루마가 베이징에 머무는 며칠 동안 수행원들은 하나둘씩 다 그의 곁을 떠났고, 중국 주재 가나 대사는 그를 더이상 가나 대통령으로 인정하지 않는다는 공식 성명을 발표했다. 대통령은 하룻밤 사이에 외톨이 신세가 되었다. 초조와 불안 속에 행방을 모색하고 있을 때 마침 기니의 아흐메드 세쿠 투레(Ahmed Sékou Touré) 대통령으로부터 초청 전갈이 왔다. 은크루마는 2월 28일 베이징을 떠나 소련과 유고슬로바키아, 알제리를 거쳐 3월 2일 기니 수도 코나크리에 도착했다. 대대적인 군중 환영을 받았을 뿐만 아니라, 세쿠 투레로부터 '기니공화국의 공동 대통령'이라는 영예의 칭호도 받았다. 독립 후 가나와 기니가 잠시 연방공화국으로 합쳤던 사실을 감안해 이러한 칭호를 부여한 것 같다. 그가 자신의 추락을 현실로 받아들이기에는 아직 시간이 너무나도 짧았다. 은크루마는 불원간 가나에 돌아가 권좌에 다시 앉으리라는 기대, 아니 확신을 갖고 있었다. 세쿠 투레의 지원하에, 탄자니아 지원군의 무력으로 그 기대가 실현될 것이라고 믿었다. 그러나 그의 실각에 동정쯤은 보낸 이들은 있을지언정 그의 권좌 복귀를 위해 팔을 걷어붙이고 나선 아프리카 지도자는 하나도 없었다.

누가 뭐래도 은크루마는 아프리카 통일의 기수로서 아프리카의 독립과 통일을 위해 한생을 바쳤다. 1963년 그가 주도한 '아프리카통일기구'는 오늘날의 '아프리카연합'(AU)으로 확대되어 아프리카의 지역발전과 협력을 추진하는 견인차 역할을 하고 있다. 1960년에 그가 제시한 '아프리카합중국' 구상은 몇대에 걸친 아프리카 지도자들과 민중이 지향한 이상이며 꿈이다. 21세기에 들어와서 아프리카 경제가 비교적 빠른 속도로 발전하고 정세가 점차 안정국면에 접어들자 아프리카합중국 구상은 다시금 꿈틀거리기 시작했다. 2007년 7월 아크라에서 열린 아프리카연합 제9차 수뇌자 회의에서는 아프리카 연합정부와 아프리카합중국이 의제로 올랐다. 회의에서 발표된 '아크라 선언'은 아프리카 대륙에서의 정치·경제의 일체화 전진과 아프리카 연합정부 수립의 중요성, 아프리카 공동시장의 개설을 위한 지역경제의 건전성과 질서 확립 및 조화로운 발전을 강조하였다. 그리고 아프리카연합의 최종 목적은 은크루마가 생전에 그토록 바라던 아프리카 합중국의 건립임을 재확인하였다.

세쿠 투레의 배려로 은크루마는 코나크리 시내에서 1.6km가량 떨어진 해안가에 자리한 프랑스 식민지풍의 비가 새는 낡은 저택에 피난처를 마련하였다. 시간이 흐를수록 자신의 권좌 복원의 욕망은 한낱 실현 불가능한 꿈에 그칠 수밖에 없다는 것을 깨닫게 된 은크루마는 꿈을 접고 현실로 돌아왔다. 그는 집필에 몰두해『혁명전쟁 편람』『아프리카의 계급투쟁』『가나의 어두운 나날에』등 몇권의 저서를 남겼다. 그는『가나의 어두운 나날에』에서 가나의 군사쿠데타 발생 원인을 분석하면서 가나의 쿠데타는 그의 경제정책의 실패 때문에 일어난 것이 아니라, 제국주의자와 국내 반동파의 결탁에 의한 음모에 의한 것으로서 그 목적은 '가나의 사회주의적 진전을 정지시키거나 역전' 시키려는 데 있다고 했다. 말미에 그가 도출해낸 결론은 다음과 같다. 첫째, 아프리카 독립국가들이 생존하기 위해서는 반드시 철저한 사회주의 정책을 시행해야 한다. 둘째, 반드시 아프리카 대륙의 완전한 해방과 통일을 실현하고 범아프리카의 연합정부를 수립해야 한다.

고요한 정원에서 은크루마는 집필 말고는 독서와 손님맞이, 정원 가꾸기 등으로 만년을 보냈다. 그러면서도 항상 그는 서방 정보기관으로부터 신변 위협을 느꼈다. 특히 그의 요리사가 급사한 후부터는 누군가가 자신을 독살할 것이라는 공포에 질려 식품은 죄다 방에 쌓아놓고 본인이 직접 요리를 했다고 전한다. 이러한 불안과 의심, 공포 속에서 몇년을 지내다보니 건강은 쇠잔해지고, 종당에는 암이라는 불치의 병에 걸렸다. 병세가 악화되자 1971년 8월 루마니아 수도 부쿠레슈티에 가 약 6개월간 투병했고, 1972년 4월 27일 영욕(榮辱)의 한

생을 마치고 영면에 들어갔다. 향년 63세.

"나, 아프리카의 콰메 은크루마는"이라는 말로 시작된 유언장에는 "내 시신을 방부 처리하여 영구 보존하라"라는 말이 적혀 있었다. 얼마나 자신의 죽음을 아쉬워했으면 이러한 유언까지 남겼겠는가. 이 지시를 실행할 수 없다면 시신을 화장하여 "유골을 아프리카 대륙 전역에, 강과 시내, 사막과 사바나에 뿌려달라"라고 당부했지만 이 유언은 지켜지지 않았다. 사후 3일이 지난 4월 30일, 루마니아 정부는 전용기를 파견해 미망인 등의 호송하에 시신을 코나크리로 운구하였다. 영구는 기니 국립인민궁에 안치되었다가 7월 7일 기니 정부가 보낸 전용기로 아크라로 옮겨졌고, 이곳에서 각국 대표들을 포함해 수천명이 참석한 가운데 추도식이 거행되었다. 7월 9일에는 가나구국위원회가 시신을 고인의 출생지에 안장하고 2만여명이 참석한 국장을 치렀다. 1992년 아크라시 중심에 은크루마능이 준공되자 시신을 이곳에 옮겨 고인이 가나 독립을 선포한 바로 그 자리에 안장하였다.

은크루마는 1966년 실각한 후 1979년까지는 쿠데타 정권에 의해 부정적 인물로 평가되어 홀대받았으나, 1979년에 군사쿠데타로 집권한 애국군인 제리 존 롤링스(Jerry John Rawlings, 제4대 대통령)에 의해 재평가를 받으면서 명예를 회복하였다. 그리하여 능이 지어지고 그 안에 동상과 기념탑이 세워졌다. 기념탑 곁에 전시되어 있는 목이 잘린 은크루마 철제상이 그 수난의 역사를 말해주고 있다.

은크루마의 사생활에 관해서는 별로 알려진 것이 없다. 지인들과 주고받은 서신이나 지인들의 직관을 통해 간혹 단편적으로 알려졌을 뿐이다. 은크루마는 일상생활에서도 지도자다운 면모를 보였다. 보통 키에 가냘픈 체격과 유연한 몸놀림, 볼록 튀어나온 이마, 동그스름한 얼굴,

정열적인 눈매를 가진 그에게는 늘 지칠 줄 모르는 활력이 넘쳤다. 미국 작가 존 건서(John Gunther)는 1953년 7월 영국 총독 클라크가 베푼 만찬 자리에서 은크루마를 만났는데, 그때를 다음과 같이 회상하고 있다.

"그의 몸놀림과 손놀림에는 힘과 여유, 그리고 동물을 닮은 매력이 깃들어 있었다. 그에게서는 점잔을 빼는 태도나 과장된 과묵함은 전혀 찾아볼 수 없었다. 가톨릭 신자로서 독신자인 그는 개인적인 향락 따위 에는 전혀 관심이 없었다. 담배와 술은 애당초 멀리하였다. 어느 작가가 긴장을 풀고 싶을 때는 무얼 하느냐고 물어보니, 대뜸 '일을 합니다'라 고 대답한다."

"그는 클래식 음악을 좋아하는데, 한 친구가 클래식 음악을 자주 들 으면 긴장을 푸는 데 도움이 된다고 말하니, 대번에 음반 200장을 주문 한 적이 있었다."

이것이 은크루마의 외표(外表)라면, 이 외표에 가려진 이상야릇한 내재적 성벽(性癖)이 있었다는 데 놀라지 않을 수 없다. 1955년부터 약 10년간 그의 비서로 보좌역을 맡았던 영국 여성 에리카 파월은 자 신의 회고록에서 은크루마를 변덕스럽고, 성급하고 격정적이지만 마 음이 편할 때는 매력적이고 친절하다고 묘사하면서 '감정기복이 심 한 것이 문제'라고 지적하였다. 은크루마의 결혼무용론에 대한 답신 에서 파월은 은크루마는 어떤 여성과 결혼했어도 후회했을 것이라고 하면서 그는 혼자 있는 것을 더 좋아했다, 그는 여자들에게 마음을 빼 앗기는 것을 원치 않았다고 말했다. 또한 그는 틀에 매이는 것, 판에

박힌 방식을 따르는 것, 관습을 따르는 것을 좋아하지 않았다고 썼다.

한편 1965년 에리카 파월에게 보낸 편지에서 은크루마는 당시 자신의 심경을 이렇게 토로하고 있다. "나는 친구도 없고 말동무도 없습니다. (…) 나는 외로움이 사무쳐서 때로는 눈물이 솟구칩니다. 나는 고립되어 있는 사람입니다. 나는 인생 그 자체로부터도 고립되어 있습니다. (…) 결혼을 해도 아무 소용이 없었습니다. 오히려 외로움이 깊어지고 악화되었지요. 나 자신을 위해서가 아니라 대통령이라는 지위 때문에 결혼한 거라고 내가 전에 말한 적 있지요?" 이렇게 결혼은 은크루마가 느끼는 고립감을 완화시키지 못하였다.

사실 위인 은크루마의 사생활을 이야기할 때 빠지지 않는, 어떻게 보면 유일한 이야깃거리가 되는 것이 바로 결혼 수수께끼다. 그는 오랫동안 독신으로 살아오면서 결혼에는 뜻을 두지 않았다. 그러다가 어느날 갑자기 별로 내키지는 않지만 결혼하기로 마음먹는다. 그의 토로대로라면 '대통령이란 지위 때문에' 할 수 없이 결혼을 하게 된 것이다. 가족·친지나 지인들과는 한마디 상의도 없이 이집트 대통령 나세르를 찾아가서 이집트 출신 신부를 구했다. 나이 어린 신부가 결혼식 당일 아크라에 도착했을 때에야 신랑은 처음으로 신부의 얼굴을 봤다. 신부인 파티아 리즈크는 아랍어 사용자로 프랑스어는 몇마디 소통할 정도이고, 신랑 은크루마는 아랍어도 프랑스어도 모른다. 첫 대면부터 언어장벽에 가로막혀 대화 한마디 제대로 할 수가 없었다.

1957년 12월 30일, 크리스티안스보르 성채에서 소수 인원만이 참석한 가운데 결혼식이 조촐하게 거행되었다. 신랑은 그날 아침에도 보좌관들에게 그날 있을 결혼식에 관해 한마디도 하지 않았다고 한다. 수석 보좌관은 그가 유별나게 말끔히 옷을 차려입는 것을 보고

"각하, 오늘 옷차림이 결혼하실 분 같으십니다" 하고 농을 던졌다. 그래도 그는 아무 대꾸도 하지 않고 농을 무덤덤하게 받아들였다. 은크루마는 파티아와 결혼해서 세 자녀를 두었다. 자신의 처와 자식들은 "절대적으로 사생활에 속하는 문제"라고 하면서, 가족에 대한 세인의 이목을 철저하게 차단하였다. 런던의 한 출판사가 그의 저서『신식민주의』 출간을 준비하면서 표지의 저자 소개란에 "결혼해 세 자녀를 두었다"라는 구절을 넣자 은크루마는 쓸데없는 내용이라며 그 구절을 삭제해버렸다. 그가 실각되어 기니 코나코리에서 고독한 망명생활을 하는 동안에도 가족들과 연락 한번 없었다고 한다. 그렇다고 가족 간에 불화가 있어서는 아니었다고 하니, 독특한 가정 철학의 소유자임에는 틀림이 없다.

은크루마는 세계평화를 수호하기 위한 그의 투쟁 공로가 인정되어 1963년에 국제레닌평화상을 수상하였다. 그리고 링컨 대학, 모스크바 대학, 카이로 대학, 폴란드의 크라코프 대학, 동베를린의 함부르크 대학 등 여러 대학에서 명예박사학위를 받았다.

은크루마는 평생 쉼 없는 사회활동을 하면서도 분초를 아껴가며 적잖은 저서를 집필하였다.『흑인 역사: 아프리카의 유럽정부』(1938)『식민지가 자유를 향한 길, 가나: 은크루마 자서전』(1957)『아프리카는 반드시 통일해야 한다』(1963)『아프리카 특성』(1963)『신식민주의: 제국주의의 최후 단계』(1965)『콰메 은크루마의 이론』(1967)『아프리카 사회주의를 다시 탐구한다』(1967)『코나크리에서 들려오는 목소리』(1967)『가나의 어두운 나날에』(1968)『혁명전쟁 편람』(1968)『철학과 의식 형태의 비식민화』(1970)『아프리카의 계급투쟁』(1970)『투쟁의 연속성』(1973)『자유를 말하다』(1973)『혁명의 길』(1973) 등이 그의 저서들이다.

39
서아프리카 벼의 본향을 찾아서

2014년 4월 4일(금), 아크라 시내 관광을 마치고 이웃나라 나이지리아 수도 라고스로 가기 위해 15시 20분에 일찌감치 공항에 도착하였다. 원래는 아프리카 항공 076편(좌석 12D)으로 가나 현지시각 18시 30분에 이륙할 예정이었다. 그런데 이유도 밝히지 않은 채 두세번 지연 방송만 하더니 무려 4시간 30분이나 지연되어 밤 23시에야 가까스로 이륙 시동이 걸렸다. 그러고는 45분 만에 라고스 국제공항에 착륙했다. 100여명을 태운 비행기도 하급 기종으로 엉덩이를 겨우 끼워넣을 정도로 좌석이 비좁았다. 저녁식사로는 샌드위치 한개와 오렌지주스 한병이 전부였다. 탑승객들은 저마다 시무룩한 표정이었다. 새로 지은 공항의 규모는 꽤 커 보였다. 기다란 활주로가 양측에 뻗어 있는데, 기내 홍보책자에 의하면 그 길이는 각각 2,700m와 3,900m로 보잉 747 같은 대형 기종이 이착륙할 수 있다고 한다.

일행을 영접하러 나온 현지 여행사 가이드는 꼬박 5시간을 기다렸다고 하면서 항공사에 불만을 터뜨린다. 불빛 한오리 없는 칠칠흑야(漆漆黑夜)를 약 40분 달려 남(南)선이코이(Sun Ikoyi) 호텔에 도착해 616호 방에 여장을 풀었다. 창문을 활짝 열어 매캐한 곰팡내를 날려보내고, 새벽 2시경에 곯아 떨어졌다.

이튿날 아침 잠에서 깨어나니 시침은 8시를 가리킨다. 숙면을 취하니 몸은 한결 개운하다. 창문을 여니 이른 아침인데도 후끈한 열기가 낯을 스친다. 나이지리아의 기후는 전형적인 열대성 초원기후이지만 남쪽 기니만과 북쪽 사하라 사막의 영향을 받아 남북 기후가 많이 다르며, 1년은 우기와 건기의 두 계절로 나뉜다. 라고스가 자리한 기니만 연해 일대는 남방의 고온다습한 기후로서 연간 평균기온은 섭씨 28~32도이며, 4~10월이 우기로 연간 강수량은 1,788~4,318mm에 달한다. 특이한 현상은 건기에 북쪽 사하라 사막으로부터 모래가 섞인 하르마탄(Harmattan)이라는 바람이 남쪽을 향해 불어온다는 것이다. 이에 비해 북부 지방은 고온건조한 기후이며, 5~10월이 우기로서 연간 강우량은 508~1,270mm이고, 최고온도는 40여도에 이른다. 일행이 우기인 4월 초에 이곳에 와 며칠을 보내는 사이에 비의 세례는 없었다.

서아프리카 동남부의 대서양 기니만에 위치한 나이지리아는 아프리카 제1의 인구 대국이다. 인구가 약 1억 8,600만(2016)으로 아프리카 총인구의 16%를 차지하며, 세계에서는 7위의 인구대국이다. 인구는 하우사-푸라니족(29%)과 요루바족(21), 이그보족(18%) 등 250개의 부족으로 구성되어 있다. 인구에 비해 국토 면적은 상대적으로 좁은 편이다. 총면적은 92만 3,773km²로 한반도의 약 4배나 된다. 인구 가운데서 무슬림은 40%(주로 북부), 기독교도는 35%(주로 남부)이며, 기타 약간의 원시종교가 아직까지 남아 있다. 나이지리아는 인구대국일 뿐만 아니라 지하자원 대국이기도 하다. 아프리카에서 가장 많은 석유를 생산하며 세계 6위의 석유수출국이다. 천연가스 수출량은 아프리카에서는 1위, 세계에서는 8위이다. 매장된 76가지 광물 가운데서 그 절반 이상인 34%가 유용 광물로 밝혀지고 있다. 한마디로 나이지리아는 인적자원이나 물적자원에서 수위를 다투는 아프리카의 대국이다.

이 대국의 옛 수도이며 오늘도 여전히 모든 면에서 나라의 중추 역할을 하고 있는 항구도시 라고스는 이 나라 관광의 관문이다. 흔히 말하는 라고스는 오군강 하구의 기니만 연안 석호(潟湖)지대에 자리한 라고스섬과 인근의 이코이섬과 빅토리아섬 등 5개의 작은 섬들, 그리고 다리로 연결된 대륙 부분을 아우르는 지역을 지칭한다. 1,171km²의 면적에 약 1,300만명(2015)이 거주하는 서아프리카의 최대 도시다. 도시는 라고스섬을 중심으로 동서 양측으로 확장되는데, 동으로는 경관이 빼어난 이코이섬과 빅토리아섬이 자리하고, 서는 이다섬이 다리로 대륙에 이어져 있으며, 북에는 함수호(鹹水湖)가 펼쳐져 있고, 남은 만으로 여기에 유명한 라고스항이 있다. 이 지역은 일년 내내 찬란한 양광이 비치고 서늘한 바닷바람이 불어 적도가 가까운데도 그리 덥지 않다. 그런가 하면 종려나무와 야자수가 숲을 이루고, 흰갈매기가 유유히 무자맥질하는 실로 수향(水鄕, 물가마을)을 방불케 하는 명구승지(名區勝地)다. 그래서 이곳을 '아프리카의 베네치아'라고 하는 것이다.

아침 9시, 이 명승지 관광에 나섰다. 관광은 각종 현대적 건물과 시설들이 밀집해 있는 라고스섬에 집중하였다. 우선 찾은 곳은 국립박물관이다. 정문에는 문패도 없이 자유 출입이다. 100m쯤 들어가니 둥근 지붕을 한 나지막한 1층 건물이 나타났다. 잘못 온 것 같아 가이드에게 물어보니 여기가 맞다고 한다. 입장은 무료다. 한참 기다리니 해설원이 나타났다. 해설에 앞서 당부하는 것은 전시품 촬영 금지 규정이다. 심지어 전시실 바깥벽에 붙어 있는 라고스시 지도마저도 촬영이 금지돼 있다. 왜냐고 물어보니 해설원은 어깨를 들썩이면서 '박물관의 결정'이라는 외마디 소리로 답한다. 6개 전시실에 어림잡아 1,000여점의 유물이 전시되어 있다. 눈길을 끄는 유물로는 약 8,000년 전(설명문)에 굴설했다는 운하와 배를 발굴하는 현장의 사진이다. 상당히 이른 시기의 수리시설이다. 가지가 무성한 나무 꼭대기에 '신비의 새'가 앉아 있는 목제 및 철제 조형물은 흡사 우리네 솟대를 연상케 한다. 시기는 밝히지 않았으나 조각기법이 꽤 정밀한 석인상(石人像)이 여러점 선을 보이는데, 몽골초원에 널려 있는 석인상과 비견된다.

그나마도 의미있는 유물들을 렌즈에 담지 못한 아쉬움을 남긴 채 박물관 문을 나섰다. 다음 행선지는 빅토리아섬이다. 그곳을 가는 데는 몇곳을 지나야 했다. 박물관 문을 나서자 눈에 확 띄는 것이 주변의 건물들을 누르고 우뚝 솟아 있는 26층의 '독립빌딩'이다. 이 빌딩은 1960년 10월의 독립을 기념하기 위해 지은 건물로, 그간 행정기관으로 쓰다가 50여년이 지난 지금은 퇴역되어 일부를 리모델링하고 있는 중이다. 겉보기에도 세월의 풍상에 많이 지쳐 볼품 없게 되었다. 빌딩 앞에는 팔레와(Pallewa) 광장이 있는데, 해마다 이곳에서 독립 경축행사를 치르곤 한다. 원래는 상당히 큰 광장이었으나, 지금은 주변을 무단 점령하는 사람들 때문에 자꾸 좁아진다고 한다.

이어 시장거리를 지났다. 흔히 다른 나라에서 보아온 혼잡한 재래

독립을 기리기 위해 지은 26층짜리 '독립빌딩'

시장과 현대적 상업거리가 뒤섞인 모습이다. 행인들로 발 디딜 틈이 없다. 인구대국으로서의 인간 밀집상을 여실히 보여준다. 교통질서란 아예 실종 상태다. 차는 간단없이 경적을 울려야 한 발자국이라도 나아갈 수 있다. 가까스로 오른쪽으로 굽어드니 색다른 건물들이 나타난다. 이른바 '브라질 거리'다. 한때 이곳도 이름난 흑인노예 거래소였다. 숱한 노예들이 브라질을 비롯한 라틴아메리카의 여러곳에 강제로 끌려가 혹독한 노역에 시달렸다. 살아남은 그 노예들의 후예가 오래전에 선조들이 떠나간 고향 땅인 이곳에 다시 돌아와 이처럼 사회공동체를 이루어 살고 있는 것이다. 낙엽이 제 뿌리에 떨어지듯, 인간 또한 구경에는 제 고향으로 돌아가고야 만다는, 혹은 돌아가야 한다는 '낙엽귀근(落葉歸根)'의 인간의 상정〔人間之常情〕을 고스란히 보여

'브라질 거리' 모습

주는 사례다. 오랫동안 이역에서 살던 이들이라 주택양식이나 생활방식이 이곳 사람들과 다를 수밖에 없다. 그러나 세월이 흐름에 따라 그 다름을 이겨내고 이제는 하나의 모습으로 살아가고 있다. 원래 그들의 조상은 여러 종족이었을 텐데, 고향에 돌아온 그들에게는 더이상 종족의 딱지는 붙어 있지 않다고 한다. 그저 하나의 국민일 뿐이다.

시장거리 중간쯤에서 하늘로 치솟은 이슬람사원 첨탑(尖塔, 돔)이 비스듬히 보인다. 몸체 대부분은 고층건물에 가려져 있어 첨탑만 드러난다. 그래서 규모가 얼마나 되는지는 가늠할 수 없지만 라고스에서 가장 큰 사원이라고 한다. 이 나라 이슬람과 무슬림들의 상황을 알아볼 수 있는 기회라서 차에서 내려 걸어가보려고 하였다. 현지 가이드는 신변 안전 때문에 절대 안 된다고 한다. 이 거리에 들어서자 기사는 차창을 열지 못하게 한다. 심지어 카메라도 들이대지 말라고 손 짓한다. 근간에 이 거리 주변에서 이슬람 과격파들의 무장기습 사건이 종종 일어난다고 한다. 사실 이번 여행을 떠나기 전에 나이지리아는 여행제한국에 속해 있어 여행 여부를 신중히 검토하였다. 아프리카에서 인구대국이면서 고대 서아프리카의 '문명의 요람'이며 니제르강 유역은 아프리카벼의 원산지라는 점 등을 감안해 여행 일정을 잡았으나 라고스 한곳만 들르기로 하였다. 여행제한국일 수밖에 없는 까닭이 공항이나 호텔에서의 삼엄한 경비에서부터 밝혀졌다. 2016년 세계 121개 나라의 안전지수 순위에서 나이지리아는 최하위에 속하는 117위를 기록했다. 아프리카에서도 가장 불안전한 나라의 하나로 꼽히고 있다.

최근 연간 군사독재가 꼬리를 물면서 국내 치안은 극도의 혼란과 불안으로 치닫고 있다. 그 중심에는 이슬람교와 기독교로 대표되는 북과 남의 갈등과 충돌이 있다. 나이지리아는 사하라 이남의 아프리카에서 무슬림 수가 가장 많은 나라다. 인구의 40%가 무슬림이고 35%가 기독교인인 나이지리아에서 이슬람과 기독교 간의 갈등은 오래되고 해묵은 것이다. 특히 이슬람 신정국가 건설을 목표로 하는 이슬람극단주의 무장조직인 보코하람(Boko-Haram, '서양식 교육은 죄악이다'라는 뜻)이 2002년 북동부의 보르노주(州)에서 결성되면서 갈등이 더욱 치열해져 도처에서 충돌과 테러가 무시로 자행되곤 한다. 그럴때면 서로가 그만 독립국으로 분립하자는 주장도 나온다. 이러한 갈등은 근원적으로 남북 간의 사회적·경제적 격차에서 오는 불만의 표출이다. 이슬람 북부의 소득 수준은 기독교 남부에 비해 절반밖에 안되며, 문맹률은 북부가 남부에 비해 약 60% 더 높다. 남서부의 오요

(Oyo)주 주도 이바단(Ibadan)에 있는 유니버시티 대학 재학생 1,000명 중 북부 출신은 57명에 불과하며, 고위 공직자 가운데 북부 출신은 고작 1%뿐이다. 이러한 격차를 메꾸지 않으면 남북 간의 갈등이나 충돌은 지속될 것이다. 물론 치안의 부재는 종교 간, 남북 간의 갈등이나 충돌만이 그 원인이 아니고, 그밖에 부정부패나 빈궁화 같은 요인들도 작용한 것이다.

비비대며 시장거리를 겨우 빠져나와서 향한 곳은 다리 너머의 빅토리아섬이다. 다리를 건너자 무연한 해변가가 나타나기에 차를 세우고 카메라를 들고 해변가로 걸어가는데 난데없이 어디선가 건장한 남자 세명이 뒤쫓아와 촬영금지 푯말을 손으로 가리키며 당장 돌아가라고 한다. 모래만이 질펀하게 깔려 있는 바닷가인데도 촬영을 금한다니? 의아스럽지만 군말 없이 돌아섰다. 그네들은 해안개축공사 직원(?)들이라고 한다. 해변가를 끼고 길게 뻗어나간 거리 좌우에는 우아한 회사와 은행, 호텔과 식당 건물들이 즐비하다. 각국 대사관들도 여기에 있다. 이윽고 한 미술 갤러리에 도착했다. 단아한 단층 건물이다. 몇 안 되는 전시실에는 아프리카풍이 물씬 풍기는 회화 작품들과 조각품들이 전시되어 있다. 역시 촬영이 불허되니 눈요기밖에 할 수 없었다. 관람을 마치고 돌아나오는 길에 마당에 전시된 아류(亞流) 작품들을 렌즈에 담았다. 필자의 눈에는 갤러리 안팎에 전시된 작품들은 내용이나 예술성 면에서 별반 차이가 없어 보인다. 그런데도 이렇게 주류와 아류로 나뉘어 주류는 실내에서 우대받고 아류는 실외에서 천대받는 현실이 안타깝기만 하다.

이어 빅토리아섬의 운치를 더해주는 자연공원으로 발길을 옮겼다. 수향의 정취가 흠뻑 풍기는 공원은 각종 남방 수중 생물들로 꾸몄다.

갤러리 나이크 아트의 외경

갤러리 정원에 전시된 '악기 타는 여인' 상

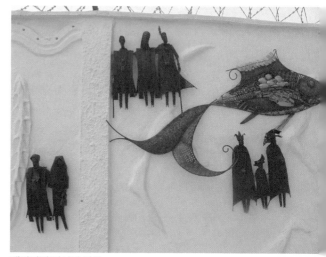
갤러리에 전시된 민화

빅토리아섬의 자연공원 입구　　　　공원 내 숲길

열대림을 방불케 하는 수목들이 숲을 이루어 하늘을 덮고, 오색찬연한 꽃들이 흐느적거리며 나비를 불러들인다. 바닥에서는 이름 모를 물고기들이 노닐며, 숲속에서는 새들이 우짖는다. 깃을 활짝 펴고 재롱을 부리는 공작새가 카메라에 포착되기도 한다. 숲속에는 수면에서 50cm쯤 높이에 놓인 너비 1m의 나무다리가 격자문(格子紋)으로 사방에 이어졌다. 그 나무다리 길이만도 4km에 달한다고 한다. 다리가 꺾어지는 귀퉁이마다에는 앉아서 풍광을 감상할 수 있도록 햇볕이 가려진 의자가 놓여 있다. 의자에 걸터앉으니 산들바람이 연해 불어오면서 노독을 씻어낸다.

　몇곳을 들러오다보니 어느덧 정오가 훨씬 넘었다. 출출한 김에 가이드가 근처에 한국식당이 있다고 해서 찾아가니 한국식당이 아니라 중국인이 경영하는 오리엔트 호텔에 딸린 중국식당이다. 돌아나오는데 기사가 좀 떨어진 곳에 한국식당이 있다고 해서 물어물어 찾아가니 역시 명주루(明珠樓)라는 중국식당이다. 이곳 사람들은 한국과 중국을 구별 못하는 것 같다. 할 수 없이 이 식당에서 간단한 요리로 요기를 때웠다.

오후 2시가 좀 넘어서 찾아간 곳은 라고스섬에 있는 템포(Tempo) Y26 재래시장의 쌀가게다. 앞에서도 언급하였지만 치안 불안으로 여행이 제한된 이 나라를 굳이 여행하는 데는 그럴 만한 절박한 이유가 있다. 즉 최근 벼의 원산지와 그 교류에 관한 연구가 대두되면서 서아프리카 니제르강 유역이 고대 벼의 원산지 중 하나라는 논제를 구명하는 것이 범세계적 농업문화대의 형성과 그 변천 과정을 연구하는데서 매우 중요하기 때문에 현장답사 연구가 필수인 것이다. 필자는 아시아는 물론 중남미를 답사하면서도 내내 어쩌면 우리의 벼농사와 직결될 수 있는 그곳의 벼농사에 특별한 관심을 가지고 살펴보았다. 그 맥락에서 나이지리아의 벼농사 역사를 현장에서 확인하고 조명해보려는 포부를 안고 이곳에 온 것이다. 도착 첫날부터 이러한 포부와 목적을 현지 가이드에게 설명하고 안내를 간곡하게 부탁하였다. 그러나 그는 신변안전 문제와 더불어 지금은 재배하지 않는다는 둥, 재배지는 여기서 500여km나 떨어진 후미진 곳이라서 가기가 어렵다는 둥 구실에 가까운 이유를 들어 응답을 피해왔다. 물론 이해되는 바가 없지는 않다. 우격다짐할 수도 없는 터, 참아오다가 그 대안으로 재래시장의 쌀가게를 직접 찾아가 실태를 알아보기로 합의하고 오늘 그 실행에 나섰다.

아무래도 벼의 역사에 관한 개략적인 이해가 선행되어야 필자의

의중을 제대로 헤아릴 수 있을 것 같다. 벼에는 생태적으로 야생벼와 재배벼가 있는데, 보통 벼라고 하면 재배벼를 의미한다. 재배벼는 실크로드를 통해 세계 각지로 가장 널리 확산된 대표적인 농산물의 하나다. 벼의 껍질을 벗겨낸 알맹이인 쌀은 6,000~7,000년 전부터 밀과 옥수수와 더불어 인간의 3대 주식 곡물의 하나로 자리를 굳혀 지금까지 6대주 110여개 나라로 퍼져나갔다. 벼에는 서아프리카 벼인 오리자 글라베르리마(Oyza glaberrima)와 아시아 벼인 오리자 사티바(Oryza sativa)라는 두 종류가 있다. 전자가 서아프리카의 니제르강 유역에서 발생했다는 데는 이론(異論)이 없지만, 후자의 기원에 관해서는 여러 가지 설이 있다. 그 가운데서 인도의 동북부 아쌈(Assam) 지대와 중국 남부 윈난(雲南) 지대를 아우르는 이른바 '아쌈-윈난 지대설'이 가장 유력시되고 있다. 아시아 벼는 다시 인도를 비롯한 동남아시아와 중국 양쯔강 이남에서 재배하는 인디카(Indica, 인도형 메벼, 한국에서는 흔히 '안남미'라고 함)와 양쯔강 이북과 한국·일본 등 동북아시아 일원에서 재배하는 자포니카(Japonica, 일본형 찰벼)로 대별된다. 그밖에 주로 동남아시아에서 재배하는 자바니카(Javanica, 자바형)가 있다. 형태상으로 보면 인디카는 좀 길쭉하다고 해서 장립형(長粒形)이라 하고, 자포니카는 단립형(短粒形)이라고 한다.

아시아 재배벼의 기원에 관해 오랫동안 많은 논란이 끊이지 않은 가운데 1998년과 2001년 우리나라 충청북도 청원군 옥산면 소로리의 한 구석기 유적에서 지금으로부터 약 1만 7,000년~1만 3,000년 전(미국 GX 방사선연구소는 1만 4,820~1만 3,010년 전으로 추정)의 토탄층(土炭層)에서 모두 59톨의 탄화 볍씨가 발견되었다. 구석기시대에는 아직 벼 농사가 없었다는 통념 등의 이유로 이론이 있지만, 필자는 일단 졸저

『실크로드 사전』(창비, 2013)에서 이 볍씨를 '소로리카'(Sororica)로 명명하였다. 소로리카는 지금까지 지구상에서 발견된 볍씨 가운데서 가장 오래된 것으로 재배벼의 기원에 관한 연구에 획기적인 불빛을 비춰주고 있다. 이것이 사실로 밝혀져 공인된다면 우리나라는 벼의 조상국이 될 것이다. 이런 전제하에 필자는 자긍심을 갖고 가는 곳마다 벼의 교류사적 연혁과 생태를 유심히 살펴본다. 거듭 밝히지만 불원만리 아프리카 벼의 산지라고 하는 이 나라에 온 주목적도 바로 이것이다. 그럴진대 부득이한 여건으로 인해 현장과의 접촉이 차단되고 있는 것이 안타깝기 그지없다. 목적 달성을 위한 일말의 가능성이라도 살려보려는 집착이 바로 다름아닌 재래시장 쌀가게로의 행차다.

라고스섬에 있는 템포 Y26 재래시장은 규모가 상당히 큰 시장으로 여느 나라 재래시장과 마찬가지로 주로 서민들의 생활에 필요한 물품들이 거래되고 있다. 역시 인구대국이라고 아니 할까, 발 디딜 틈 없이 사람들로 붐빈다. 가이드와 기사는 안전을 고려해 앞뒤에 서서 현지인이 일행에 접근하는 것을 막아가며 쌀가게로 안내했다. 쭉 늘어선 쌀가게 가운데서 제일 큰 가게인 잇도마켓(Iddo Market)으로 안내되었다. 종업원 5~6명이 일하고 있다. 산더미같이 쌓인 쌀을 두리번거리고 있는데 어디선가 가게주인이 나타났다. 그는 일행을 동남아 어느 나라에서 온 미곡상(米穀商)쯤으로 알고 반가이 인사하면서 명함을 내민다. 40대 후반의 카비루 지모(Kabiru Jimoh) 씨다. 찾아온 취지를 듣고 카비루 씨가 화답한 내용은 다음과 같다.

"조상 대대로 쌀가게로 가업을 이어왔다. 어느 때부터인지는 잘 몰라도 오래전부터 나이지리아는 벼농사를 지어왔다. 지금도 마찬가지지만

나이지리아산 쌀에 관해 설명하는 라고스섬 템포 Y26 재래시장의 잇도마켓 주인 카비루 지모

나이지리아산 각종 쌀과 카비루 지모 씨의 명함

내륙에서 흘러오는 니제르강 유역에서 벼농사를 제일 많이 지었다. 옛날에는 아프리카에서 벼농사를 짓는 나라가 나이지리아밖에 없었는데, 지금은 몇곳에서 벼농사를 짓는다고 한다. 그런데 보다시피, 지금은 값싼 동남아시아나 인도산 쌀이 마구 들어와 온통 외국 쌀뿐이다. 지금도 나이지리아나 세네갈 사람들은 쌀을 주식품으로 하고 있다."

매대에 놓고 파는 쌀은 일견해 장립형 동남아시아산 쌀임을 알 수 있다. 주인도 인정한다. 그렇다면 재래(전통)쌀은 없는가 하고 물으니 주인은 지금은 오지에서 조금 재배한다고 대답한다. 있으면 보여달라고 하니 매대 뒤에서 작은 주머니에 넣은 재래쌀을 들고 나왔다. 이름하여 '바다'(Bada) 쌀이다. 분명 하얀 단립형 쌀이다. 순간 짜릿한 전율을 느꼈다. 우리네의 백미(白米) 단립형 쌀과의 연관성이 뇌리를 스치고 지나가면서 더 없는가 하고 물으니, 친절한 주인 아저씨는 잠깐 기다리라고 하면서 몇집 건너의 쌀가게에 가서 '아바칼리키'(Abakaliki)라는 이름의 하얀 단립형 재래쌀을 가지고 왔다. 주인의 특별허가(시장은 촬영이 금지되어 있다)를 받고 슬쩍 두가지 재래쌀을 렌즈에 담는 데 성공했다. 그제서야 그나마의 성취감에 마음이 좀 놓인다. 우리는 이 두가지 재래쌀을 각각 1kg씩 구입하였다. 값은 일반 수입쌀보다 30% 더 비싸다. 쌀값에 덤으로 수고비를 얹어드렸다. 필자는 주인의 친절에 감사하면서 포옹으로 작별인사를 나눴다. 주인과 직원들은 행인들 속에서 보이지 않을 때까지 손을 저으며 일행을 바래주었다.

바다와 아바칼리키를 장기간 여행 도중에도 애지중지 잘 보관했다가 귀국 후 연구소에서 100g씩 밥을 지어봤더니 영락없이 하얀 단립형 밥인데, 우리네 쌀밥보다 찰기가 좀 덜한 것이 다른 점이라면 다른 점이다. 비전문가로서는 여기까지가 한계선이고 그 이상의 밝힐 점은 전문연구기관에 맡기는 것이 도리일 것이다. 그래서 2016년 9월 농업사 연구에 일조가 될까 하여 '볍씨박물관'에 정식 기증하였다. 이날 나이지리아산 쌀과 함께 같은 해인 2014년 6월 카리브해 답사 때 자메이카에서 구한 동카리브해 자메이카산 '삼보쌀'(三寶쌀, Three Jewels Rice)도 기증하였다. 카리브해 지역에서는 유독 자메이카에서만 벼농사를 짓는데, 볍씨는 콜럼버스가 가져왔다고 전한다. 형태는 장-단립형이며 약간 차지다. 거의 부진 상태에 있는 세계 벼문화대의 형성에 관한 연구는 농경문화의 교류사 연구에서 중요한 자리를 차지하고 있다.

40
석유문명에 대한 저주

필자가 2년 전 단행한 라틴아메리카 답사와 마찬가지로 이번 아프리카 답사도 주로 동서남북의 해안국가들을 답사 대상지로 잡은 것은 해상실크로드의 환지구성을 현장에서 확인하고 연구하기 위해서다. 이를 위해서 어느 나라에서나 답사 순서는 박물관 다음에 항구다. 항구야말로 해상실크로드의 환절(環節)이고 거점이기 때문이다. 그래서 여건이 허용되기만 하면 꼭 항구를 찾는 것이 불문율이 되었다. 라고스항의 경우 항구의 규모가 궁금할 뿐만 아니라 석유대국인 이 나라의 유전을 현장 답사할 수 없는 여건에서 항구 내의 송유시설이라도 눈여겨보아야 답사 면목이라도 설 법했다. 그러나 경계가 삼엄한 이 나라에서 항구나 송유시설을 찾아가자고 하는 말은 입밖으로 내뱉을 수 없다. 그래서 무례한 짓이기는 하나 황금만능의 연막 뒤에서 '보트투어'라는 이름을 걸고 항구 관광에 나서는 데 성공했다. 선창

| 우리 일행이 타고 갈 소형 동력선 | 출항 준비 중인 선장 |

(船倉)에 묶어놓은 3인용 소형 동력배를 타고 출항했는데, 바람 부는
날씨에다 지나가는 선박들이 일으키는 물결에 조각배는 좌우전후 걷
잡을 수없이 기우뚱거린다. 그럴 때면 간담이 싸늘해진다. 그저 배몰
이꾼의 늠름하고 태연자약한 모습에서 일말의 위안을 얻을 뿐이다.
그러다가도 일단 피사체가 나타나기만 하면 모든 것을 잊고 주워담
기에 여념이 없다. 이렇게 1시간의 투어를 마쳤다.

　호텔에 돌아와서 피사체들을 하나하나 점검해보았다. 한마디로 규
모가 대단한 항구다. 나이지리아에는 모두 13개의 항구가 있는데, 라
고스항은 그 가운데서 가장 크고 중요한 항구다. 대서양의 기니만에
자리한 이 항구는 풍랑을 막을 수 있는 최상의 자연조건을 구비하고
있다. 입항 양측은 대형 호형(弧形) 방파댐으로 에워싸여 대서양의 격
랑을 너끈히 막는다. 지금은 1만톤급 선박이 정박할 수 있는 2개의 심
수(深水)부두를 갖추고 있으며, 전국 수출입 화물 물동량의 70~80%

석유저장탱크 매몰 작업

를 담당하고 있다. 부두의 한가운데에는 높이 30여m의 통제탑이 우뚝 솟아 라고스항의 중추신경 역할을 하고 있다. 지난 시기 나라의 경제발전에 발맞춰 다섯번이나 확충공사를 진행하였으며 지금도 그 작업은 계속되고 있다. 헤아릴 수 없이 많은 대소 선박들이 정박해 있으며, 그 사이사이로 철갑을 두른 군용선박들도 눈에 띈다. 더러는 대구경포를 장착한 경비정이라고 한다.

　항구 시설물 가운데서 가장 눈에 잘 들어오는 것은 쭉 늘어선 대형 은빛 석유저장탱크다. 탱크 앞에는 영락없이 대형 유조선들이 겹겹이 진을 치고 있다. 석유문명의 저주를 먹고 배불뚝이가 된 저 저장탱크와 유조선, '검은 황금'을 저장하고 싣고 다니며 일국의 운명을 좌지우지하는 그 속내가 일찍부터 퍽 궁금했다. 그것이 발견되는 날이면 졸지에 빈국이 부국이 되고, 떵떵거리며 발호(跋扈)를 일삼기 일쑤다.

석유를 운반하는 대형 유조선

사우디아라비아가 그러했고, 베네수엘라가 그러했으며, 나이지리아
도 그 꼴로 닮아갈 뻔했다. 이른바 '석유대국'들도 그 행태에서 크게
벗어나지 못하고 있다. 그래서 명실공히 문명기행을 떠나는 것이니
만큼 아프리카 제1의 석유대국인 이 나라에 오기로 준비할 때부터 그
굴곡된 내막을 파헤쳐보려고 작심하였다.

　1956년 영국과 네덜란드계 석유회사인 셸(Shell)사가 40여개 부족,
약 2,000만 농어민이 사는 나이지리아 남부의 델타 지역에서 아프리
카 최초이자 최대의 유전을 발견했다. 그때부터 근 60년이 지난 지금
나이지리아는 아프리카에서는 최대, 세계에서는 7번째 원유 매장국
이며 12번째 원유 생산국이다. 따라서 석유산업이 나이지리아 경제에
서 차지하는 비중은 가위 절대적이다. 2004년 정부 세입의 70%는 원
유와 천연가스로부터 나온 수익이었으며, 총수출액의 94.2%를 원유

와 천연가스가 차지했다. 이 나라의 모든 현대적 건설은 석유가 가져다준 부의 산물이라고 해도 과언이 아니다. 그럼에도 세계 석유시장에서 나이지리아의 위상은 상대적으로 아주 낮다. 2007년 세계의 일일 원유 총생산량 7,236만 배럴 중 나이지리아의 생산량은 그 3%에 불과한 216만 7,000배럴이었다. 원인은 선진 석유대국들의 배타성과 사회적 갈등으로 인한 국내 생산의 부진에 있었다.

나이지리아의 첫 유전이자 아프리카의 첫 유전은 1956년 6월 라고스에서 동쪽으로 약 500km 떨어진 리버스주(州)의 올로이비리(Oloibiri) 마을에서 발견되었다. 마을 주민의 말에 의하면, 1930년대부터 셸사 사람들이 델타 지역의 유전을 탐사하기 시작했는데, 발견 3년 전에 4명의 백인 기술자가 나타나 마을 외곽의 늪, 지하 3,600m에서 '보물'(석유)을 캐냈다. 촌민들은 멋도 모르고 춤추며 기뻐했다. 일시 마을은 흥성거렸다. 그것도 잠시, 1972년 다른 곳에서 유전이 발견되자 석유회사는 고용 노동자들을 포함해 모든 설비들을 팽개치고 어디론가 떠나버렸다. 농토는 흘러내린 석유 세례를 받아 까맣게 변색해 농사를 지을 수 없게 되었고, 식수도 오염되어 마실 수 없게 되었다. 화재를 경계한답시고 밤이면 전기는 물론 초롱불도 켤 수 없어 마을은 온통 암흑세계가 되었다. 촌민은 실업자가 되어 뿔뿔이 흩어졌다. 이러한 청천벽력의 치명적 피해는 어디서도 보상을 받을 수 없었다. 이러한 참상은 그후 유전이 생긴 곳이라면 진배가 없었다.

각지의 유전에서 퍼올려진 석유는 파이프라인을 통해 몇몇 플로우스테이션(Flow Station, 석유와 물을 분리하는 장치)에 모인 뒤, 석유와 가스로 분리된 다음 다시 파이프라인을 타고 해안에 있는 터미널을 지나 석유저장탱크에 모인다. 이곳에 잠시 비축되었다가 항구에 정박 중인 유조선에 실려 세계 각지로 운송된다. 나이지리아에는 6개의 석유 터미널이 있는데, 그중 가장 큰 것은 나이지리아-셸사의 보니 터미널로, 전체 원유 수출의 30%를 담당한다. 나이지리아산 원유의 최대 수입국은 미국으로 총수출량의 40%를 차지한다. 채굴된 석유의 90%는 원유 상태로 수출되어 외국의 정유소에서 정제된다. 아이러니하게도 그것이 가솔린이나 등유, 경유 등 석유제품으로 만들어져 부가가치가 덧붙여진 채로 역수입된다. 그래서 사람들은 "우리 땅에서 나는 혜택은 우리 손으로 관리하고 싶습니다. 정말 화가 납니다"라고 절규한다.

유전지대 주민들의 가장 큰 분노의 원인은 원유 채굴에 따른 가시적인 환경오염이다. 그중에서도 유정에서 새어나오는 원유가 주위의 토양과 하천을 회복 불가의 상태로 오염시키는 것이 가장 심각하다. 통계에 의하면 유전이 집중된 델타 지역에서는 2004년 한해 동안 236건의 원유유출 사건이 발생했다. 사고가 아무리 적어도 한해에 100건 이상 일어난다고 한다. 나이지리아법은 석유가 발견된 땅의 소유자가 채굴을 거부할 수 없게 규정하고 있다. 석유회사가 유전으로 지목하면 땅의 소유주는 무조건 낮은 지가를 받고 땅을 빼앗긴다. 또다른 분노의 원인은 정부가 국민의 생명과 생활을 지켜주는 대신 '가해자'로 행세한다는 것이다. 1966년부터 7차례나 군사쿠데타가 발생한 탓에 그 어느 정권도 석유문명이 초래하고 있는 이러한 엄중한 문제를 치유하려는 노력을 기울이지 않았다. 석유산업이 국가의 재정을 지탱하는 기둥임에도 정부는 정권 유지 차원에서 석유와는 무관한 북부 지역의 개발을 우선시하고 거기에 집중 투자했다. 1970년대 말 외국의 석유기업들이 연방정부에 지불한 광구(鑛區) 임대료 중 주요 산유지대인 두 지역에 환원된 것은 겨우 2%뿐이다.

석유산업에 대한 이러한 정부의 무관심에 힘입어 밀매가 판을 치고 있다. 나이지리아 국영석유회사(NNPC)의 한 간부는 이렇게 증언하고 있다. "연방정부나 주정부의 고관들로부터 돈을 받은 자들이 원유를 밀매하여 고관들 주머니로 고스란히 갖다바친다고 봐도 틀리지 않을 겁니다." 나이지리아산 원유의 절반 이상을 생산하는 나이지리아-셸사의 2004년 추계(推計)를 보면, 이 회사의 석유 관련 시설에서는 하루에 4~6만 배럴씩 파이프라인에 뚫린 구멍으로 새어나가 바다에 정박하고 있는 가짜 유조선에 실려 외국에 밀매되고 있다. 이렇듯 현대 문명의 물리적 존립 기반이라고도 불리는 석유자원이 여기 이 땅에서는 모든 불행의 시작이 되고 있으니 문명의 파멸이 아닐 수 없다. 세계 각국의 국가적 부패를 추방하는 운동을 전개하고 있는 독일의 민간단체인 국제투명성기구가 발표하는 국가별 부패인식지수를 보면 나이지리아가 2001년부터 4년 연속으로 최하 2위를 기록했다는 사실이 설득력 있게 안겨온다.

　　물론 이러한 모순과 부조리, 부패를 나이지리아 국민은 가만히 보고만 있지 않았다. 치열한 저항운동에 나서왔다. 그 운동을 이끈 대표적 단체는 2004년 9월에 정부와 석유기업에 선전포고를 한 도쿠보 아사리의 '니제르델타인민지원군'(NDPVF)과 2006년 초반부터 석유 관련 시설 파괴와 기업 관계자 납치를 시행한 '니제르델타해방운동'(MEND)이다. 비록 정부군의 진압에 의해 소기의 목적을 달성하지는 못하였지만, 독립 후 나이지리아의 하향정세(下向政勢)에는 신선한 각성제가 되었다.

　　1960년 독립 당시만 해도 나이지리아는 아프리카의 제1 인구대국에다가 석유를 비롯한 풍부한 지하자원에 일정한 정도의 산업 기반을 갖추고 있는 중진국 반열의 나라로서 미래에 대한 꿈과 희망에 부풀어 있었다. 그러나 반세기가 지나는 동안 위정자들의 무능과 실책, 탐욕과 부패로 인해 석유는 오히려 모든 불행의 화근이 되고, 사회 갈등은 날로 격화되어 꿈과 희망은 가뭇없이 사라지고 온 국가가 비참한 나락에 떨어지고 말았다. 아프리카 최초의 노벨문학상 수상자(1986)인 나이지리아 작가 월레 소잉카(Wole Soyinka)는 자신의 조국 나이지리아를 '아프리카 대륙의 아물지 않은 상처'라며 절규하고 있다. 조국을 사랑하고 조국의 빛나는 미래를 꿈꿔오던 대문호가 얼마나 실망하고 아픈 상처를 입었으면 이렇게 절규했겠는가? 아물기를 바랐지만 아물지 않은 그 상처, 너무나 깊다.

아프리카 현대사에 조예가 깊은 전기 작가인 영국의 마틴 메러디스는 명저 『아프리카의 운명』(The Fate of Africa, 794~96면)에서 그 '상처'를 낱낱이 진단하였다. 그 상처는 독립 후 적잖은 아프리카 나라들에 전염병처럼 퍼져 독립의 꿈과는 괴리(乖離)된 악몽의 궤적을 달리고 있으며, 설욕은커녕 그 욕됨이 반복되는 지경이다. 이 처참한 아프리카의 현실을 재진단하고 경종을 울려 전철을 밟지 않는 데 의미가 있다고 사료되어 조금은 장황하지만 대표성을 띤 부분을 그대로 인용하고자 한다.

"석유 호황으로 2,800억 달러의 수입을 거두었어도 경제는 엉망이었다. 공공서비스는 만성적인 기능 부진에 시달리고 있었다. 학교와 병원은 퇴락하고 고등교육은 거의 무너졌으며 도로에는 수많은 구멍이 패어 있었다. 전화시설은 거의 작동하지 않았고 정전 사태가 자주 일어났으며 국내 석유 공급량도 부족했다. 평균적으로 볼 때 나이지리아 국민은 석유 호황이 시작되었던 1970년대 초보다 더 가난해졌다. 1인당 국민소득이 310달러로 1960년 국민소득의 3분의 1 이하였다. 인구의 절반이 하루 30센트로 생활하고 있었고, 인구의 절반은 안전한 식수도 이용할 수 없는 처지였다. 아동 인구의 5분의 1가량이 만 5세가 되기 전에 목숨을 잃었고, 5세 미만 아동 인구의 절반가량이 영양 결핍으로 발육이 부진했다. 수백만 국민이 기본적인 편의시설을 이용하지 못한 채 썩어가는 쓰레기더미 주변에서 생활하고 있었다.

나이지리아 역대 정부의 실적은 최악이었다. 공무원 조직을 비롯한 주요 정부기구들은 엄청난 재원을 탕진하면서도 공공서비스를 거의 제공하지 못한 채 횡령과 뇌물수수가 만연해 있었다. 군부는 국민들 사이에서 혐오의 대상이었다. 경찰은 일상적으로 민간인을 상대로 돈을 갈취하고, 때로는 폭력범죄 집단과 공모하는 등 점령군처럼 행동했다. 준군사조직인 기동경찰대는 '살인부대'(Kill and Go)라는 별명으로 불릴 만큼 잔혹하기로 악명이 높았다. 군부의 경쟁 세력으로 자리잡을 가능성을 차단하기 위해 경찰 병력은 의도적으로 작은 규모로 유지되었다. 약 1,000만 인구가 살고 있는 라고스에서 근무하는 경찰은 1만 2,000명 이하였다. 경찰은 재원과 장비가 부실하고 훈련 상태가 열악하여 폭력범죄 집단을 당해낼 수 없었다.

사법체계 역시 엉망이었다. 많은 재소자가 재판 절차도 거치지 않고 여러해 동안 교도소에 구금되었다. 초만원인 교도소 상황을 조사한 정부의 어느 위원회는 재소자의 절반가량이 적법한 절차를 거치지 않고 교도소에 구금되었다고 보고했다. 판사 얼굴 한번 보지 못한 채 10년째 독방에 갇혀 있는 사람들도 있었다. 정의 대신 뇌물이 사법 절차를 결정 짓는 경우가 적지 않았다. 명문 가문 출신이거나 강력한 정치인의 후원

덕분에 구형을 면하는 범죄자가 많았다. 돈이나 막강한 연줄이 있으면 누구나 국가기구를 이용해서 토지 분쟁이나 사업상의 분쟁 혹은 개인적인 원한관계에 있는 적수를 해칠 수 있었다.

경제적인 이점이 전혀 없는데도 과시적인 사업에 막대한 자금이 투입되었다. 총 80억 달러의 비용이 투입되어 아자오쿠타(Ajaokuta)에 제철 산업단지가 건설되었지만 이곳에서는 철근 한토막 생산되지 않고 있었

마틴 메러디스의 『아프리카의 운명』
(© 휴머니스트)

다. 아부자(Abuja, 1991년에 천도한 신수도 — 필자)에 수십억 달러가 투입되어 호텔들과 사무용 건물들이 휘황찬란하게 들어선 초현대식 수도가 탄생했다. 하지만 나이지리아 서민들은 별반 혜택을 보지 못하고 지배 엘리트만이 그 혜택을 누렸다.

더욱 심각한 문제는 부정부패 행위로 막대한 금액이 빠져나가고 있는 점이었다. 아바차(Sani Abacha, 1993년 무혈쿠데타로 대통령이 된 군사독재자 — 필자)는 선대 대통령들과는 비교가 되지 않을 만큼 자신의 탐욕을 채우는 데 몰두했다. 그는 국고에 직접 손을 대거나 정부계약이나 사기행위를 통해 돈을 모으는 방식으로 40억 달러를 횡령했다. 국내 유가 인상으로 확보된 추가 수입을 기간시설 등에 투자한다는 명분으로 설립한 석유신탁자금 역시 사기에 지나지 않았다. 국고약탈 행위는 아부바카르(아바차의 차기 대통령 — 필자) 정권이 끝날 때까지 계속되었다. 군부 통치

항구 부근의 고층빌딩

가 종료되기 전 몇달 동안 연줄이 든든한 회사들이 무수히 많은 정부계약을 따내는 사태가 이어졌다. 1998년 12월부터 1999년 3월 사이에 외환 보유액은 27억 달러나 감소되었다.

　국제사회에서 나이지리아는 세계적으로 손꼽히는 부패국가로 평가받았다. 나이지리아는 사업상 사기가 판을 치는 나라로 널리 알려졌다. 특히 극성을 부린 것은 나이지리아 국민들 사이에 '419 사기'라고 알려진 선급금 사기였는데, 이 사기 행위를 금지한 형법 조항의 번호를 따서 붙여진 별칭이었다. 나이지리아의 기업연합체는 미국 내에 밀반입되는 헤로인과 코카인의 대부분을 장악하여 세계적인 마약 거래에서 핵심적인 역할을 했다.

억압적인 군부통치 아래에서 오랫동안 억제되었던 민족갈등과 종교갈등이 민간통치가 시작되자 다시 고개를 들면서 나이지리아가 직면한 각종 문제들을 더욱 어렵게 만들었다. 아람브라(Arambra) 주지사는 언론과의 인터뷰에서 "모두들 칼을 갈고 있다"라고 경고했다. 이를 뒷받침한 주요한 요인은 기본적인 서비스조차 공급하지 못하는 정부 기능의 붕괴였다. 민족 파벌과 종교 파벌이 국가에 등을 돌리고 후원과 보호를 제공하는 주체에게 충성하게 되었다. 정치인들은 중앙정부에 대한 절망감과 환멸감을 이용해 개인적인 목적을 꾀했다. 정파 간의 경쟁은 격렬했다. 국가 세입과 그것을 유권자에게 전달하는 정치인의 능력이 바닥을 드러낸 상황이었다."

여러면에서 '아프리카의 대국'이라는 명패는 목에 걸고 있지만, 이러저러한 아물지 않은 상처로 인해 나이지리아는 내치나 외치에서 모두 대국다움을 보여주지 못했다. 거기에는 여러가지 원인이 있겠지만, 가장 중요한 원인은 참된 리더(지도자)가 없는 것이라고 필자는 주관 판단한다. 물론 아프리카의 첫 노벨문학상 수상자인 소잉카 같은 현자가 배출되기는 했지만, 아이러니하게도 정치 일선에서 단련되고 숙성된 지덕겸비(知德兼備)의 사건창조적 지도자는 나오지 않았다. 독립의 열매는 현명한 지도자가 국민과 함께 향유해야 하는데, 꼬리를 문 무지막지한 군사독재자들에 의해 난도질당하고 말았다. 불행 중 다행으로 이 나라에서 작금 과거의 아픈 상처를 치유하고 건전한 체구로 재탄생하려는 희망찬 조짐이 보이고 있다.

여러가지 소회를 품고 2014년 4월 6일(일), 9시 30분 출국차 호텔을 떠나 35분 만에 라고스의 볼레(Bole) 국제공항에 도착했다. 인구대국

하늘에서 내려다본 라고스

답게 공항은 발 디딜 틈 없이 사람들로 붐빈다. 이례적으로 짐을 부치기 전에 서너명의 경찰이 임시 카운터를 갖춰놓고 출국객들의 짐을 일일이 열어제치고 샅샅이 검사하는 척한다. 경찰의 흑심을 알아차린 관광객들이 경찰들의 손에 몇푼씩 찔러주기만 하면 그대로 무사통과다. 이런 순간순간이 숱한 사람들이 지켜보는 가운데서 공공연히 이루어지고 있다. 식민의 굴욕으로부터 가까스로 벗어나 재생을 지향하는 길에서 이 나라가 겪고 있는 진통의 한 단면이다. 아파도 환부는 도려내야 한다. 보안상 이유인지는 몰라도 비행기에 탑승하기 전에도 신분증 대조와 좌석표 확인, 손짐 검사, 몸 수색 등 4중 점검을 거쳤다.

41
최초의 인류, 에티오피아인 루시(Lucy)

지연 34분 만인 14시 9분에 라고스 국제공항을 이륙한 에티오피아 항공 소속 보잉 747 여객기는 정각 19시 에티오피아 수도 아디스아바바 국제공항(현지시각은 21시)에 안착하였다. 비행에 4시간 51분이 소요되었다. 공항에서 입국비자를 받는 데 무려 2시간 10분이나 걸렸다. 2~3명의 수속담당관에 입국비자 신청자는 40명도 채 안 되는데도 이렇게 긴 시간이 소요되었다. 비자수속료는 1인당 20달러이다. 입국수속과 짐 찾기에 또 30여분을 썼다.

자정이 넘은 밤길은 어두컴컴하고 적막하다. 시원한 고원(2,500m의 고지대)의 바람이 차창으로 스며든다. 문득 57년 전 카이로 대학 유학 시절 수학여행차 이곳을 다녀갔던 일이 주마등처럼 눈앞을 지나간다. 격동의 그 시절에도 요지부동의 황제국으로서 오로지 안정과 태평만을 누려오던 이 나라가 그동안 격변하는 세태에 부대끼면서 얼마나 어떻게 변모했을까 하는 궁금증이 일어나기 시작한다. 회상의 실타래를 더 풀기도 전에 공항에서 15분 거리에 있는 사로마리아(Saro-Maria) 호텔에 도착했다. 711호실을 배정받고 2시에 자리에 누웠다. 그런데 어지럼증이 일고 가슴이 울렁거리기 시작한다. 분명 고산증 증세다. 한참 부대끼다가 진정제를 먹고서야 가까스로 잠이 들었다.

첫날의 일정은 여기에 온 소기의 목적과 이번 아프리카 주유의 대의(大義)에 맞춰 짰다. '문명의 요람 아프리카'라는 주제를 해명하는 데서 에티오피아는 여러면에서 수수께끼를 풀 열쇠를 쥐고 있다. 지금까지의 발굴에 의하면 인간의 조상이자 최초의 인류라고 하는 루시의 유골화석이 다름아닌 이곳 에티오피아에서 출토되었고, 3,000년 전에 이미 문자를 가졌던 문명국 악숨제국이 이곳에서 위용을 떨쳤다. 이는 아프리카에서는 물론 다른 지역에서도 유례를 찾아보기 힘든 경우이다. 요컨대 에티오피아는 아프리카의 길고도 복잡한 역사 과정을 비춰볼 수 있는 거울이다. 비록 오늘날은 아프리카 최빈국의 하나로 힘겨운 삶을 겪고 있지만, 아프리카의 세번째 인구대국으로서 조만간 지난날의 영광을 되찾겠다는 부흥의 꿈을 키워가고 있다. 바로 그 현실이 궁금해서 아프리카 답사의 필수코스는 아니지만 짧은 틈을 내어 일부러 들렀다.

이러한 궁금증을 종합적으로 푸는 데는 유구한 역사를 한품에 품고 있는 유명한 에티오피아 국립박물관이 적소다. 예측대로 여기서 우리는 아프리카의 '거울다움'을 증언해주는 숱한 유물과 기록을 만났다. 3층 건물의 1~2층은 주로 에티오피아 현지 출토품을 중심으로 고생인류의 진화 과정을 실증하는 인류의 유골들을 전시했고, 3층에는 각종 석제 유물과 토기류, 그리고 전통의상과 생활 및 노동 도구 등 유물들이 전시되어 있다. 한바퀴 훑어보고 나니 이 나라의 유구한 역사가 한폭의 파노라마로 떠오른다. 유골 발굴현장 영상도 10여분간 방영한다. 게다가 카메라 촬영도 허용해 희귀한 전시품들을 마음대로 렌즈에 담을 수 있었다.

전시품 가운데서 첫 눈길을 끄는 것은 단연 최초의 인류로 알려지고 있는 루시의 유골 화석이다. 사실 카이로 대학 유학 시절 이곳을 수학여행지로 택한 이유 가운데는 아프리카에서 이집트 버금으로 유구한 역사를 가진 나라 에티오피아에서 인류진화 과정을 입증하는 희유의 유적·유물을 직접 접하고 싶다는 바람이 있었다. 그후 이곳에서 루시가 발굴되었고, 2013년에는 미국을 비롯한 여러 발굴국들이 연구를 한답시고 가져갔던 루시 관련 잔여 유골들이 모두 이 박물관에 모였다는 소식을 들었다. 그 소식에 하루빨리 루시를 친견해야겠다는 마음이 굴뚝같이 일어났는데, 오늘 비로소 그 영광이 차려졌다. 그래서 아디스아바바의 첫 답사코스를 박물관으로 정한 것이다. 10시 개관 15분 전에 도착해 기다리다가 이날의 첫번째 참관객으로 입장권을 끊고 치미는 흥분을 가까스로 짓누르며 전시관에 들어섰다.

주전시관에는 고생인류에서 현생인류에 이르는 수백만년간의 인류진화사를 이곳 출토 유물(주로 화석인골)에 근거해 간략한 설명을 붙여 다음과 같이 일목요연하게 정리해놓았다.

▶ 아르디피테쿠스 카다바(Ardipithecus kadabba): 560만년 전, 뼛조각만 전시.
▶ 오스트랄로피테쿠스 아나멘시스(Australopithecus anamensis): 420~400만년 전, 뼛조각만 전시.

에티오피아 국립박물관 외관

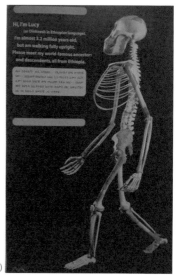

최초의 인류인 루시의 유골 화석(360~300만년 전)

▶ 오스트랄로피테쿠스 아파렌시스(Australopithecus afarensis): 360~300만 년 전, 루시가 속한 남방고원(南方古猿, 남방사람원숭이), 두개골 발견.

▶ 오스트랄로피테쿠스 가르히(Australopithecus garhi): 250만년 전, 두개골 발견.

▶ 오스트랄로피테쿠스 에티오피쿠스(Australopithecus aethiopicus): 270~ 230만년 전, 두개골 발견.

▶ 호모하빌리스(Homo habilis, 능력있는 사람): 240~180만년 전.

▶ 콘소 호모에렉투스(Homo erectus from Konso, 직립인): 140만년 전.

▶ 후기 호모에렉투스(Late erectus): 100만년 전.

▶ 호모로데시엔시스(Homo rhodesiensis, 원인原人): 60~20만년 전.

▶ 호모사피엔스(Homo sapiens sapiens, 현생인류): 2만년 전~현재.

이상은 인류가 유인원(類人猿, Ape)의 속성을 탈피하지 못한 고생인류로부터 완전히 탈피한 현생인류에 이르기까지의 진화 과정을 10단계로 나눈 설명이다. 주로 에티오피아 땅에서 발견된 인골 화석의 진화 과정에 준해 설명했기 때문에 남방고원→호모하빌리스→호모에렉투스→호모사피엔스라는 큰 흐름은 기타 지역에서의 인류진화 과정의 흐름과 대체로 일치하지만, 그 편년이라든가 단계 분류에서는 구별점들을 발견하게 된다. 한편 지금까지 지구상에서 발견된 여러 고생인류의 시조가 거의 예외없이 아프리카에서 발굴되었다는 사실은 아프리카가 인류의 발상지이며 문명의 요람임을 말해주고 있다. 이러한 인식을 확고히 하기 위해서는 인류진화의 전과정을 살펴보고, 그 속에서 최초의 화석인류라고 하는 루시의 위상을 짚어봐야 할 것이다. 설명에 앞서 한가지 지적하고자 하는 것은 수천만년에 달하는

아르디피테쿠스 카다바
(560만년 전 뼈조각)

오스트랄로피테쿠스 아나멘시스
(420~400만년 전)

오스트랄로피테쿠스 아파렌시스
(360~300만년 전)

호모하빌리스(240~180만년 전)

호모사피엔스(2만년 전~현재)

인류의 진화사에 관한 연구는 아직 극히 미미할 뿐만 아니라, 무시로 이곳저곳에서 난해한 유적·유물이 튀어나와 가설과 예측, 번복만이 무성할 뿐 정설은 쉬이 내려질 수 없다는 점이다.

인류가 지구상에서 언제 출현했으며, 그 조상은 누구인가 하는 것은 고고학계에서 장기간 치열하게 논의되어온 난제로서 고생인류의 광범위한 출토와 고고학 및 학제 간 연구가 심화되면서 문제의 해명에 보다 가까이 접근해가고 있다. 지금까지의 연구결과를 토대로 추론해보면 인류의 조상은 지금으로부터 약 1억년 전에 진화를 시작한 영장류 가운데 인류와 가장 가까운 유인원군에서 찾을 수 있음직하다. 유인원은 영장류 사람상과(Hominoidea)에 속하는, 사람을 포함한 꼬리 없는 종을 말한다. 현재 아프리카에 서식하는 고릴라나 침팬지는 인간에 가장 가까운 대표적인 고등동물, 즉 유인원이다. 유인원은 인과(人科)와 원과(猿科)가 갈라지기 이전의 것이어서 인류만의 조상이라고 말할 수 없다. 따라서 유인원을 인류만의 조상이라고 단정하는 견해는 재고되어야 한다. 지금까지 발굴된 사람과 원숭이의 공동 조상인 고생유인원 가운데서 가장 오래된 것은 이집트 파윰(Fayum) 저지대에서 출토된 3,500~3,000만년 전의 이집토피테쿠스(Egyptopithecus, 이집트유인원)이다. 1856년 프랑스에서 발견된 드리오피테쿠스(Dryopithecus)도 이러한 고생유인원에 속하는데, 그 생존연대는 대략 1,400만년 전으로 추정된다.

인류의 진정한 조상은 인과에 속하는 영장류의 생명체에서 찾아야 한다. 지금까지 발굴된 이러한 생명체의 인골 화석 가운데서 가장 오래된 것이 바로 에티오피아에서 출토되어 이 박물관에 전시되어 있는 루시(Lucy)다. 루시는 318만년 전에 존재했던 오스트랄로피테쿠스

아파렌시스(Australoplthecus afarensis) 종으로, 인간의 진정한 조상이라고 여겨진다. 1974년 11월 24일, 미국 출신의 고인류학자 도널드 조핸슨(Donald Carl Johanson) 박사가 이끄는 발굴팀에 의해 아파르 삼각지역(Afar triangle)의 하다르(Hadar) 마을 근처 아와시(Awash) 강가에서 루시의 뼛조각 수백점이 발견되었다. 발견된 후 지금까지 근 반세기에 이르도록 루시에 관한 연구는 줄곧 진행형이다. 도널드 팀이 발견한 뼛조각들은 직립보행을 했다는 사실을 증명하며, 두개골 조각들은 주인공의 머리가 작았음을 시사한다. 이것은 인류진화론에 중요한 단서를 제공해주었다.

일찍이 프랑스의 지리학자이자 고인류학자인 모리스 따이엡(Maurice Taieb)은 하다르 마을을 발견하고 이곳이 인류의 기원지였을 것이라는 개연성을 예단했다. 그는 '국제아파르연구탐험대'(IARE)를 조직하여 1973년 미국의 도널드 조핸슨과 클리블랜드 박물관 큐레이터 메리 리키(Mary Leakey), 프랑스의 고인류학자 이브 꼬빵(Yves Coppens)을 현지에 파견해 연구를 진행하도록 하였다. 도널드는 톰 그레이(Tom Gray)와 함께 무덥고 건조한 하다르 평원에서 수천년간 켜켜이 쌓여온 풍진(風塵)을 조사하다가 작은 도랑의 아래쪽에서 우연히 팔뼈를 발견했다. 심상치 않아 다가가보니 그 옆에는 작은 두개골과 넙다리뼈, 발가락뼈가 눈에 띄었다. 그리하여 팀원 전체가 합세해 약 3주간의 발굴 작업을 신나게 진행했다. 발굴 현장에서 팀원들이 당시 유행하던 영국의 록(Rock)그룹 비틀즈(The Beatles)의 「다이아몬드와 함께 있는 하늘의 루시」(Lucy in the sky with Diamonds)라는 노래 가사에서 따와 자신들이 발굴한 인골 유물을 '루시'라고 명명하였다고 한다. 이 곡은 떠나간 소녀에 대한 연정(戀情)을 노래하고 있다. 썩을 대로 썩어 화석이 된 인골 조각을 긁어내는 팍팍한 발굴 현장임에도 싱그러운 낭만이 흐르고, 그 속에서 명수죽백(名垂竹帛)할 보옥을 건져내는 풋풋한 이야기다.

여담이지만, 루시라는 이름에는 다른 사연도 있다. 지구에서 50광년(1광년은 광파가 1년 동안에 다다르는 거리로 약 9조 4,630억km) 떨어진 센타우루스(Centaurus, 늦봄부터 초여름에 남쪽 하늘에 나타나는 별자리)에 자리한 지구 크기 정도의 백색왜성(白色矮星, white dwarf)에도 이 곡에 등장하는 루시의 이름이 붙어 있다. 2004년에 발견된 이 별은 전체가 탄소 결정체로 이루어져 일명 '다이아몬드 별'로도 불린다. 행성진화의 마지막 단계에 처한 이 별은 원래는 태양처럼 밝았으나 별이 핵 물질을 다 소모하는 핵융합 반응을 마치고 천천히 식다가 빛을 내지 못하는 암체(暗體)로 일생을 마감할 것이다. 최초의 인류 화석과 다이아몬드 별로 불리는 백색왜성의 이름이 같다니, 재미있는 일이다. 이색적인 이름 때문에 루시 화석은 더 큰 관심을 불러일으켰으며, 그만큼 명명에 관한 이론(異論)도 분분했다.

루시의 실체를 밝히기 위한 체질인류학적 연구가 본격화되었다. 도널드는 골반뼈와 엉덩이뼈를 분석한 결과 루시는 여자로서 키는 1.1m, 몸무게는 29kg이며, 외모는 침팬지처럼 생겼을 것이라고 추정했다. 머리뼈를 분석한 결과 두뇌는 침팬지처럼 작고, 골반과 다리뼈로 보아 현대 인류와 같이 직립보행을 했음을 알 수 있었다. 1974년 모리스와 도널드는 칼륨-아르곤 기법을 이용해 루시의 나이를 추정하려고 했지만, 하다르 지역에 있는 암석들의 화학적 작용으로 인해 변화가 일어났으며 나이를 측정할 수 있는 결정체가 없어서 루시가 생존했던 연도를 측정하기는 불가능했다. 그러다가 1990년 미국 토론토 대학에서 아르곤-아르곤 기술이 개발되고, 1992년에 제임스 애런슨(James Aronson)과 로버트 월터(Robert Walter)가 화석이 발견된 지점에서 아래로 18m 떨어진 장소에서 화산재를 발견해 루시는 322만 ~318만년 전에 생존했을 것이라고 그 편년을 추정하였다. 그리고 루시의 외반족(外反足, 안쪽이 내려앉고 바깥쪽이 솟아오른 발)과 무릎뼈가 이미 똑바로 서서 걸어다닐 수 있도록 변형되었음을 발견했다. 그뿐 아니라 팔뼈와 다리뼈의 길이 비율이 84.6%로서 인간의 71.8%, 침팬지의 97.8%와 비교해 오스트랄로피테쿠스 아파렌시스 종의 팔은 짧아지고 다리는 길어지기 시작했다는 것도 알아냈다.

발굴 작업이 일정한 수준에 이르자 도널드 조핸슨은 에티오피아 정부의 공식 허락을 받아 루시의 두개골 조각들을 미국 오하이오 클리블랜드 박물관에 9년 동안 전시하고, 발굴 및 복원 과정 이야기를 담은 책을 출간하기도 했다. 루시 화석이 발견된 뒤에도 추가적인 화석 발굴은 계속되었다. 1992년 미국 캘리포니아주 버클리 대학 인류진화연구소장인 티모시 와이트(Timothy D. White) 박사가 이끄는 연구팀이 아와시강 부근에서 루시와 같은 종에 속하는 아르디(Ardi)의 두개골을 발견했는데, 그 생존연대는 440만년 전으로 추정했다. 그렇다면 아르디는 루시보다 더 이른 시기에 생존한 것으로서, 이것은 루시의 최초 인류화석설에 대한 새로운 도전이다. 그러나 뼛조각 발굴의 미흡 등으로 인해 아르디 연구는 별로 진전이 없는 성싶다. 금후의 연구가 주목된다. 2013년 루시의 화석 조각들은 모두 에티오피아로 돌아왔다. 2016년에는 미국 오스틴텍사스 대학 존 카펠먼 교수 조사팀이 화석 발견 42년 만에 루시의 사망 원인은 추락사로 추정된다는 연구결과를 발표했다.

황제 하일레 셀라시에의 훈시 조형물

　300만년 전 인류의 시조를 친견하다니, 오매에도 그리던 꿈이 실현
되는 순간이다. 흥분 속에 2시간 반 동안 다리쉼도 없이 단숨에 1~3층
전시실을 한바퀴 훑었다. 규모가 그리 큰 박물관은 아니지만, '아프
리카다움'을 상징하는 박물관이어서 시간이 턱없이 부족하다. 아쉬
움을 뒤로 하고 문을 나서서 안내원을 따라 잔디밭 정원으로 발길을
옮겼다. 이곳저곳에 조형물들이 널려 있다. 맨 처음으로 이른 곳은 황
제 하일레 셀라시에의 훈시 조형물이다. 황제는 2열로 기립하고 있는
12명의 어린이 앞에서 "가장 중요한 것은 시간을 아끼는 것이다"(가
이드의 말)라는 훈시를 하고 있다. 솔로몬 왕조의 마지막 황제인 셀라
시에는 두번의 등위로 총 39년간 에티오피아를 통치한 전제 황제로
서 생전에 부분적인 개혁 정책도 펴고 아프리카 통일운동에도 앞장

멕시코의 대형 '올메끄 두상'

섰지만, 나라를 아프리카 최빈국의 하나로까지 전락시킴으로써 국민의 불만은 극도에 달했다. 급기야 1974년 육군 소령 멩기스투의 군사쿠데타로 폐위당하고 궁전 안에 유폐되었다가 1년 만에 급사했다. 암살설이 유력한 가운데 군사쿠데타 정권이 붕괴되자 명예가 회복되어 지금은 아디스아바바의 트리니티 성당에 안치되어 있다.

정원에 설치된 조형물 가운데서 특별히 눈에 띄는 것은 라틴아메리카 멕시코의 대형 '올메끄 두상'(Olmec Head)이다. 어떻게 이곳에 설치되었을까? 의아한 눈초리로 다가가니 "2010년 멕시코 국민이 에티오피아 국민에게 보냄"이라는 설명문이 새겨져 있다. 바로 1년 전 올메까 문명 유적들을 둘러볼 때 만났던 낯익은 대형 석조 두상으로, 문명사적으로 보면 세계 거석문화에 속하는 유물이다. 올메까 문명은 멕시코만 저지대 남부에서 기원전 1,200~400년에 번영했던 메소아메리카 최초의 자생 문명이며, 올메까는 최초의 도시이자 국가였다. '올메까'는 멕시코의 주요 방언의 하나인 나우아뜰(Nahuatl)어로 '고무 땅 사람'이라는 뜻으로, 스페인 침입 이전 멕시코만 저지대 남부에 살던 사람들의 총칭이다. 여러 유적에서 이와 같은 대형 석조 유물이 다량 출토되었다. 자생문명인 올메까 문명은 타지역과의 빈번한 교류로 번영을 이루었다. 이 대목에서 특별히 강조하고 싶은 것은 아메리카 원주민인 올메끄인들의 조상은 아프리카, 특히 루시와 같은 에티오피아 고생인류와 한 혈맥이라는 점이다. 이러한 맥락에서 고대 아프리카와 라틴아메리카 간의 내왕과 교류에 관한 연구가 과제로 상정되고 있다. 이 박물관 정원에 설치된 저 올메끄 두상이 그 전주곡이라는 평을 감히 내려본다.

42
고대문명의 요람, 악숨왕국

1980년 유네스코는 고대 에티오피아의 악숨(Aksum)왕국을 세계문화유산으로 등재하면서 그 이유를 이렇게 설명하고 있다. "악숨왕국은 13세기까지 줄곧 고대 에티오피아의 심장으로서 정치권력을 행사하였다. 이 왕국 수도의 방대한 유적은 방형(方形) 석탑과 거대한 석주(石柱) 구조물들로 구성되어 있다."

범세계적 고대문명의 요람으로서의 악숨왕국의 유구성이라든가 발달상을 제대로 이해하기에는 유네스코의 이러한 간략한 설명은 턱없이 부족하다. 아마 유네스코도 그 이상의 첨언(添言)에는 주저하는 바가 있었을 것이다. 그만큼 악숨왕국에 관한 연구는 지금껏 대단히 미흡하다. 몇몇 영성적(零星的)인 문헌기록에 의해 이름이나 겨우 알렸을 정도다. 그러다가 뒤늦게나마 19세기 이후 고유 문자인 게에즈(Ge'ez) 문자가 부분적으로 해독되면서 석비(石碑)를 비롯한 일부 유물에 남아 있는 명문(銘文)을 통해 그 실상이 밝혀지기 시작했다. 1952년 에티오피아 고고학연구소가 성립되면서 악숨을 비롯한 타하라(Tahara)와 야하(Yaha) 등 고대 도시들에 대한 발굴 및 연구 작업이 본격화되었다. 그러나 국가 재정지원의 미흡과 전문인재 양성의 부진으로 인해 루시 화석의 발굴 작업에서 보다시피 주요한 작업은 거의 외국 학자들에 의해 주도되고 있다. 에티오피아 국립박물관을 돌아보면서 심히 의아했던 것은 그토록 유명한 악숨왕국의 유물이 몇점밖에 전시되어 있지 않은 점이다. 그마저도 고대 에티오피아 문명(악숨문명)의 상징인 방형첨비(方形尖碑) 같은 유명한 유물은 눈에 띄지 않았다.

그렇다보니 악숨왕국과 그 역사적 실체에 관한 기술이라든가 이해는 한마디로 종잡을 수 없는 중론불일(衆論不一) 상태다. 개중에는 알 듯 말 듯 애매모호한 전설도 있다. 상황이 이러해 악숨왕국에 관한 소개의 글을 피하고 싶지만, 기왕 '문명의 요람 아프리카를 가다'를 본 여행기의 주제로 삼은 이상 고대문명의 요람 악숨왕국을 결코 모른 척할 수는 없지 않은가. 방기(放棄)는 필자로서의 양심에 대한 배반이라 아니 할 수 없다. 그리하여 고심 끝에 가급적 나름대로의 종합과 추론의 지혜를 짜내 악숨문명의 실체에 최대한 가깝게 서술해보려고 한다.

기원전 1,300년까지 아라비아 반도의 남부(지금의 예멘) 산악지대에서 여러 왕국들이 흥망을 거듭하다가 기원전 8세기에 이르러 강력한 시바왕국으로 통일되었다. 이윽고 시바인들은 홍해를 건너 북에티오피아의 고원지대에 이르러 악숨시를 수도로 한 악숨제국을 세웠다. 악숨제국의 건국자이자 에티오피아의 시조로 알려진 인물은 솔로몬과 시바 여왕 사이에서 태어난 메넬리크 1세(Menelik I, 일명 '다윗')이다. 『구약성서』 「열왕기」 상권 10장의 기록과 관련 전설 내용을 종합해보면, 시바 여왕은 솔로몬을 만나러 예루살렘으로 갔는데, 돌아올 때 솔로몬이 여왕에게 준 '선물' 가운데 아들 메넬리크 1세가 포함되어 있었다고 한다. 전설이라서 곧이곧대로 믿을 수는 없지만 악숨왕국은 구약에 나오는 솔로몬 시대에 이미 존재한 오래된 나라였음을 시사한다.

메넬리크 1세가 기원전 975년에 악숨왕국을 세운 후 1975년 하일레 셀라시에 1세(Haile Selassie I, 1892~1975) 황제가 폐위될 때까지 약 3,000년 동안 왕통이 이어져왔다. 그 기나긴 세월 동안 16세기 오스만제국에 의한 14년간과 20세기 이탈리아에 의한 5년간, 총 19년간 말고는 외세의 지배를 받은 적이 없었다. 이 기간 중에도 황제는 권력의 최정상으로 존속하였다. 이 '3,000년 왕통'은 세계 최장수의 왕통 기록이다. 에티오피아의 제국헌법은 이러한 왕통 계승의 역사적 사실을 자랑스럽게 명문화하고 있다. 왕통은 여러 가문, 즉 여러 왕조에 의해 계승되었는데, 그중 가장 오래 유지된 왕조는 무려 약 2,300년간(기원전 10세기~기원후 13세기) 존속한 악숨왕국이다. 조대(朝代)로 말하면 이것 역시 사상 최장수의 조대일 것이다. 그 장수의 비결은 발달한 문명에 있다. 악숨왕국의 왕통을 이은 조대는 1270년에 건국한 아비시니아(Abisinia)제국이다. 이 제국은 16세기 포르투갈과 오스만제국이 침입해올 때까지 약 300년 동안 존속하였다.

악숨왕국은 에티오피아 동북부 해발 2,100m의 고원지대에 자리한 악숨시(현 티그레주의 고도)를 수도로 하여 건국한 노예제 국가였다. 기원을 전후한 시기 이집트와 인도의 무역중계지로서 번영을 누렸고, 기원후 2세기경에 북방 고원지대를 통일한 후 계속해서 중부 고원지

악숨왕국으로부터의 3,000년 왕통을 이어받은
솔로몬왕조의 마지막 황제 하일레 셀라시에 1세

대로 세력을 확장했다. 드디어 4세기 에자나(Ezana) 국왕(320~360 재
위)의 치세에 이르러서는 고원 전역을 석권하고 전성기를 맞는다. 북
으로는 나일강 중류까지 영토를 확장하고, 동으로는 홍해 양안의 대
부분 지역과 남아랍 지역을 정복해 명실공히 '세계적 대국'을 일으켰
다. 대국의 위상에 걸맞게 페르시아에 대한 공동 대항을 위해 동로마
와 동맹조약을 맺기도 했다. 동로마 황제 유스티아누스 1세는 악숨에
두번이나 사신을 보내 악숨 상인들이 중국에서 인도로 오는 생사(生
絲, 삶지 않은 명주실)를 되도록 더 많이 구입해서 동로마에 되팔아줄 것

을 요청했다. 목적은 적대국으로서 생사무역을 독점하고 있는 페르시아에 타격을 가하기 위해서였다.

승승장구에 도취된 에자나 왕은 기독교로 귀의하고 자신을 '왕 중왕'이라고 치켜세웠다. 또한 병음(拼音)문자인 게에즈 문자를 채택하기도 했는데, 당시로서는 획기적인 조처였다. 북부 고원의 여러 지역에서 발견된 기원전 7세기의 비문들을 살펴보면, 내용은 물론이거니와 문자의 서체에서도 고대 예멘 시바왕국의 영향이 역력하다. '소가 쟁기를 끈다'라는 뜻에서 나온 '보우스트로페돈'(boustrophedon) 서법, 즉 좌우교대 서법을 그대로 채용했다. 소가 밭갈이하듯 한행은 왼쪽에서 오른쪽으로 쓰고, 다음 행은 오른쪽에서 왼쪽으로 쓰는 서법이다. 에자나 왕 때에 이르러 이 복잡한 서법을 버리고 아예 자음과 모음의 결합으로 단어가 이루어지고 발음하며 가로쓰는 현대 에티오피아 문자의 조상인 게에즈 문자로 개량하였다. 이 문자는 아프리카 최초의 문자로서 문명의 발달과 나라의 통일에 크게 기여했다. 2,000여년의 문자 역사를 가진 나라는 세계에서도 드물다.

고대사회에서 종교는 막강한 신앙적 힘으로 사회발전에서 견인차 역할을 했다. 선진종교는 선진사회를 만들어낸다. 악숨은 구약시대부터 종교 중심지로서 그러한 역할을 수행해왔다. 악숨왕국의 창건자 메넬리크 1세가 '언약궤(言約櫃)'를 예루살렘에서 악숨으로 가져다가 보관했다는 전설 같은 이야기는 악숨인들의 종교에 대한 집착과 신앙심을 엿볼 수 있게 한다. 기원전 1250년경 시나이산 기슭에서 만들어진 이 언약궤는 구약시대의 가장 신성하고 귀중한 성물이다. 금으로 된 뚜껑에 금테를 두른 이 상자 안에는 석판 두개가 있는데, 거기에는 신의 손가락으로 쓴 십계명이 기록되어 있다고 한다. 이 언약궤의 복제품은 에티오피아의 그리스도 교회 2만여곳에 소장되어 있다. 타보트(tabot, 신성한 궤라는 뜻)라는 명칭의 이 언약궤는 주요 종교행사 때마다 핵심적 역할을 한다. 특히 팀카트(Timkat) 축제 때가 되면 에티오피아 내 모든 교회에서 타보트를 꺼내들고 행진하며, 신도들은 타보트를 향해 절하고 기도한다. '팀카트'는 에티오피아의 암하라어로 '세례(식)'를 뜻하며, 팀카트 축제는 에티오피아 달력(그레고리력) 1월 중 사흘 동안 예수가 세례를 받고 처음으로 사람들 앞에 나타난 것을 기리기 위해 거행하는 신현(神顯) 축일 축제다. 축제일에는 세례의 의미로 서로에게 물을 뿌리거나 물속에 들어가 기독교인으로서의 믿음을 되새긴다. 예나 지금이나 언약궤의 진품은 누구도 볼 수 없으며, 그 존재와 힘에 대한 믿음은 전설과 사제들의 설교에 의해서만 유지될 뿐이다. 종교가 종교임을 그만두기 전에는 종교의 성물에 대한 믿음과 이해란 다 이러한 식이 아니겠는가. 그리하여 '은밀서(書)'를 생명으로 하는 종교가 유지되는 법이다.

악숨의 종교와 관련해 특기할 사항은 로마와 비슷한 시기에 기독교를 수용했다는 사실이다. 로마의 콘스탄티누스 대제는 313년에 발표한 밀라노 칙령에서 기독교를 공인하고 자신도 기독교를 받아들였다. 악숨의 경우, 앞에서 언급한 바와 같이 역시 4세기에 에자나 왕이 기독교를 공인하고 자신도 기독교에 귀의함으로써 기독교가 에티오피아에 뿌리내리는 계기를 마련했다. 로마와는 문화적 배경이 다른 아프리카의 에티오피아에 이토록 일찍이 기독교가 착근하게 된 것은 구약시대로부터 계승되어온 두터운 종교적 바탕 덕분이었을 것이다. 남들보다 일찍 정신적·문명적 좌표인 종교와 문자를 공유한데다가 유리한 자연환경과 지정학적 여건을 두루 갖추었으니, 악숨왕국은 번성할 수밖에 없었다.

아프리카는 오랜 침식을 겪으면서 융기된 대륙이다. 지표면의 표고는 대부분이 해발 500m에서 1,000m 이내이며, 그보다 높은 곳은 많지 않다. 대륙의 지표면 2,970만km² 가운데 해발 2,000m 이상인 곳은 1.35%인 40만km²이고, 3,000m를 넘는 곳은 0.1%인 2만 8,545km²밖에 안 된다. 그런데 에티오피아는 동아프리카 지구대의 가장자리에 위치해 있기 때문에 기타 아프리카의 고지와 지형이 다르다. 아프리카 전체 지표면에서 차지하는 면적은 4% 정도이지만, 2,000m 이상 고지의 50%가, 3,000m 이상의 80%가 에티오피아에 집중돼 있다. 열대지역에서 2,000m가 넘는 고도는 생태계의 진화와 인간의 생활에 안성맞춤한 여건이다. 기온이 적당해 말라리아나 수면병 같은 저지대에 유행하는 질병이 없다. 삼림이나 초원 지대에서 소의 사육을 어렵게 하는 체체파리(tsetse, 보츠와나어로 '소를 죽이는 파리'라는 뜻)도 고지대라서 서식하지 않는다. 또한 덥고 습한 홍해의 바람이 여름철에 지구대의 단층에 부딪치면서 솟아올라 에티오피아 고원에 비를 뿌린다. 에티오피아 고원은 수백만년 동안 천혜의 장벽으로 에워싸여 있었으며, 지질의 격변이나 바람, 비의 침식으로 인해 아프리카에서는 보기 드문 웅장한 협곡과 깎아지른 단층, 탁상형 고원을 만들어냈다.

이러한 자연지리적 환경 속에서 동식물도 골고루 번식한다. 아카시아와 삼목, 잔디에서부터 시작해 사자와 악어, 코끼리, 기린, 표범, 얼룩말에 이르기까지 별의별 동식물이 다 이 나라에서 자란다. 그 가운데는 이 나라에서만 서식하는 특별한 종류도 더러 있다. 예컨대 에티오피아에 서식하는 665종의 조류 가운데 23종(3.5%)은 아프리카의 다른 지역에서는 볼 수 없다. 특히 토착식물 중에는 식생이 독특하며 대단히 유용한 것들이 많다. 그리하여 일찍이 러시아의 유명한 생물 유전학자인 니꼴라이 바빌로쁘(Nikolai Vavilov)는 에티오피아를 전세계 재배식물 혈통의 8대 원산지 가운데 하나로 지목했다. 그러면서 그는 야생종이든 재배종이든 가장 큰 유전적 다양성을 보이는 산악지역에서 주요 식용작물들이 발원했으리라고 추론했다. 그는 세계에 분포되어 있는 다양한 식물들을 비교 조사한 결과 밀, 보리, 수수, 기장, 콩, 유료(油料) 작물, 향료, 커피나 차 같은 자극성 식물 등 많은 종의 원산지가 다름아닌 에티오피아 지역이라는 결론을 내렸다. 물론 동식물학 연구가 발달하는 과정에서 이른바 '바빌로프 원산지'설은 일부 수정되었지만, 세계에서 가장 오래된 사육 종자식물의 중심지 가운데 하나라는 평판에는 여전히 의심의 여지가 없다. 커피와 유료 작물인 누그(noog, 학명은 Guizotia abyssinica), '가짜 바나나'라고 불리며 수백년간 에티오피아 고원 남부 주민들의 주식으로 사용된 전분이 풍부한 뿌리식물 엔세테(Musa ensete, 잎과 줄기에 색이 있는 바나나), 곡물인 손가락조(finger millet), 악숨의 '국가와 문명을 탄생시켰다'고 할 정도로 에티오피아의 국운과 직결되는 곡물 테프(Eragrostis tef) 등은 누가 뭐라고 해도 분명 에티오피아가 원산지인 토착식물들이다.

이 토착식물 가운데서도 테프는 에티오피아 특유의 곡물이다. 낟알이 작고 가벼워 씨앗 150개를 모아야 겨우 밀알 하나만큼의 크기가 되며, 씨앗 250만개의 무게는 1kg밖에 안 된다. 그러나 식량으로서의 가치는 여느 곡물보다 훨씬 뛰어나다. 탄수화물과 단백질 함유량은 옥수수나 수수, 밀, 보리와 맞먹거나 더 높다. 아미노산도 풍부하다. 테프는 비록 헥타르당 평균 수확량이 910kg(옥수수 1,740kg, 수수 1,460kg, 밀 1,130kg, 보리 1,180kg)으로 많지는 않지만, 이 지역에서 진화한 토착작물이므로

세계에서 가장 작은 곡물인 에티오피아의 테프

자주 발생하는 가뭄도 끄떡없이 견뎌내며 소기의 결실을 맺는다.

　기원후 1세기에 일어난 기후변화와 쟁기 등 전통적 농기구의 도입 및 계단밭 같은 농경지의 확장으로 말미암아 악숨은 농경의 중흥 시대를 맞았다. 1세기에 이르러 해마다 연초에 규칙적으로 동아프리카에 비를 가져다주던 계절풍이 북쪽의 에티오피아 고원 일대로 연장되었다. 그 결과 악숨의 우기는 7월이 아니라 4~5월에 시작되어 9월까지 몇달 동안 지속되었다. 이렇게 우기가 3개월에서 6~7개월로 연장되니 그에 따라 작물 성장기가 2배로 늘어나고 이모작이 가능하게 되었다. 이에 따라 쟁기 농경과 관개 기술, 계단식 농법이 광범위하게 도입되어 농업과 목축업이 부단히 성장했다. 이는 결과적으로 인구의 증가와 국력의 강화로 이어졌다. 군사력도 막강해, 예멘 원정을 단행할 때 수만명의 대군과 200여척의 함선이 동원되었다고 한다.

이와 병행해 유리한 지정학적 위치에 있던 악숨은 동서교역의 중계지와 국제 물산의 집산지로서의 역할도 확대해갔다. 그 중심에는 홍해 입구에 면해 있는 아둘리스(Adullis)항이 있었다. 기원후 70년경 이집트 상인 그레코(Greco)가 지었다고 전해오는 인도양 항해기 『에리트라해 안내기』의 기록에 따르면 황금·상아·코뿔소의 뿔·하마 가죽·노예 등 악숨의 물자가 이 항구에서 선적되었으며, 철기·면포·와인·장식품 등이 수입되었다. 그밖에 이 항구에서는 사금, 유향, 사향, 코끼리 등도 거래되었다고 한다. 아둘리스항을 중심으로 멀리 서쪽으로는 이탈리아와 비잔틴과 이집트를, 동쪽으로는 중국과 인도를 망라하는 국제무역망이 형성되었다. 악숨은 3세기에 금화와 은화, 동화를 발행해 무역의 지불 수단으로 사용하였다. 기원후 500년경에 악숨시는 면적이 75헥타르로 넓어졌고, 인구는 약 2만명에 달한 국제도시였다.

이러한 선진적 문명과 강력한 국력, 그리고 높은 국제적 위상을 지니고 아프리카 일우에서 일세를 풍미하던 악숨왕국은 당연히 그 명성이 세계에 알려졌다. 그리하여 당시 페르시아 지배자들은 악숨이 페르시아와 로마, 셀레오스(중국을 가리키는 것일 수 있음)와 더불어 세계 4대 왕국의 하나라고 평가했다. 이러한 악숨왕국의 높은 명성을 입증하는 유물들이 악숨을 비롯한 몇몇 고대도시에서 발견되고 있다.

그 대표적인 것이 악숨시에 남아 있는 여러개의 비석이다. 초기의 악숨왕국은 왕을 비롯한 지배자들을 석조 무덤에 매장하고 웅장한 비석(stele)으로 묘를 장식했다. 악숨시 한곳에만 이러한 비석이 140개나 남아 있는데, 대부분은 쓰러졌거나 부서진 상태다. 비석들은 대개 형태가 각이하지만, 표면은 매끄럽게 다듬어져 있다. 조형 상태를 보면 가장자리가 둥글고 곡선형이며, 양 측면이 물결 모양으로 처리된 것도 있다. 대부분은 자연석의 형태를 따라 다듬어졌지만, 6개의 큰 비석은 그 양상이 다르다. 자연석의 형태를 사각기둥 형태로 변형시키고, 표면은 다층 건물을 표현한 부조로 장식했다. 대표적인 비석 몇 개를 살펴보기로 하자.

현존 비석 중 가장 큰 것은 높이 33m에 기단 크기가 3×2m, 사면에 13층짜리 건물이 조각된 비석인데, 지금은 다섯덩어리로 부서진 채 쓰러져 있다. 이 육중한 비석이 언제 세워졌는지는 미상이나, 1990년대의 고고학적 조사에 의하면 이 비석은 세워질 때 쓰러지고 부서졌다고 한다. 땅에 묻힌 부분은 10%도 안 되니, 그것으로 윗부분을 지탱하기에는 무리여서 쓰러지고 말았을 것이다. 무게가 700톤 이상으로 고대의 '최대 단일 돌덩어리'였을 이 비석을 세우는 데는 피라미드를 세운 것에 맞먹는 고도의 전문기술과 노동력이 필요했으리라는 것이 학자들의 견해다. 이 화강암 덩어리를 캐낸 곳은 악숨에서 서쪽으로 4km 떨어진 언덕바지 서면이다. 채석장에서 운반해온 방법에 관해서는 롤러를 이용했을 것이라느니, 코끼리의 힘을 이용했을 것이라느니 하는 등 여러가지 추측이 있다.

다음 비석은 에티오피아 문명의 상징이라고 하는 방첨비(方尖碑)다. 높이 24m, 무게는 200톤에 달하며, 1,700년의 역사를 간직하고 있는 이 네모 뾰족한 화강암 석비는 1937년 이탈리아가 에티오피아를 점령했을 때 불법으로 로마에 옮겨다가 키르쿠스 막시무스(Circus Maximus, 로마의 대형 원형경기장)의 터 부근에 세웠다. 1947년 이탈리아는 에티오피아에서 약탈해간 모든 문물을 되돌려줄 것을 유엔에 약

악숨시에 남아 있는 비석 유물(© Jialiang Gao)

속하면서 이 방첨비를 반환하기로 에티오피아와 협약했다. 그런데 70년 동안이나 야외에 방치한 채 허술하게 관리한 탓에 방첨비는 몇 조각으로 부서졌다. 그리하여 이탈리아는 세 부분으로 나눠 반환하기로 했으나, 첫 부분만 돌아와 비스듬히 쓰러져 있고 나머지 부분의 반환은 차일피일 미루어오고 있다.

그밖에 높이가 1.35m이고 기단의 길이는 2.6m, 너비는 1.2m밖에 안 되는 특이한 비석이 있다. 비면에는 마룻대와 바닥, 창문이 달린 10층짜리 건물이 기하학적으로 정확하게 새겨져 있다. 이런 점으로 미루어 원래는 '마천루(摩天樓)'처럼 상당히 높았을 것으로 추측된다. 이러한 비석 유물 말고도 5,345년 전에 축조한 왕의 능묘가 있는데, 묘실의 천정과 벽은 모두 화강암이고, 벽에는 에티오피아의 고대 문자가 새겨져 있다.

이렇게 세계적 강국으로 번영을 누려오던 악숨왕국이었으나 6세기 중엽 페르시아 사산조가 예멘을 공략하자 악숨 세력은 남아랍 일원에서 쫓겨나고 만다. 이어 7세기에 아라비아 반도에서 이슬람이 출현하고 이와 더불어 아랍제국이 흥기해 인도로부터 지중해에 이르는 해상무역로를 통제하자 악숨은 사양길에 접어든다. 8세기에는 아둘리스항이 황사에 매몰되었고, 9세기에 이르러서는 에티오피아의 정치 중심이 남쪽 아디스아바바로 이동해 악숨은 사면초가에 내몰렸다. 경각에 달린 잔명을 가까스로 유지하다가 13세기에는 역사의 무대에서 사라졌다.

고대 악숨왕국의 이모저모를 살펴봤다. 아직 많은 수수께끼가 풀리지 않아 그 전모를 알 수는 없지만, 밝혀진 이상의 자료만으로도 악숨왕국이야말로 아프리카 고대문명의 요람이었다는 사실을 긍정하기에는 별 하자가 없어 보인다.

43
유칼립투스와 '영원한 수도'

    가봐야 할 곳은 많은데 체류 일정은 하루밖에 잡히지 않아 답사 동선을 짜는 데 신경을 써야 했다. 일분일초의 허송(虛送)도 없이 치차가 맞물려 돌아가듯 일정을 짜놓고는 민첩하게 움직였다. 국립박물관을 나서서는 곧바로 시 중심에 자리한 널찍한 혁명광장을 지나 트리니티 성당에 이르렀다. 에티오피아는 다민족 다종교 국가다. '혼혈인' 또는 '태양에 그을린 얼굴의 땅'이라는 의미의 나라 이름이 바로 그것을 반영하고 있다. 면적 110만 4,300km²의 땅 위에 살고 있는 인구는 약 1억 240만명(2016)으로, 오모로족(34.5%), 암하라족(26.9%), 소말리족(6.2%), 티그리냐족(6.1%), 시다모족(4%), 구라게족(2.5%) 등 다양한 민족이 공생하고 있다. 그들이 믿는 종교 또한 다양해 에티오피아정교(43.5%), 이슬람교(33.9%), 개신교(3.9%), 천주교(0.8%), 기타 힌두교와 유대교, 바하이교, 여호와증인교, 불가지론자교, 토속종교(0.6%)

수도 아디스아바바의 중심에 자리한 혁명광장

등 여러 종교가 어울려 있다. 언어학적으로 보면 대부분 주민은 셈어족이나 쿠시어족에 속하는 언어를 사용하는데, 암하라어나 오모로어를 사용하는 인구가 전체 인구의 3분의 2에 달한다.

국회의사당 바로 옆에 자리한 이 트리니티 성당(Trinity Church, 삼위일체 성당)은 에티오피아정교회 본산으로 가장 큰 성당이다. 1942년 황제 하일레 셀라시에 1세가 이탈리아 침략군과 대항해 싸운 에티오피아 용사들을 기리기 위해 세운 로마네스크 양식의 이 성당은 상당히 웅장한 건물이다. 여느 성당과는 다르게 바닥에 의자가 놓여 있는데, 남자들은 왼쪽에, 여자들은 오른쪽에 앉아 기도한다. 내부는 비교적 소박하고 자유로운 분위기다. 벽은 10여장의 성화와 스테인드글라스로 장식했다. 누구나 신발을 벗고 들어가 자유로이 관람하고 촬영할 수 있다. 어떤 예배자는 사지를 바닥에 대고 기도하는가 하면, 어떤

하일레 황제 부부의 육중한 목관   로마네스크 양식의 트리니티(삼위일체) 성당 외관

예배자는 방성통곡하며 슬피 울기도 한다. 성당 안 오른쪽 모퉁이에 하일레 황제 부부의 육중한 목관이 놓여 있다. 역대 대통령들의 시신과 한국전쟁에 파병된 3,500명 병사들 가운데 121명의 시신도 여기에 안치되었다고 한다.

이어 성당에서 약 50m가량 떨어진 원형건물 마당에 들렀다. 성인들을 기리는 성소라고 한다. 각지에서 모여든 흰옷 차림의 순례객들로 인산인해다. 더러는 예수의 초상화와 십자가를 들고 찬송가를 애잔하게 부르며 마당을 빙빙 돈다. 한쪽에서는 성직자들이 목청껏 설교를 한다. 오늘은 이 나라 태음력 29일이다. 매달 이날이 되면 이렇게 많은 사람들이 모여 성인들을 추모하는 행사를 치른다고 한다. 순례객의 4분의 3은 여성이다.

오늘날 인구의 근 절반이 정교회 신자인 에티오피아에서 기독교는

매달 태음력 29일에 치르는 성인 추모행사 장면

낯선 이방종교가 아니라 거의 전통화된 종교다. 왜냐하면 그 수용 역
사가 로마의 기독교 수용 역사와 맞먹기 때문이다. 기원을 전후한 시
기부터 고대 악숨왕국은 지중해 연안 지역과 밀접한 통상관계를 맺
으면서 기독교 문명과 접촉하기 시작하였으며, 로마제국과 같은 시기
(4세기)에 기독교를 공식적으로 받아들였다. 전승에 따르면 4세기 전
반 악숨에 기독교가 들어오게 된 것은 두로(Tyre, 레바논 남서부에 위치한
페니키아 시대의 대항구)에서 인도로 가는 도중 악숨인들에게 납치된 젊
은 기독교도 상인 프루멘티우스(Prumentius) 덕분이다. 그는 운 좋게도
미래의 왕 에자나의 가정교사가 되어 기독교를 전수했다. 에자나는
훗날 프루멘티우스가 이집트의 알렉산드리아에서 악숨 최초의 주교
로 임명되자 재위기간인 333년경 그 자신은 기독교에 귀의하고 기독
교를 국교(國敎)로 공인(公認)했다.

이렇게 기독교가 알렉산드리아에서 들어왔기 때문에 에티오피아 교회는 단성론(單性論)을 신봉하게 되었고 정교회로 편입되었다. 따라서 12세기 중반까지 알렉산드리아 출신의 콥트교회 수도사들이 모든 교회 업무를 이끌었다. 왕이 솔선해 국교로 공허(公許)한 기독교는 자연히 민중 속으로 전파되어갔다. 5~7세기 사이에 성서가 에티오피아 게에즈 문자로 번역되었다. 기독교의 위세는 에티오피아고원의 남쪽으로 퍼져나갔으며, 악숨과 아둘리스 등 도시에 있던 이교(異敎) 사원들은 교회로 개조되었다.

기독교의 에티오피아 전파는 종교 전파사 일반에서 사전(私傳)과 공전(公傳) 관계 문제에 중요한 시사점을 던져주며, 종교 전파의 본보기를 보여준다. 문화현상 가운데서 종교는 전파성이 가장 강한 분야다. 특히 기독교와 같은 보편종교는 자연이나 혈연 구조에 입지(立地)한 자연종교와는 달리 자신뿐 아니라 타인의 종교적 이상까지 추구하는 노력, 즉 전도(mission)를 통한 전파가 간단없이 끈질기게 진행된다. 이와 같은 종교의 전파는 필연적으로 전달(transmission)과 변용(變容, metamorphosis) 과정을 거치게 마련이다. 그리하여 타지에 대한 종교의 전파 시원은 의당 초전(初傳) 단계인 전달에서 비롯되어야 하며, 초단계적으로 변용을 그 시원으로 간주할 수는 없다. 요컨대 종교의 전파는 전달에서 비롯되는 초전(혹은 사전)과 변용을 수반하는 공전(혹은 공허公許)의 두단계를 거쳐 점진적으로 이루어지는 것이다. 에티오피아 기독교의 경우도 분명 초전과 국가의 공허에 의한 공전의 두단계를 거쳐 널리 전파되었을 것이다.

일반적으로 외래 종교는 이질감에서 오는 냉대 때문에 쉽게 수용되지 않고, 그 전파 과정에서 오랜 시간 우여곡절을 겪게 마련이다.

모든 종교 전파사가 실증하다시피, 한 종교가 공허나 공인(公認)에 이르기까지는 초전자(初傳者)들의 헌신적인 포교가 필수다. 엄격히 말하면 이 전달 단계에서 이들 초전자들의 포교 활동 개시가 바로 해당 종교의 전래 시원이며, 그들이 바로 다름아닌 전파의 시조인 것이다. 초전자들은 사회적인 비난과 저항 속에서 비밀리에 포교 활동을 전개하지 않으면 안 되기 때문에 공개되는 일이 적고, 기록 또한 남지 않게 된다. 그 때문에 그들에 의한 전래의 시원이나 과정을 구체적으로 추적한다는 것은 매우 어려우며, 때로는 거의 불가능하다. 그 결과 흔히 초전(전달) 활동은 무시된 채 기록, 그것도 공전을 기준으로 한 기록에만 의존해 전래 시원을 판단하는 편향을 범하게 된다. 이러한 이론을 전제로 한다면 기독교의 에티오피아 전래 시원은 국왕 에자나의 공허 시점이 아니라, 그 이전 상당한 기간의 초전 단계의 기점으로 거슬러올라가 추정되어야 할 것이다.

우리가 에티오피아의 기독교를 거론할 때 늘 따라다니는 화제가 하나 있으니, 바로 이른바 에티오피아의 '성직자 요한(Prester John) 기독교국' 문제다. 아마 동서고금 세계사에서 이 문제만큼 아리송하고 풀리지 않는 수수께끼는 없을 성싶다. 발설된 지 수백년이 지난 지금, 얼마전 한 국내 매체가 이곳 에티오피아 땅에서 그 흔적을 찾는답시고 동분서주했다. 결과는 허랑방탕(虛浪放蕩)에 또 하나의 허랑방탕을 더했을 뿐이다. 중세 한때 서방세계를 크게 흥분시켰던 성직자 요한 제국에 관한 전설은 오늘날까지도 미몽(迷夢) 일화로 인구회자되고 있다. 이 전설에 관한 기록은 독일의 역사가이자 기독교 주교인 오토 폰 프라이징(Otto von Freising, 1111~58)의 연대기에 처음 등장한다. 그 기록에 의하면 성직자 요한은 극동 대제국의 황제로서 네스토리우스파(경교景敎)의 신봉자인데, 이러한 사실은 프라이징이 1144년에 비테르보(Viterbo, 이탈리아 중부 도시)에서 만난 시리아 출신의 한 기독교 주교로부터 전해 들었다고 한다. 그후 유럽에서는 성직자 요한에 관한 갖가지 전설과 위서(僞書)가 나돌아, 날이 갈수록 수수께끼와 기담은 증폭되었다.

그 대표적인 일례가 중세 유럽 문단에 큰 파문을 던진 『몽더빌 여행기』(*Maundevlle's Travels*)다. 여행기에는 동방 여러 나라에 관한 기담이 상당히 많은데, 그중 대부분은 황당무계한 것이다. 그 가운데서 유럽인들의 각별한 관심을 끈 것은 이른바 '프레스터 존(성직자 요한) 제국'에 관한 기사다. 기사에 따르면 이 제국은 황제 요한이 통치하는 동방의 유일한 기독교 국가로서 동쪽 끝에서 서쪽 끝까지 달려서 4개월이나 걸리는 광대한 영토를 영유하고 있다는 것이다. 제노바(Genova, 이탈리아 북서 해안도시)의 사제 조반니 다 까리냐노(Giovanni da Carignano)는 발표한 논문에서 이 문제에 관해 다음과 같은 요지의 내용을 전하고 있다. 즉 성직자 요한은 에티오피아의 총대주교로서 그 휘하에 대주교 127명이 있는데, 이들 각자는 주교 20명씩을 거느리고 있다. 74명의 왕과 숱한 군주들이 황제 요한에게 충성을 바쳤는데, 마호메트의 율법(이슬람 율법)을 따르는 왕들도 있다. 교황 클레멘스 5세 (Clemens V, 1305~14 재위) 시대인 1306년 황제 요한은 30명의 사절단을 스페인 왕에게 보내 이교도(무슬림 — 필자)와의 싸움을 지원했다. 또다른 기록에는 1400년 영국 왕 헨리 4세가 '아비시니아'(아랍어로 에티오피아)의 왕 '성직자 요한'에게 이슬람과 싸우는 십자군에 다윗 왕 (요한)이 동참해주기를 바라는 서한을 보냈다고 한다. 이렇듯 성직자 요한과 에티오피아를 연결 짓는 전설이나 기담은 파다하다.

성직자 요한의 실체에 관해서는 아직까지 확실하게 밝혀진 바는 없지만, 서양 역사가들 중에는 그를 중국 서요(西遼), 즉 흑거란(黑契丹, Kara Khitai)의 야율대석(耶律大石)에 비정하는 견해가 많다. 그들의 견해에 따르면 중국 북방에서 916년에 건국한 요(遼, 거란)가 송(宋)과 금(金)의 협공을 받아 위험에 처하자 종실(宗室)의 야율대석은 솔중서행(率衆西行), 즉 백성을 이끌고 서행해 1132년 섭밀립(葉蜜立, 야밀)에서 서요 건국을 선포하고는 계속 서진해 중앙아시아 일원에 약 80년간(1132~1211) 존속했던 강력한 서요제국을 건설했다. 이때 야율대석과 백성들이 경교(景教, 네스토리우스파)를 신봉하고 있었기 때문에 서방 기독교 국가들과의 교섭이 있었고, 그 과정에서 야율대석의 존재가 동방에 군림한 기독교 국가의 황제로 둔갑해 전설처럼 유럽에 알려졌을 것이다. 여러 정황을 참조할 때 성직자 요한이 야율대석이라는 견해는 상당한 신빙성이 있어 보인다.

서구와 한참 떨어져 있을 뿐만 아니라 그 사이에 아랍이나 이슬람 같은 이문화·이종교가 가로막고 있는 이 아프리카의 동북방, 역사적·문화적으로나 지정학적으로 아무런 인연이 없을 법한 에티오피아 땅에 이방종교인 기독교가 근 2,000년 동안 뿌리내리고 성장해온 아이러니한 이 역사상을 신비롭게 되짚어보는 사이, 차는 시 중심에 자리한 가장 높은 산 정상(해발 2,900m)에 이르렀다. 면적 527km²에 인구 약 400만(2014)이 살고 있는 아디스아바바시 전경이 한눈에 안겨온다. 시가는 해발 3,000m의 북면 엔토토(Entoto) 군산을 비롯해 몇 갈래의 산맥과 구릉으로 에워싸여 있다. 해발 2,400m의 아디스아바바는 아프리카에서 가장 높은 곳에 자리한 수도다. '신선한 꽃'이라는 뜻의 아디스아바바의 명성에 걸맞게 시내는 푸르싱싱한 나무숲과 싱그러운 꽃들로 단장되어 있다. 에티오피아는 고원이 영토의 3분의 2를 차지하고, 평균고도가 해발 3,000m쯤 되기 때문에 '아프리카의 용마루'라고 부른다.

빽빽한 숲속에서 유난히 눈에 띄는 나무는 외래 수종인 유칼립투스(Eucalyptus, gum tree)다. 이제 토착화된 이 나무는 이 나라 수도의 운명과 깊은 관련이 있다. 에티오피아의 통치 민족인 암하라족은 원

수도 아디스아바바의 운명을 결정한
유칼립투스 나무

래 유목민족이기 때문에 수도는 한곳에 정착되지 못하고 늘 낙타 등에 집기를 싣고 이곳저곳 이동했다. 그러다보니 시종 수도다운 면모를 갖추지 못했지만 근세에 와서 사정은 달라졌다. 발달된 강력한 정착 수도라야 국가의 구심점 기능을 수행할 수 있기 때문이다. 아디스아바바가 수도로 되기 직전의 '유랑 수도'는 높은 탁상지(卓狀地) 위에 자리하고 있어 몹시 춥고 땔감용 나무가 부족한 엔토토였다. 천도를 고심하던 황제 메넬리크 2세(재위 1889~1913)는 황후 타이투의 설득과 엔토토산 기슭이 군사전략상 요지이고, 날씨가 온화하며 아와시강의 4개 지류가 이곳을 관통한다는 것 등 유리한 환경을 감안해 영국의 설계로 1887년 이곳에 수도를 건설했다.

황후는 황제를 설득해 탁상지 기슭에 있는 온천 부근에 집을 한채

짓고, 인근 땅을 귀족들에게 나눠주도록 했다. 이것이 수도 건설의 효시였다. 수도 이름도 황후에 의해 '신선한 꽃'이라는 뜻의 '아디스아바바'로 명명되었다. 처음 10년간은 도시라기보다는 군대 야영지 같았다. 한가운데에 황제의 궁전이 있고, 그 주변은 군대와 가신들로 에워싸여 있었다. 그런데 인구가 증가하자 땔감용 나무가 거덜나는 큰 문제가 발생했다. 황제는 올 것이 왔다고 판단, 고래의 방법인 천도로 이 문제를 풀기로 작심했다. 이 소식을 접한 한 현인은 황제에게 천도보다 조림(造林)으로 해결하는 것이 더 현명한 방책이라고 진언했다. 황제는 이 건의를 받아들여 1905년부터 성장이 유달리 빠른 유칼립투스 나무를 오스트레일리아로부터 대량 수입했다. 수림을 조성하기 위해 정부는 백성들에게 염가로 나무 모종을 공급하고, 조림지의 토지세를 면제하면서 식수를 권장했다. 그런 지 20년도 채 안 돼 시내는 온통 유칼립투스 숲으로 뒤덮였고, 도시 사위(四圍)에는 두터운 자연 녹화대(綠化帶)가 형성되었다. 작금 '유칼립투스의 도시'로 변한 아디스아바바의 유칼립투스림 총면적은 50여km²에 달해 땔감용 나무 걱정은 말끔히 덜어졌을 뿐 아니라, 도시 건설용 목재 수요의 90%를 충당하고 있다. 더 큰 혜택은 유랑 천도의 역사적 비운을 마감하고 걱정 없는 '영원한 정도(定都)'를 누리게 된 것이다. 모두가 시대를 주름잡는 뛰어난 지도자를 고대하는 이유가 바로 이러한 데 있다고 하겠다.

하산해서는 에티오피아군의 한국전쟁 참전 기념탑과 기념관으로 향했다. 기념탑을 둘러보고 기념관에 갔으나, 문이 잠기고 관리인도 없어 들어가보지 못한 채 되돌아섰다. 이어 현지 안내원의 안내를 따라 간 곳은 시 남쪽 외곽에 있는 아프리카연합(AU) 청사 건설현장이다. 안내원은 입이 마르도록 이 건물을 자랑한다. 뉴욕의 유엔 청사보

'에티오피아군 한국전쟁 참전 기념탑'

다 더 크다는 것이다. 외형은 다 짓고 지금은 내장(內裝) 작업이 한창이며, 청사의 부속건물인 5성 호텔은 짓는 중이다. 공사장 정문 앞에는 굵다란 횡서로 '중국건축(中國建築)'이라는 시공사 이름이 적혀 있다. 공사는 중국의 원조로 시공한 지 5년 이상이나 된다고 한다. 그밖에 중국의 원조로 진행되는 대형 프로젝트가 여러개 있다고 한다. '아프리카의 중국화'를 실감케 하는 현장이다.

에티오피아와 중국 간의 관계를 상기할 때, 현 대통령 물라투 테쇼메(Mulatu Teshome, 1956~)와 중국 간의 특수관계를 이야기하지 않을 수 없다. 물라투는 약관 20세에 국비 장학생으로 중국 베이징 언어학원(현 베이징 언어대학)에 유학, 2년간 어학공부를 마치고 베이징 대학 철학부에 진학해 5년간(1977~82) 철학을 공부했다. 그리고 나서는 역시 베이징 대학 국제정치학부에서 전후 6년간(1984~88, 1990~91) 석사과

아프리카연합 청사 건설 현장

정을 마치고 박사학위까지 취득했다. 한창 인생관이 무르익어가는 16년간의 청년 시절을 중국 대학에서 일심구지(一心求知)로 보내고 귀국해서는 승승장구로 여러 나라 주재 대사와 중앙정부의 3개 부처 장관 및 연방의회 의장직을 거쳐 2013년 10월에는 제4대 대통령에 등극했다. 그는 공개적으로 중국을 '제2의 고향'이라고 자랑하면서 친중파로 자처한다. 아프리카에는 이와 비슷한 경우가 드물지 않다. 돌이켜보면 필자가 아프리카에 몸담고 있던 시절부터 이러한 중국-아프리카의 미래지향적 관계는 어느정도 예고되고 있었다.

아프리카연합 청사 곁에는 옛 아프리카통일기구 청사가 그대로 남아 있다. 원래 셀라시에 황제가 생존했을 때인 1963년에 아프리카의 38개(후에 53개로 확대) 독립국가들이 아디스아바바에 본부를 둔 아프리카통일기구를 창설했다. 이 기구는 아프리카의 통일을 촉진하고, 독립과 주권을 수호하기 위한 민족주의 결집체였다. 38년간 존속하다가 2001년 잠비아에서 열린 정상회담의 결의에 따라 발전적으로 해체하고 대체 조직으로 아프리카연합을 설립했다. 연합의 본부도 아디스아바바에 두기로 했다. 에티오피아가 주도한 이 두 범아프리카 조직의 결성과 그 본부의 운영에서 아프리카 통일운동과 독립운동에 대한 에티오피아의 긍정적 기여를 엿볼 수 있다.

어느덧 해가 서산에서 뉘엿거린다. 발길을 재촉해 아프리카에서 가장 크다고 하는 메르카토 시장에 들렀다. 시간도 시간이거니와 안전을 고려해 가이드는 차에서 내리지 못하게 한다. 할 수 없이 말 타고 꽃구경하듯이 스쳐만 지나갔다. 미로 같은 골목길은 갖가지 잡화들로 꽉 찼고, 머리에 물건을 이고 다니는 행상들의 호객 소리에 귀가 멍멍하다. 발 디딜 틈도 없는데 행인들은 잘도 헤집고 다닌다. 시장 끄트머리에는 마스지드(이슬람사원)의 미어자나(예배시간을 알리는 탑)가 아스라이 보인다. 찾아가볼 생각이 굴뚝같으나 도저히 엄두를 낼 수가 없어 그만 접고 말았다.

이제 마지막 일정으로 남은 곳은 커피공장을 찾아가는 일이다. 차로 20분쯤 달려가니 '로베라 사영(私營)주식회사'(Robera Private Limited Company)라는 커다란 간판이 붙어 있는 커피공장에 이르렀다. 지은 지 얼마 안 되는 아담한 건물이다. 현지 가이드가 경비원의 허락을 받고 안에 들어가서 5분쯤 있다가 나와서는 공장 참관 허락을 받았다고 하며 제법 앞장서 안내한다. 어디선가 한 젊은이가 나타나더니 가이드와 지인처럼 스스럼없이 인사를 나눈다. 가이드가 우리 일행을 소개하니 상대는 반갑게 환영인사를 하면서 악수를 청한다. 호리호리한 키에 30대 중반으로 보이는 준수한 상대는 바로 공장장이다. 그는 퇴근을 앞두고 분주할 것인데도 약 30분간 친히 가동 중인 기계 앞에서 생두(生豆) 분류법이며 볶는 과정, 포장 과정 같은 생산공정을 일일이 설명해준다. 사이사이에 이 나라에서의 커피 역사와 현황 같은 것도 간명하게 소개한다. 기계는 가동한 지 얼마 되지 않은 최신 기계다. 작업환경도 깔끔한 편이다. 사영공장이라서 크지는 않지만 질 좋은 커피를 생산해 전량을 수출한다고 한다. 10여명의 노동자들이 비지땀을 흘리며 커피 포대를 대형 트럭에 차곡차곡 싣고 있다. 밖에는 빈 대형 트럭 5~6대가 대기하고 있다.

에티오피아하면 커피와 떼어놓고 생각할 수 없다. 세계인이 가장 많이 마시는 기호음료이자 세계 상품교역량에서 두번째를 차지하는 커피의 원산지가 바로 에티오피아이며, 이 나라의 커피 생산량은 2017년 현재 연간 약 46만톤으로 세계에서 6번째(약 15%)를 차지한다. 여기에 '커피의 고향'답게 그 품질 또한 월등하다. 에티오피아는 아프리카 최대의 커피 생산국이며, 커피 수출액이 이 나라 전체 수출액의 60%나 점하니 그 중요성을 가히 짐작할 수 있다.

에티오피아는 적도의 고지대라는 천혜의 커피 재배 환경을 갖고 있지만, 열악한 자본과 낙후한 시설 때문에 커피 재배와 가공 및 수출, 그리고 홍보에서도 많은 제약을 받아왔다. 그러나 최근에는 정부 차원의 커피산업 진흥정책을 통해 커피의 양과 질 향상에 진력하고 있다. 1999년에는 오로미아(Oromia) 커피농민협동조합을 발족해 유기농 재배와 공정무역 국제인증을 받아 경쟁력 있는 가격으로 세계 각국에 커피를 직접 다량 수출하고 있다. 2006년에는 미국의 거대 커피기업인 스타벅스와의 상표권 분쟁에서 승리해 고급 원두를 브랜드화

로베라 사영주식회사의 커피공장

생산공정을 설명하는 공장장(상)과
커피 가공 자동 라인(하)

하는 마케팅에 주력하고 있다.

　지금은 커피의 원산지가 에티오피아라는 것을 의심하는 사람이 별
로 없지만 50년 전만 해도 사정은 그렇지 않았다. 필자를 포함해 다들
원산지는 에티오피아가 아닌 예멘인 것으로 알고 있었다. 그렇게 무
지와 오인 속에 무심하게 수백년을 지내왔다. 그러나 사실 18세기 커
피가 유럽에 퍼져나갈 무렵, 그 진실이 드러나기 시작했다. 스웨덴의
식물학자 칼 폰 린네(Carl von Linné, 1707~78)가 식물을 분류하고, 영국
의 박물학자 찰스 다윈(Charles Darwin, 1809~82)이 종(種)의 뿌리를 추
적한 데 이어 미국 분자생물학자 제임스 왓슨(James Watson, 1928~)이
1953년 유전자 구조를 밝히는 등 일련의 과학적 연구로 커피의 원산

생원두와 볶은원두　　　　　　　　밀크커피(상)와 블랙커피(하)

지는 예멘이 아니라 에티오피아라는 것이 뒤늦게나마 밝혀졌다. 그 과정이 자그마치 200년이라는 긴 세월이 걸렸다. 이렇듯 사설(邪說)의 발설은 몇분 몇초에 족하지만, 그 시정에는 그 몇천만배의 시간과 노력이 소비된다. 사설을 증오하고 멀리해야 할 이유가 바로 여기에 있다.

　커피 원산지의 진실을 밝혀내는 데는 이렇게 과학적 탐구가 크게 기여했지만 이에 못지않게 대대로 내려온 민간전승도 한몫 했음을 잊어서는 안 된다. 커피의 원산지와 관련해 가장 많이 회자되는 전설은 이른바 '칼디(Kaldi) 전설'이다. 어느날 에티오피아의 염소지기 소년 칼디는 염소들이 체리처럼 생긴 붉은 열매를 따먹고 흥분해서 춤추는 모습을 목격했다. 그것이 궁금해서 자신도 그 열매를 따먹어보니 불현듯 정신이 맑아지고 기분이 상쾌해지는 것을 느꼈다. 칼디는 마을 수도원을 찾아가 이 사실을 알리면서 열매를 건넸다. 수도사들은 그 열매가 잠을 쫓는 효과를 낸다는 사실을 알아내고 밤새워 기도를 올릴 때면 그 열매를 먹었다. 그 사실이 점차 주변으로 퍼져나갔다. 그 신기한 열매가 바로 커피(생두生豆)다. 전설치고는 너무나 사실에 가깝다.

이에 비해 커피의 기원에 관한 이른바 '무함마드 전설'은 그저 전설일 뿐이라고 치부하지 않을 수 없다. 종교적 기적을 모티프로 하고 있기 때문이다. 이슬람의 선지자 무함마드가 메카 근교의 한 동굴에서 고행을 하느라 거의 죽을 지경이 됐을 때, 꿈에 천사 가브리엘이 나타나 빨간 열매를 따먹으라고 알려주었다. 그 열매가 바로 커피다. 무함마드는 천사가 시키는 대로 그 열매를 따먹고 건강을 회복했다고 한다. 그래서 무슬림들은 커피를 '무함마드를 살린 신의 음료'라고 믿는다.

이렇게 에티오피아에서 시원된 커피는 홍해를 건너 예멘에 선참으로 전해진다. 이제 여기서부터 커피는 무려 500년간 영욕(榮辱)이 엇갈리는 4대주(洲) 여행의 장도에 오른다. 15세기 중엽 아랍-이슬람 땅에 첫 발을 내디딘 커피는 우선 명상으로 신 알라를 만나보고 싶어했던 이슬람 신비주의 종파인 수피즘 신봉자들의 환대를 받았다. 그러나 얼마 못 가서 커피가 중독성 때문에 영적 탐구에 방해가 된다고 주장하는 보수적 이슬람 신학자들로 인해 냉대를 받으면서, 메카 거리에서 커피 자루가 불속에 던져졌다. 터키 수상은 커피하우스 운영자는 곤봉형에 처한다는 칙령을 내리고, 재범은 가죽부대에 넣어 바다에 던져버렸다. 카이로와 다마스쿠스, 이스탄불, 알제 등의 도시에서

는 이러한 표면적 이유 말고도 체제전복 같은 정치적 모의의 본산이
라는 딱지를 붙여 커피하우스를 무자비하게 탄압했다.

17세기 유럽에서는 상업자본주의가 등장함에 따라 커피의 인기가
올라갔다. 커피를 맨 먼저 유럽으로 가져간 베네치아의 무역상들은
처음에는 커피를 눈병이나 통풍, 수종, 괴혈병 따위를 치료하는 약품
으로만 알고 있었다. 그러다가 기호품으로서의 인기를 얻게 되자 커
피하우스는 상업 중심지의 역할을 겸하게 되었다. 조너선(Jonathan)과
개러웨이(Garraway)의 커피하우스는 거의 75년 동안이나 영국의 주요
증권거래소 노릇을 했고, 버지니아(Vierginia)와 발틱(Baltic) 커피하우
스는 상업해운 거래소로 관심을 모았다. 로이드(Lloyd)의 커피하우스
는 훗날 세계 최대의 보험회사로 명성을 날렸다. 급기야 커피하우스
는 새로운 뉴스를 전하는 '1페니짜리 대학'이라는 조롱까지 받았다.
당시 커피는 남성들에게는 활력소였지만, 여성에게는 증오의 대상이
되었다. 남성들이 하루 종일 커피하우스에 틀어박혀 커피만 마셔대고
허송세월하고 있으니, 참다못해 부인들은 이 '천한, 검은, 진한, 역겨
운, 쓰디쓴, 냄새가 고약한, 구역질나는 시궁창 물'인 커피가 발기불
능증을 일으키고 있다고 신문광고까지 내며 반격에 나섰다.

카페(커피하우스)는 자본주의적 번영의 수혜자로서 '카페계급'이라
는 유한계급을 양산하는 공장으로 몸집을 불려갔다. 이즈음 커피의
약효를 둘러싸고 갑론을박의 치열한 논쟁이 벌어졌다. 이 논쟁에 종
지부를 찍으려고 스페인 국왕 구스타브 3세(Gustav Ⅲ)는 기괴망측(奇怪
罔測)한 인체 실험을 고안해냈다. 살인으로 사형선고를 받은 쌍둥이
형제에게 감형을 조건으로 한 사람은 차만, 다른 사람은 커피만 마시
게 한 것이다. 그랬더니 차만 마신 사람이 먼저 죽는 결과가 나왔다.

이를 계기로 스페인의 1인당 커피 소비량은 일시 세계 1위로 급부상했다고 한다. 커피가 광범위하게 퍼지자 그 기능도 다양화되었다. '르쁘로꼬쁘'(Le Procope) 같은 카페는 빠리의 문화 중심지가 되어 볼떼르 등 지성인들이 단골로 출입했고, 비엔나의 '카페 하인리히호프'는 브람스를 비롯한 유명 작곡가들의 악상을 무르익게 한 요람이었다. 그런가 하면 정치적으로 빠리의 커피하우스는 프랑스혁명이 진행되는 동안에도 변함없이 음모와 선동의 진원지 역할을 계속했다.

때로는 커피가 심장마비나 위궤양을 일으킨다며 경계하지만, 19세기 100년 동안 북미 지역의 커피 수입은 무려 90배나 급증했으며, 20세기에 들어와서도 그 소비량은 꾸준히 늘어났다. 커피는 야생 식물에서 작물로 길들여졌고, 상품으로 발돋움했다가 요즘에는 여러 화합물과 뒤섞여 새로운 변모를 시도하고 있다. 커피는 에티오피아에서 예멘으로, 그리고 유럽으로, 다시 거기서 라틴아메리카로 퍼져나가면서 역사의 발전이나 사회의 변혁과 궤를 같이하며 여러가지로 변신해왔다.

44
'세계의 원료창고' 콩고의 민낯

　일정에 제약을 받다보니 이야깃거리, 볼거리가 많은 에티오피아이
지만 아쉬움을 뒤로 한 채 떠나지 않을 수 없다. 호텔에서 앞당겨 아
침식사를 하고, 7시에 공항으로 향했다. 행선지는 콩고민주공화국의
수도 킨샤샤. 이른 아침인데도 공항은 꽤 붐빈다. 에티오피아 항공
831편(좌석 02J)은 9시 45분 정시에 이륙해 13시 23분(아디스아바바 시간)
킨샤샤 국제공항에 안착했다. 기내 방송에서는 비행에 4시간 10분이
걸린다고 했는데, 이보다 30여분이나 앞당겨 3시간 38분 만에 목적지
에 도착했다.
　공항에서 짐을 찾는 데 1시간 반이나 걸렸다. 입국수속을 마치고 짐
을 찾으러 가니 어느새 승객의 근 절반을 차지했던 중국인 승객들이
끼리끼리 모여서 와실거린다. 선참으로 수화물 창구에서 나오는 화물
은 이란으로부터 들어오는 상자 수십개다. 그다음으로는 '중국수전

(中國水電)'이라는 딱지가 붙은 각양각색의 보따리 수십개가 꼬리를 물고 나온다. 개중에는 두터운 방수포로 포장한, 두 사람이 겨우 들어 움직일 정도로 육중한 화물도 더러 끼어 있다. '수전'은 '수력발전(水力發電)'의 약어로, '중국수전'은 중국수력발전소(공사)라는 뜻으로 풀이된다. 중국이 콩고의 수력발전 사업을 지원하는 데 쓰이는 기계류나 부품인 듯하다. 그러니 운송에서 '우선 반입'이라는 특혜가 주어지는 것이 아니겠는가. 이런 육중한 화물이 느릿느릿 하역되는 바람에 그 뒤를 따라나오는 40~50명밖에 안 되는 일반 승객들은 짐을 찾는 데 1시간 이상을 유구무언(有口無言)으로 기다릴 수밖에 없었다.

공항에는 '고 콩고'(Go Congo) 여행사 대표 미셸 판 로텐(Michel van Roten, 62세) 씨가 직원 한명을 대동하고 영접차 나와 기다리고 있었다. 그는 원래 벨기에 출신인데 1973년에 가족과 함께 이곳에 이민을 와 영주권을 얻고 지금은 여행사를 운영한다고 한다. 방금 우기가 시작되어 후텁지근한 날씨에 기온은 섭씨 35도다. 공항 인근의 간이식당에서 구운 닭고기와 감자튀김으로 점심을 때웠다. 공항에서 약 40분간 달려서 시 중심가에 있는 비너스(Venus) 호텔 415호 방에 여장을 풀었다. 명색이 호텔인데도 2인용 방 면적은 3~4평밖에 안 된다. 전기 시설은 엉망이고, 세면도구로는 달랑 타월 두장과 세숫비누 한조각뿐이다. 창문을 열고 내다보니 거리며 건물들은 독립한 지 반세기를 넘었는데도 여태껏 내외 우환에 쪼들려 신음하는 기색이 역력하다.

그러나 대국으로서의 면모는 여전하다. '콩고'라는 명칭은 콩고강 유역에 사는 바콩고(Bakongo)라는 부족 이름에서 유래되었다고 한다. 오늘날 콩고라는 이름을 다룰 때 유의해야 할 점은 콩고강을 사이에 두고 두개의 콩고, 즉 콩고민주공화국과 콩고공화국이 별개로 존재

한다는 사실이다. 크기라든가 중요성을 감안해 흔히 '콩고'라고 하면 콩고민주공화국을 지칭한다. 이 민주공화국의 별칭으로는 '킨샤샤 콩고' '남콩고' '동콩고' '민주콩고' '민콩' '콩민' 'DR콩고' 등 여러 가지가 있다. 국명도 1960년에 독립할 때는 '콩고민주공화국'으로 부르다가 모부투 세세 세코(Mobuto Sese Seko, 1930~97) 집권기에는 '자이르'(Zaire)로 개명했다. 그러나 모부투 정권이 무너지자 원명인 '콩고 민주공화국'을 다시 복원해 쓰고 있다.

답사에 앞서 이 이색적인 나라를 이해하기 위해서는 개황쯤을 한 번 짚어볼 필요가 있다. 콩고(이 글에서는 콩고민주공화국을 지칭)의 면적은 234만 4,858km²(한반도의 약 10.5배)로 알제리에 이어 아프리카에서는 2번째, 세계에서는 11번째로 큰 나라다. 인구는 약 8,300만명(2017)으로 아프리카에서는 4번째, 세계에서는 16번째를 차지한다. 한마디로 명실상부한 세계적 대국이다. 프랑스어를 공용어로 쓰는 나라 가운데서는 가장 큰 나라라는 점이 흥미롭다. 콩고는 대국답게 다민족 다문화 국가다. 민족으로는 반투어계와 수단어계, 닐로트(Nilotes)어계에 속하는 254개의 종족이 공생하는데, 그 가운데 최대 종족은 인구의 84%를 차지하는 반투어계 종족이다. 그만큼 언어도 다양하다. 공용어는 프랑스어이지만 지역에 따라 북부와 북서부는 링갈리어, 킨샤샤를 비롯한 서부는 콩고어, 중부는 치루바어, 동부와 동남부는 스와힐리어를 각각 사용한다. 종교도 마찬가지다. 천주교가 50%, 개신교가 20%, 이슬람교가 12%, 토착 기독교가 11%이고, 나머지는 기타 토착종교가 차지하는 등 다양한 종교가 공존하고 있다.

통상 다양한 역사와 문화는 다양한 자연지리적 환경에서 연유한다. 아프리카의 중서부, 적도가 가로지나가는 곳에 위치한 콩고는 다양하고 특징적인 자연지리적 환경을 지니고 있다. 지형은 ① 중부의 콩고 분지, ② 동부의 남아프리카 고원 대열곡(大裂谷), ③ 북부의 아잔데(Azande) 고원, ④ 서부의 하(下)기니만 고원, ⑤ 남부의 론다(Ronda)-카탕가(Katanga) 고원의 5대 고원지대로 구성되어 있다. 최고봉은 만년설을 이고 있는 해발 5,109m의 마르게리타(Margherita)산이다. 길이 4,700km로 세계에서 여섯번째로 긴 강인 콩고강은 동쪽에서 서쪽으로 흘러 대서양에 유입되는데, 18개 지류를 거느리는 강의 유역 면적은 367만 7,800km²이며, 유량은 아마존강에 버금간다. 항행 가능한 물길만도 지류를 포함해 1만 3,000km에 달한다. 동부 변방에는 세계에서 두번째로 깊은 탕가니카호(최대수심 1,435m)가 있다. 그리고 대부분 국토가 북위 4도에서 남위 4도 사이의 적도에 자리하고 있어 기후는 한마디로 덥고 습하며 비가 많이 온다. 연간 평균기온은 섭씨 27.8도이며, 최저 기온이라야 21.1도다. 계절은 우기(11월~이듬해 5월)와 건기(6~10월) 두 계절뿐이다.

자고로 콩고의 자랑거리는 문자 그대로 천혜의 지하자원, 즉 부존자원(賦存資源)을 그 어느 나라보다 넉넉히 보유하고 있다는 사실이다. 그래서 콩코를 두고 '세계의 원료창고' '광물자원의 메카' '중앙아프리카의 보석' '지질의 기적'이라고 이구동성으로 입을 모은다. 1998년 콩고민주공화국 정부가 발표한 주요 부존자원의 매장량을 보면, 매장량과 생산량에서 세계 1위인 코발트는 4,500만톤, 다이아몬드 1억 9,000만 캐럿, 구리 7,500만톤, 아연 700만톤, 망간 700만톤, 철 100만톤, 주석 45만톤, 금 600톤으로 유색금속과 희유금속, 비금속이 골고루 매장되어 있다. 또한 석유 2,500만톤, 천연가스 400억m³, 석탄은 6,000만톤 등이다. 국토의 53%를 뒤덮고 있는 삼림 면적은 약 1억

2,500만 헥타르로 아프리카 열대림 면적의 절반을 차지하며, 흑단과 홍단 등 22종의 희귀목재도 서식하고 있다. 풍부한 수량으로 콩고 전력생산의 90%는 수력발전량으로 충당하고 있다. 발전량에서 아프리카의 40%, 세계의 13%를 차지하며 높은 잠재력을 가지고 있다. 조금은 번거로운 숫자적 나열이지만, 구체적 계량(計量)은 신빙성을 담보해준다.

콩고는 이렇게 역사도 오래고 덩치도 크며 자원도 풍족하기 때문에 자고로 명성이 자자한 나라다. 그러나 역설적으로 명성만큼이나 노출되어 남의 먹잇감이 되고 능욕의 대상이 되었으며, 혼란과 갈등의 진원지로서, 빈곤과 후진의 멍에에 오랫동안 짓눌려 살아왔다. 필자는 이러한 아이러니를 이해하는 것이 바로 아프리카 전반을 이해하는 귀감이라고 믿어 그 시절부터 콩고 문제에 각별한 관심을 돌려왔다. 차제에 그동안 미적지근하게 남아 있던 몇가지 문제에 대한 바른 답안을 얻어냄으로써 본의 아니게 더덕더덕 치장되었거나 왜곡되었던 허구를 까발리고, 원형 콩고 그대로의 모습을 현현(顯現)하려고 이렇게 다시 찾아왔다.

그 현현의 첫걸음으로 중앙시장을 찾았다. 민생을 파악하는 데 재래시장 이상 적소는 없다. 대국의 으뜸가는 물산 집산지이다보니 시장의 규모가 엄청나게 크고, 장꾼들의 모양새나 갖춤새도 가지각색이며 물품도 없는 것이 없다. 차 안에서 가이드는 안전에 각별히 주의할 것과 후미진 곳이나 여성들의 사진을 찍지 말 것을 신신당부한다. 처처에 감시요원들이 숨어 있으니, 걸리면 연행되거나 카메라를 빼앗기기가 일쑤라는 것이다. 아니나 다를까 시장을 한바퀴 돌아보고 나서 출구로 향하고 있는데, 어디선가 정복 차림의 50대 경찰이 나타나 무조건 뒤를 따라오라는 것이다. 따라간 곳은 시장 모퉁이에 있는 자그마한 경찰 사무실이다. 우락부락 험상궂은 이 경찰관은 가이드로부터 일행의 시장 참관 경위를 들은 다음 우리의 여행 문건(여권과 항공권, 체류 호텔명 등)을 확인하고는 몽땅 복사해야 한다면서 어디론가 보낸다. 무슨 문제가 있느냐고 따져물으니, 외국인이 시장에 올 때는 이민국이나 경찰국에 사전 통보로 허락을 받아야 하는데 우리 일행은 그러지 않았다는 것이다. 이런 절차는 가이드가 해야 하는데 왜 안 해서 이런 꼴이 되었는가 하고 물으니, 그런 규정은 있지만 지키는 일은 별로 없기 때문이라는 것이 가이드의 대답이다. 그러면서 문제없을 것이라고 안심시킨다. 조마조마한 마음으로 기다리는데, 1시간이 흘러서야 한 계급 높은 40대 중반의 영급 여성 경찰관이 하사관을 대동하고 나타났다. 가이드를 불러 다시 한번 자초지종을 확인하더니 한결 부드러운 태도로 문건을 돌려주면서, 내일 다시 오고 싶으면 사전에 자기에게 알려달라고 전화번호까지 적어주고는 가버렸다.

경찰 사무실 문앞에서 이제나 저제나 하고 우두커니 서서 대기하고 있는데, 30세가량 되어 보이는 웬 청년이 다가와 말을 건넨다. 그는 체 게바라의 초상이 그려진 티셔츠를 입고 있다. 신기해서 초상에 눈길을 맞추니 청년은 오른쪽 엄지손가락을 치켜들고 보란 듯이 "우리가 사랑하는 체 게바라입니다"라고 묻지 않았는데도 대답한다. '체 게바라', 아프리카인들에게는 너무나 친숙한 이름이다. 그 사연은 다다음 절에서 밝혀질 것이다.

이어 발길을 돌린 곳은 항구다. 2년 전 라틴아메리카를 순방할 때도 그러했거니와 아프리카 땅에 와서도 마찬가지로, 어느 나라에 도착하면 우선 그 나라 역사·문화의 개황을 알아보기 위해 박물관으로

체 게바라가 그려진 티셔츠를 입은 청년

향하고, 그 버금으로 항구를 찾는다. 이것은 실크로드 탐방 20여년간 내내 지켜온 본능적 불문율이다. 해상실크로드의 요소요소를 밝혀내는 데서 항구는 그 거점이 되기 때문이다. 킨샤샤의 주항(主港)은 건너편 콩고공화국의 수도 브라자빌(Brazzaville)항과 마주하고 있는데, 일반인 출입은 엄격하게 통제된다고 하기에 그곳까지는 가지 못하고 그 부속항인 구항(舊港)을 찾았다. 해변가를 따라 걸어가는데 갑자기 허물어진 창고 안에서 웬 사나이가 나오더니 안내를 자처하면서 일행을 해변가에 있는 자그마한 독립 건물로 인도했다. 따라 들어가보니 웬걸 경찰관실이다. 독기 어린 눈살로 안내원 미셸 씨의 신분을 확인하고는 동행한 강상훈 대표의 여권을 한장 한장 넘기면서 무언가 찾아내려는 기색이다. 아무것도 걸리는 것이 없게 되자 되돌아가라고 하면서 직원을 불러 큰길까지 안내(호송)하라고 한다. 오늘의 항구

적막감이 감도는 킨샤샤의 구항구

답사계획은 이렇게 무산됐다. 1시간이나 지체하다보니 해는 서산 너머로 기울기 시작한다. 해변가 식당에서 이곳 명물인 케프텐 튀김으로 저녁식사를 했다. 케프텐은 길이가 70~80cm나 되는 대형 바닷물고기로 이곳 특산이라고 한다. 튀김 맛은 우리 입맛에 맞는다.

이튿날에는 특별한 기대를 가지고 시내 관광에 나섰다. 마냥 콩고의 대명사처럼 알려지고 있는 다이아몬드의 실태를 알아보려는 것이 그 기대다. 가이드의 말에 의하면 최근 정부의 엄격한 단속에 의해 다이아몬드 상점들은 거의 문을 닫고 철수하거나 잠적해버렸으며, 채광지나 가공공장은 아예 봉쇄해 일반인, 특히 외국인 참관은 완전히 차단되었다고 한다. 그러나 50여년 전 왔을 때 보았던 그 흔한 가공공장과 상점들이 과연 일시에 없어졌을까 하는 의문을 품은 채, 설마하고 가이드의 말을 귓밖으로 흘려보내고 다이아몬드 거리를 찾아갔다. 정

독립영웅이자 국보로 추앙받는 루뭄바의 동상과 혁명탑

말로 가이드의 말대로 거리는 쥐죽은 듯 고요하다. 짙은 적막이 감돈다. 다이아몬드 상점은 하나도 눈에 띄지 않았다. 어떤 상점은 텅 비어 있는가 하면, 어떤 상점은 간판을 바꿔 달고 있다. 자국의 자원보호 조치겠지라고 속으로 자문자답하면서 거리를 빠져나왔다.

이어 향한 곳은 시 중심에 있는 이 나라 독립영웅이자 국부로 추앙받는 루뭄바 동상과 그 배경으로 짓고 있는 혁명탑 건설장이다. 기단까지 높이가 5~6m쯤 되는 동상은 오른손을 높이 치켜든 중국의 마오쩌둥 동상과 조형 기법이나 옷맵시가 비슷하다. 어딘지 모르게 '중국풍'이 풍겨 알아보니 중국 조각가들의 작품이라고 한다. 동상에서 얼마간 떨어진 언덕에서는 탑 건설이 한창이다. 현지 가이드는 '혁명탑'이라고 하나 건설을 맡은 중국 '위해국제(威海國際)'의 시공 해설문에는 '노몽파기념탑(盧蒙巴紀念塔)', 즉 '루뭄바 기념탑'으로 명시되어 있다. 탑의 높이도 이 해설문에는 175m로 적혀 있으나, 가이드는 205m라고 하는 등 서로 다르다. 완공되어야 최종 알게 될 것이라고 한다. 원래는 2012년에 완공될 계획이었으나 아직 미완공 상태다. 1961년 중국과 콩고가 수교한 이래 중국은 경제원조말고도 인민궁전, 체육관, 제당연합 기업소, 수공농기계 공장, 벼기술 추진소, 무역센터와 킨샤샤 우편센터, 킨샤샤 종합병원 건설 및 푸캄 공항 활주로 보수공사 등 일련의 대형 건설 공사들을 무상으로 수주해 지어주었다고 한다.

이어 독립투쟁 때 시위군중이 모이곤 했던 유명한 '6월 30일 광장'의 분수대를 찾아갔다. 평시 오후인데도 거리는 차와 보행객들로 몹시 붐빈다. 얼마 멀지 않은 거리를 지나는 데 30분이나 걸렸다. 광장은 더더욱 붐빈다. 이를 가리키는 콩고의 '교통지옥'이란 말이 우리네 표현과 신통히도 같다. 광장 한구석에는 6~7명의 거리 사진사들이 모여 손님을 기다리고 있다. 그중 30대 초반의 한 사진사가 입고 있는 조끼 등에는 한글로 '전국굴삭기연합회'라는 글자가 또렷이 씌어 있다. 그는 먼발치에서 일행을 알아보고 다가오면서 '한국사람들인가요?'라고 물으면서 반갑게 인사한다. 어떻게 알아맞히는가 하고 물어보니, 몇몇 한국 관광객을 만나본 적이 있다고 한다. 눈썰미가 보통이 아닌 친구다. 아마 그 조끼는 어느 땐가 한국 굴삭기 기사들이 시위나 농성 투쟁을 할 때 착용했던 것이 어떤 경로(헌옷 거래?)를 통해 수만리 이곳까지 실려온 것이리라. 이것 역시 교류라면 교류다. 필자는

독립투쟁 때 군중집회장이던 '6월 30일 광장'　　'한국굴삭기연합회' 조끼를 입고 있는 청년

그 인증샷으로 '전국굴삭기연합회'라는 글자를 카메라 렌즈에 담아
냈다.

45
문명화의 덫에 걸린 콩고 비사(悲史)

'6월 30일 광장'은 옛날 식민 시대의 동(東)킨샤샤시 기차역과 거리 하나를 사이에 두고 접해 있다. 지금은 식민통치의 한 단면을 증언하는 명소로 변한 이 기차역은 벨기에 식민 시대인 1898년에 개통해 1947년까지 49년간 동킨샤샤에서 콩고강 하류 좌안에 있는 마타디(Matadi)항 사이 375km 구간을 달리던 기차의 종착역이다. 역 입구 담벼락에는 이 역사적인 철도에 관한 상세한 기록과 함께 고된 철도부설 현장을 생동하게 묘사한 그림들이 걸려 있다. 이 철도는 유럽인 136명과 현지인 1,800명의 목숨과 맞바꾼 결과물이라고 소개되어 있다. 역 구내에 들어가보니 당시 운행하던 10여 대의 객차와 화물차가 녹슨 흉물로 남아 있다. 지금도 일부 구간은 객차가 운행되고 있다고 한다.

숱한 인적·물적 자원을 들여 부설한 이 철도가 반세기도 못가 그

식민 시대 동킨샤샤-마타디항 간 철도 부설 현장 그림

운행이 중단된 원인은 철두철미 식민통치의 이해관계 때문이었다. 그 원인은 첫째로 예상밖에 철도 운영비가 바닷길 운영비보다 많이 소요된 것, 둘째로 신속하게 물자를 다량 운반할 필요성이 없어진 것이다. 즉 식민통치 시대에는 마구 약탈한 물자를 신속하게 운반해야 했고, 뱃길만으로는 부족하니 다량 운반수단으로서의 철도가 필요했다. 그런데 지금은 물동량이 줄어들어 더이상 철도가 필요 없게 된 것이다. 내륙 수로를 이용할 수 있는 나라에 약탈을 위해 철도를 부설해 수로와 철도를 복합적으로 이용하다가 고비용 때문에 철도를 팽개치는 일은 드물지 않았다. 콩고의 경우가 바로 그 극명한 실례의 하나다. 지금 시 당국은 일단 폐기한 철도나 차량에 대해서는 개조나 재활용을 시도한다고 한다. 그래서인지 어디선가 아름다운 멜로디가 들려

폐허가 된 동킨샤샤 기차역

동킨샤샤 기차역사와 기관차(상)
버려진 찻간을 연주실로 개수한
바이올리니스트들(하)

 오기에 따라가보니 허름하던 찻간을 말끔히 꾸려놓고 젊은 바이올린 연주자 두 사람이 비지땀을 흘리며 한창 연습을 하고 있었다. 측은지심(惻隱之心)이 없지는 않았으나 그런대로 좋은 발상인 것 같다.

 정오가 훨씬 넘어서야 기차역 부근 해변가 식당에서 늦점심을 챙겼다. 어제 점심 경험을 살려 역시 메뉴는 이곳 특산 바닷물고기인 음보토(Mboto) 튀김요리로 정했다. 뼈가 굵은 것으로 미루어 큰 물고기임에 틀림없다. 맛도 일품이다. 식후에는 곧바로 킨샤샤항을 다시 찾았다. 육지에서 제대로 된 영상을 담기에는 한계가 있어 바다로 나가기로 했다. 이민국으로부터 바다로 나가는 허가를 받는 데 무려 2시간

통나무 쪽배를 타고 옛 항구 촬영에 나선 강상훈 대표

이나 걸렸다. 가능하다고 하니 인내심을 갖고 기다렸다. 배는 민간인들이 운영하는 10m쯤 되는 길이에 1m 정도의 너비를 가진 통나무 쪽배다. 승선비는 시간당 50달러이다. 보통은 뱃사공을 포함해 2~3명, 기껏해야 4명이 타는 작은 배다. 그런데 파격적으로 우리 일행 2명, 여행사 직원 2명, 이민국 직원 1명, 선주 1명, 앞뒤 뱃사공 각각 1명, 모두 8명이 탔다. 승객 6명은 중간에 플라스틱 의자 세개를 놓고 쪼그리고 앉았다. 배가 떠나려고 시동을 걸자 의자는 전후좌우로 기우뚱거린다. 그대로 나가다가는 위험천만이다. 선장에게 정선을 요청했으나 막무가내다. 할 수 없이 정색해서 단호한 어조로 승선 거부의사를

킨샤샤 박물관 외관

밝혔다. 그제야 시동을 끄고 필자를 포함해 선주와 여행사 직원 2명을 내려놓고 배는 나루터를 떠났다. 돈벌이에만 급급한 선주는 승객들의 안전은 뒷전이다. 이렇게 험악한 곳에서 안전은 남에게 맡길 것이 아니라 스스로 챙겨야 한다. 30분 후에 돌아온 강상훈 대표는 모험에 가까운 담력으로 좋은 영상을 건져왔다.

어느 곳에 가나 박물관을 먼저 찾는 불문율을 깨고 답사 동선에 맞추다보니 이곳 박물관 참관은 막바지로 늦어졌다. 얕은 경사가 진 언덕길을 한참 올라가니 병영 속에 자리한 박물관이 나타난다. 출입구에서 신분증을 확인하고 들어서니 첫눈에 띄는 것이 이 박물관의 건

박물관 입구에 있는 스탠리의 기마동상   스탠리의 아들 동상

설자인 헨리 모턴 스탠리(Henry Morton Stanley)의 우람한 기마동상이다. 그 뒤편 저만치에는 자그마한 아들 동상이 서 있다. 영국 신문기자 출신인 탐험가 스탠리는 1874년 『뉴욕헤럴드』와 런던 『데일리 텔레그래프』의 후원하에 342명으로 구성된 대탐험대를 이끌고 야심찬 아프리카 탐험의 험로에 올랐다. 잔지바르에서 콩고강 어귀까지 적도 일대를 가로지르는 사상 초유의 탐험으로, 해안에서 해안까지 999일간, 육로와 수로를 합쳐 총 1만 1,000km를 주파하는 대장정이었다. 빅토리아호와 탕가니카호는 배로 일주하고, 콩고강은 주요 수원지에서 바다까지 2,500km나 추적했다. 고행 끝에 엄청난 업적을 쌓기는 했으나 그 대가는 만만치 않았다. 스탠리와 동행한 유럽인 3명과 아프리카인

173명이 개척의 험로에서 목숨을 잃었다. 스탠리는 여행 초기의 탐험 실기(實記)를 두권의 책『콩고와 콩고자유국의 건국』(*The Congo and Founding of its Free State*, 1885)에 실었다.

　박물관 입구 좌측 언덕 기슭에는 1차 세계대전 때 벨기에를 도와 콩고를 침략한 독일의 만행을 규탄하는 조각 군상이 세워져 있다. 언덕 정상에 있는 전망대에 서니 콩고강 하구를 사이에 두고 맞은편에 자리한 콩고공화국 수도 브라자빌항이 아스라이 시야에 들어온다. 강 하나를 사이에 두고 둘로 갈라진 콩고, 어찌된 영문인가? 이 분단은 서구 식민주의자들의 강점으로 인한 것이다. 그 역사를 돌이켜보면 지금으로부터 8만년 전부터 이 땅에는 인간들이 살기 시작했으며, 기원전 2000년부터 기원전 500년 사이에 반투인들이 콩고 분지를 중심으로 몰려들어 고대 아프리카 문명을 꽃피워나갔다. 기원후 13세기 초에서 14세기 말엽 사이에 3,000여년간 정착해온 반투인들은 드디어 콩고강 하류 일원에 통일적인 콩고왕국을 건립해 정상적인 역사의 발전 궤적을 따라 삶을 영위해왔다. 그러다가 15세기부터 서구 탐험가들과 식민주의자들이 들락날락하면서 노예무역과 자원약탈로 무진장한 부를 축적하고, 콩고의 전통사회를 갈기갈기 찢어놓았다. 약탈과 착취에 이골이 난 서구 열강들 사이에서는 더 많은 식민지를 차지하기 위한 약육강식의 치열한 갈등과 쟁탈이 일어났다. 이러한 갈등과 쟁탈은 식민지 분할로 일시 봉합되기도 했다. 1884~85년에 아프리카 식민약탈자들의 공모 속에 열린 이른바 '베를린 회의'가 그 전형적인 일례다. 회의에서 콩고강을 사이에 두고 그 이남 땅은 벨기에가, 이북 땅은 프랑스가 각각 나눠먹기로 했다. 불행하게도 그 '나눠먹기'로 인해 1960년 같은 해에 남북 두 지역이 동시에 독립했으면

1차 세계대전 때의 독일군 만행을 규탄하는
조각 군상

전통화법의 벽화

서도 분단을 극복 못한 채 오늘날에 이르기까지 이름을 달리한 두 나라, 콩고민주공화국과 콩고공화국으로 병립 대치하고 있다. 이러할진대 콩고는 오늘날의 한반도와 같이 인위적인 남북 분단국이라고 감히 직언한들, 그것이 과연 공허한 망언일까!

이 대목에서 선친 레오폴 1세의 제국주의적 식민약탈 유지를 받들고 왕위에 오른 벨기에의 레오폴 2세가 떠오른다. 레오폴 2세는 호시탐탐 침략 기회만 노려오면서 그 앞장에 서서 1876년 브뤼셀 지리학회 회의를 소집했다. 사흘 동안 진행된 회의에는 영국, 프랑스, 독일, 러시아, 이탈리아, 오스트리아-헝가리 등지에서 온 기업가, 정치인, 지리학자, 탐험가, 선교사, '박애주의자' 24명이 참석했다. 레오폴 2세는 7,000개의 촛불 하나하나마다 십자가를 장식한 화려한 자신의 궁전에서 개최한 연회에서 스스럼없이 이러한 앙큼스러운 연설을 했다.

"오늘 우리가 이곳에 모인 이유는 인도주의를 애호하는 분들의 관심을 촉구할 만한 중대한 사안이 있기 때문입니다. 우리 세계에서 아직 문명이 침투하지 못한 지역을 문명의 길로 인도하고, 많은 인구를 감싸고 있는 어둠을 걷어내기 위해서는 이 진보의 시대에 걸맞은 십자군이 있어야 할 것입니다. 저는 이 십자군을 지지하는 공중의 원망이 대단히 강하다는 것을 알고 무척 기쁜 마음입니다. 시대는 우리의 것입니다. (…)

여러분을 브뤼셀로 모신 목적은 결코 제 이기적인 욕심에 있지 않습니다. (…)

저는 오로지 벨기에의 안녕을 위하는 것 이외에는 어떤 야심도 없습니다. (…)

하지만 브뤼셀이 이 문명화 운동의 본부가 될 수 있다면 저는 더없이 행복할 것입니다. (…)

이 자리에 모인 여러분께서 기탄없이 토론하고 주어진 권한을 바탕으로 장차 중앙아프리카 땅(콩고 중심의 땅 — 필자)에 문명의 기치를 확고히 꽂기 위한 수단과 방법을 강구해주실 것에 저는 기쁜 마음을 감출 길이 없습니다.

위대한 진보의 걸음은 이미 내디뎠습니다. 우리는 사방에서 미지의 지역으로 쳐들어갈 것입니다."

이렇게 콩고 침략과 식민 약탈의 원흉인 레오폴 2세는 이른바 '문명화 운동'이니 '문명의 기치'니 '진보의 걸음'이니 '비이기적인 욕심'이니 하는 따위의 기만적인 허울과 감언이설로 아프리카 침략과 식민화에 대한 흑심을 포장하려 했다. 그러면서 그는 아프리카 땅에 문명의 기치를 확고히 꽂기 위한 수단과 방법으로 '기지'들을 건설할 것을 제안했다. 이 제안에 따라 침략과 식민화의 거점인 기지의 건설과 그 재정, 인력, 운영 등 문제를 전담하기 위한 기구로 이른바 '국제 아프리카협회'(IAA)가 창설됐다. 이때부터 아프리카 지도에는 난데없이 두개의 선이 가로로 그어졌다. 하나는 사헬(Sahel, 사하라 사막 남쪽 가장자리 지역)을 따라가는 선이고, 다른 하나는 앙골라의 루안다 정남쪽의 대서양 연안에서 인도양의 모잠비크까지 이어지는 선이다. 두 선 사이의 폭은 2,000km 이상으로 대부분의 중앙아프리카 지역이 망라된다.

사실상 이 기지 건설은 벨기에를 비롯한 서구 열강들의 아프리카 침략과 식민화의 신호탄이었다. 또한 8년 후의 베를린 회의에서 식민지 분할의 첫째 기준(원칙)으로 내세운 이른바 '실효지배'를 예견한 정지작업이었다. 불행하게도 여기서부터 문명화의 덫에 걸린 콩고의 식민비사(植民悲史)는 시작된다. 우리는 레오폴 2세의 콩고 침략과 식민화 야망 내지 그 야망을 실현하기 위한 표리부동하고 앙큼스러운 구상이나 구실 따위는 선발국이었던 벨기에 일국만의 행태가 아니라, 미소한 차이는 있지만 본질적으로는 19세기 후반 내재적 자본주의로부터 외향적 제국주의로 과도하지 않으면 안 되었던 여러 후발 열강들의 공통된 행태였음을 아프리카 식민사에서 발견하게 된다.

차제에 한가지 짚고 넘어가야 할 문제는, 어느 곳에서나 선교사들이 식민화에 앞장섰거나 적극 동참했다는 사실은 여러 지역의 식민화 역사에서 그런대로 이미 밝혀졌지만 왕왕 같은 전선에 섰던 탐험가들이 식민화와 같은 곰살갑지 않은 일에 한몫했음에도 불구하고 그러한 사실은 별로 밝혀진 바가 없는 점이다. 흔히들 탐험이란 생사를 건 지난한 행위일 뿐 아니라 마냥 신성한 학문 탐구의 일환으로 여기기 때문에 그 성공(성공 사례만 전승)에 대해서만 열광한 나머지 흠결은 지나치기 일쑤다. 그러나 탐험도 구경은 인간사(人間事)의 탐구이기 때문에 실사구시하게 파헤쳐봐야 한다.

아프리카의 식민화 역사를 살펴보노라면 여러 탐험가들의 궤적을 접하게 된다. 미지의 인간사를 진실하게 더듬어 살피고 개척하는 탐험가들이 있는가 하면, 짓궂은 식민화에 현혹되어 공모하거나 매문(賣文)하는 몰염치한 자들도 더러 있다. 일례로 앞에서 언급한 스탠리가 바로 그러한 인물이다. 1874년 험난한 적도 횡단 탐험을 마친 영국 기자 출신의 스탠리는 영국이 자신의 탐험에 대해 탐탁지 않게 여기며 불신하자, 1876년 6월 벨기에로 건너와 궁전에서 레오폴 2세를 만났다. 서로가 의기투합됨을 확인하고 그해 12월 스탠리는 다시 레오폴 2세를 찾아왔다. 그는 왕과 5년짜리 계약을 맺었다. 계약에서 그가 담당한 임무는 "콩고강 강변에 문명화된 거주지를 개척하고, 그곳을 평화롭게 정복하고 복속시키며, 현대적 이념에 맞게 국민국가로 변모시켜 (…) 정의와 법과 질서가 지배하게 하고, 살인과 무법 행위, 잔인한 노예거래를 영구히 종식시키는 것"이었다. 레오폴 2세는 이를 소박한 십자군 활동의 일환으로서 국제아프리카협회의 보호 아래 아프리카의 문호를 여는 일로 표방하기 위해 스탠리에게 이 협정을 비밀에 부쳐달라고 요구했다.

스탠리는 레오폴 2세가 '국제협회의 이름을 내걸고 있지만 실은 콩고 분지를 벨기에의 보호령으로 삼고자 한다는 것은 명백하다'고 자신의 일기에 썼을 정도로 왕의 의도를 파악하고 있었다. 그럼에도 그와 계약을 맺고 계약대로 임무를 수행하고는 1884년 유럽으로 돌아갔으며 그 비밀을 지켜주었다. 그는 레오폴 2세를 대신해 5년 동안 400여명의 추장들에게 통치권을 포기한다는 내용의 '약정서'를 받아내 콩고강 유역 적도 부근 열대우림의 주요 지점들을 잇는 거류지(기지)를 건설했다. 스탠리는 가혹한 작업 현장에서 감독으로 활약하면서 '불라 마타리'(Bula Matari)라는 악명을 얻었다. '불라 마타리'는 키콩고어로 '바위 깨는 자'라는 뜻인데, 백인 토목 기술자들이 크리스털 산맥을 관통하는 오솔길을 만들 때 다이너마이트를 사용한 데서 생겨난 별명이다. 바위를 가루로 만들 정도의 엄청난 힘을 상징하는 이 별명은 벨기에 출신 관리들을 일컫는 말이 되었다. 콩고인들에게 이 말은 소름 끼치게 하는 공포의 상징어였다.

레오폴 2세는 스탠리가 콩고에서 5년 동안 탐험한 성과를 바탕으로 콩고 분지의 자원과 중앙아프리카의 광활한 땅을 손아귀에 넣을 수 있었으며, 식민 거점인 '기지'를 여러곳에 건설할 수 있었다. 요컨대 시대의 불가피한 한계성을 감안하더라도, 탐험가 스탠리는 이유 여하를 불문하고 레오폴 2세를 필두로 한 벨기에 식민주의자들이 콩고 식민화 비사를 엮어내는 데서 소정의 악역을 맡았음을 부인할 수 없을 것이다. 미지의 세계를 알아내고 알리는 숭고한 탐험정신을 좀먹고 욕되게 하는 비행(卑行)은 역사의 지탄을 면치 못할 것이다.

전망대에서 유유히 대서양으로 흘러들어가는 콩고강을 바라보니 그 곡절 많은 역사의 토막들이 이렇게 파노라마처럼 눈앞을 스쳐간다. 그 유적·유물들을 직접 보려고 얼마간 떨어져 있는 역사박물관으로 발길을 옮겼다. 그러나 10시가 훨씬 넘었는데도 이 핑계 저 핑계를 대면서 문을 열지 않는다. 할 수 없이 옆에 딸린 반노천 전시장에서 한창 진행 중인 '자연과 문화'란 주제의 특별전시회를 구경했다. 전시장 건물 벽은 그림과 사진으로 알록달록 장식했다. 전시회 모티프는 콩고가 자연부국이라는 점에 초점을 맞추고 있다. 각종 광물자원의 분포와 채취 및 가공 과정, 약용식물, 유인원이나 특산 조류, 종족과 언어 분포 등에 관한 내용이 사진이나 걸개그림, 도표로 일목요연하게 전시되어 있었다. 소중한 자료라서 빠짐없이 카메라에 담았다. 전시회를 둘러보고 나서 11시쯤에 박물관에 가니 그제야 문을 열면서 해설원이 없으니 알아서 보라고 한다. 100여평 남짓한 두칸 공간에는 가면, 수공예품, 나무 공예품, 생활용품, 재래식 노동 도구 등이 각각 몇점씩 전시되어 있다. 그마저도 촬영은 금지다. 기대했던 역사 유물은 한점도 없다. 적이 실망하여 박물관을 나섰다.

문명화의 덫에 걸린 콩고의 비사는 과거 식민 시대의 이야기만은 아니고, 1960년 독립 이후에도 그 여파는 오래도록 지속되었다. 그 대표적인 실례가 6년간이나 치른 두차례의 잔혹한 내전이다. 독립 직후 독재자 모부투의 군사쿠데타에 의해 독립영웅 루뭄바의 민주정권이 단명(69일간)으로 실각하자 그의 고향인 동부 콩고와 중앙정부 간에 지속된 심한 갈등과 분쟁은 드디어 무장충돌로 이어졌다. 이것이 1996년 11월부터 1997년 5월 사이에 발발한 제1차 콩고내전이다. 이 전쟁은 약 20만명의 희생자를 냈다.

정부군의 진압으로 일시적 정화는 되었지만 분쟁의 불씨는 남아 있었다. 더욱이 정치적·경제적 이해관계에 묶여 있는 서방국가들이 콩고 인접국들을 부추겨 정화 1년 만에 또다시 콩고인들에게 더 파괴적인 전화(戰禍)를 들씌웠다. 그것이 바로 콩고 땅에서 처러진 이른바 '아프리카의 세계대전'으로 불린 5년간(1998~2003)의 제2차 콩고내전

역사박물관 정원에 팽개쳐진 식민 관료의 동상

이다. 전쟁은 짐바브웨·앙골라·나미비아·수단·잠비아가 정부군 편에, 르완다·우간다·부룬디가 반군 편에 서서 각축전을 벌였다. 전쟁은 종족 간의 정권 다툼, 금과 다이아몬드 등 자원을 둘러싼 외세의 경제적 이해관계, 외국 기업의 개입, 세력권을 확보하기 위한 서구 열강들의 정치적 의도 등이 뒤엉킨 문자 그대로의 진흙탕 싸움이었다. 전쟁 중 집단학살과 집단강간, 고문, 질병 등으로 인해 무려 400만명 (주로 콩고인) 이상이 목숨을 잃었으며, 2,500만명의 난민이 발생했다. 2차 세계대전 후 최대의 참상이다.

　이틀 동안 쉴 틈 없이 설욕의 기대를 안고 시내를 동분서주하면서 '세계의 원료창고'라고 일컫는 이 넉넉했어야 할 땅이 과연 '일컫는'

그대로인가를 살펴보려고 했으며, 온갖 추잡한 포장과 허구에 파묻혀 파리해진 이 땅의 본모습을 드러내 보이려고 했다. 그러나 시간의 촉박으로 기대에는 미치지 못했다.

46
콩고 독립운동의 영웅, 파트리스 루뭄바

　오늘 오전 경건한 마음으로 루뭄바 동상에 묵념을 올렸다. 1961년 1월 정적에게 무참히 살해된 루뭄바의 시신은 아직까지 찾지 못해 묘소나 묘당은 없다고 한다. 머리 숙여 묵념하는 순간 고인의 갑작스러운 피살에 충격을 받고 그 자초지종을 알아내기 위해 애를 태우던 일이 뇌리에 떠오른다. 그즈음 필자는 모로코 주재 중국 대사관에서 주로 격동의 아프리카 정세 연구에 몰두하고 있었다. 이집트에 이어 두 번째로 모로코에 개설한 중국 대사관의 주요 업무의 하나는 알제리 해방전쟁을 비롯한 아프리카 각지에서 요원의 불길처럼 일어나는 독립투쟁을 연구하고, 그 투쟁이 '마오이즘'의 지향성에 맞게 전개되도록 유도하고 협조하는 것이었다. 이를 위해 관내에 이른바 '무허(務虛)팀'을 꾸려 정세 연구를 주도했다. '무허팀'에서 '무(務)'는 구체적 사실이나 업무를, '허(虛)'는 추상적인 정책이나 전략·이론을 뜻한다.

따라서 '무허'는 구체적 사실에 대한 파악에 기초해 정책이나 이론을 정립하는 중국 특유의 소집단적 연구 방법이나 모임을 말한다.

루뭄바의 살해 소식에 무허를 최대한으로 가동하여 동분서주 알아볼 데를 다 알아봤으나 너무나 갑작스레 일어난 일이라서 결론은 오리무중이었다. 당시만 해도 루뭄바는 아프리카 독립운동가들 가운데서 가장 젊은(36세) 지도자로서 혈기왕성하고, 투지가 굳으며, 젊은층에서

구소련에서 루뭄바의 피살을
애도하기 위해 발행한 기념우표

신망도 높았다. 자신을 '마오이즘' 신봉자라고 자임하면서 중국의 혁명 승리 경험에서 아프리카의 미래를 찾아야 한다고 역설하기도 했다. 그래서 중국 측에서는 그를 마오쩌둥의 '좋은 학생(好學生)'이라고 내심 점지해왔다. 그러던 그가 졸지에 피살되었다는 비보를 접하니, 실로 만감이 교차하지 않을 수 없었다. '위인은 젊은 나이에 요절하는 법'이라고 했던가! 제발 이 '요절'이 젊음을 앗아가는 법이나 숙명이 아니었으면 했다. 후에 안 사실이지만 콩고 당국이 비밀에 부치는 바람에 이 비보는 그가 실제 피살된 날짜보다 한두달 뒤에야 접한 것으로 기억된다. 그로부터 얼마 지나지 않아 기회가 생겨 킨샤샤에 들렀지만, 워낙 정보가 엄하게 봉쇄당해 있어 떠도는 풍문으로 그의 최후를 얼추 추리할 수밖에 없었다. 그러다가 이듬해에 모로코를 떠났으니, 세월은 어느덧 반세기를 훌쩍 넘어섰다. 이번 콩고 답사를 준

비하면서 꼭 한번 그의 영웅적 삶을 되짚어봐야 하겠다는 충동을 받았다. 이것이 한때나마 함께 설욕을 다짐했던 이 산자의 몫이 아니겠는가!

그동안 각방의 끈질긴 노력 끝에 이 사건창조적 영웅에 관한 앎은 거의 제대로 밝혀진 듯하다. 그가 국부로 추앙받는 콩고 현장 분위기에서도 그것을 확인할 수 있었다. 파트리스 루뭄바(Patrice Lumumba, 1925~61)는 1925년 7월 2일 벨기에 식민치하의 콩고 중부 카사이주(州) 오날루아에서 테텔라 부족 농부의 아들로 태어났다. 어려서 개신교 초등학교와 가톨릭 중학교, 우편업무 기술학교를 연달아 졸업했는데, 그 시절에 테텔라어·링갈라어·스와힐리어·치루바어·프랑스어 등 다양한 언어를 배웠다. 졸업 후 킨샤샤(당시는 레오폴드빌)와 키상가니(Kisangani, 당시는 스탠리빌)에서 우편배달부와 맥주판매원으로 일했다. 그는 우편노동조합 기관지의 편집을 맡아 여러 정기간행물과 신문에 노동운동 관련 글을 기고했다. 후일 스탠리빌은 그의 정치활동의 중심지가 되었다. 그러다가 1951년 폴린 오팡고(Pauline Opango)와 결혼했다. 이때부터 사회문제에 눈을 뜨기 시작해 1955년 스탠리빌 서클의 지역장으로 사회활동에 첫 발을 내디뎠으며, 이듬해 벨기에 자유당에 입당했다. 그런데 바로 그해에 횡령 혐의로 2년형을 선고받았고, 1년형으로 감형되어 다음해에 석방되었다. 그는 복역하면서 벨기에 식민통치와 콩고의 미래에 관한 입장을 밝힌 『콩고, 미래의 땅』이라는 책을 쓰기도 했다.

이로써 그의 생애에는 독립운동의 지도자로 성장하는 첫 계기가 마련되었다. 1958년 루뭄바는 교양을 갖춘 젊은 콩고인들로 구성된 대중조직 '개화인'(Évolués)에 가담한다. 이 조직을 통해 전국적으로 지지자들을 결집해 마침내 '콩고민족운동당'(Mouvement National Congolais, MNC)을 창당하고, 그해 12월 가나 아크라에서 열린 '전(全) 아프리카 인민회의'(All-African People's Conferance)에 당 대표로 동료 2명과 함께 참석했다. 그는 가나 은크루마의 인민회의당(CPP) 노선을 따라 콩고민족운동당을 대중적인 정치운동 조직으로 전환하겠다는 결심을 안고 귀국했다. 귀국 후 콩고민족운동당 대회를 소집한 루뭄바는 대회에서 이렇게 선언했다. "콩고민족운동당의 기본 목표는 콩고 국민들을 식민통치에서 해방시키는 것이다. (…) 우리는 시대에 뒤처진 이 식민정권과 헤어지기를 원한다. (…) 아프리카는 지금 식민지 지배자들로부터 해방을 쟁취하기 위해 단호한 투쟁을 전개하고 있다."

이 선언 후 식민통치를 반대하는 정치활동이 일파만파로 전국에 퍼져나갔다. 1959년 11월 당시 전국에 공식 등록된 정치단체만도 53개나 되었으며, 몇달 뒤에는 120개로 급증했다. 이러한 정치단체는 대체로 민족별로 결성되었으며, 정치적 성향이 각이할 뿐 아니라 민족 간의 주도권 다툼도 치열했다. 그러나 루뭄바가 이끄는 콩고민족운동당만은 시종일관 분열을 막고 전국적인 민족해방과 독립을 주장했다. 루뭄바는 전국 각지를 돌아다니면서 정열적인 연설로 대중의 마음을 사로잡았다. 그는 1959년 10월 스탠리빌에서 열린 콩고민족운동당 전당대회에서 대의원들에게 즉각적인 독립을 달성하기 위한 투쟁에 적극 나설 것을 호소했다. 대회가 끝나자 그의 호소에 응한 대중이 반정부 폭력투쟁을 벌였다. 투쟁 중에 26명이 사망했으며, 루뭄바는 폭력선동죄로 체포되어 6개월 징역형을 선고받았다. 12월에 벨기에 보두앵 왕이 스탠리빌을 급거 방문해 선거 공약으로 사태를 진정시키려 했지만, 전국적으로 선거를 거부하는 바람에 진화 시도는 실패하고 소요는 계속되었다.

벨기에 정부는 알제리 전쟁과 같은 사태가 벌어질 것을 우려해 1960년 1월 27일 13개 정당 지도자들을 브뤼셀로 불러 독립 조건과 일정을 토론하기 위한 회의를 소집했다. 벨기에 식민 당국이 콩고 문제에 관해 콩고인들의 의견을 물은 것은 사상 처음 있는 일이었다. 루뭄바는 가석방되어 회의에 참석했다. 회의에서 벨기에 측은 약 4년간의 과도 단계를 거쳐 권력을 이양하겠다는 의향을 표명했다. 이 제안에 대해 벨기에의 사촉으로 카탕가주(州)의 독립을 주장했던 카탕가부족연합회(ONAKAT) 대표 모이스 촘베(Moise Tshombe) 등 몇몇 배신자 외에는 루뭄바를 비롯한 대표 대부분이 거부하고, 즉시 선거를 통해 1960년 6월 1일을 독립일로 선포할 것을 요구했다. 콩고 대표 측은 벨기에의 통치 기간을 30일 추가 연장할 수 있다는 양보안을 덧붙였다. 정세의 심각성을 알아차린 벨기에 정부는 울며 겨자 먹기로 콩고 대표 측의 수정 제안을 받아들였다.

그로부터 4개월 후(1960.5.11~25)에 치러진 전국 선거에서 루뭄바의 콩고민족운동당이 최다 득표를 기록했다. 총 137석 가운데 33석을 얻어 단일 정당으로는 최다 의석이었다. 여기에 선거에서 제휴한 정당들의 44석을 합치면 과반수인 74석이 되었다. 그리하여 루뭄바는 12개 정당의 연립내각을 구성하고 초대 총리로 임명되었다. 결정권이 없는 대통령으로는 카사부부(Joseph Kasavubu)가 지명되었다. 정권운영 경험이 전무한 35세의 실권 총리 루뭄바 앞에는 허다한 난관이 기다리고 있었다. 그 가운데서 당면한 가장 큰 난제는 정권 운영을 담당할 인력의 부족이었다. 고위직 공무원 1,400명 가운데 직위를 그대로 유지할 수 있는 콩고인은 단 3명뿐이었다. 1959~60년 사이에 중등

교육 과정을 마친 학생은 겨우 136명이었으며, 콩고 출신 의사나 중등학교 교사, 군 장교는 단 한 사람도 없었다. 장교 훈련을 받으러 벨기에로 간 콩고인 사관생도 가운데 첫 파견대는 1963년이 되어서야 귀국할 예정이었다.

그러나 패기와 열정, 신심이 넘쳐난 루뭄바는 여하한 난관이나 시련, 조소(嘲笑)나 힐난(詰難) 앞에서도 굴하지 않고 오로지 피땀으로 쟁취한 독립과 해방을 지키고 발전시키겠다는 일념에 불타 불철주야 국정에만 작심몰두했다. 그는 언제 어디서나 수불석권(手不釋卷), 즉 손에서 책을 놓지 않았다고 한다. 아마 그 덕에 보통학교 출신인데도 약관에 신문에 투고하고 책까지 저술했으며 달변으로 사람들을 감동시킬 수 있었을 것이다.

1960년 6월 30일 콩고 독립일 즈음해 벨기에 보두앵 왕은 레오폴드빌(현 킨샤샤)의 팔레데나시옹 궁전에 모인 고관들 앞에서 고별 연설을 했다. 신임 총리 루뭄바도 그 자리에 앉아 있었다. 보두앵은 가위(可謂) 이골난 식민종주국의 괴수답게 식민 본색을 드러내는 장광설을 늘어놓았다. 그는 콩고에 대한 벨기에의 지긋지긋한 식민통치 비사에 대해 찬송하고 나서, 자신의 증조부인 레오폴 2세의 공적을 입이 마르도록 자화자찬했다. "콩고의 독립은 레오폴 2세 각하가 천재적인 능력으로 고안하고, 결연한 용기로 시작해 벨기에와 함께 참을성 있게 지속시켜온 위업의 성과"라는 것이었다. 이어 그는 콩고인들이 어떤 식으로 국가 업무를 처리해야 하는지에 대해 "성급한 개혁으로 미래를 위태롭게 하지 마라. 더 완벽하게 할 수 있다는 확신이 서기 전까지는 벨기에가 여러분에게 넘겨준 체제를 바꾸려 하지 마라"라는 식의 오만방자한 '훈시'를 내렸다.

불의를 참지 못하는 화끈한 성격의 소유자 루뭄바가 그 야멸찬 연설을 묵과할 리 없었다. 그는 공식 일정을 무시한 채 의도적으로 날선 표현을 써가며 벨기에 식민통치가 콩고에 안겨준 '참혹한 고통'과 '착취'를 조목조목 들어 호된 면박을 가했다. 그는 왕이 증조부의 걸작이라고 미화한 모든 것이 사실은 '완력' 때문에 떠안게 된 치욕적인 노예제도에 불과하다고 신랄하게 통촉했다. 그러면서 그는 다음과 같은 명연설을 남겼다.

"우리는 '검둥이'라는 이유만으로 밤낮없이 우리에게 쏟아지는 야유와 모욕을 견뎌냈다. (…) 우리는 토지법률이라는 이름으로 불리기는 하지만 실상은 강자의 권리만을 인정하는 조건 아래서 조국의 땅이 약탈에 시달리는 것을 보아왔다. 우리는 그 법률이 흑인과 백인을 달리 대우한다는 것을 잘 알고 있다. 그 법률은 늘 백인에게는 호의적이지만 흑인에게는 무자비하고 잔인하다. 우리는 정치적 입장이나 신앙 때문에 외딴곳으로 추방당한 사람들이 비참한 고통을 겪는 것을 보아왔다. 자신의 고국에서 유배 생활을 해야 하는 그들의 운명은 죽음보다 훨씬 비참했다. (…) 수없이 많은 형제들을 쓰러뜨린 집단 사격, 그리고 억압과 착취가 정의로 통하는 법규에 복종하지 않는 사람들을 가두었던 감옥을 우리가 어찌 잊을 수 있으랴."

폐부를 찌르는 루뭄바의 날카롭고 올곧은 연설은 그 자리에 참석한 콩고인들로부터 열렬한 박수갈채를 받았다. 벨기에인들은 크게 분노했다. 다음 행사로 공식 오찬이 예정되어 있었는데, 왕과 각료들이 오찬 행사 참석을 거부하고 당장 벨기에로 돌아가느냐 마느냐를 놓

말리에 있는 루뭄바 동상

고 갑론을박이 벌어졌다. 그 바람에 오찬은 2시간이나 지연되었다. 결국 오찬 행사는 시작되었지만, 분위기는 스산할 대로 스산해졌다. 벨기에 언론은 일제히 루뭄바를 위험한 극단주의 분자라고 몰아세웠다. 그러나 정작 당사자인 루뭄바는 연설 내용이 콩고인들에게 널리 전달될 기회가 될 것이라며 오히려 느긋한 자세로 언론 보도를 반겨 맞았다고 한다.

　집권세력으로서의 루뭄바가 표출한 이러한 반식민주의 투지와 친소 경향(일례로 1961년 모스크바에 '루뭄바 인민친선대학' 창립)은 식민종주국 벨기에와 신식민주의 표방국 미국의 커다란 불만과 불안을 야기했다. 그리하여 그들은 집권 초기부터 루뭄바의 제거를 백방으로 모색했다. 9월 5일에는 벨기에와 미국의 지지 속에 대통령직에 오른,

'그다지 똑똑하지도 않고 게으른' 카사부부가 라디오 방송을 통해 루뭄바가 독단적인 통치로 콩고를 내전으로 몰아가고 있다고 비난하면서 그의 총리 임명을 철회한다고 선언했다. 이 소식을 접한 루뭄바는 곧바로 방송국으로 달려가 카사부부를 반역자라고 규탄하며 그를 대통령직에서 해임한다고 맞불을 놓았다. 전국의 걷잡을 수 없는 혼란 속에서 일어난 이 '맞불질'은 권력 간의 갈등만 노출하고 하나의 해프닝으로 끝나고 말았다.

미국 중앙정보국은 루뭄바가 '카스트로보다 더 심한 악질'이라고 평하면서 그의 제거에 앞장섰다. 총리 임명 철회라는 음모가 무위로 돌아가자 중앙정보국은 쿠데타라는 보다 철저한 제거 시도에 매달렸다. 드디어 미 중앙정보국의 적극적인 격려와 지지를 받는 29세의 군 참모총장 모부투가 9월 14일 군사쿠데타를 일으켜 루뭄바 정권을 뒤집었다. 그는 임시정부를 세워 카사부부의 대통령직은 그대로 인정하고, 루뭄바 지지자들을 공직에서 모두 쫓아냈다. 루뭄바는 국제연합국 병사와 모부투 병사의 이중 포위 속에서 총리 관저에 연금되었다. 그의 체포 소식이 알려지자 이에 항의하는 소요가 전국적으로 확산되고, 스탠리빌의 지지자들은 '콩고자유공화국'이라는 독자적인 정부를 세워 쿠데타 세력에 대항했다. 루뭄바 석방운동도 확산될 기미를 보이고 있었다. 이에 당황한 미국과 모부투는 신속한 제거의 공모에 나섰다. 중앙정보국은 예하의 수석 과학자를 내세워 아프리카 풍토병에 걸리도록 고안한 독극물을 루뭄바의 음식이나 치약에 넣어 독살하려는 음모를 꾸몄으나, 이것마저도 독극물의 유효기간이 지나버려 실패하고 말았다.

1961년 1월 17일 이른 아침, 병영에 감금되어 있던 루뭄바와 동료

2명은 갑자기 비행기로 엘리자베스빌로 호송되었다. 잔인무도한 모부투는 어제의 참모총장 임명자이며 상관이던 루뭄바를 오늘은 그의 정적 촘베에게 보내 최후를 결정하도록 하고 있었다. 비행기 속에서 6시간 동안이나 무자비한 구타를 당해 반죽음이 된 일행은 트럭에 실려 공항에서 3km 떨어진 빈집에 끌려가 또다시 무자비한 구타를 당했다. 밤 10시경에는 다시 48km 떨어진 숲속 공터로 끌려갔다. 호송 대열에는 촘베와 벨기에 경찰국장과 헌병 세명이 끼어 있었다. 목적지에는 시신을 묻을 구덩이가 이미 파여 있었다. 벨기에 장교의 명령에 따라 총탄은 세 사형수를 향해 난사되었다. 루뭄바는 마지막 표적이었다. 이튿날 밤 시신들은 북동쪽으로 200km 거리에 있는 카탕가로 실려가 토막난 뒤 황산통 안에 버려졌다. 두개골은 땅에 파묻고, 뼈와 치아는 돌아오는 길에 여기저기 조금씩 뿌려버렸다. 이러한 인두겁을 쓴 야수들의 멸적(滅敵) 만행으로 인해 그들의 흔적은 영영 찾을 수 없게 되었다.

벨기에 당국은 루뭄바의 피살 소식이 알려지기 시작하자, 루뭄바가 동료들과 함께 경계를 뚫고 달아나다가 '애국적인' 주민들의 손에 죽었다는 특종 기사를 조작해냈다. 그러나 눈 감고 아웅한다고 해서 백일천하가 가려질 리 만무하다. 양심적인 세계인들은 영웅의 죽음을 헛되이 할 수 없어 긴 세월 동안 끈질기게 진상규명을 호소해왔다. 루뭄바의 막내아들 기 루뭄바(Guy Lumumba)는 2011년에 12명의 벨기에인이 아버지의 죽음과 관련이 있다고 폭로하면서 이들을 전쟁 범죄로 처벌해달라고 벨기에 법원에 고소했다. 다른 아들 프랑수아도 "콩고와 벨기에 간의 관계를 개선하기 위해서도 아버지의 죽음을 둘러싼 정황을 명확하게 밝히는 것이 필요하다"라고 주장했다. 아들 기가 지목한 12명의 벨기에인 가운데서 8명은 아직 생존해 있다고 벨기에 언론은 전했다. 이중 한명은 당시 카탕가주에서 외교관으로 근무한 이력이 있다고 한다. 여론의 압박 속에 벨기에 의회 특별조사위원회는 지난 2000년부터 약 1년간의 각종 조사를 거쳐 2001년 조사 결과를 발표하면서 벨기에 정부는 루뭄바의 죽음에 도덕적 책임이 있다고 결론지었다. 이에 따라 벨기에 정부는 콩고에 사과했으나 책임자 처벌 등 법적 조치는 전혀 취하지 않고 있다.

비록 루뭄바는 36년간이라는 별로 길지 않은 생애를 마쳤지만, 그가 남긴 위훈과 업적은 결코 물리적 시간을 단위로 해서는 계산할 수 없으리만큼 거룩하고 찬란하다. 그리하여 일찍이 미국의 흑인 인권운동가인 맬컴 엑스(Malcolm X, 1925~65)는 그를 가리켜 '아프리카 대륙의 가장 위대한 흑인'이라고 칭송했고, 1961년 제3차 전아프리카 인민회의에서는 그를 '아프리카 영웅'이라고 공식 결의했다. 1965년에 그를 죽음으로 몰아넣은 배신자이자 정적인 모부투마저 루뭄바가 '국민영웅'임을 선포했다. 각종 기행(奇行)을 마다하지 않던 모부투는 집권 후 루뭄바에 대한 국민들의 향수와 존경심을 국가 통합에 이용하기 위해 그의 이름을 딴 학교를 건립하고, 그의 서거일을 국경일로 지정하는 등 일련의 영웅화 작업을 진행했다. 오늘날 콩고인들은 루뭄바를 '콩고의 아버지' '건국의 아버지'라며 추앙하고 있다.

루뭄바의 영웅다움이나 됨됨이는 그가 1960년 수감생활 중 사랑하는 아내에게 보낸 다음과 같은 감동적인 편지에 눅진하게 나타나 있다.

"사랑하는 아내에게,

나는 이 편지가 당신에게 가닿을지, 이 편지가 당신에게 가닿는다 해도 당신이 이 글을 읽고 있을 때 내가 아직 살아 있을지 없을지도 모른 채 이 편지를 쓰오. 나는 내 조국의 독립을 위해 투쟁하면서 동지들과 나의 인생 전체를 바친 희생의 최후에는 승리할 것임을 결코 단 한순간도 의심한 적이 없소. 하지만 우리가 원하던 떳떳한 삶과 고결한 위업, 흠결 없는 완벽한 독립은 벨기에 식민주의자들이나 우릴 돕고 있다고 믿어 의심치 않았지만 실상은 직·간접적으로, 고의로 혹은 의도치 않게 벨기에 편에 서 있던 유엔 기구들과 벨기에의 서방 동맹국들이 원하는 것은 아니었나보오.

벨기에와 서방 동맹국들은 우리 애국동지들 일부를 부패시켰소. 그들은 진실을 왜곡시키고 우리의 독립을 치욕스럽게 만들었소. 달리 무슨 할 말이 있겠소? 제국주의에 의해 죽든 살든, 자유롭든 감옥에 갇혀 있든, 중요한 것은 나 개인이 아니오. 내게 중요한 건 오로지 콩고요. 바깥 세계가 규정하는 대로 새장 속에 갇힌 꼴로 불완전한 독립을 한 우리의 불쌍한 국민들이오. 그들은 새장 속을 가끔은 동정심을 갖고 바라보겠지만 보통은 재밌어 하며 구경할 거요.

내 신념은 흔들리지 않소. 나는 알고 있소. 그리고 가슴 속 깊이 느낄 수 있소. 곧 우리 콩고인들이 내부와 외부의 적들을 스스로 물리칠 수 있으리라는 걸. 그리고 식민주의의 수모와 치욕에 맞서 떨치고 일어나리라는 것을. 그리고 햇빛 속에서 당당히 그들의 위엄을 되찾으리라는 것을.

두고 온 나의 아이들, 영영 못 볼지도 모를 아이들에게 이렇게 말해주시오. 우리의 독립과 주권을 회복하는 임무를 다하는 것은 모든 콩고인을 위한 일이었다고. 그리고 정의가 없으면 자유도 없으며 위엄도 없고, 독립 없이는 자유로운 인간도 없기 때문에 중요한 일이었다고.

야만성, 잔인성, 고문, 그 어떤 것도 내가 적들에게 자비를 구걸하게 만들지는 못할 거요. 나는 희생정신을 묵살한 채 복종하고 살아남느니, 차라리 내 조국의 운명에 대한 심대한 믿음으로, 흔들리지 않는 신념으로, 적들에게 고개 숙이지 않고 죽기를 청하오.

훗날 역사가 말해줄 것이오. 브뤼셀이나 빠리, 워싱턴, 유엔에서 가르치는 역사가 아니라, 제국주의와 그의 꼭두각시들로부터 해방된 국가들에서 가르치는 역사가 말해줄 것이오. 아프리카는 우리만의 새로운 역사를 쓸 것이고, 사하라 이북과 이남의 구분 없이 영광스럽고 존엄있는 역사가 될 것이오.

나의 사랑하는 부인, 나를 위해 울지는 마시오. 엄청난 고통을 받고 있는 나의 조국이 독립과 자유를 지킬 방법을 알 것이라고 생각하오.

콩고여 영원하라! 아프리카여 영원하라!

파트리스."

(번역: 코이카 DR콩고 사무소)

47
모부투의 '독수리 기행'

　전대미문의 독재와 축재로 이름난 콩고민주공화국 제2대 대통령 모부투(1965~97 재임)는 그의 일당독재에 대한 국내외 여론이 거세지자, 1991년 10월 처음으로 야당과 권력을 공유한다는 미명하에 당시 독재정권에 맞선 민주화의 아이콘으로 국민들 속에서 신망이 높았던 민주사회진보연합(UDPS)의 당수 치세케디(Étienne Tshisekedi)를 수상으로 임명했다. 그러나 공식 임명된 수상이 중앙은행의 재원을 마음대로 이용할 수 있는 통로를 차단하려고 하자 모부투는 취임 6일 만에 가차없이 그를 수상직에서 몰아내고, 경호대를 보내 총리와 각료들의 출근을 무력으로 저지했다. 그러면서 모부투는 추종자들에게 "수장은 수장이다. 수장은 높은 하늘을 나는 독수리다. 두꺼비가 아무리 침을 뱉어도 그 침은 독수리의 몸에 닿을 수 없다"라는 후안무치한 망언을 했다. 이렇게 불특정한 먹이를 찾아 하늘을 자유자재로 활공하

트레이드마크인 표범가죽 모자를 쓰고 있는
독재자 모부투

는 맹금류의 제왕 독수리로 군림한 모부투는 평생 우왕좌왕 좌충우
돌, 숱한 파격적인 '갈지자(之字)' 기행을 저질렀다. 그의 기행은 인근
우간다의 독재자, 살인마 이디 아민(Idi Amin)의 무지막지한 기행과는
달리 아주 지능적인 기행이었다. 그래서 아민 독재(8년간)보다 꼭 4배
나 더 긴 32년간 독재를 유지할 수 있었다. 아프리카 현대사의 반면교
사로서 안성맞춤하다 싶어, 여기에 기행으로 얼룩진 그의 일대기를
소개하고자 한다.

　모부투는 1930년 10월 14일 벨기에령 콩고의 리살라(Lisala)에서
태어났다. 태어날 당시의 이름은 조제프데지레 모부투(Joseph-Désiré
Mobutu)다. 천주교도로서 고향에서 천주교 학교를 나온 뒤 1949년부
터 7년간 벨기에령 콩고 국민군에서 사무원으로 일하다가 콩고인으

로서는 최고 계급인 선임하사관까지 진급했다. 군 복무 때 레오폴드빌(킨샤샤) 신문에 기고를 하기도 했다. 1956년 제대 후에는 『전도보』(前途報, *L'Avenir*) 기자와 주간지 『아프리카 상황』(*Actualités Africaines*)의 편집자 등 프리랜스 언론인으로 활동하는 한편 벨기에 경찰의 정보원 노릇도 했다. 모부투는 언론 활동을 통해 처음으로 루뭄바와 상종하게 되었으며, 1958년 루뭄바가 이끄는 콩고민족운동당에 가입했다. 1960년 브뤼셀에서 콩고 독립 관련 원탁회의가 열렸을 때는 루뭄바가 구금 상태여서 출석할 수 없게 되자 그를 대신해 콩고민족운동당 대표로 회의에 참석했다. 회의에서 그는 미래의 콩고 독립국가는 중앙집권적 국가여야 한다는 루뭄바의 주장을 지지했다. 그만큼 두 사람 사이의 신의는 두터웠다.

1960년 6월 30일, 독립과 더불어 카사부부와 루뭄바로 구성된 연립정부에서 모부투는 국방부 장관 겸 군 참모총장에 임명되었다. 대통령 카사부부와 총리 루뭄바 사이에 권력 다툼 조짐이 보이자 겉으로는 중립을 지키는 체했으나 실제로는 미국의 배후 조종하에 카사부부를 지지하면서 루뭄바를 제거하려 획책했다. 정세가 혼란한 틈을 타서 그는 드디어 군사쿠데타를 일으켜 정권을 장악하고 루뭄바를 체포해 정적에게 넘겨 살해하도록 했다. 살해 후 한달 만에 정권을 카사부부 대통령에게 넘기고 자신은 군사령관으로 실권을 행사했다. 4년 뒤인 1965년 카사부부 대통령과 촘베 총리 간에 역시 권력 다툼이 벌어지자 기다렸다는 듯이 두번째로 군사쿠데타를 일으켜 아예 자신이 제2대 대통령 권좌에 올랐다. 이제부터 그는 무소불위의 독재와 축재를 위한 해괴망측한 기행을 서슴없이 감행하기 시작한다.

모부투는 우선 정적이나 반대세력을 제거·소탕하고 무시무시한 공포정치로 독재권력을 강화했다. 그는 중앙정부의 권력과 통제력을 되찾고, 5년간 지속된 내전과 개인의 이익을 도모하는 정치투쟁으로 인해 난장판이 된 나라를 '새로운 콩고'로 탈바꿈시키겠다며 반대세력을 무자비하게 탄압했다. 그 첫 본보기로 전임 장관 4명을 반역죄로 군사재판에 넘긴 뒤 5만 군중 앞에서 교수형에 처했다. 이에 대해 그는 "나는 눈이 번쩍 뜨일 만큼 충격적인 본보기를 보여서 정부 규율을 바로 잡아야 했다. 수장이 결정을 내리면 그게 바로 법이다. 더 이상 다른 말은 필요 없다"고 강권 독재의 포문을 열었다.

모부투가 정적 제거의 첫 타깃으로 삼은 것은 그의 상관으로 출세의 길을 열어준 루뭄바였다. 루뭄바가 체포되어 낙하산 특공대 캠프에 있는 모부투의 숙소로 송환되었을 때, 모부투는 루뭄바를 살기 띤 눈으로 쏘아보다가 그의 얼굴에 침을 뱉더니, "자, 보라고. 당신은 내 가죽을 벗기겠다고 욕을 했지. 하지만 이제 내가 당신의 가죽을 벗길 거야"라고 말했다고 한다.

모부투는 일당제를 통해 개인 독재와 숭배라는 정치적 야심을 실현코자 했다. 그는 1967년 5월 유일한 정당으로 '인민혁명운동당'(MPR)을 창설하고 자신을 유일무이한 당의 지도자이자 안내자로 부각시켰다. 이러한 일당제는 1990년 4월 내외의 압박에 의해 부득불 다당제를 선포할 때까지 무려 23년 동안이나 지속되었다. 그뿐만 아니라 모부투는 자신이 직접 창안한 독재 이념을 신봉하도록 강요했는데, 그 이념은 처음에는 '정통성'(authenticité)으로 알려졌으나, 나중에는 '모부투주의'(Mobutism)로 공식 지칭되었다. 이 모부투주의는 정의도 제대로 정립되지 않았지만 완전한 법적 효력을 발휘했다. 모부투는 이에 대해 "우리 아프리카 전통에 따르면 두명의 수장은 있을 수 없다. (…) 수장이 두명인 마을을 본 적이 있다면 말해보라. 우리 콩고인들에게는 대륙의 전통을 따르고자 하는 바람이 있으므로 유일한 국가 정당의 기치 아래 국민의 모든 에너지를 모으기로 결심했다"라고, 이른바 아프리카의 전통을 들먹이면서 독재와 모부투주의 강요를 변명했다.

모부투는 일방적인 포고령을 통해 통치하고, 모든 공직 임명권과 승진권을 장악했으며, 정부 세입의 분배방식까지 결정하는 등 거대한 개인 권력을 차근차근 쌓아갔다. 그는 진정한 국민성을 창조하고, 콩고화와 아프리카화를 실현하기 위한 시도라고 하면서 각종 명칭을 바꾸도록 명령했다. 콩고는 '자이르'라는 포르투갈어 이름으로 바뀌었는데, 이는 '큰 강'이라는 뜻의 키콩고어 '은자디'에서 유래된 이름이다. 유럽식 이름을 지녔던 일부 도시들도 지역 고유의 이름으로 바꾸었다. 레오폴드빌은 킨샤샤로, 엘리자베스빌은 루붐바시로, 스탠리빌은 키상가니로, 카탕가주는 샤바주로 개명했다. 기독교식 이름을 가진 사람에게는 아프리카식 이름으로 바꾸라는 지령이 내려졌으며, 유럽식 이름을 가진 아이들에게 세례를 주는 성직자에게는 5년간의 징역형이 부과된다는 경고령도 내려졌다.

희한한 것은 모부투가 자신의 본명을 '모부투 세세 세코 쿠쿠 응벤두 와 자 방가'(Mobutu Sese Seko Kuku Ngbendu wa za Banga)라는 미사여구가 나열된 긴 문장식 이름으로 바꿨다는 사실이다. 그가 응벤두어로 직접 풀이한 것에 의하면, 이 이름은 '늘 승리의 길을 걸으며 가는 곳마다 불을 남겨두는, 그리고 강인함과 불굴의 의지를 갖추어 패배를 모르는 전능한 전사'라는 뜻이다. 더 간결한 틸루바어로는 '무적의 전사, 단 한마리의 병아리도 온전하게 남겨두는 법이 없는 수탉'이라는 뜻이라고 한다. 얼마나 자신을 추켜세우고 싶었으면 이렇게 외우기도 힘든 장황한 문구를 이름으로 골랐을까. 이 아니 기행이 아닌가!

아프리카에서 모든 수장에 대한 국민들의 개인숭배는 거의 보편적인 현상이다. 그러나 그 정도에서 모부투를 능가하는 인물은 몇 안 될 것이다. 모부투는 대통령직도 모자라 1980년 10월에는 반카라족 대추장으로 책봉되었고, 1982년 12월에는 일약 원수(元帥) 반열에 올랐다. 이를 계기로 그에 대한 개인숭배는 모든 분야로 확산되었다. 모부투는 '나라의 아버지' '인민의 구원자' '최고의 전사' '위대한 전략가' 등 어마어마한 직함으로 자신을 과시했다. 노래와 춤을 통해서도 칭송받았다. 공무원들은 옷깃에 그의 초상이 새겨진 배지를 달고 다녀야 했다. 그리고 '콩고화'라는 취지에서 그랬는지는 미상이나, 남성들이 서양 복장을 착용하는 것을 금지했다. 세계화·개방화 시대에 굳이 복장에 제한을 가하는 것도 어찌 보면 일종의 기행이라 아니 할 수 없다. 모부투는 중국 마오쩌둥 식 복장을 본떠 지은 이른바 아바코스트(Abacost)라고 하는 깃 없는 외투를 입고 다녔다. 속에 셔츠를 입지 않고 넥타이도 매지 않는 복장이다. 남성들은 서양 복식 대신 이런 식의 외투를 입고 다녀야 했다. 트레이드마크인 진짜 표범가죽 모자는 그만이 쓸 수 있었으며, 이는 개인숭배가 '관모 독재'에까지 미친 경우라 하겠다.

그에 대한 개인숭배는 많은 경우 신비로운 종교적 색채가 입혀져 있었다. 텔레비전 뉴스 서두는 표범가죽 모자를 쓴 채 하늘에서 구름을 뚫고 강림하는 모부투의 영상으로 장식되었다. 그의 집무실과 거처는 '명상의 제단'이라는 이름으로 국가적 순례지가 되었다. 대저 개인숭배의 궁극(窮極)은 신격화다. 모부투의 추종자인 내무부 장관

응굴루는 충성 당원들에게 이렇게 말했다. "하나님이 위대한 예언자이자 존엄한 지도자인 모부투를 보내주셨다. 이분은 우리의 해방자이자 구세주이다. 우리의 교회는 인민혁명운동당이고, 그 수장은 모부투이다. 우리는 그를 교황처럼 존경한다. 우리의 복음은 모부투주의이다. 따라서 우리는 십자가상 대신 우리 구원자의 초상을 모셔야 한다." 국무총리로 모부투를 보좌했던 응구자 칼리본드는 여기에 한술 더 떠서 이렇게 과장한다. "모부투 없이 자이르는 아무것도 할 수 없다. 그는 자이르를 창조했다. 그는 자이르 국민의 아버지이다. 그는 나무와 식물을 자라게 한다. 그는 비와 좋은 날씨를 선사한다. 우리는 '지도자'의 허가 없이는 화장실에도 가지 않는다. 모부투가 없으면 자이르 국민은 존재할 수 없다. (…) 우리는 누구든 그에게 의무감을 느껴야 한다. 모부투는 1977년 8월 13일에 세 사람이 지켜보는 자리에서 내게 이렇게 말했다. 응구자, 내가 자네를 위해서 해야 할 일은 아무것도 없네. 정반대지. 나는 지금의 자네를 만든 장본인이야." 그 야말로 전지전능한 천하의 유아독존이다.

모부투는 자신의 독재권력을 유지·강화하기 위해 주위의 인물들에 대해 회유와 교체, 매수, 검증, 제거 같은 다양한 길들이기 수법을 사용했다. 그는 대통령특수국 등 숱한 정예군대 조직과 경찰 조직을 활용했다. 이 조직들의 지휘를 동족 출신의 장교들에게 맡기고 높은 봉급과 특전을 베풀었다. 그런가 하면 중요한 직위에는 고향 출신들을 앉히고, 각료들이자 고위 공직자들이 자신에 위협적인 존재가 되지 않도록 해임과 교체, 투옥 등을 마다하지 않았다. 미국의 한 기자는 모부투 정부에서 요직을 맡을 수 있는 사람은 가족을 제외하면 80명밖에 안 되는데, 그마저도 일반적으로 그 가운데 20명은 각료가,

20명은 대사가, 20명은 해외 망명자가 되며, 나머지 20명은 수감자 신세가 된다고 꼬집었다. 대체로 3개월에 한번씩은 요직에 앉은 인물들을 교체하는데, 모부투의 취미나 의향에 따라 개개인의 영욕(榮辱)이 결정되었다. 숱한 사람이 이 모부투의 '갈피를 잡을 수 없는' '독수리 기행'의 희생양이 되곤 했다. 그 전형적인 일례가 남부 카탕가의 권력자 촘베의 조카인 응구자 칼리본드(Nguza Karl-i-Bond)이다.

칼리본드는 1974년과 1976년 모부투 정부에서 두번이나 외무장관을 연임하면서 외국 언론으로부터 모부투의 후임자가 될 가능성이 높은 인물로 평가받았다. 그러자 그는 느닷없이 반란조직에 가담했다는 누명을 쓰고 고문에 시달리다가 사형선고를 받았다. 그러나 얼마 안 가서 무죄로 사면되어 국무총리로 지명(1979)되었다. 앙심을 품어온 칼리본드는 직무를 수행하는 척하다가 1981년에 해외로 망명, 서방 국가들을 돌아다니며 모부투의 공포정치를 타도해야 한다고 역설했다. 심지어 미국 의회 청문회에 참석해서는 모부투를 맹비난하는 증언을 하고, 「자이르의 온갖 병폐를 한 몸에 지닌 모부투」라는 제하의 글을 발표하기도 했다. 그럼에도 불구하고 모부투는 1985년에 그를 불러들여 주미 대사 자리를 주었다. 그후 칼리본드는 다시 외무장관과 국무총리 직을 맡았다. 도시 상식으로는 이해가 안 가는 '모부투식' 불가사의한 기행이라 하지 않을 수 없다.

모부투는 적수인 반체제 인사들을 매수하는 데서도 수완을 보였다. 이에 관해 그의 아들 은장가 모부투(Nzanga Mobutu)는 다음과 같이 회고했다. "아버지는 '친구들과 친하게 지내라. 하지만 적들하고는 더 친하게 지내라'라고 말씀하시곤 했다. (…) 자신에게 해를 끼칠 수 있는 사람들의 능력을 무력화하는 것이 아버지의 계략이었다." 1980년에 의원 15명이 단합해 모부투 정부를 고발하는 51쪽짜리 고소장을 발표한 적이 있었다. 모부투가 자이르의 온갖 문제를 야기한 주범이라고 주장하면서 공개선거를 실시할 것을 요구하는 내용이었다. 고소장에는 "당신은 15년째 단독으로 권력을 행사해 콩고를 두개의 진영으로 갈라놓았다. 한쪽은 어처구니없을 만큼 많은 부를 차지한 극소수의 사람들이고, 다른 한쪽은 지독한 고통을 겪고 있는 다수의 민중이다"라고 문제의 정곡을 찔렀다. 성난 모부투는 의원들을 잡아들여 외딴 마을로 추방했다. 의원들 가운데 더러는 굴복하고 더러는 완강하게 버텼다.

그즈음 1982년 치세케디가 이끄는 강경한 반대세력인 '민주사회진보연합'(DDPS)이 결성되었다. 치세케디는 정부 전복 혐의로 체포되어 15년형을 선고받고 1년간 복역하다가 석방되었다. 그후 그는 8년간 10차례나 체포되었으나, 강경한 태도를 버리지 않고 "모부투에게는 병이 있다. 그는 병적인 절도광이다. 지금 어떤 것에도 구애를 받지 않는 도둑이 자이르를 다스리고 있다. 이게 바로 도둑정치다"라고 모부투를 규탄했다. 모부투의 정치를 일컬어 '도둑정치'라고 한 신조어는 여기서부터 회자된 것이다.

독재와 더불어 모부투의 또다른 모토는 끝없는 축재와 착복이었다. 축재가 만연된 아프리카이지만, 모부투만큼 수단과 방법을 가리지 않고 천정부지의 개인 재산을 긁어모은 축재자, 착복자는 없다. 1973년 그는 경제 독립을 위한 국유화라는 구실하에 농장과 농원, 목장, 공장, 도매회사, 소매점 등 2,000여개의 외국인 소유 기업을 무상 몰수했다. 그는 이러한 조치를 '혁명'으로 포장했다. 그러나 몰수된 기업들은 국가의 재산이 된 것이 아니라, 모부투와 그의 일가친척이나 지인들에게 무상으로 돌아갔다. 그는 착복한 14개의 농원을 합병해 '자이르 농축산'(CELZA)이라는 복합기업을 만들었다. 이 기업은 코코아와 고무의 전국 총생산량 중 4분의 1을 차지하고, 유럽인 140명을 포함해 종업원 2만 5,000명(전국에서 3번째)을 고용했다. 이 '자이르 농축산'과 모부투 및 그의 일가친척이 소유한 가축은 전국 목축량의 4분의 3에 달했다. 모부투는 자기에게 충성하는 측근이나 정치적 협력자들에게는 각종 국가 재산이나 사업체를 하사하는 식으로 선심을 썼다. 내무장관 응굴루에게는 에콰퇴르주의 농원 35개가 하사되었다.

무소불위의 착복에 의해 모부투의 개인 재산은 기하급수로 늘어났다. 1970년부터 그는 마음대로 중앙은행을 이용해 국가 총 세입의 3분의 1을 착복했다. 또한 준국영기업들의 주 거래은행인 킨샤샤 은행의 최대 주주가 되었을 뿐 아니라, 다수 다국적기업 지사에 대한 지분도 확보했다. 그는 미국인 기업가와 손잡고 다이아몬드 거래에도 관여했으며, 구리 등 여러 광산을 운영하는 2개의 준국영기업에 대한 지배권도 장악했다. 그밖에 모부투는 해마다 거금을 해외로 빼돌려 개인계좌에 차곡차곡 넣었다. 국제통화기금(IMF)의 한 직원은 "국가 예산과 광업 세입은 모부투와 그의 지인들이 사사롭게 이용하는 돈줄이다. 모부투가 비행기에 코발트를 실어 유럽에 내다 팔아도 아무도 눈치채지 못한다"고 폭로한 바 있다. 1970년대 말에 이르러 모부투는 세계에서 손꼽히는 갑부가 되었으며, 1980년대에 그의 총재산은 50억 달러로 알려졌다.

모부투는 거액의 재산을 호화생활에 탕진했다. 세계 유명지 도처에 호화주택을 매입하거나 신축했다. 그가 가장 아끼는 거처는 그의 조상들이 살던 고장이라고 믿은, 킨샤샤에서 북동쪽으로 1,100km

떨어진 작은 마을 열대우림 속에 지은 대규모 궁전 단지다. 약 1만 5,000m²의 공간에 아름답게 조경된 호수와 정원을 배경으로 호화로운 영빈관과 호텔, 비행장을 지어놓았으며 항공편으로 스위스산 소와 베네수엘라산 염소를 들여다놓은 시범농장도 있다. 이 단지에서 가장 큰 건물은 루이 14세 양식의 가구로 채워졌는데, 디스코텍과 올림픽 경기장급 수영장, 그리고 핵 대피소 등의 시설이 설치되어 있다. 모부투는 1년에 4~5차례 수행원을 100여명씩 이끌고 찾아와서는 며칠씩 묵고 갔다.

독재와 착복은 필연적으로 부패를 낳게 마련이다. 모부투를 비롯한 고위층에서 시작된 부패는 급기야 사회의 모든 분야로 퍼져나갔다. 공무원과 군 장교는 일상적으로 국가 세입을 식은 죽 먹기로 빼돌렸다. 정부 운영예산 가운데 무려 40%가 실종되거나 다른 용도로 남용되곤 했다. 40만 공무원 중 3분의 2는 가공의 인물이었다. 이들의 임금은 고스란히 고위 공직자들의 주머니로 흘러들어갔다. 군 장교는 정기적으로 병사의 임금을 착복하고 군 식량을 암시장에 내다팔았다. 병사는 민간인들에게서 돈을 강탈하고 농산물을 빼앗았다. 병원 직원은 의약품과 장비를 팔아 이익을 챙겼다. 부패가 만연한 이 땅에서는 무슨 일이든 뇌물이 오가지 않으면 이루어지는 법이 없었다. 카방가의 한 대주교는 "약간이라도 권력을 손에 쥐었거나 압력을 가할 수단을 지닌 자들은 누구나 다른 사람의 등을 쳐서 사리사욕을 취한다. 시골에서는 이런 일이 더 심하다. 돈을 손에 넣을 수만 있다면 온갖 수단이 동원되고, 돈을 내놓지 않는 사람은 업신여김을 당한다"라며 사회의 부패상을 신랄하게 비난했다. 콩고의 대표적 지식인의 한 사람인 일룽가 카봉고(Ilunga Kabongo)는 콩고를 두개의 공간, 즉 정치 엘리

미 국방성을 방문하고 있는 모부투

트 계층이 차지한 실존의 공간과 나머지 사람들이 머무르는 공백의
공간으로 나뉜 나라라고 표현했다.

독재와 축재를 위해 부패에 의존해온 모부투는 1977년 당 대회에서
그것을 공개적으로 용인하면서 대의원들에게 "무얼 훔치더라도 한꺼
번에 지나치게 많이 훔쳐서는 안 된다. 그러다가는 체포를 당할 수도
있다. 약삭빠르게 조금씩 훔쳐라"라고 낯뜨거운 훈시를 내렸다. '요
령껏 혼자 해결하라'(Débrouillez-Vous)는 모부투 치하에서 목숨을 보전
할 수 있는 금과옥조(金科玉條)의 처세술이 되었다. 풍자적인 의미로
'가상 헌법(Article Quinze) 15조'라고도 불리는 '요령껏' 처세술은 횡령
부터 밀수, 사기, 사소한 범죄에 이르기까지 모든 일에 적용되었다.

독재와 축재를 향한 모부투의 모든 기행은 미국의 후원과 떼어놓고 생각할 수 없다. 콩고가 독립을 달성한 후 미국은 루뭄바를 비롯한 신생 세력의 친소 일변도(一邊倒)를 좌절시킬 보루로 콩고를 택했다. 모부투가 군사령관 자격으로 워싱턴을 처음 방문했을 때, 케네디 대통령이 그에게 "장군, 당신이 없었더라면 모든 것이 무너지고 공산주의자들이 권력을 잡았을 것입니다"라고 칭찬하자, 모부투는 "나는 내 능력으로 할 수 있는 일이라면 무엇이든지 합니다"라고 겸손하게 응수했다. 모부투는 군사장비 및 군사훈련 지원과 자신이 6주간 낙하산 강습을 받게 해줄 것을 요청했다. 케네디는 즉석에서 이 모든 요구를 수락했다. 그가 귀국할 때 케네디는 개인용 항공기와 조종사들을 함께 보내며 지지 의사를 재천명했다. 1965년 제2차 군사쿠데타 이후에는 중앙정보국으로부터 다량의 자금 지원을 받았다. 그후 여러차례 워싱턴을 방문하면서 장성의 자격을 부여받았고, 확고하게 지원을 약속받았다. 1970년 닉슨 대통령과 만났을 때, 닉슨은 그를 굳은 의지와 통찰력을 지닌 지도자라고 추켜세우면서 "당신은 젊은데다가 신생국 출신입니다. 그런데도 우리는 당신에게서 배울 것이 많습니다"라며 과찬을 아끼지 않았다. 모부투는 사기충천해서 귀국했다고 한다. 1965년부터 1988년 사이에 미국이 콩고에 제공한 총 원조금은 무려 8억 6,000만 달러에 달했다.

모부투는 미국 행정부가 몇차례 바뀌는 동안 백악관과의 유대관계를 그대로 유지했다. 조지 부시와는 그가 중앙정보국 국장으로 있을 때부터 친구관계였다. 부시는 모부투가 1982년 치세케디를 비롯한 반대파를 투옥시킨 직후 부통령 자격으로 킨샤샤를 방문해 모부투에게 아낌없는 찬사를 보냈다. "저는 자이르와 자이르 국민의 특징이 활력이라는 것을 깨달았고, 공평함과 합리성을 위해 헌신하고 있는 당신을 존경하게 되었습니다. 모부투 대통령, 나는 아프리카에서 당신이 발휘하는 용기와 지도력을 보고 감복했습니다." 1989년 부시가 대통령으로 당선되자 모부투는 아프리카 정상으로는 가장 먼저 워싱턴에 날아가 이렇게 말했다. "나는 조지 부시를 13번 만났습니다. 우리는 아주 오래전부터 알고 지내는 사이입니다. 그는 중앙정보국 국장 시절부터 자이르 문제에 정통했습니다. (…) 그는 현명하고 솔직하고 감수성이 풍부하며 강한 확신을 지닌 사람입니다." 이에 화답하듯 부시는 "자이르는 미국의 가장 오래된 우방이고, 자이르 대통령 모부투는 아주 소중한 친구입니다"라고 두 나라 관계를 압축했다.

모부투가 저지른 일련의 기행을 되짚어보면서 오늘날까지도 알 듯 말 듯 아리송해 제대로 풀리지 않는 수수께끼 한가지가 있다. 그것은 철저한 친미 독재자가 왜 중국 대사를 '좌상빈'(座上賓, 또는 좌상객. 상석에 앉는 손님)으로 모시면서 중국과 그토록 가까워졌는가 하는 것이다. 더욱이 그 좌상빈이 한때 필자가 상사로 모셨던 분이기 때문에 궁금증은 더하다. 앞에서 언급했다시피 1960년대 초 갓 독립한 콩고가 모진 혼란을 겪고 있을 때, 필자는 모로코 주재 중국 대사관에서 주업무의 하나로 콩고를 비롯한 아프리카 전반의 정세 연구에 몰두하고 있었다.

1960년 6월 30일 콩고가 독립을 선포한 당일 중국은 콩고 정부를 공식 인정했고 이듬해 2월 두 나라 간에는 외교관계가 맺어졌다. 그러나 그해 9월 모부투가 실권을 장악한 콩고 정부가 대만과 외교관계를 맺자 중국은 단호하게 콩고와의 단교를 선포했다. 두 나라 간의 절교(絶交)는 10여년간 지속되다가 1972년 11월 모부투의 주동적 발기에 의해 언제 그랬냐는 듯이 앙금을 뒤로 하고 회복된 뒤 양국관계는 그 어느 아프리카 나라보다도 빨리, 그리고 폭넓게 발전해왔다. 중국은 앞에서 본 바와 같이 유례없는 원조를 제공했고, 모부투는 11년간(1973~84) 다섯차례나 중국을 국빈 방문하면서 친교를 과시했다.

1973년 1월 첫 방문 때 모부투는 영접 나온 저우언라이 총리와 한 차를 타고 영빈관으로 향하면서 "지난 일은 지난 일이고, 저는 자이르 국민의 친선의 정을 안고 왔습니다"라며 궁색한 변명으로 방문 목적을 설명했다. 1월 3일 저녁 5시 30분, 마오쩌둥은 중난하이(中南海) 유융츠(游泳池, 수영못) 곁 서재에서 모부투를 접견했다. 모부투는 만나자마자 "우리 당의 결정에 의하면, 국가 지도자는 이러한 표범가죽 모자를 써야 합니다"라고 운을 떼고 나서는 곁에 배석한 외무장관 응구자 칼리본드를 가리키면서 "제가 쓴 모자는 진짜 표범가죽 모자이지만, 저들이 쓴 모자는 가짜 표범가죽 모자입니다"라고 뜬금없는 소리부터 했다. 그러자 약간 당황한 마오쩌둥은 고개를 들어 모부투의 모자를 가리키면서 "표범가죽, 거 참 겁나는데"라고 한마디 건넸다. 이어 마오쩌둥은 이렇게 말했다. "당신은 그 누구보다도 빨리 중국에 왔습니다. 온다고 하더니 정말 왔군요. 허나 루뭄바는 안 왔습니다." 그리고 이어서 이렇게 중얼거렸다. "그래, 그(루뭄바 ─ 필자)는 올 수 없었겠지."

빈주가 모두 착석하자 마오쩌둥은 "우리는 그(루뭄바 ─ 필자)를 지지합니다. 우리는 또한 기젠가(Gizenga, 루뭄바 정부 때 부총리, 1960~61, 2007~08 총리 역임)도 지지합니다. 그렇지만 당신은 지지하지 않습니다. 우리는 그들에게 돈과 무기를 대주었지만 그들은 싸울 줄을 몰랐습니다. 싸워 이기지 못하는데 낸들 무슨 방법이 있겠습니까?"라고 가식없이 직설을 했다. 마오쩌둥의 솔직성이 모부투를 크게 감동시켰다. 중난하이를 나서자 모부투는 감격에 겨워 저우언라이에게 "당신의 정책을 곧이곧대로 집행할 수 있는 대사를 우리에게 보내주십시오"라고 요청했다. 그러자 저우언라이는 자못 통쾌하게 "좋습니다. 틀림없이 우리가 대만보다 일을 더 잘할 것입니다!"라고 대답했다. 당시 대만은 외교부 차관 양시쿤(楊西昆)을 자이르 주재 대사로 파견한 상태였다. 저우언라이의 말은 앞으로 보낼 중국 대사는 양시쿤보다는 나은 인물일 것이라는 암시였다.

사실 저우언라이는 일찍이 "자이르에는 궁다페이(宮達非)를 보내라"라고 외교부에 지시한 바 있었다. 그날 저녁으로 외교부는 이라크 주재 중국 대사관에 급전을 보내 즉시 궁 대사의 임기를 마감하고, 주재국에 이임 인사를 하고는 곧바로 킨샤샤에 부임하라는 지시를 내렸다. 궁 대사의 부임으로 자이르는 대만과 단교하고 대사관을 철수시켰다. 궁 대사는 모부투의 좌상빈이 되어 신임을 얻고 큰 인기를 누렸다. 모부투는 이듬해 두번째로 중국을 방문해 마오쩌둥을 만난 자리에서 "귀국이 우리에게 훌륭한 대사를 파견해주신 데 대해 감사드립니다"라고 사의를 표하자, 마오쩌둥은 "그 대사가 누구지? 응, 궁다페이지"라고 이미 알고 있는 양 자문자답하면서 흡족해했다고 한다.

궁다페이, 그는 필자가 중국 외교부와 모로코 주재 중국 대사관에서 근무했던 시절(1958~63)의 상사다. 필자가 환국하던 1963년 가을 모로코 대사관에서 그와 헤어진 후 50여년간 종무소식이었다. 그러다가 이번에 이 글을 준비하며 그동안 그가 걸어온 삶의 궤적을 두루 추적할 수 있었다. 그는 이미 고인이 되었다. 늦게나마 삼가 심심한 애도의 뜻을 표하는 바이다.

1958년 필자가 카이로 대학 유학을 마치고 중국 외교부 서아시아 및 아프리카사(司)에서 봉직을 시작했을 때, 그는 이 사의 전원(專員, 전문위원, 부사장과 과장 사이의 직급)이었다. 업무상 그와의 접촉이 잦았다. 그는 1917년 산둥(山東) 라이양(萊陽)에서 출생해 약관 20세에 산둥 일원의 항일투쟁 근거지에서 주로 신문사와 통신사의 운영사업을 맡아 했다. 중화인민공화국의 성립과 더불어 1950년 외교부로 옮겨 갔다. 다년간 신문사 사업을 전담한데다가 구지욕도 강해 박학다식하고 필력도 겸비하고 있었다. 또한 국내외 정세에도 밝고 당시로서는 드물게 개방적이었다. 고전과 서예에도 일가견을 가지고 있었다. 외모가 준수하고 두뇌 회전도 빨라 직원들에게 인기가 높았다. 특히 유학(儒學)에 대한 사랑은 각별했다. 그는 "유학은 인류평화를 촉진하는 대지혜로서, 중국이나 동방뿐 아니라 전세계에 속하는 인류의 공동 문화유산이다"라고 역설하면서 유학의 '세계화'를 주장했다.

1960년 초 몇달의 시차를 두고 필자(먼저)와 그는 함께 모로코 주재 중국 대사관으로 전직되었다. 그는 대사관 정무참사로 정세 연구를 주관하는 무허반(務虛班)의 책임자이기도 했다. 이 반의 성원인 필자는 궁 참사의 업무 능력과 고매한 인성에서 많은 것을 배웠다. 그는 늘 친절하게 가르쳐주고 이끌어주었다. 참사 부부는 필자의 환국 결심에 깊은 이해와 동정을 표하면서 몰래 환송 만찬도 푸짐하게 차려주었다. 앞날을 축원해 건배하던, 그 잊지 못할 감격스러웠던 장면은 지금도 눈앞에 선하다.

그후 궁 참사는 각각 이라크와 자이르(콩고, 1973.1~1978.7) 주재 대사를 거쳐 외교부 부장조리(助理, 특보) 겸 판공실 주임과 차관을 역임하고, 1986년(69세) 외교부 고문을 끝으로 퇴직했다. 궁 참사는 평시 자신의 이름 두자, 즉 '다페이(達非)'는 '아프리카(非)에 오다(達)'라는 뜻으로서 아프리카와의 인연은 숙명인 것 같다고 농담을 하곤 했다. 그는 아프리카를 무척 사랑했으며 '아프리카통'으로 불렸다. 그래서 그는 퇴직 후인 1988년 '중국아프리카친선협회' 회장 직을 맡았다. 그밖에 중국전략협회 고등고문, 중국청년국제인재교류센터 고문, 베이징 대학 국제관계학부 겸임교수, 국제유학연합회 회장, 중국공자(孔子)기금회 회장 등 여러 직책을 맡았고 결장암으로 운명할 때까지 생을 아름답게 불태웠다.

모부투의 '독수리 기행' 추적이 이렇게 뜻밖에도 궁다페이 참사에 대한 깊은 회상의 촉매제가 되었다. 흐르는 세월의 한 구비에서 만난 잊지 못할 지인, 그것도 선구(先驅)를 두고두고 생각 속에 담고 있다는 것은 천혜의 행운이라 아니할 수 없다.

48
'어머니 도시', 케이프타운

아프리카, 특히 서남아프리카 쪽은 최근 정세가 불안한데다가 항공 연계마저 여의치 않아 서울을 떠나기 직전에 킨샤샤에서 우간다로 가기로 한 계획은 취소되고 말았다. 다음 행선지는 남아공 케이프타운이었다. 그런데 거기로 가자면 킨샤샤로부터의 직항은 없고, 케냐의 나이로비와 남아공의 요하네스버그를 경유해야 했다.

아침 8시 반에 킨샤샤 국제공항에 도착했다. 출국할 때도 입국할 때와 마찬가지로 1인당 50달러의 공항세를 물어야 했다. 짐을 부치기 전에 큰 짐은 물론 손짐까지 샅샅이 검사한다. 무장경찰들이 무작위로 승객들의 여권과 비행기표를 확인한다. 현지 가이드에게 비상사태라서 그런가 하고 물었더니, 고개를 절레절레 저으면서 일상이라고 한다. 9시 반에야 출국수속 업무를 시작하니, 11시가 다 되어서야 비행기에 탑승했다. 케냐 항공 555편(좌석 25C) 중형 비행기 승객은 3분의 1이 되나마나하다. 비행기는 킨샤샤 시간으로 11시 18분에 이륙해 기수를 남향이 아닌 동향으로 돌리더니, 케냐 국제공항에 14시 16분에 착륙했다. 비행에 2시간 58분이 걸렸다. 나이로비 시간은 킨샤샤보다 2시간 빠르다. 공항에서 4시간 반쯤 대기하다가 나이로비 시간 20시 55분에 역시 케냐 항공 764편(좌석 12J)으로 환승, 3시간 22분간 비행해 자정 0시 33분에 요하네스버그 국제공항에 도착했다. 남아프리카공화국의 수도답게 공항 설비는 여느 아프리카 나라들의 공항 설비보다 확실히 선진적이며 질서도 정연했다. 입국수속대에서 "어디서 왔는가?" "며칠을 묵겠는가?" 등 몇마디 질문만 하고, 수속비도 없이 즉석에서 1개월짜리 여행비자를 발급해주었다.

공항에서는 여행사 기사가 대기하고 있었다. 그의 안내로 10분 거리에 있는 몬디오르(Mondior) 호텔 115호 방에 투숙했다. 하루에 두 번씩이나 환승하는 바람에 여독이 어지간히 쌓였지만, 일정에 쫓기다보니 3시간만 자고 어둠이 채 가시기도 전인 새벽 4시 반에 가까스로 눈을 비벼대며 자리를 박차고 일어났다. 찾아온 여행사 사장(한국인)의 안내로 공항에 도착, 수속을 신속하게 마친 후 남아프리카 항공 313편(좌석 28B)에 탑승했다. 한석의 공석도 없이 150여석이 꽉 찼다. 8시 30분에 이륙해 1시간 43분을 비행, 10시 13분에 드디어 케이프타운시 중심에서 동쪽으로 22km 떨어진 국제공항에 안착했다. 2014년 4월 11일(금), 반세기(53년) 만이다. 과연 이 땅의 강산이 다섯번이나 변했을까?

우선 이 아름다운 항만도시의 이름부터 알아보기로 하자. 지금까지 관용되어온 명칭은 '곶'이라는 지형적 특징에서 유래된 '케이프타운'(Cape Town), 즉 '곶의 도시'이지만, 그밖에 별로 알려지지 않은 4개의 별칭을 따로 갖고 있다. 그중 하나는 '어머니 도시'(Mother City)다. 이것은 유럽 백인들의 식민사관이 고스란히 반영된 이름이다. 1652년 4월 6일 네덜란드 동인도회사가 파견한 3척의 배가 테이블만(灣)을 통행하는 선박들을 위해 그곳에 자그마한 공급기지인 상관(商館)을 지었다. 이때부터 네덜란드인을 비롯한 영국인, 프랑스인, 포르투갈인, 독일인 등 유럽 백인들이 이곳에 몰려와서는 이곳을 기착지로 하여 오늘의 요하네스버그와 프리토리아(Pretoria) 등 내지로 이동해갔다. 따라서 이곳이 백인들을 내지로 공급하는 '어머니' 역할을 한다며 그렇게 불러온 것이다.

다른 하나는 '바람의 도시'(Wind City)라는 별칭이다. 1488년 포르투갈의 해양 탐험가 디아스는 3척의 범선을 이끌고 아프리카 최남단까지 와서 심한 폭풍우 끝에 발견했다고 하여 이곳에 '폭풍우의 곳'(Cape of Storm)이라는 이름을 붙였다. 그후 배들이 이곳을 지나갈 때마다 늘 강풍이나 폭풍우가 일고 있어 '바람의 도시'라고 불렸다. 그다음 하나는 '케이프닥터'(Cape Doctor, '의사의 곳')라는 별칭인데, 늘 바람이 불어와 마치 의사가 환자의 병을 치료하듯 오염된 공기를 맑게 해준다는 데서 이러한 이름이 붙었다고 한다. 끝으로 '가장 아프리카답지 않은 아프리카 도시'라는 별칭이 있다. 약 400년 전 네덜란드인들이 처음으로 이곳에 왔을 때는 지금의 흑인들이 존재하지 않았음은 물론 원주민들마저 거의 멸종한(?) 상태였다고 한다. 이러한 '공백의 땅'에 유럽 백인들이 와서 완전히 새로운 유럽식 도시를 만들어냈으니, 언필칭 유럽 도시이지 아프리카 도시는 아니라는 것이다. 이 역시 식민 논리에서 나온 괴설(怪說)이다. 왜냐하면 고고학적 발굴에 의하면 기원전 10만년경 구석기시대에 이곳에는 이미 현생인류가 살고 있었으며, 기원전 8000년경의 화석에는 사람들이 활이나 화살로 수렵한 흔적이 나타난다. 또한 그로부터 2,000년 후에는 내륙으로부터 사람들이 대거 이곳으로 이주해와 농사를 지은 흔적이 있다. 이렇듯 관용적인 명칭이든 별칭이든 간에 그 모든 이름은 식민 논리에 따라 유럽 식민주의자들이 만든 것이다.

이러한 여러가지 명칭 자체가 짐짓 케이프타운에 내장된 실상을 암시해주고 있다. 공항에는 요하네스버그 여행사로부터 연락을 받은 여행사의 김은영 사장이 나와 기다리고 있었다. 김 사장은 이곳에서 16년 동안이나 여행사를 운영하고 있는 이곳 통이다. 공항 커피숍에서 답사 일정을 협의하고 난 뒤 인근 한국 식당 '성북정'에서 오래간만에 갈치구이와 동치미, 김치 등 한식으로 구미를 돋웠다. 식당 주인은 스페인에서 수산물 수출입 사업을 하다가 이곳에 와 식당을 운영하고 있으며, 이곳 한인회 회장직을 맡고 있다고 한다. 음식은 깔끔하고 제 맛이다. 언제 어디서나 동포들을 만나면 반갑고 정겹다. 사업의 번성을 기원하며 작별인사를 나눴다.

오후 2시, 시내 관광에 나섰다. 케이프타운은 남아프리카공화국의 의회가 있는 입법수도로, 아프리칸스어(아프리카어와 네덜란드어의 혼성어)로는 카프스타드(Kaapstad)라고 한다. 남아프리카공화국에는 주요 기능에 따른 3개의 수도, 즉 입법수도인 케이프타운, 행정수도인 프리토리아(Pretoria), 사법수도인 블룸폰테인(Bloemfontein)이 있다. 이중 케이프타운은 대서양과 인도양의 경계가 되는 희망봉(喜望峯, Cape of Good Hope)에서 북쪽으로 약 50km 떨어진 케이프 반도 북단에 위치한 항만도시로 남아프리카공화국 최대의 무역항이다. 면적은 400km^{2}이고, 인구는 약 43만(2011)이다. 남아공에서는 두번째로 큰 도시다. 포르투갈 해양왕자 엔히끄가 단행한 신항로 개척의 일환으로 1488년 항해가 디아스는 케이프타운에 가까운 반도의 남단인 '폭풍우의 곳', 즉 지금의 '희망봉'에 도착했다. 이어 1497년 역시 포르투갈의 항해가인 바스꾸 다 가마(Vasco da Gama)는 희망봉을 에돌아 동쪽으로 진출, 아프리카 동해안과 아라비아해를 지나 인도 캘리컷에 도착했다. 이것으로써 드디어 '인도항로'가 개척되었으며, 이를 계기로 대항해시대의 막이 올랐다.

대항해시대가 열리면서 케이프타운은 동양과 서양의 접점이 되어 인도와 동남아시아, 동아시아로 항행하는 선박의 중요한 기항지가 되었다. 1652년 네덜란드가 동인도회사의 보급기지를 건설하기 위해 이곳에 상관을 설치하고 항만시설을 구축했으나 1806년 영국으로 그 소유권이 넘어갔다. 1869년 수에즈 운하가 개통되면서 유럽에서 아시아로 가는 항로의 주요 거점인 케이프타운은 큰 타격을 받았다. 그렇지만 남아공 영내의 킴벌리(Kimberley)에서 다이아몬드가 발견되고, 트란스발(Transvaal)에서 금광이 개발되면서 다시 번영을 되찾았다. 1910년 영국의 자치령(남아프리카연방)이 되어 연방의회가 이곳에 개설되었다. 1961년 남아프리카연방은 영국연방에서 탈퇴해 남아프리카공화국으로 변신했다. 이를 계기로 케이프타운은 공화국의 입법수도로 재탄생하게 되었다.

시내에는 대공원을 중심으로 주위에 식민 시대의 건물 유적이 산재해 있다. 그 가운데는 네덜란드 동인도회사 소속 노예들의 교역소였던 슬레이브 로지(Slave Lodge)와 인종차별법 철폐 선언소, 첫 금광 개발자인 세실 로즈의 동상, 남아프리카 박물관 등이 있다. 시 외곽에는 만델라를 비롯한 흑인 정치범들을 수감했던 로벤섬과 세계적인 자연

관광명소 테이블산, 케이프 반도 남단의 희망봉 자연보호구 등 관광 명소가 있다. 한마디로 케이프타운은 유적·유물과 관광명소의 집합 처다.

워낙 유적과 명소가 많고 복잡한 곳이라서 이러한 기본 지식을 머리에 넣고 길을 나서야 유익한 관광이 될 수 있다. 아는 것만큼 보이니까. 맨 먼저 찾아간 곳은 식당에서 가까운 케이프타운 대학이다. 세계에서 처음으로 심장이식 수술에 성공한 의과대학 청사와 부속 병원을 둘러보고 나서 대학 본관으로 향했다. 본관은 수림이 우거진 테이블산 기슭에 자리하고 있다. 때마침 노르스름한 단풍이 물들기 시작해 교정은 자못 아늑한 분위기다. 이 대학의 전신은 기독교 선교사 양성을 목적으로 1829년에 설립한 남아프리카 학원(South African College)이며 1918년에 케이프타운 종합대학으로 개명 승격했으니, 그 역사는 근 200년을 헤아린다. 남아프리카에서는 가장 오래된 대학이며, 아프리카 대륙 학술연구의 중심 가운데 하나다. 세계 100개 유명 대학 중의 하나(54위, 2013년)로서, 오늘날 10개 단과대학(문학대학, 상업대학, 교육대학, 토목대학, 미술 및 건축 대학, 법학대학, 의과대학, 음악대학, 자연과학대학, 사회과학 및 인문과학 대학)에 100여개의 학과를 망라하고 있으며, 40개 연구소가 전문연구를 진행하고 있다. 시내에는 그밖에 서(西)케이프 대학 등 4개 대학이 더 있다.

현재 재학생 수는 1만 7,000명에 달하는데, 그중 3분의 1은 연구생이며, 해마다 3,000명씩 졸업한다. 국제적으로도 명성이 있는 대학으로 흑인과 백인 학생이 절반씩이며, 세계 70여개 나라에서 온 2,500명 유학생을 받고 있다. 그간 대학은 10명의 노벨상 수상자를 배출했는데, 그 가운데 여성 교수 1명을 포함해 4명은 의학상 수상자다. 학제는

1829년에 설립된 케이프타운 대학 본관 외관

학사가 3~4년, 석사는 1~2년, 박사는 2~5년제이며, 학비는 연간 학사는 3,000~6,000달러, 석사는 3,000~4,000달러, 박사는 3,000~5,000달러다. 김은영 사장의 딸이 이 대학 학사 과정인데, 연간 학비가 한화로 약 600만원이라고 한다.

오후 4시경에 투숙할 호텔 파크인(Park Inn)에 도착해 914호 방을 배정받았다. 오래된 건물인데도 리모델링을 해서 깔끔한 편이다. 경륜이 묻어서 설비나 용품 등 있을 것은 다 갖춰져 있다. 저녁 무렵에 해변가 산책에 나섰다. 여름철의 막바지라 그런지 날씨는 상쾌하다. 케이프 반도는 여름과 겨울이 뚜렷한 해양성 기후가 특징이다. 10월부터 4월까지가 여름철인데, 평균 최고기온은 섭씨 26도 정도로 비교적 온화한 편이다. 여름에 일어나는 강한 동남풍이 케이프타운의 별칭인

옛 네덜란드 동인도회사 터 　　　　석방된 만델라가 첫 연설을 한 옛 시청

'케이프 닥터' 역할을 한다. 5월부터 9월까지가 겨울철인데, 대서양에
서 한랭전선이 강한 비를 동반하는 북서풍을 몰고 온다. 평균 최저기
온은 7도이며, 연간 강수량의 대부분이 겨울철에 집중된다. 여름철에
는 강한 동남풍이, 겨울철에는 강한 북서풍이 번갈아 불다보니 일년
내내 근해는 사나운 폭풍에 시달릴 수밖에 없다.

　이튿날(2014.4.12)에는 걸어서 시내 참관에 나섰다. 처음으로 들른
곳은 테이블산 기슭에 자리한 옛 네덜란드 동인도회사 건물이다. 지
금은 높은 담으로 에워싸인 칙칙한 유물로만 남아 있어 내부 참관은
할 수 없다. 문지기 허락을 받고 먼발치에서 외경만 카메라에 담았다.
이어 발길을 옮긴 곳은 옛 시청(지금은 연주회 장소 등으로 이용)의 나지
막한 1층 테라스 앞 거리다. 출옥 후 만델라는 이 테라스에서 환영 군
중을 향해 첫 연설을 했다. 차분하면서도 열정적인 연설은 청중을 크
게 감동시켰다. 미래의 이 나라 '국부'와 국민 간의 첫 만남이었다.

　시 청사를 에돌아 이른 곳은 이른바 '대공원'으로, 식민통치를 관

네덜란드 동인도회사 소속 노예무역소였던 슬레이브 로지

장하던 여러 기관과 기념 유적들이 옹기종기 모여 있는 '통치 본산'
이다. 우선 왼편에서는 네덜란드 동인도회사 소속의 노예 숙소 겸 교
역소인 2층짜리 슬레이브 로지가 눈에 띈다. 1679년에 지어진 이 건
물은 훗날 최고재판소로도 쓰였다. 1층에는 가혹한 노예노동과 노예
교역 등에 관한 사진과 일부 유물이 전시되어 있다. 아프리카를 기점
으로 해 그려진 노예 교역도가 퍽 인상적이다. 지도는 비교적 객관적
으로 아프리카의 노예교역상을 그려내고 있다. 그밖에 노예교역과는
별 관계가 없는 고대 이집트와 그리스, 로마 시대의 유물이 전시되어
있는가 하면, 아시아 여러 나라에서 가져온 도자기와 가구, 유리제품,
17~18세기 케이프타운 시민들이 사용했던 일부 생활용품도 보여주
고 있다. 이러한 전시를 통해 당시 동인도회사의 성공적인 활동상을
부각시키려고 한 듯하다. 2층에서는 노예교역과는 전혀 무관한 도자
기, 은제품, 무기, 의상, 완구 같은 일용품들을 전시하고 있다. 노예교
역에는 노예학대(포획과 진압 등)가 필수인데, 그러한 장면은 보이지 않

'They had been snatched away from family, friends and their familiar environment, and become the property of strangers. They were purchased and transported, treated as commodities ...' (RAYDA JACOBS, 2004)

노예 구타 장면을 그린 그림   아프리카 노예 교역도

는다. 중세 네덜란드의 노예교역 실상을 알아보자고 찾아갔는데, 실망스러웠다.

'대공원'이라는 이름이 언제, 왜 붙여졌는지는 알 수 없으나, 식민지 시대에 그 무시무시한 식민통치기구들이 몰려 있던 이곳을 쾌적한 공원으로 만들었을 리는 만무한 일일 터, 그렇다면 독립 이후에나 붙인 이름일 것이다. 그래서인지 지금은 나무가 숲을 이루고, 어린이 놀이터나 휴식공간도 마련되어 있다. 슬레이브 로지에서 나와 한참 걸어가니 왼편에 인종차별법 철폐를 선언한 장소인 2층 백색 건물이 나타난다. 들어가보고 싶지만 철문이 굳게 닫혀 있다. 저만치에는 웅장한 국회의사당이 숲 사이로 모습을 드러내고 있다. 그리고 더 타인하우스(De Tuynhuys)라는 주지사의 고택이 국회의사당과 인접해 있다. 대공원의 연혁에 관한 일설로는 '농장설'이 있다. 즉 원래 이곳은 네덜란드의 케이프타운 식민지 개척자인 얀 반 리베크(Jan Van Riebeek, 1619~77)가 이곳을 드나드는 무역선들에게 신선한 야채를 공급하기

인종차별법 철폐를 선언한 장소

위해 1652년 개척한 농장(The Company's Gardens)이었는데, 훗날 그 자리에 여러 식민통치기관들이 자리했다는 것이다.

계속 걸어가는데 문득 동상 하나가 앞을 가로막는다. 오른손에는 모자를 들고, 왼손은 카이로 방향을 향해 치켜들고 서 있다. 아프리카 개발로 이름을 날린 세실 로즈(Cecil J. Rhodes)의 동상이다. 그는 남아프리카의 첫 금광 및 다이아몬드 개발자로서 식민 약탈로 모은 돈으로 카이로로부터 여기 케이프타운까지 아프리카 종단 철도를 부설하고, 전 아프리카를 하나의 국가로 통일하려는 꿈을 꿨던 사람이다. 그가 구상한 종단 철도는 탄자니아의 다르에스살람까지 부설되었으며 지금 운행 중에 있다. 그러나 아프리카 통일국가 건설의 꿈은 허망한 미몽에 불과했다. 이어 이 대공원의 후미를 장식하는 남아프리카 박물관에 들렀다. 1825년에 개관한 이 4층짜리 박물관은 남아공을 포함한 남아프리카에서 가장 오래되고, 규모도 가장 큰 박물관이다. 남아프리카에 속하는 여러 지역과 나라들의 고대 유물과 기록을 집대성하

아프리카 종단 철도 부설자 세실 로즈 동상   남아프리카 박물관 외관

고 있다. 300만년 전의 화석과 2만년 전의 암각화, 코이산족(부시먼)의 주거지 모형과 그들이 사용한 도구 및 장식품, 구석기 조각, 각종 토기, 원시 공룡을 비롯한 생물 표본, 다이아몬드 등 귀금속, 각종 광물 자원과 그 제품 등 귀중한 유물들이 많이 전시되어 있다. 천문관과 강의실, 매점, 카페 등도 그쯘하게 부설되어 있다.

이어 찾아간 곳은 이곳 명물의 하나인 무슬림촌(村)이다. 네덜란드 동인도회사가 인도와 말레이시아 등 동남아시아 국가들과 기타 아프리카 지역에서 징집해온 무슬림 노예들의 후예가 종교적 공통성으로 인해 이곳에 모여 살면서 이루어놓은 일종의 '집종촌(集宗村)'이다. 건물들을 여러가지 원색으로 선명하게 단장한 것이 특색이다. 거리에는 '할랄'(Halal), 즉 '허용'이라는 알림판이 붙어 있는 식당이

다양한 색의 주택으로 이루어진 무슬림촌

여러곳이다. 여기서 '허용'이란 이슬람 율법에 의해 허용되는 식품을 말한다. 이러한 가식품(可食品)의 반대말, 즉 종교적으로 먹는 것이 금지(돼지고기, 술, 비이슬람식으로 도살된 고기 등)됨을 일컫는 말은 '하람'(Haram)이다. 남아프리카공화국은 다종교 국가다. 네덜란드 개혁교회와 감리교회, 아프리카 독립교회 등 기독교 신봉자가 79.8%로 절대다수이고, 다음으로 이슬람교가 1.5%, 힌두교가 1.2%이며, 기타 유대교와 토착신앙 등 다양한 종교가 공존하고 있다.

다음은 여기서 얼마 멀지 않은 인종차별 전시관으로 안내되었다. 전시관의 공식 명칭은 알려지지 않았고, 그저 이렇게 부른다. 2층으로 된 전시관 벽면은 백인들이 유색인종들이 사는 지역을 강제 철거하는 사진들로 꽉 차 있다. 불도저로 주택가를 마구 밀어버리는 장면

'유럽인만 앉는 의자'가 놓여 있는 인종차별 전시관

이 있는가 하면, 아에 불을 질러 잿더미로 만들어놓은 참경(慘景)도 있다. 1층 땅바닥에는 '유럽인만 앉는 의자'라는 딱지가 붙은 나무의 자가 놓여 있다. 이와 같이 야외공간에 설치하는 벤치마저 흑백이 구별되어 있었다. 백인 식민주의자들이 저지른 천인공노할 인종차별의 현장을 웅변적으로 고발하는 전시관이다. 남아공의 인종 구성비를 보면 2014년 기준으로 흑인은 전체 인구의 80.2%를, 백인은 8.4%를 차지한다(나머지는 유색인과 아시아인). 이렇게 인종 가운데서 흑인이 절대 다수임에도 불구하고 소수의 외방인인 백인에 의해 오랫동안 지배되어왔을 뿐 아니라 현재도 인종차별로 인한 불평등이 이어지고 있다.

오전의 시내 관광을 마치고 오후 1시경에 도착한 곳은 '죽음의 섬' '정치감옥'으로 불리는 유명한 로벤(Robben)섬으로 가는 선창(船艙,

Waterfront)이다. 선창 식당에서 태국식 국수로 간단히 점심을 때우고 승선했다. 테이블만에 둘러싸인 선창에서 섬까지의 거리는 11km쯤 된다. 100여명을 태운 정기 여객선은 뜻밖에 잔잔해진 물결을 타고 40분 만에 섬에 닿았다. 남대서양 망망대해 상에 있는 이 외딴 섬은 면적이 5.18km²밖에 안 되는 작은 섬이다. 그렇지만 숱하게 겪어온 역사적 수난에 대한 증언의 가치가 인정되어 1999년 남아프리카 최초로 유네스코 세계문화유산으로 등재되었다. 유럽인들이 들어오기 훨씬 전부터 이미 원주민들이 로벤섬에서 삶의 터전을 가꾸고 있었다. 지형상 섬은 대륙붕에 해당되는데 안장 모양의 해저 지형에 의해 테이블만 연안으로 연결되어 있다. 이곳은 유럽과 동양을 오가는 해로의 중간 위치여서 항해자들의 안식처이기도 했다.

육지 케이프타운에서 멀지 않은 대양 상의 고도라는 지정학적 위치 때문에 일찍이 17세기부터 20세기에 이르는 약 300년 동안 섬은 각이한 용도로 그 면모를 바꿔왔다. 17~18세기에는 코사족의 추장 마코마(Maqoma)를 비롯해 서구 식민통치에 저항한 몇몇 추장들의 유배지였으며, 1846~1931년에는 나병 환자들(약 1,000명 수용)과 정신질환자들을 격리하는 장소로 세상을 등지고 지내왔다. 1864년에는 섬 남쪽의 민토스(Mintos) 언덕 위에 작은 등대가 설치되었다. 한때 군사 병영을 설치하기도 했다. 그러다가 1959~82년에는 주로 만델라를 비롯한 인종차별 철폐 투쟁을 이끈 지도자(3,000여명)들을 감금하는 정치범 감옥으로 변했다. 1996년 이 정치범 감옥이 폐쇄된 이래 지금까지는 관광지로 각광받고 있다. 1999년에는 섬 전체가 유네스코 세계문화유산으로 등재되었다.

선창에서 내린 관광객들은 20~30명씩 조를 짜서 관광용 버스에 분

만델라가 18년간 수감된 로벤섬의 형무소　　　　　　　　　　감방

승, 해설원의 해설과 안내 속에 섬을 일주했다. 곳곳에 수감자들이 파헤친 채석장 등 노역의 흔적이 남아 있다. 4m나 되는 높은 담으로 에워싸인 감옥 정문에 들어서니 붉은 띠를 두른 모자를 쓴 60대 초반의 초로(初老)가 해설원이라고 자신을 소개한다. 5년간 이 감옥에서 복역했다고 한다. 유머가 넘치는 해설원은 당시의 수감 생활과 감옥 상황에 관해 생동하게 알려주었다. 그 허술한 감옥 안의 식사마저도 인종에 따라 차별되었다. 유색인종(혼혈과 아시아인)은 B그룹에, 아프리카 흑인은 C그룹에, 만델라 같은 요주의 정치범은 D그룹에 속했다. A그룹 이야기는 없는데, 추측건대 백인들이었을 것이다. 그러나 실제로 백인 죄수는 한명도 없었으니, A그룹은 유명무실이었으리라.

　해설원은 마치 만델라와는 요수(僚囚)였던 것처럼 수인(囚人) 만델라에 관해서 세세한 일까지 전해주었다. 만델라는 1964년 6월 어느날 새벽 갑자기 프리토리아 감옥에서 군용 수송기에 실려 이곳으로 이감되어왔다. 감옥의 B구역 30개 감방은 '가장 위험한 정치범'들이 수감된 곳인데, 만델라는 제5호 감방에서 18년간(1964~82)을 보내다가 케이프타운 근처의 감옥으로 이감되었다. 그의 수번(囚番)은 1964년에 이 감옥에 수감된 466번째 죄수라는 의미에서 '466/64'다. 감방의 크기는 2×1.5m, 배식구는 50×70cm 정도다. 이중 철창의 감방에는 담요와 매트, 작은 나무탁자, 철제 식기, 벽에 걸린 철제 사물함, 변기통 등이 묵묵히 널려 있다. 감방 설비가 얼마나 엉망이었으면 변소가 따로 없어 변을 모았다가 아침에 한번씩 처리했다고 한다. D급 정치범 죄수에게는 6개월마다 한명의 면회와 한통의 편지가 허용되었다. 장남이자 외아들인 만델라는 어머니의 장례에도 참석할 수 없었다. 그러던 1965년 말 어느날 만델라는 당시 부인인 위니 만델라로부터 천만 뜻밖에도 체 게바라가 보내온 반가운 편지를 전달받았다. 1965년 8월 콩고 탕가니카 호수 부근에서 게릴라 활동을 벌이고 있던 체 게바라가 남아프리카공화국에서 온 위니 만델라를 비밀리에 만나 편지를 써 보낸 것이다. 같은 전선에서 싸우는 전사적 동지애가 녹진하게 밴 편지다.

만델라를 비롯한 수감자들은 이 모든 고역을 꿋꿋이 이겨내고 석방의 밝은 아침을 맞이했다. 선창에는 그들의 석방을 환영하는 대형 현수막이 걸려 있었다. 1996년 말 모든 수감자들이 감옥문을 나선 뒤 감옥은 폐쇄되었다. 옥문을 나오면서 만델라는 기나긴 옥중 생활에 대한 소회를 이렇게 표현했다. "비록 일흔한 살이지만 나는 내 인생이 이제 막 새롭게 시작되는 것을 느꼈다."

이듬해 1월 1일, 로벤섬 전체가 박물관으로 공식 선포되었다. 드디어 어제의 '죽음의 섬'은 오늘의 산 역사교육장으로 변해 미래의 삶을 깨우쳐주고 있다. 정부는 국가기념물 보호법에 따라 섬과 주변 1해리 완충지역을 국가유산 유적으로 지정하고 법적으로 보호하기로 결정했다. 보호법에 의해 유산지역이나 완충지역에서는 채광이나 탐사가 금지된다. 보호관리 업무는 로벤섬 박물관 자문위원회가 담당한다.

오후 6시 반 해가 뉘엿거리는 무렵, 마지막 회항 배를 타고 케이프타운 선창에 돌아왔다. 식객들로 발 디딜 틈이 없는 선창의 대형 쇼핑몰에서 이곳 특식인 스테이크로 저녁식사를 했다. 소문대로 쫀득거리는 육미가 일품이다. 이곳 선창에는 이 대형 몰 말고도 레스토랑이 50여곳, 패스트푸드점이 20여곳이나 있다. 자고로 케이프타운의 요리는 세계적으로 소문이 자자하다. 다문화 국제도시답게 케이프타운에서는 세계 각국의 다양한 음식을 맛볼 수 있다. 황홀한 해변가 야경을 감상하면서 호텔로 돌아왔다.

49
채워지지 않는 지식의 공간

　다음날(2014.4.13)은 가볼 곳이 많아서 일찌감치 아침식사를 하고 8시 반에 관광에 나섰다. 시 중심에 자리한 파크인 호텔 앞 애덜리(Adderley) 거리는 시내에서 가장 번화한 거리다. 이른 아침인데도 거리는 행인과 차로 몹시 붐볐다. 우선 걸어서 거리 끝에 있는 항해가 디아스 동상에 이르러 둘러보고서는 곧바로 택시로 테이블(Table)산으로 향했다. 멀리서 보면 마치 평평한 책상(table) 같은 모양을 하고 있다고 해서 이런 이름이 붙여졌다. 산기슭에서 360도 회전 케이블카를 타고 절벽을 따라 약 5분간 산정을 톺아올라갔다. 이 산의 정상은 동북면에 있는 고도 1,086m의 매클리어 등대(Maclear's Beacon)다. 케이블카는 1929년에 설치한 후 1997년 지금의 회전 케이블카를 도입했다. 이 케이블카 말고 산정에 오르는 길은 350여개나 된다고 한다. 삼삼오오 걸어서 올라가는 등산객들이 발밑에서 까마득하게 보인다.

애덜리 거리에 세워진 항해가 디아스 동상

이 평정(平頂, 평평한 정상)의 길이는 1,500m, 너비는 250m나 된다. 사암층(砂巖層)으로 조성된 산 정상은 오랜 세월 몰아치는 비바람의 풍화작용에 의해 깎이고 닳아서 이렇게 평정이 되었다. 지금도 세찬 동남풍에 의해 산정에는 자주 두터운 구름층이 형성되며, 5개의 고산 댐이 서북풍이 몰고 온 빗물을 저장해 2,000여종에 달하는 식물의 생장에 필요한 수분을 공급한다. 그리하여 산기슭의 연평균 강수량은 559mm에 불과한데 비해 산정은 1,525mm나 된다. 산 서쪽에는 일망 무제한 대서양이 펼쳐지는데, 산과의 접지에 사자머리 모양을 한 나지막한 신호산(信號山, Signal hill)과 마귀봉(魔鬼峰, Devil's Peak) 두 산이 마주하고 있다. 마치 테이블산이 펼친 좌우 두 팔과도 같은 이 두 산은 케이프타운을 한 품에 안고 있다.

케이프타운의 테이블산 전경

    산에는 기기묘묘한 기암괴석이 쫙 깔려 있고, 싱싱하고 희귀한 식
물이 무성하며, 하늘에서는 늘 구름이 신비로운 조화를 일으키고,
150종이나 되는 이름 모를 들새들이 천공을 자유로이 훨훨 날아다닌
다. 한마디로 천혜의 자연박물관이다. 정부는 이곳을 자연보호구로
지정해 관리하고 있다. 이곳저곳 자연에 심취해 거니는 사이, 잠포록
하던 하늘은 몇번이고 짙은 구름을 머금었다가 다시 토해내곤 한다.

    이 테이블산의 구름에 관해 옛적부터 전해오는 흥미로운 전설이
하나 있다. 어느날 한 해적이 이 산에서 우연히 마귀를 만났다. 둘은
말 안장 모양의 바위에 걸터앉아 담배를 피우면서 서로 말을 건넸다.
심성이 착한 마귀가 해적에게 이제 이 산에는 회개한 마귀에게 주자
고 마련한 따뜻한 동굴 하나만 남아 있다고 말했다. 그러자 한창 회개

테이블산 정상에서 내려다본 케이프타운시 전경

테이블산 정상 표지석

테이블산 조형물

사자가 머리를 쳐들고 앉아 있는 모양의 신호산

를 준비하고 있던 해적은 귀가 솔깃해져 마귀와 흡연내기를 하자고 제안했다. 이기는 쪽이 그 따뜻한 동굴을 차지하자는 내기다. 그러나 어찌된 셈인지 그들 간의 이러한 내기는 승부 없이 오늘날까지 지속되고 있으며, 그로 인해 이 산은 늘 구름 속에 갇혀 있다고 한다.

테이블산 정상에서는 케이프타운시 전경과 더불어 대서양 해안에 자리한 케이프타운 항구도 한눈에 안겨온다. 이 항구는 열대성 지중해 기후대에 속해 있으므로 겨울철(4~9월)에는 서북풍이 불지만, 10월부터 이듬해 3월까지 지속되는 여름철에는 동남풍이 분다. 연평균 최고온도는 섭씨 20도, 최저온도는 섭씨 11도이며, 연평균 강수량은 550mm쯤 된다. 길이 1,567m의 방파제는 무시로 밀려오는 거센 파도를 막아내고 있다. 날씨는 바람 한점 없이 고요하다가도 갑자기 서남풍이 불면서 큰 파도가 몰려오기도 한다. 항구의 하적용량은 꽤 큰

스텔렌보스 와이너리

와이너리의 대표 상품인 그루트콘스탄시아

편이다. 컨테이너 적재 면적은 97m²이고, 최저 60도까지 내려가는 냉동고 용량은 2만 7,000톤에 이르며, 연간 총 화물취급량은 약 7,000만톤에 달한다. 이 항구를 통하는 주요 수출품은 양모·가죽·술·견과류·사료·옥수수·어유(魚油)·광사(鑛砂)이며, 수입품은 목재·기계류·밀·방직품·원유 등이다.

약 1시간 반 테이블산 관광을 마치고 향한 곳은 동쪽 40km 지점에 있는 유명한 스텔렌보스 와이너리(Stellenbosch Winery, 와인 양조장)다. 1679년 케이프타운에 이어 두번째로 건설된 도시 스텔렌보스는 비옥한 농경지대의 중심에 위치하고 있어 그 주변에는 포도 농장들이 많으며, 이곳에서 생산되는 포도주는 높은 명성을 지니고 해외에 수출된다. 떡갈나무 가로수가 우거진 길을 한참 달리니 산기슭에 자리한 한 와이너리가 나타났다. 넓은 포도밭과 함께 현대적 시설을 갖춘 양조장과 판매점까지 갖추고 있었다. 이 농장의 대표적 브랜드는 '그루트콘스탄시아'(Groot Constantia)다. 13종의 와인을 시음대에 차려놓고 마음대로 시

해발 87m에 등대가 설치된 포인트곶　케이프타운 쪽에서 가본 포인트곶

음하라고 한다. 필자는 그 가운데서, ① 블랑드누아(Blanc de Noir) 2013,
② 소비뇽블랑(Sauvignon Blanc) 2013, ③ 콘스탄시아루드(Constantia
Rood) 2011, ④ 피노타주(Pinotage) 2012(남아프리카공화국의 대표적 와인),
⑤ 시라즈(Shiraz) 2011 등 5가지를 골라 시음했다. 세상의 와이너리
를 돌아다니다가 이렇게 많은, 그리고 다양한 종류의 와인을 한꺼번
에 시음해보기는 처음이었다. 화끈한 취기마저 돌았다. 아무래도 이
나라를 대표하는 피노타주 2012가 별미였다. 그 가운데 ⑤번은 이란
의 남부 도시 시라즈(Shiraz)의 이름을 딴 와인인데, 언젠가 이란의 이
도시에 갔을 때 그곳의 유명한 와인이 오스트레일리아와 아프리카에
수출·정착되었다는 얘기를 들은 적이 있다.

　약 1시간 동안 와이너리에서 시음을 하고 포도밭도 구경하면서 한
때의 망중한을 즐겁게 보냈다. 여기서 해변가를 따라 50분 만에 아프
리카의 남단 희망봉으로 잘못 알려지고 있는 포인트곶(Cape Point)으로
가는 작은 부두에 도착했다. 오늘은 일요일이라서 해변가를 찾는 유

바위에 기어오른 바다사자 무리

객(遊客)들로 길이 무척 막힌다. 부두에는 알록달록한 채색을 한 유람
선들이 끊임없이 유객들을 실어나르며, 저만치에서는 무장한 경비선
이 배들의 출입을 감시하고 있었다. 간이식당에서 샌드위치로 간단히
점심을 때우고 소형 무개(無蓋) 선박을 타고 출항했다. 우리 일행 3명
과 케이프타운에서 이곳에 유람 온 일가족 4명, 모두 7명이 탔다. 배
값은 왕복 2시간에 550달러이다.

　유람선은 지그재그로 솟은 연봉(連峰)들을 오른편에 끼고 하얀 물
보라를 일으키며 전속으로 달려갔다. 가끔씩 바위섬이 나타나는데,
거기에는 영락없이 바다사자들이 무리를 지어 햇볕을 쬐고 있었다.
보트를 멈추고 가까이 다가가도 아랑곳하지 않다가 무엇을 던지는
척하면 육중한 몸을 벌떡 일으켜 물속에 첨벙 뛰어든다. 선장은 위험
하니 그만두라는 신호를 보냈다. 약 40분 동안 달려도 시종 물결은 잔

잔하기만 하다. '사나운 풍랑' 같은 것은 나타나지 않는다. 그러자 의심이 일기 시작했다. 정말로 우리가 찾아온 날이 '풍랑신(風浪神)'이 베푼 행운의 날인지? 아니면 미로(迷路)에 빠진 것인지? 의심과 더불어 걱정이 생기기 시작했다. 현지 가이드 김은영 씨의 착각도 우리와 진배 없다. 그러는 사이 갑자기 오른편 야트막한 산봉우리 위에 우뚝 서 있는 흰색 등대가 나타났다. 선장에게 물어보니 여기가 바로 희망봉 자연보호구의 한 구성 부분인 포인트곶이라고 한다. 이 곳의 높이는 해발 238m로서 지금 나타난 저 등대는 케이프타운 당국이 새로 지은 높이 87m의 등대라고 한다. 원래 1849년 식민 당국이 희망봉에 등대를 세웠는데, 늘 짙은 안개 때문에 제 구실을 하지 못하자 1919년에 폐기하고 대신 이곳에 전망대를 지었다는 것이다. 새 등대는 구(舊)등대보다 더 크기도 하거니와 해변가로부터 더 가까운 곳에 세워졌다.

여기가 희망봉이 아니며, 더욱이 아프리카의 남단도 아니라는 것을 알았을 때 정말로 실망스럽고 부끄러웠다. 나 자신의 무지와 착각에 대해 더이상 변명할 여지는 없었다. 어릴 적부터 숱하게 듣고 읽었으며, 50여년 전에는 촉박한 일정이었지만 한번 둘러본 그 희망봉이 이렇게 오래도록 묘연한 착각 속에 묻혀왔단 말인가! 물론 그때는 다른 길로, 다른 사람과 함께 그곳에 접근한 것 같다. 그후 희미하게나마 들려오는 소문에 의해 그곳이 아프리카의 남단이 아니라는 것을 얼추 귀동냥했지만, 더이상 밝혀내지 못한 채 이번 답사에 임했다. 임하면서 그 소문의 사실 여부를 알아보려고 이렇게 현장 접근을 시도한 것이다. 선장은 여기를 에돌아서 희망봉으로 가는 길을 구체적으로 가르쳐주었다.

실상을 안 이상, 한시도 지체할 수가 없었다. 뱃머리를 돌려 최대의

아프리카 서남단의 곳 희망봉 원경

회망봉 자연보호구 내에 세워진 디아스 기념비

다 가마 기념비

속도로 귀항했다. 2시간 예약이지만 1시간 반으로 앞당겼다. 지금 시각은 오후 3시 반, 7시 전에 희망봉 자연보호구에 들러 희망봉까지 다녀오자면 시간이 너무나 빠듯하다. 먼저 희망봉 자연보호구에 들렀다. 케이프반도 남단 시몬스타운(Simonstown, 군항, 케이프타운 남방 32km)과 희망봉 사이에 자리한 희망봉 자연보호구(Cape of Good Hope Nature Reserve, 1939년에 지정)는 세계에서 가장 아름다운 경관구의 하나다. 40여km의 해안선을 따라 100여소의 모래사장이 펼쳐져 있으며, 키 낮은 관목림과 국화 프로티아(protea)를 비롯한 1,500종의 식물과 비비(狒狒, 개코원숭이)와 타조, 케이프 반마(斑馬) 등 200여종의 동물이 서식하고 있다. 이 보호구는 서쪽에서 동쪽으로 희망봉곶 부, 매클리어곶(Cape Maclear) 부, 포인트곶 부의 3대 부분으로 나뉘어 있다. 그리고 보호구의 해변가에는 '희망봉의 아버지'라고 하는 포르투갈 항해가 디아스의 기념비와 역시 인도항로 개척자인 포르투갈 항해가 다 가마의 기념비가 바다를 향해 서 있다.

포르투갈의 항해 탐험가인 디아스(Bantholomeu Diaz, 1450?~1500)는 유럽의 대항해시대를 연 포르투갈의 엔히끄 탐험대에 소속된 범선 4척을 이끌고 1488년 아프리카 '남단'에 도착했다. 그는 심한 폭풍우 끝에 발견했다고 해 이곳을 '폭풍우의 곶이'라고 명명했다. 그의 보고를 들은 국왕은 앞으로 자주 오갈 곳의 이름 치고는 흉하다며, 희망을 줄 뿐 아니라 듣기에도 좋은 '희망봉'이라는 이름으로 바꾸라고 명했다. 그래서 그 이름이 오늘날까지 관용되고 있다. 디아스는 1500년 다시 한번 희망봉까지의 항행을 떠났다가 폭풍우를 만나 그만 목숨을 잃고 말았다. 이 폭풍우의 곶의 희망봉 개명에 관해서는 다 가마가 인도항로를 개척하고 돌아온 후에 왕명에 의해 개명되었다는 일설이 있으나, 앞의 디아스설이 대체적인 중론이다.

디아스와 다 가마의 기념비를 둘러보고는 희망봉으로 직행했다. 속칭 '희망봉'(喜望峰, 希望峰으로 쓰기도 함)이라고 하는 아프리카 서남단의 곶 이름은 포르투갈어로는 Cabo da Boa Esperança(까부 다 보아 에스뻬란사)이고, 영어로는 Cape of Good Hope다. 직역하면 '아름다운 희망의 곳'이라는 뜻이다. 지리적 위치는 동경 18도 25분 26초, 남위 34도 21분 25초이며, 수도 케이프타운 남방 52km 지점에 위치하고 있다. 폭풍우가 잦고 파도가 높아 발견 당시는 폭풍우의 곳이라고 불렀을 정도로 이곳에 이렇게 '살인적인 파도'가 이는 원인은 온화한 인도양 해류와 한랭한 남극 해류가 이곳에서 맞부딪치기 때문이다. 파고가 최상 30m에 이를 때도 있다.

해류의 맞부딪침처럼 이곳은 대서양과 태평양의 접합지로서, 수에즈 운하가 개통되기 전 300년 동안 희망봉은 유럽과 아시아를 잇는 유일한 해상통로였다. 수에즈 운하 개통 이후 항로로서의 역할이 좀 약화되기는 했지만, 그래도 여전히 중요한 통로 역할을 하고 있다. 25만톤급 이상의 유조선은 수에즈 운하를 통과할 수 없어 이곳을 지나야만 한다. 해마다 3~4만척의 대형선박이 희망봉을 거쳐간다. 유럽 수입 원유의 약 30%, 전략물자의 70%, 식량의 25%가 이곳을 지나간다. 앞에서 언급한 바와 같이 희망봉 자연보호구에는 진귀한 동식물이 많이 서식하고 있는데, 그중 적잖은 동식물은 원시적 진화 상태를 그대로 보존하고 있어 생태 연구의 기지 역할을 하고 있다. 1836년 다윈도 이곳에 와서 식물자원과 종의 기원 및 그 진화 과정을 연구한 바 있다. 이곳의 풀 한포기, 나무 한그루, 모래 한알, 돌 한덩어리는 모두 귀중한 자연유산이다. 그리하여 정부는 보호 및 관리를 엄하게 하고 있다. 전용 관광차 말고는 일체의 차량 출입이 통제되며, 저녁 7시 이후에는 관광이 금지된다.

자연유산의 소중함을 깨닫고 있는 세계 방방곡곡의 관람객들은 저마다 'Cape of Good Hope(희망봉)'라는 팻말을 배경으로 추억의 기념사진을 찍는다. 네덜란드에서 온 젊은 신혼부부는 여기서 찍은 사진을 결혼사진으로 대체하겠다면서 잘 찍어달라고 거듭 부탁했다. 각각 다른 포즈로 5장을 찍어주었다. 소중히 간직하겠다면서 깍듯이 인사를 한다. 명함을 주었건만 어디서 기억이나 하고 있는지! 뜻깊은 곳에서 이루어지는 만남과 헤어짐은 비록 짧디 짧은 순간이지만 오래도록 추억에 담고 싶은 것이 마냥 여행미(旅行味)가 아닐까! 어스름이 깔리기 시작하는 정각 7시, 자연보호구를 빠져나왔다.

1시간 남짓 달려서 케이프타운 호텔로 돌아왔다. 식후 일정을 정리하려는데, 낮에 포인트곶에서 자괴에 안달복달하던 일이 금세 떠오른다. 챙겨 가지고온 자료철에서 희망봉과 아프리카 남단, 그리고 포인트곶 3곳에 관한 자료를 뒤졌다. '아프리카 남단'이라는 글자에 눈길이 멎었다. '아, 지식에도 해악적인 타성이라는 것이 있구나' 하는 것을 새삼 느꼈다. 아프리카의 남단은 희망봉이라는 그 시절의 구태의연한 타성에 사로잡히다보니, 새 지식정보를 자료철에 챙겨넣고도 간과했고, 그래서 망각해버렸다. 채워도 채워지지 않는 것이 지식이라는 공간이다. 그저 지식이 아니라, '참 지식'의 공간이다.

1966년 아프리카에서 17년간 근무한 경력이 있는 프랑스의 기자 루이 요스는 저서 『남아프리카사(史)』에서 "아프리카 대륙의 최남단은 이곳(아굴라스곶, Cape Agulhas)이지, 결코 일반인들이 알고 있는 희망봉이 아니다"라는 폭탄선언을 한다. 이 선언의 신호탄에 정신을 차린

내로라하는 연구자들은 앞다투어 그 확인에 나섰다. 이구동성으로 그 확인을 긍정하는 데는 오랜 시간이 걸리지 않았다. 최남단은 분명 케이프타운에서 동남쪽으로 170km 떨어진 아굴라스곶이다. 희망봉에서는 147km 거리다.

이 곳에 있는 반신 높이의 석비에는 아프리칸스 문자와 영문으로 이런 글이 씌어 있다. "당신은 지금 아프리카의 최남단 아굴라스곶에 와 있습니다." 그 하단에는 "동경 20도 33초, 남위 34도 49분 42초"라고 명기되어 있다. 그리고 석비의 기단 서쪽 면에는 "인도양", 동쪽 면에는 "대서양"이라고 새겨져 있다. 아굴라스는 포르투갈어로 나침반의 '자침(磁針)'을 뜻한다. 신기한 것은 함선들이 이 곳에 오면 나침반의 자침이 한치의 오차도 없이 정북방(正北方)을 가리킨다는 것이다. 그것은 이곳의 자북극(磁北極)과 지리북극(地理北極)의 방향이 일치하기 때문이라고 한다. 국제해로측량조직은 이 아굴라스곶을 인도양과 대서양의 분계점(分界點)이라고 정의하고 있다. 아굴라스곶 해역은 겨울철의 사나운 폭풍우와 높은 파도로 악명이 높은데, 파고가 30m에 이를 때가 종종 있다. 그리하여 이곳에서는 조난사가 다발한다. 도항(導航)과 조난 방지를 위해 1848년 이곳에 등대가 세워졌다.

오늘의 일정과 더불어 케이프타운에서의 답사 일정을 마치고 보니, 한가지 아쉬운 일이 가슴을 짓누른다. 그것은 나뽈레옹의 마지막 유배지인 세인트헬레나(Saint Helena)섬에 가보려던 꿈이 무산된 것이다. 사실 요하네스버그에서 케이프타운으로 오는 비행기 안에서 갑자기 케이프타운에서 가장 가까이 있는 이 섬 생각이 떠올랐다. 필자는 '우리에게 실크로드란 무엇인가'라는 주제로 강의나 강연을 할 때면, 으레 나뽈레옹이 이 섬에 유배를 와서 죽기 전에 조선 땅에 한번 가보고 싶다는 유언을 남겼다는 일화로 마무리짓는다. 그러면 수강자들은 너나없이 경악을 금치 못하는 표정을 한다. 아마 그 장면의 여운이 문득 이런 생각을 떠오르게 한 것 같다. 여기에다 화산섬으로 온천이 지천에 널려 있고, 대항해시대부터 선박들의 경유지이자 중간 보급기지 역할을 해왔으며 유배지로도 유명해 '관광객의 낙원'으로 알려진 이 섬의 매력이 가봐야 하겠다는 충동을 더했다.

그러나 치차처럼 맞물려 돌아가는 답사 일정은 이러한 돌연변수를 결코 허용하지 않았다. 남대서양의 망망대해에 떠 있는 이 외딴섬은 케이프타운에서 자그마치 2,736km나 떨어져 있다. 이때까지만 해도 교통수단은 배편밖에 없었다(2017년 10월 요하네스버그와 섬 사이에 정기항로가 개통됨). 케이프타운에는 영국 우편사업회사가 운영하는 로열메일(Royal Mail)호 배가 있는데, 시속이 15노트(28km)라고 하니 왕복에 약 10일이나 걸리는 셈이다. 하루 이틀쯤이라는 타산에 찬물이 끼얹어지고 말았다. 애당초 허황한 꿈이었나보다.

그렇지만 케이프타운 탐방의 덤으로 이 섬에 관해 몇마디 부언하고자 한다. 이 섬은 1502년 5월 21일 포르투갈 항해가 조안 다 노바(João da Nova)에 의해 발견되었는데, 발견일이 바로 천주교 명절인 헬레나 축일이어서 섬 이름을 그렇게 붙였다고 한다. 1652년에 영국 동인도회사 소속으로 넘어간 이래 지금까지 영국의 치하에 있다. 면적은 121km²이며, 인구는 4,534명(2016)이다. 이 섬은 대양 상의 고도로 육지와 멀리 떨어져 있기 때문에 나뽈레옹을 비롯한 여러 범인들의 유배지로도 유명하다.

나뽈레옹은 1815년부터 1821년까지 6년 동안, 51세로 죽을 때까지 이 섬에 유배되었다. 1818년 한반도와 일본 류우뀨우 열도의 해상탐험을 마치고 귀국 길에 오른 영국 선장 바실 홀(Basil Hall)은 이 섬에 유배 중이던 나뽈레옹을 방문했다. 홀의 아버지는 나뽈레옹과 빠리 군사학교 동창이다. 홀은 그가 본 조선에 관해 "역사는 유구한 나라인데 한번도 남을 침략해본 적이 없는 평화로운 나라"라고 소개한다. 그러자 나뽈레옹은 "이 세상에 남의 나라를 쳐들어가보지 않은 민족도 있단 말인가? 내가 다시 천하를 통일한 다음에는 그 조선이라는 나라를 찾아가보리라"라고 화답했다. 반경 12km를 벗어날 수 없는 연금 상태에서 죽어가고 있던 나뽈레옹으로서는 이것이 세상에 대고 남긴 마지막 유언이 아니었겠는가 하고 짐작해본다. 나뽈레옹의 사인에 관해서는 그가 죽은 직후부터 자살이니 타살이니 왈가왈부 파다하다가 1978년 그의 모발을 검사해 비소 중독증이라는 결과를 얻었고, 그렇다면 타살이라는 데 무게가 실리고 있다.

오늘의 일정 정리는 아프리카의 남단에 관한 착각과 오해를 바로잡고, 덤으로 세인트헬레나에 관한 유의미한 일화를 보태는 바람에 자정이 넘어서야 마무리됐다.

50
아파르트헤이트의 전시장,
요하네스버그

　항공로 연계 문제 때문에 케이프타운에서 모잠비크의 수도 마푸투와 모잠비크섬(2014.4.15), 다시 마푸투와 요하네스버그를 거쳐 빅토리아 폭포(짐바브웨와 잠비아)에 갔다가(4.17) 다시 요하네스버그로 돌아왔다. 빙빙 에돌은 셈이다. 요하네스버그는 남아프리카공화국의 수도는 아니지만, 이 나라에서 가장 큰 도시다. 그래서 답사의 일정순을 따르지 않고 나라를 단위로 하는 기술순을 따라 케이프타운에 이어 배치했다.

　2014년 4월 18일(금), 오전에는 2시간 동안 잠비아 쪽 빅토리아 폭포를 구경하고, BA(영국 항공) 6282편(좌석 23E)으로 짐바브웨 빅토리아 공항을 14시 5분에 이륙, 1시간 28분간 비행해 15시 33분에 요하네스버그의 O.R.탐보 국제공항에 안착했다. 공항에서 약 40km 떨어진 시 중심가의 힐튼(Hilton) 호텔 431호 방에 투숙했다. 오래된 구식 호텔로서 드라이어 같은 현대식 가재 따위는 미처 갖춰놓지 못한 약간은 곰팡내 나는 호텔이다.

공항에서 시내로 들어오는 가도를 달리면서 요하네스버그에 관한 지난날의 추억과 지식을 압축해봤다. 이 도시는 남아공(남아프리카공화국)에서 가장 큰 정치·경제·문화·관광·항공의 중심지이며, 명실공히 국제도시다. 면적은 334km²이고, 인구는 약 95만명(2011, 반 이상이 흑인)이며, 해발 1,800m의 고원지대에 자리하고 있다. 기온은 여름 평균 섭씨 20도, 겨울 평균 섭씨 11도로서 일년 내내 쾌적한 편이다. 반경 240km 이내에 60여소의 금광이 밀집해 있다는 사실이 말해주다시피 이 도시는 금광 개발로 건설되고 번성해왔다. 그래서 '황금의 도시'라는 별칭을 갖고 있다. 이 도시의 공업 생산액은 전국 총생산액의 반 이상을 점한다. 도시는 철도를 사이에 두고 남부의 중공업 구역과 북부의 시 중심 구역으로 나뉘어 있다. 요하네스버그는 악명 높은 아파르트헤이트(Apartheit, 인종격리) 제도에 의해 시내에는 여러개의 흑인 집단거주지가 구획되어 있으며, 치안 부재로도 악명 높다.

저녁은 오래간만에 '대장금(大長今)'이라는 한국 식당에서 해결했다. 드라마「대장금」에서 식당 이름이 연유됐음이 분명한데, 구체적으로 무엇에 착안(着眼)해 이런 비범한 이름을 지었을까. 드라마는 조선시대 중종의 어여의(御女醫)로 주치의까지 된 평민 출신 대장금의 일생을 그린 54부의 대하역사 드라마다. 작품 속에서는 간간이 진수성찬의 궁중음식 몇첩씩을 올려놓은 수라상이 선을 보인다. 모름지기 임금의 수라상 음식이야말로 한식의 정수일 것이다. 상상컨대 그것이 착안점이었다면 분명 '대장금' 식당은 한식당다운 식당일 것이라는 믿음 반 기대 반 속에 찾아갔다. 둘이서 된장찌개며 두부찌개며 낙

지삼겹살볶음과 라면 등을 골고루 주문했다. 정말로 맛이 일품 그대로이고, 양도 푸짐했다. 믿음과 기대가 헛되지 않았다. 여주인과 작별하면서 "세상을 돌아다니면서 적잖은 한식당에 들러봤는데, 이 대장금처럼 제대로의 한식을 대접하는 식당은 드물었습니다. 우리 한식의 참맛을 널리 알려주시기를 바랍니다"라고 고마운 인사말을 드렸다.

호텔에 돌아와 오늘의 일정을 정리하면서 특별히 상기된 것은 오늘 저녁 대장금 식당에서 돌아오면서 일어난 사색이다. 세계화 시대를 맞아 세계 방방곡곡 한인들이 없는 곳이 거의 없는데, 그들 중 많은 분들이 식당 운영을 생업으로 삼고 있다. 그런데 그 운영의 성패(成敗)는 어떻게 한식을 현지화하는가에 달려 있다고 모두들 입을 모아 강조한다. 맞는 말이다. 문제는 어떻게 세계화, 현지화하는가 하는 것이다. 이론적으로 말하면 이 세계화나 현지화 문제는 곧 문명교류의 전파와 수용 문제다. 외지에서 한식당을 운영하는 것은 한(韓)문명의 전파이며, 현지인이 한식당에서 매식하는 것은 한문명에 대한 그들의 수용이다. 전파문명인 한문명의 입장에서 보면, 어떻게 하든 우수한 전통 한식의 맛을 살리면서 현지인들의 구미에도 맞도록 현지의 우수한 음식 요소들을 가미하는 이른바 융합(融合, fusion)이 필요하다. 그것이 한식문화의 세계화와 현지화, 그리고 한식당 운영에서의 성공 비결일 것이다.

4월 19일 요하네스버그 관광은 만델라 하우스(만델라 저택) 방문으로 시작되었다. 언덕바지에 자리한 연미색 2층 건물은 부지가 별로 넓지 않은 아담한 보통 가옥이다. 원인은 불명하나 내부 방문은 불허한다. 멀찌감치에서 외관만 보았는데, 현지 가이드의 말에 의하면 만델라가 그라사 마셸(Graça Machel)과 세번째로 결혼한 후 두번째 부인

만델라 하우스   흑인 집단거주지역이었던 요빌레 거리

인 위니 마디키젤라(Winnie Madikizela-Mandela)와 살던 거처에서 이곳으
로 이사와 서거할 때까지(대통령 시절 제외) 기거하던 저택이라고 한다.
그런데 어느 가이드북에는 만델라가 1963년 체포될 때까지 살던 집
이라고 소개되어 있다. 어느 쪽이 사실인지는 확인하지 못했다.

　이어 발길을 옮긴 곳은 아파르트헤이트 제도에 의해 구획된, 흑인
집단거주지의 하나인 요빌레(Yoebille) 거리다. 1948년부터 91년까지
43년간 남아프리카공화국에서 실시된 아파르트헤이트는 아프리칸
스어로 '격리' '분리'라는 뜻인데, 백인우월주의에 의해 흑인이나 유
색인종들을 인종적으로 차별해 격리하는 일이 제도화·정책화된 것
이다. 남아공에서 인종격리제도의 산실이 바로 요하네스버그이며, 이
도시에서 인종격리의 현장을 가장 극명하게 보여주는 곳이 바로 흑
인 집단거주지다. 그래서 반세기 전 이곳에 들렀을 때, 그러한 거주구
역을 하나 보려고 거리에 나섰다가 '유색인종 불가'라는 경고판 앞에

서 발길을 돌렸던 기억이 지금도 생생하다. 나이 지긋한 흑인 기사는 우리의 관심거리가 무엇인가를 눈치채고는 그때의 처참한 모습을 입이 마르도록 소개한다. 집집마다 접이식 안테나가 몇개씩 달려 있는 곳을 손가락질하면서 그때는 한 집에 여러 세대가 살았기 때문에 집집마다 저렇게 많은 안테나를 설치하지 않을 수 없었다고 말한다. 지금 법적으로는 인종격리나 인종차별 같은 악습을 금지한다고 하지만 저렇게 그 잔재는 아직 많이 남아 있다고 하면서 기사는 면상을 찌푸린다. 요빌레 거리를 지나가면서 그의 말이 실감났다. 흑인 집단거주지에 지었던 이른바 '성냥갑' 집은 아직 그대로 남아 있다. 방 한칸에 10여명씩 거주한다고 한다.

남아공이 안고 있는 당면한 가장 큰 문제의 하나는 실업 문제다. 거리에는 젊은 실업자들이 욱시글거린다. 최근 통계에 의하면 청년실업률은 50%가 넘으며, 백인 실업률이 6%인데 반해 흑인 실업률은 29%에 달한다고 한다. 다음으로 엄중한 문제는 정치적 부패다. 만델라를 비롯한 변혁 1세대가 남겨놓은 화해와 용서, 타협과 협력의 정치적 유산은 아프리카민족회의(ANC)의 일당독재 체제하에서 가뭇없이 사라지고, 대신 뇌물과 부패, 암투와 살인 같은 사회적 부조리가 판을 치고 있다. 그 결과 치안부재의 나라로 전락하고 말았다. 인카타자유당과 민주동맹 같은 대체 세력이 등장하고 있으나 아직까지는 아프리카민족회의를 뒤집기에는 역부족이다. 그다음으로는 교육제도도 큰 문제의 하나다. 이 나라의 초등교육 수준은 세계 144개국 중 132번째이고, 수학과 과학의 수준은 143번째로 거의 꼴찌다. 학교 시설은 엉망이고, 미취학 아동이 수두룩하며, 학교에 가도 공부를 하지 않는 학생이 태반이라고 한다. 요컨대 선진 남아공의 옛 모습은 더이상 찾아볼 수가 없다.

백인우월주의와 식민주의에 바탕한 아파르트헤이트는 17세기 중엽 백인의 이주와 더불어 싹트기 시작했다. 1652년 네덜란드 동인도회사가 케이프타운에 첫 식민거점을 마련한 5년 후인 1657년 이른바 '자유경영증서(自由經營證書)' 제도를 반포한 것이 그 효시다. 이 제도에 의해 백인들은 '자유시민' 신분을 획득하여 토지 약탈 등 식민 활동을 마음대로 자행했다. 인종격리사의 첫단계라고 하는 1652~1910년 사이의 260년간, 식민 당국은 '통행증법' '아프리카토착민 법안' '국민권 법률' 등 인종 격리와 차별을 법제화하는 20여개의 악법을 반포하고 강제 시행했다. 인종 격리 및 차별 제도화의 두번째 단계인 1910~48년의 38년간, 식민의회는 모두 49건의 인종 격리 및 차별 관련 법령을 채택했다. 이러한 법령들의 모체는 1909년에 의회가 채택한 헌법격인 '남아프리카법'(10편 152조)이다. 이 법에 의해 인종격리는 합법성을 부여받게 되었다.

이렇게 약 300년간의 정지작업을 통해 법적 기틀을 마련해놓은 기초 위에서 1948년 말란(Daniel François Malan)이 이끄는 남아프리카 국민당(NP)이 집권하면서 극단적인 인종 격리 및 차별 제도가 본격적으로 시행되었다. 집권 후 남아프리카 국민당은 인종격리와 관련된 무려 350여건의 구체적 법령과 시행령을 공포하였다. 그 가운데는 '이민족 간통혼 금지법'(1949) '집단주거지법'(1950) '인구등기법'(1950) '통행증법'(1952) '토착민 노동법'(1952) '반투 교육법'(1953) '토착인 재안치법'(1954) '토착민 도시주거지법'(1956) '토착민 주거지 이주금지법(1956) '산업조정법'(1956) '반투 자치촉진법'(1959) 등 각 분야를 망라하는 무소불위의 악법들이 들어 있다.

이러한 각종 인종 격리 및 차별 악법의 혜택으로 이 나라에서는

10% 내외의 백인이 절대 다수인 비백인(흑인과 유색인종)을 정치적으로, 경제적으로, 사회적으로 착취하고 무시하며 우위에 서왔다. 이러한 악법들의 내용을 통관하면, 우선 1950년 반포한 '주민등록법'에 근거해 국민을 백인과 반투족으로 대표되는 흑인, 유색인종(혼혈인종)으로 구분해 철저하게 차별시해온 것을 들 수 있다. 아이러니한 것은 이 법에 의하면 일본인과 중국인은 백인과 동등한 대우를 받는 인종으로 구분되어 있다. 흑인 등 토착민에 대한 직업 제한, 노동조합 결성 금지, 흑인들의 도시 외곽 토지 소유 금지, 백인과의 혼인 금지, 백인과 흑인의 승차 분리, 공공시설 사용 제한, 선거인 명부의 차별적 작성, 흑인 기업가의 사업 확장 제한, 은행업이나 의류판매점·잡화점 운영 불허, 세탁소·주차장·주유소 사업 제한, 도시에 개인회사나 합작회사 또는 개인 소유 건물 건축 불허, 흑인 파업 불법화, 백인 농업 구역 외곽의 '검은 반점'(흑인 마을, 총 350개) 제거 등 실로 차별과 격리가 미치지 않은 분야가 없었다. 이러한 악법들에 의해 각종 격리 피해를 본 흑인은 어림잡아 2,500만명은 된다고 한다.

전국적 규모로 강요된 아파르트헤이트의 대표적 정책은 이른바 '반투 홈랜드'(Bantu Homeland)이다. 1959년 반포한 '반투 자치촉진법'에 의거해 1,800만명의 아프리카인은 종족별로 전국 10개 지정 지역에 격리 수용되었다. 명목상 자치권을 부여했지만, 실제로는 백인이 원격조정하는 인종격리책이 바로 반투 홈랜드 정책이다. 홈랜드에는 전국 면적의 13%에 해당하는 박토(薄土)만을 배분했으므로 도저히 자치구로서의 독자적 생존이 보장될 수 없었다. 그 결과 홈랜드에 소속된 많은 아프리카인들은 생존을 위해 마을을 떠나 유랑 날품팔이가 되었다. 한편 이를 계기로 백인 경영자들은 값싼 노동력을 얻어 이윤을 배로 증대시키는 이율배반적 사회현상이 일어났다. 이에 대한 저항과 반대여론이 일자 당국은 1974년 홈랜드에 이른바 '독립'을 부여하는 계책을 내놓았다. 이에 따라 트란스케이(1976), 포프타츠와나(1977), 벤다(1979)가 각각 독립을 선포했다. 그러나 국내의 저항과 더불어 유엔도 독립 무효화를 선언함으로써 결국 '독립놀음'은 수포로 돌아가고, 모두 종전대로 남아공에 편입되고 말았다.

반인류적인 이 아파르트헤이트는 실행 초기부터 남아공의 흑인들은 물론, 유엔을 비롯한 광범위한 세계여론의 지탄을 받았다. 우선 남아공 내에서는 만델라의 아프리카민족회의의 저항투쟁에 이어 1970년대에는 의과대학 출신의 스티브 반투 비코(Stephen Bantu Biko)가 이끄는 '흑인의식운동'이 그 투쟁의 앞장에 섰다. 비코는 당시의 흑인들을 "완전히 짓밟힌 채 불행을 감수하는 조개껍데기이며, 그림자와 다름없는 인간이다. 노예이자 양처럼 소심한 태도로 억압의 멍에를 둘러쓴 황소다"라고 묘사하면서, "흑인들이 스스로에 대해 지니고 있는 부정적인 인식을 긍정적으로 바꾸기 위해 집단의 노력을 기울이는 것이 시급하다"고 역설했다. 백인의 탄압에 대해 반격할 수 있는 방법은 "흑인이라는 자의식과 자부심, 그리고 흑인의 능력과 업적을 끌어올리는 것"이라고 제안한다. 이 운동의 종국적 목적은 의식운동을 벌여 "흑인들이여, 우리 앞길을 스스로 개척하자"는 구호를 현실화하는 것이었다. 비코는 3년 동안 무려 29번이나 체포 구금되었고, 결국 1977년 30세의 젊은 나이에 감방에서 고문으로 옥사했다.

흑인의식운동에 이은 반인종격리 투쟁의 불꽃은 '소웨토 폭동'으로 다시 튀어나왔다. '폭동'이란 인종격리주의자들이 붙인 오명일진대, '봉기'나 '항거'가 적절한 표현일 것이다. 그 진원지는 바로 요하

반아파르트헤이트 투쟁 현장

광범위한 대중투쟁으로의 전환

네스버그의 한 흑인 집단거주지인 소웨토(Soweto)이고, 발화점은 당국이 반포한 반투족 교육제도다. 아파르트헤이트 정책의 광신적 설계자인 남아공 제7대 수상(1958~66 재임) 헨드릭 페르부르트(Hendrik Verwoerd)는 "실제로 사용할 기회도 없는데 반투족 아이들에게 수학을 가르칠 필요가 있는가? 특정한 형태의 노동이 아니고서는 반투족이 유럽인 사회에서 자리잡을 가능성은 전혀 없다"라며 흑인 반투족에 대한 노예화 교육과 차별적 교육관에 관한 망언을 서슴지 않았다. 그러면서 자폐적 광신자답게 "나는 내 생각이 틀릴 수도 있지 않은가 하는 끈질긴 의심 따위는 품지 않는다"는 극언까지 했다. 그러나 흑인 의식운동을 계기로 인종 격리 및 차별 정책에 항거하는 운동이 계속 일어나자 당국은 교과목을 아프리카 토속어로 가르칠 수 없다던 기존의 교육제도를 바꿔 교과목의 절반씩을 아프리칸스어와 영어로 가르치도록 했다.

청년 학생들의 거리 투쟁   어린 학생들의 시위 합류

이것은 일시적인 불만 무마용 조치에 불과했다. 교사들은 영어로만 공부해왔으므로 아프리칸스어에는 거의 문외한이었기 때문이다. 당국의 속내를 간파한 학생들은 아프리칸스어는 '압제자의 언어'라고 비난하면서 아프리칸스어로 진행하는 수업을 거부하고 동맹휴학을 단행하는 한편 거리로 뛰쳐나갔다. 1976년 6월 16일 마침내 인종 격리 및 차별 정책에 반대하는 내용의 플래카드를 든 학생들이 구호를 외치고 운동가를 부르며 소웨토 시가를 행진했다. 진압에 나선 무장경찰의 발포로 무고한 13세 학생 헥터 피터슨이 희생되었다. 격분한 학생들이 정부 청사와 차량 등을 공격했다. 주변 트란스발주의 여러 흑인 집단거주지에서도 동조 시위와 충돌이 발생했다. 봉기가 시작된 첫주에 150명이 넘는 사망자가 나왔는데, 그 대부분은 흑인 학생들이었다. 정부가 굴복해 아프리칸스어 사용 규정을 철회한 뒤에도 투쟁은 연말까지 계속되었다. 이 투쟁 과정에서 사망자와 부상자는 각각 600명과 4,000명을 넘어섰다.

51
간디와 아프리카

　그밖의 여러 흑인 집단거주지에서 발생했던 처절한 반인종격리 투쟁 장면을 머릿속에 그리면서 요빌레 거리를 빠져나와 향한 곳은 이 투쟁을 몸소 이끌었던 여러 지도자들과 참가자들이 감금되어 옥고를 치렀던 구성채(舊城砦, Old Fort)다. 시 중심부의 언덕 위에 축조된 성채라서 시내 전경이 눈앞에 펼쳐진다. 성채로서 방어 기능을 수행했겠지만, 내부 구조나 시설로 미루어봐서는 정치범 구금이 더 중요하고도 항시적인 기능이 아니었겠는가 추측된다. 한때 만델라도 여기에 구금되었다. 일견하여 구금 환경은 매우 열악하였음을 알 수 있다. 독방인 경우 크기는 너비와 길이가 각각 1.2m와 2m, 배식구와 뙤창은 각각 30×15cm와 10×15cm쯤 된다. 화장실은 독방인 경우는 밖에, 집단방인 겨우는 방 한모퉁이에 설치되어 있다. 방은 햇볕이 전혀 들어오지 않고, 통풍도 제대로 되지 않아 숨 막힐 정도로 어둡고 침침하

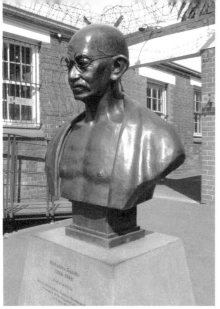

옥고를 치렀던 구성채(감옥) 내에 세워진 간디 동상　구성채 안에 꾸며진 간디 박물관

다. 이채로운 것은 유명한 평화주의자·비폭력주의자인 인도의 간디
도 이곳에 구금되어 한때나마 옥고를 치렀는데, 지금은 그 자리에 동
상을 세우고 방이 2개 달린 유물 전시실까지 꾸며놓았다는 사실이다.
전시실에는 그가 쓰던 사무집기와 흰 모자 같은 유품들이 전시되어
있다. 성채 정상에는 헌법의 선포를 기념하기 위해 꾸며놓은 '헌법광
장'(Constitution Hill)이 눈길을 끈다.
　　간디의 비폭력 저항운동은 남아공에서의 반아파르트헤이트 투쟁
과 관련성이 있기 때문에 이 대목에서 남아공에서의 간디의 활동을
간단하게나마 짚어볼 필요가 있다. 간디는 1869년 인도 서부 구자라
트(Gujarat)주의 명문가에서 태어났다. 초등학교 시절 아버지는 폴 반
달(Paul Vandal) 지방정부의 재상이 되어 가정은 더욱 다복해졌다. 초등
학교 시절 간디는 공부도 못하고 품행도 나쁜 불량아였다. 힌두교에
서 금지된 육식을 했을 뿐 아니라, 담배 값을 마련하기 위해 돈을 훔

간디가 감방에서 신던 신발(상)과   감방에서의 독서 삼매경
간디가 쓰던 흰모자(하)

치기도 했다. 13세 때 결혼하고, 18세 때(1887) 아버지 친구의 권유로 영국에 유학했다. 유학 3년간은 그런대로 학업에 열중해 법정 변호사를 양성하는 교육기관인 런던의 한 법학원에서 1891년에 변호사 자격을 취득했다.

그해 7월 득의양양(得意揚揚)해 모국 인도에 돌아왔으나 그동안 변호사 인원이 크게 늘어나 직장을 구할 수 없었다. 고등학교의 시간제 교사직조차 얻기 어려운데다가 법정 변호사 업무는 성정이 유순한 그의 적성에 맞지 않았다. 그리하여 고향에 돌아와 소송인의 탄원서나 작성해주는 일로 근근이 생활을 유지해갔다. 때마침 남아공 나탈(Natal)에 있는 어느 동향 무슬림 지인의 회사로부터 1년 기한의 법률고문 계약 요청을 받고 남아공으로 떠났다. 그곳은 간디에게는 완전히 새로운 도전과 기회의 땅이었다. 더반(Durban)의 법정에서는 유럽인 판사가 그에게 법무(法務)에 어울리지 않는 터번을 벗으라고 했지만, 이를 정중하게 사절하고 퇴장했다. 며칠 뒤 프리토리아로 여행할 때 열차의 1등칸에서 쫓겨나 플랫폼에서 추운 밤을 지새워야 했고, 역마차를 타고 가던 중 유럽인에게 자리를 내주지 않는다며 백인 마부에게 두들겨 맞기도 했다. 호텔은 유럽인 전용이었기 때문에 투숙할 수 없었다. 훗날 간디는 이 여행에서 인생 중 '가장 창조적인 경험'을 했다고 회고했다. 그는 유색인종으로 구분되어 천대받는 동포들의 참담한 처지를 알게 되었고, 그들에게 고유의 권리와 의무를 일깨우려고 각방으로 노력했다.

1893년 6월, 1년간의 계약이 끝나고 마련된 환송파티에서 간디는 우연히 나탈 의회가 인도인의 선거권 박탈을 입법화하려 한다는 기사를 읽었다. 순간 그는 남아서 동포들의 권리를 지켜야겠다고 다짐한다. 정치가로의 변신을 작심한 것이다. 즉시 나탈 의회와 영국 정부에 입법 정지를 주장하는, 수백명의 서명을 받은 탄원서를 제출했다. 결국 입법은 막지 못했지만 유색인종인 인도인 문제에 대한 여론이 일어나고, 간디의 이름이 알려지기 시작했다. 그는 1894년 5월 '나탈인도회의'를 결성하고 초대 의장에 선출되었다. 간디는 이 단체의 이름으로 「남아프리카에 있는 모든 영국인들에게 보내는 호소문」과 「인도인의 참정권을 위한 호소문」을 팸플릿으로 출간해 여론을 더욱더 환기했다. 회의의 조직적 투쟁 결과 인도인 계약직 노동자들의 세금을 25파운드에서 3파운드로 줄이는 개가를 올렸다.

간디는 영국의 침략전쟁임을 알면서도 1899년에 발발한 '앵글로-보어' 간의 이른바 보어전쟁에서 인도인들의 시민권 획득을 기대하며 1,100명 인도인들로 구성된 자원 의무부대를 전선에 보내 영국군을 지원했다. 전쟁에서는 줄루족 족장 밤바사(Bambatha)를 비롯

요수(僚囚)들 간의 작별인사(○가 간디)

한 3,000여명의 흑인이 희생된 반면, 영국군 전사자는 고작 24명뿐
이었다. 실의에 빠진 간디는 전쟁이 끝나자 더반 북쪽에 있는 피닉스
(Phoenix) 농장에 은둔하면서 『인디언 오피니언』이라는 신문을 발행
해 인도인들의 권리 주장을 이어갔다. 그러다 1906년 인도인들은 지
문날인을 해야 한다는 법령이 반포되자, 간디는 요하네스버그에 가서
그 유명한 '사티아그라하'(Satyagraha), 즉 '진실의 견지'라는 소극적 저
항운동을 벌이기 시작했다. 그는 이 사티아그라하를 원한과 투쟁, 폭
력 없이 저항으로 적대자들의 잘못을 바로잡는 '새로운 방법'의 운동
이라고 해석했다.

지극히 소극적이고 애매모호한 방법의 운동이지만 식민 당국이 순
순히 받아들일 리는 만무했다. 저항 세력 쪽이 타협안을 받아들이지
않자 당국은 선동죄로 간디를 구금했다. 그 구금소가 바로 지금 참관
중인 요하네스버그 구성채 안의 감옥이라고 한다. 예상과는 달리 사
티아그라하 운동은 많은 인도인들의 분노와 저항을 야기했다. 1913년
에 이르러서는 여성들과 광산노동자들을 포함해 수백명 인도인들이

감옥에 끌려갔다. 간디도 붙잡혀 여러 감옥을 전전했다. 소극적 저항에서 적극적 투쟁으로 변한 이 운동은 무려 7년 동안이나 지속되었다. 1914년 수상 스뮈츠와 간디 사이에 인도인에 대한 차별을 약화시키는 타협안이 성사되어 이 사티아그라하 운동은 일단 명목상으로는 끝났다. 1914년 7월 간디가 인도로 떠날 때, 스뮈츠 수상은 "성자가 우리의 해변을 떠났다. 나는 정말로 그가 영원히 떠나기를 희망한다"라며 한때의 고뇌를 토로했다.

이와 같이 아프리카는 근세 인도의 평화주의자 마하트마 간디의 비폭력(ahimsa) 저항운동의 산실이며 실험장이었다. 인도나 영국에서 인종차별이나 빈부격차, 사회적 갈등이나 폭력 같은 세상풍상(世上風霜)을 겪어보지 못한 서생(書生) 출신의 간디에게 이 모든 사회적 악폐가 뒤엉켜 있는 아프리카는 인생의 새로운 도전 장소가 아닐 수 없었다. 앞에서 본 바와 같이 간디는 이러한 도전에 직면해 그것에 응전(應戰)해나가는 과정에서 비폭력 저항운동이라는 나름대로의 사회철학을 발견하고 그것을 신조로 삼았다.

간디의 이러한 신조는 남아공이라는 특정 사회에서 주로 유색인종으로서 차별과 홀대를 당하는 인도인들의 처지를 개선하기 위한 사회운동의 방도로 제시한 것이었다. 그렇다면 이 운동과 만델라를 비롯한 남아공 흑인 지도자들이 벌여온 아파르트헤이트 저항운동과는 어떤 관계가 있을까. 흔히들 만델라를 간디와 같은 비폭력 평화주의자로 알고 있는데, 과연 그러한가. 사실 이 물음에 대한 대답은 책 한 권이 될 수도 있고, 긴 논문 한편이 될 수도 있다.

얕은 지식으로는 정곡(正鵠)을 맞출 수 없겠지만, 나름대로 참고할 만한 힌트 몇가지를 제시하려고 한다. ① 1912년에 결성된 아프리카

구성채의 감방   구성채 마당에 설치된 조형물

민족회의(약칭 민족회의)는 일관하게, 특히 1948년 국민당의 집권으로
아파르트헤이트가 각종 악법에 의해 본격적으로 가동된 이후 간디의
비폭력 저항운동과 맥을 같이하는 저항운동을 전개했다. 그래서 '간
디의 비폭력 저항운동 정신이 살아남아서 1961년까지 아파르트헤이
트에 대한 민족회의의 저항운동에 하나의 지표로 작용했다'라고 하
는 평가가 있는데, 어느정도 수긍이 간다. 그러나 두 운동은 영향관계
는 있으나, 계승관계는 아니다. ② 그동안 비폭력 저항운동의 한계를
경험한 만델라 등 일부 민족회의 내 혁신주의파들은 1961년에 전래
의 비폭력 저항주의를 포기하고 '민족의 창'(Spear of the Nation, MK)이
라는 지하무장투쟁 조직을 결성해 '파괴운동'(Sabotage Campaign), 즉 폭
력적 무장투쟁을 준비하고 있었다. 그것이 발각되어 만델라를 비롯
한 민족의 창 전사들은 체포되어 장기간 구금되었다. ③ 간디의 비폭
력 저항운동과 만델라의 포용주의나 화해 정책은 본질적으로 다르다.

아프리카 박물관 외경

④ 두 운동이나 두 지도자의 비교 평가에서는 반드시 상이한 시대 상황과 지역적 및 문화적 배경을 고려해야 한다.

시대의 두 거인 간디와 만델라가 구속되었던 옥방(獄房)이 가지런히 자리한 특수 공간인 구성채를 나와 발길을 옮긴 곳은 아프리카 박물관이다. 요하네스버그의 문화적 위상으로 보아 범아프리카적인 포괄 박물관이 아닐까 하는 기대를 걸고 찾아갔다. 3층짜리 꽤 큰 건물이다. 남아공을 중심으로 일부 아프리카 나라들에서 발견된 고고학 유물과 민속 유물, 동물 유골 등이 전시되어 있다. 전시 공간의 배치나 설계에는 신경을 쓴 흔적이 보인다. 그러나 총체적으로는 찾아갔던 기대에 미치지 못할 정도로 내용물이 빈약하고 허술하다. 얼마나 막막하면 카메라나 자전거 같은 근현대 물품들을 전시품으로 내놓았

아파르트헤이트 박물관 외관

겠는가 하는 측은한 생각이 들었다. 그나마도 덤불 속에서 지초(芝草)를 건져낸 것이 있다면, 남아공에서의 현대 과학기술(예컨대 전기) 도입 시기를 명시한 것이나 아프리카에서의 인류 진화 연대 도표를 제시한 것은 그나마 지식 전수에 값어치가 있는 전시라고 하겠다.

　이어 찾아간 곳은 아파르트헤이트 박물관이다. 거리와 감옥 등 인종격리의 현장을 두루 돌아본 후라서 박물관 전시품 내용에 많은 관심을 가졌다. 유물이나 영상·사진 자료를 얻으려는 욕심에서였다. 입구에서부터 의외로 검색이 엄격하다. 신형 건물로 내부 구조가 상당히 이색적이다. 전시 유물은 별로 없고, 주로 영상·사진 자료들뿐이다. 규격이라든가 형태가 서로 다른 영상실들이 미로로 연결되어 있어 동선이 헷갈리기도 한다. 전시(영상) 내용은 대부분이 만델라의 생애와 활동에 관한 것이어서 차라리 '만델라 박물관'이라고 하면 명실상부할 것 같은 느낌이 든다. 그렇지만 누가 주역이든 간에 남아공 국민들의 인종 격리 및 차별 제도에 반대하는 치열한 투쟁 장면은 여실히 반영하고 있으며, 그래서 수긍이 가고 감동되며, 환호를 보내게 된다. 고저장단과 강약의 리듬을 선명하게 탄 육성 해설과 배경 음향이 현장의 실태와 잘 조화되어 관람자들로 하여금 실감을 느끼게 하고 호흡을 함께 하게끔 한다. 숙연한 마음으로 장면마다에 투영된 흑인 전사들의 불굴의 투지와 결연한 행동을 감명 깊게 지켜봤다. 관내에는 참관자들을 위한 구금이나 전단 살포 등을 체험하는 방이 따로 마련되어 있다. 한가지 유감스러웠던 것은 촬영이 금지되어 그 귀중한 영상 장면들을 하나하나 카메라 렌즈에 담지 못한 점이다.

인근 간이식당에서 이탈리아식 마카로니로 대충 점심을 때우고, 오후 3시 정각에 요하네스버그에서 북쪽으로 약 60km 떨어진 곳에 있는 레세디 문화촌(Lesedi Cultural Village) 관광에 나섰다. 이 문화촌은 1993년 마을 주변의 줄루족(Zulu), 코사족(Xhosa), 페디족(Pedi), 소토족(Sotho), 은데벨레족(Ndebele) 등 5개 부족이 한데 모여 꾸린 전형적인 관광용 집단마을이다. 레세디는 소토어로 '빛'이라는 뜻이다. 이 말은 남부 소토족의 족장 모슈슈(Moshoeshoe)가 매일 아침 하루를 시작하면서 "내가 빛을 보노라"라는 말을 읊조리곤 한 데서 유래되었다고 한다. 모슈슈는 19세기 말 이 지역에서 백인과 흑인 사이에 전쟁이 일어났을 때 여러 부족의 난민들을 성심껏 도와준 인물로 숭앙되어왔다. 줄루족은 남아프리카에서 가장 큰 부족으로 인구는 근 800만에 달한다. 그들은 벌집 모양의 작은 집에서 사는데, 집들은 작은 원형으로 배치된다. 이것을 크라알(Kraal)이라고 부른다. 만델라의 조상은 코사

레세디 문화촌의 정문(상)
'안녕히 가세요'라는 한글이 적힌 환송 표지판(하)

족인데, 이들은 고깔형 초가에서 산다.

　전통적인 주거양식으로 지은 각양각색의 가옥들은 야산과 바위언덕 위에 종족별로 옹기종기 모여 있다. 마을 입구에는 뜻밖에도 "어서 오세요!"라는 한국어 푯말이 우뚝 서 있다. 글씨는 어느 한국 관광객이 남긴 것으로 짐작된다. 이역만리 아프리카 땅에서 몇 안 되는 환영 푯말 가운데 모국어 푯말을 발견했을 때, 적이 반가웠고 일말의 자긍심을 느꼈다. 마을 광장에 들어서니 많은 외국 관광객들과 마을 호객

꾼들이 마구 뒤섞여 있는 모습이 마치 여느 나라의 혼잡한 재래시장을 연상케 한다. 호객들의 저지를 뿌리치고 마을 관광에 나섰다. 영어가 유창한 중년의 해설원은 세련된 제스처와 유머를 섞어가면서 까마득한 옛날에 멈춰버린 시간의 여행에 관해 그토록 생생하고 당당하게 언설을 토하는데 실로 감탄하지 않을 수 없었다.

이 문화촌이 관광상품으로 내놓은 것은 돌로 옥수수와 밀알을 부수는 정미(精米) 장면, 말린 애벌레를 초콜릿처럼 선물로 주는 것, 무녀(巫女)가 주술을 외우면서 불타는 야생초에서 피어나는 연기를 쐬어 병을 치료하는 모습 같은 것들이다. 소가 귀하니 소 3마리에 부인 1명을 맞바꾸는 일화나, 일부다처제(一夫多妻制)와 남녀 차별 같은 구습도 여과 없이 해설원의 소개 세목(細目)에 등장한다. 다양한 모양새의 주택이나 농기구, 가재도구 등도 볼거리다. 이러한 것에 눈과 귀를 팔면서 1시간을 보냈다. 이러한 관광은 어제를 알기 위한 것이다. 문제는 오늘이 어제와 어떻게 다른가 하는 것이다.

어둠이 깃들자 약 50~60평 되는 평지 공연장에 초대되었다. 이윽고 이 마을 5개 부족으로 구성된 가무단의 민속공연이 펼쳐졌다. 40대 초반의 추장을 비롯해 20여명의 단원들이 번갈아가면서 부족들의 각이한 노래와 춤을 선보인다. 특히 춤의 태반은 째는 듯한 대고(大鼓) 소리를 반주음으로 하여 칼과 활, 방패를 무용 도구로 삼아 좌우로 격하게 흔들고 공중회전하는 활달한 춤사위로 구성되어 있어, 보는 이로 하여금 흥도 느끼게 하지만 가끔은 위험한 동작으로 가슴을 오싹하게 하기도 한다. 엄숙한 복식을 한 추장은 한복판에서 칼과 방패를 휘두르며 춤의 흐름을 지휘한다. 약 50분간의 가무 공연은 레세디 문화촌 관광의 하이라이트다.

용맹을 과시하는 춤

남녀 복식

불놀이

베틀

각종 인형

각종 장식품

구슬

공연 후에는 약 200명을 수용할 수 있는 곁 식당에 뷔페 디너(저녁 식사)가 마련되어 70~80명의 외국 관광객들에게는 모처럼의 환담 기회가 주어졌다. 저마다 양고기구이를 비롯한 이곳 부족들의 전통음식을 즐기면서 소감을 주고받았다. 현지산 레드와인 한잔이 한화로 1,700원 정도니 싼 편이다. 보통은 1일 관광 일정이지만 전통가옥 체험 프로그램에 따라 원주민 가옥에서 숙박할 수도 있다.

52
'민족의 창'과 만델라

남아프리카공화국 최초의 흑인 대통령 넬슨 만델라(Nelson Rolihlahla Mandela, 1918~2013)에게는 '지구 대통령' '국부(타타)' '어른(마디바)' '영웅' '위대한 자(쿨루)' '아프리카 대륙의 진정한 추장' '민주주의의 건설자' '평화의 화신' '역사의 거인' '가장 위대한 남아프리카인' '현대 인류의 위대한 스승' '미소(微笑)의 대사(大使)' 등 숱한 경칭이 붙어다니며, 40년간 세계 여러 나라와 국제기구로부터 받은 상이 100여개나 된다. 이런 것만으로도 세계인으로서의 만델라가 지니고 있는 지고의 위상을 가늠하고도 남음이 있다.

만델라는 1918년 7월 18일 남아프리카의 트란스케이 움타타(Transkei Umtata) 쿠누(Qunu) 마을에서 템부(Thembu)족 족장의 장자로 태어났다. 그에게는 3개의 이름이 있다. 태어났을 때 아버지는 코사족 구어체의 애칭으로 '말썽꾸러기'나 '장난꾸러기'를 상징하는 '롤

만델라 초상(아파르트헤이트 박물관 입구)

리흘라흘라'(Rolihlahla, '나뭇가지를 잡아당기다'라는 뜻)라고 불렸고, 초등
학교를 다닐 때 교사는 영국식으로 '넬슨 만델라'라는 이름을 지어주
었으며, 16세 때 성인식을 치르고 나서는 '달리붕가'(Dalibhunga, '새로
운 권력자'란 뜻)라는 이름을 얻었다. 성장하면서 아마 '달리붕가'는 적
성에 맞지 않아 버린 듯하고, '넬슨 롤리흘라흘라 만델라'가 정식 성
명으로 고착되었다. 보통은 '넬슨 만델라'로 불리고 있다.

만델라는 어려서 아버지가 사망하자 후견인이 된 족장 달린드예보
(Jongintaba Dalindyebo)로부터 많은 영향을 받았다. 그로부터 아프리카
역사와 실상에 관해 많은 이야기를 들었으며, 그가 추장으로서 공정
하게 재판을 집행하고 진실을 밝히는 것을 보고는 깊은 감명을 받아
장차 부족을 위해, 흑인을 위해 법률 상담사가 되겠다는 꿈을 키웠다.
그리고 어머니로부터는 '눈곱 할머니' 같은 아프리카 민담을 자주 들

었다. 어느날 늙고 병든 할머
니가 지나가는 여행객에게
눈곱을 닦아달라고 요청했으
나 그 여행객은 아랑곳하지
않고 피해버렸다. 얼마 뒤 다
른 여행객에게 같은 요청을
했더니 그는 기꺼이 할머니
의 눈곱을 닦아주었다. 순간
할머니는 젊고 아름다운 여
성으로 변신해 그 여행객과
결혼하여 평생 부자가 되어

청년 만델라

잘 살았다는 이야기다. 어머
니의 이야기에서 어린 만델라는 미덕과 너그러움은 언젠가는 꼭 보
답을 받게 된다는 교훈을 깨닫고, 백인들의 눈곱을 지극정성 다해 닦
아주면 꼭 보답받는 날이 오게될 것이라는 믿음을 가졌다고 두고두
고 회상하곤 했다.

어릴 적부터 뇌리에 큰 이상을 담아 키워온 만델라는 장자로서 으
레 추장의 계위자가 되어야 했지만 그 자리를 마다했다. "나는 추장의
신분으로 한 압박받는 부족을 통치하고 싶지 않다. 오로지 전사의 명
의로 민족해방 사업에 투신하고 싶을 뿐이다." 이것이 족장 직 사양의
변이었다. 그는 고향에서 초등학교를 졸업하고, 1934년 1월 기독교계
클라크버리(Clarkbury) 중등학교에 입학했다. 그는 학교 교육 과정에서
는 백인 이야기만 나올 뿐 흑인은 노예나 강도로만 묘사되는데 대해
'왜서 그럴까' 하는 의혹을 품기 시작했다. 유년기 만델라는 공부를

에벌린과의 첫 결혼(1944)

열심히 하고, 축구나 럭비, 장
거리 달리기 등 운동도 잘 하
는 우수한 학생이었다.

1940년 포트헤어 대학에
입학해 네덜란드 법학을 공
부하던 중 친구가 백인에게
모욕당하는 것을 곁에서 목
격하고는 처음으로 인종차별
의 현실에 대해 깨닫기 시작
했으며, 학생대표로 급식 개
선 등 학생 처우 개선을 위한 활동을 적극 펼쳤다. 이로 인해 학교 측
의 눈밖에 나 학장에게 불복종한다는 이유로 정학당했다. 이듬해에는
집안에서 강요한 결혼을 피해 요하네스버그로 가서 호구지책으로 여
러가지 잡일들을 했다. 금광에서 막노동을 하던 그는 집에서 도망친
흑인임이 발각되어 광산에서 쫓겨나고 말았다. 친척의 도움으로 그
곳 부동산 사무실에서 서기직을, 백인 법률회사에서는 사환 직을 얻
어 일하면서 독학으로 법률 공부를 계속하다가 1943년 비트바테르스
란트(Wit Watersrand) 대학에 입학해 통신 강의로 대학 법학 과정을 마
쳤다.

청년 시절 만델라는 큰 키에 다부진 몸매, 날카로운 검은 눈, 호감
을 주는 미소, 보는 사람을 압도하는 풍채, 귀족적인 태도를 지녔지만
가끔 자제하지 못하고 충동적으로 행동하는 성향을 보였다. 친한 친
구인 올리버 탐보(Oliber Tambo)는 그 시절의 만델라에 관해 이렇게 회
상한다. 즉 "열정적이고 감성적이며 예민했고, 모욕을 당하거나 비꼬

는 말로 화를 돋우는 사람을
만나면 단번에 모욕을 주고
깔보는 태도로 맞받아치는
사람이었다."

변호사 만델라

법학은 만델라의 지적 활성
소였다. 법학 공부를 통해 그
는 사회 부조리를 더 심각하
게 인식하고, 미래의 투쟁 내
용과 방법 등을 설정할 수 있
는 이론적 기반을 닦았다. 이
제 남은 것은 드넓은, 그러나 험악한 광야에 나가 몸소 실천하는 일이
었다. 정열에 불타던 청년 만델라는 이날이 오기를 학수고대하고 있
었다. 마침내 혁명 동지들인 월터 시술루(Walter Sisulu)와 올리버 탐보
와 뜻을 모아 침체된 아프리카민족회의의 활동을 부활시키기 위해
1944년 이 조직에 들어가 그 산하에 청년연맹을 창설했다. 만델라는
연맹 위원장(1948)을 거쳐 1952년에는 민족회의 부의장으로 임명되었
다. 그때까지만 해도 만델라는 간디의 평화주의적 비폭력 저항운동에
동조하여, 그러한 방식으로 남아공의 인권운동을 끌고 나가려고 시도
했다. 1952년에는 비백인으로서는 처음으로 요하네스버그에 법률상
담소를 개설해 비폭력과 불복종이라는 슬로건을 내걸고 흑인인권 보
호운동에 나섰다.

그러나 그 무렵, 1948년에 집권한 국민당은 50년대에 들어와서는
노골적으로 아파르트헤이트 정책을 강행하면서 각종 구실을 붙여 흑
인인권운동을 탄압하기 시작했다. 만델라 자신도 1952년 공산주의

두번째 부인 위니와 함께(1958, 1993년 이혼)

세력을 축출한다는 포고령을 내린 당국에 '공산주의와 교류가 있다'
는 이유로 체포되었다. 첫 체포다. 재판에서 무혐의가 인정되어 즉시
석방되었으나 그는 비폭력적 불복종 운동만으로는 난국을 타개할 수
없다는 사실에 눈뜨기 시작했다. 그리하여 1955년에는 요하네스버그
의 흑인 거주지인 소웨토에서 인종격리를 반대하는 '자유헌장'을 선
포했다. 만델라는 이 헌장 선포와 관련, '국가반역죄'로 다시 체포되
었다. 6년간 구금되어 있다가 아프리카민족회의의 이적성과 폭력성
을 증빙할 만한 증거가 없다는 무죄 판결로 1961년 3월 20일 석방되
었다. 구금 기간인 1957년, 1944년에 결혼한 첫번째 부인 에벌린 은토
코 메이스(Evelyn Ntoko Mase)와 13년 만에 이혼했다.
　만델라가 구금되어 있는 동안 1957년 민족회의의 다른 방계 조직

1961년 동료들과 함께 '민족의 창' 조직

인 '범아프리카회의'(Pan Africanist Congress, PAC)가 출범했다. 범아프리카회의는 강경투쟁 노선을 택하고는 1963년 3월 요하네스버그 남쪽에 있는 샤프빌(Sharpeville)에서 당국의 인종격리 정책을 규탄하는 대규모 대중집회를 열었다. 경찰의 총기난사에 69명이 사망하고 수백명이 부상을 입었다. 감옥에서 이 소식을 접한 만델라는 이것이 '흑인학살사건'임을 분명히 하고, 이를 계기로 이제 평화시위운동은 중단하고 무장투쟁의 길로 나아갈 것을 작심했다. 1961년 감옥에서 석방된 지 3개월 만인 6월에 열린 비밀회의에서 만델라는 민족회의 소속으로 '움콘토웨시즈웨'(Unmkhonto we Sizwe, MK), 즉 '민족의 창'(Spear of Nation)이라는 비밀부대를 조직했으며, 이 군사조직을 이끌 총사령관에 임명되었다.

이제 무장부대의 총사령관으로서 그에게 절실하게 필요한 것은 무장투쟁의 전략전술 및 군사지식을 습득하는 것과 '민족의 창'에 대한 지지와 지원을 획득하는 일이었다. 그리하여 그는 에티오피아에 가서 군사훈련을 받고 게릴라 전술을 전수받았다. 이어 1962년 2월에는 에티오피아 수도 아디스아바바에서 열린 '범아프리카 자유운동 대회'(PAFMECSA)에 참석해 남아공에 대한 경제적 제재 조치와 민족의 창에 대한 적극적 지지를 대회 참가국들에게 호소했다. 그러고는 아프리카 전역을 누비면서 무장투쟁을 위한 정보를 수집하고, 여러 나라에서 민족의 창에 동참해줄 것을 역설했다.

그해 8월 요하네스버그에 돌아와 민족의 창 회동을 갖고 은신처로 가는 길에 그는 거주지 명령 위반과 사보타주(sabotage, 불법파괴) 혐의로 체포되었다. 두달 만에 열린 재판에서 코사족 전통의상을 입고 당당하게 입정한 만델라에게 법정은 반란선동죄와 허가 없는 주거지 이탈죄를 들씌워 각각 3년과 2년의 강제노역형을 선고하고, 프리토리아 감옥에 구금했다. 이듬해 5월에는 로벤섬 감옥으로 이감되었다. 그로부터 1년 넘게 지난 1964년 6월 11일, 만델라를 포함한 아프리카인 6명과 인도인 1명이 종신형을 선고받았다. 이 최종 선고 법정에서 만델라는 준비해간 성명서를 5시간 동안이나 쉬지 않고 읽었다. 그는 성명서에서 폭력투쟁을 전개하지 않을 수 없는 이유에 관해 다음과 같이 투철한 논리를 개진했다.

"우리가 폭력적인 정치투쟁을 시작하고, 움콘토웨시즈웨를 조직하기로 결정한 것은 다른 모든 방법이 실패로 돌아가고 평화적으로 항의할 수 있는 모든 통로가 차단되었기 때문이다. 우리가 폭력적인 정치투

로벤섬 감옥에서 혁명동지 시술루와 함께

쟁을 벌인 것은 그 방법을 원해서가 아니라, 정부의 극심한 박해로 다른 방법을 선택할 여지가 없었기 때문이다."

그는 또한 성명서에서 아프리카 민중이 달성코자 하는 목표를 다음과 같이 명명백백하게 천명했다.

"아프리카인들은 남아프리카 전역에서 정당한 몫을 인정받기를 원한다. 우리는 이 사회에서 안전과 이권을 보장받기를 원한다. 우리는 무엇보다도 대등한 정치적 권리를 원한다. 이런 권리가 없다면 우리 앞에 놓인 장애물은 영원히 지속될 것이다. 이 나라에 거주하는 백인들은 이를 혁명적인 발언이라고 여길 것이다. 아프리카인들이 유권자의 다수를 차지하게 될 것이기 때문이다. 이런 상황은 백인들이 민주주의를 두려

위하게 만든다. 하지만 이런 두려움 때문에 인종 간 화합과 만인의 자유를 보장하는 유일한 해결책을 가로막아서는 안 된다."

만델라는 다 읽은 성명서를 내려놓고 재판장을 마주보며 엄숙하게 자신을 위한 변론으로 최후진술을 마쳤다.

"나는 한평생을 아프리카 민중을 위한 투쟁에 바쳐왔다. 나는 백인 통치에도 흑인 통치에도 맞서 싸워왔다. 모든 사람이 동등한 기회를 보장받으며, 화목하게 살아가는 민주적이고 자유로운 사회를 이루려는 이상을 나는 늘 가슴속에 간직해왔다. 이것은 내가 살아가면서 이루고 싶은 이상이다. 나는 필요하다면 이 이상을 실현하기 위해 목숨을 바칠 각오가 되어 있다."

이렇게 그는 45세에 무기징역형을 선고받았다. 그날 밤 케이프타운에 호송되었다가 곧바로 배편으로 로벤섬에 이감되었다. 이때부터 만델라는 이 세상을 등진 고독한 섬 감방에서 장장 18년이란 긴 세월 동안 석회석을 캐내고 거름으로 쓰일 해초를 채집하는 등 모진 고역형에 시달렸다. 그러면서도 아프리칸스어 공부를 게을리 하지 않았다. 수감 기간 교도소 총감의 회유 방문(1976)과 '폭력을 정치수단으로 사용하지 않는다는 조건하의 석방'이라는 의회 제의를 단호히 거부했다. 그뿐만 아니라 여러차례에 걸쳐 수인 만델라에게 '탈옥 제의'를 하는 사람이 찾아왔으나 그는 단호히 거절했다. 나중에 알고보니 탈옥을 시킨 후 사살하려는 정보기관의 모략이었다. 그는 종신형으로 감옥에서 죽을 것이라는 생각은 한번도 해본 적이 없다고 했다.

준비만 잘 한다면 언젠가는 자유인으로 아프리카 대지를 두 발로 활보할 것이라는 낙관적인 사고만 했다. 만델라는 평생 낙관주의자였다. 그것이 타고난 것인지 아니면 교육받은 것인지는 알 수 없다고 하면서 그는 항상 태양을 향해 머리를 똑바로 치켜들고 발을 내딛는다고 했다. 그는 "인간성에 대한 나의 신념이 혹독한 시련을 겪는 어두운 순간도 많았다. 그러나 나는 절망에 굴복하지 않으려 했고, 또 굴복할 수도 없었다. 그것은 곧 패배와 죽음의 길이었기 때문이다"라고 자신의 낙관주의를 웅변했다. 이러한 초지일관된 불요불굴의 의지와 낙관주의로 총 27년간(마지막 9년간은 케이프타운 인근 감옥에 수감)의 옥고를 꿋꿋이 치러냈다.

아무리 어둡고 긴 터널이라도 종당에는 햇볕이 드는 출구가 나타나게 마련이다. 1990년 2월 2일, 여론의 압력을 더이상 견디지 못한 프레데리크 데 클레르크(Frederik de Klerk) 대통령(1889~1994 재임)은 의회의 개회식에서 아프리카민족회의, 범아프리카회의, 남아프리카공산당 등 31개의 '불법' 조직에 대해 내려진 금지령을 철회하고 정치범 375명을 석방하며, 사형을 중지한다고 선포했다. 그리하여 만델라는 마침내 1990년 2월 11일 옥문을 나서게 되었다. 일찍이 아파르트헤이트의 본산인 국민당의 당수를 역임했던 데 클레르크는 일조일석에 변신해 인종차별 폐지 공로로 1993년 6월 만델라와 함께 노벨평화상을 수상했다. 정치란 변화하는 생물이라는 교훈을 남긴 일례라 하겠다.

출옥 소감에 대해 만델라는 "비록 일흔한살이지만 나는 내 인생이 이제 새롭게 시작되는 것을 느낀다. 나의 만일(萬日) 동안의 교도소 생활은 이제 끝이 났다"라고 말했다. 그후 만델라는 오프라 윈프리

(Oprah Winfrey)와의 인터뷰에서 "어떻게 감옥생활을 하면서 복수심이 아닌 용서의 마음을 가질 수 있었는가?"라는 질문에 "만약 내가 감옥에 있지 않았다면 인생의 가장 어려운 과제, 즉 스스로를 변화시키는 일을 달성하지 못했을 것이다. 감옥에 앉아서 생각할 기회는 바깥세상에서 가질 수 없는 기회였다"라고 능갈치게 대답했다. 만델라 같은 성숙된 위인이 아니고서는 감옥을 스스로를 변화시키는 곳(기회)으로 삼는 것이 가능하겠는가.

'스스로를 변화'시키는 도량(道場)을 수료하고 나온 만델라 앞에는 이제 그 변화를 보여줌과 아울러 타인(사회)을 변화시켜야 할 시대적 사명이 가로놓여 있었다. '타타'에 대한 국민의 기대는 그만큼 컸다. 출옥 후 만델라는 깜깜했던 세계 정세를 알아보기 위해 프랑스와 영국, 미국, 쿠바 등 여러 나라들을 역방하면서 세계 지도자들을 만났다. 이듬해 7월에는 아프리카민족회의 의장으로 선출되어 국내 정치의 중심에 서서 정국을 이끌어가기 시작했다. 그렇지만 백인과 흑인 간의 갈등과 증오, 줄루족을 비롯한 종족들 간의 불화가 지속되고 있었으며, 인종차별에 항의하는 흑인들의 시위와 그에 대응하는 경찰들의 무력진압 등 정세는 험악일로를 치닫고 있었다.

만델라는 아파르트헤이트는 종식되어야 하지만 남아공은 유지되어야 한다는 신념을 가지고 백인 정부와 협상을 진행하고, 부족들 간의 불화도 조절해나갔다. 당면한 가장 중요한 문제는 선거를 통한 민주제도를 확립하는 것이었다. 마침내 민주적인 선거제도를 도입하는 데 합의를 보고나서, 1994년 4월 27일 사상 처음으로 흑인이 참여하는 자유 총선거를 실시해 무려 36개의 정치적 분파를 아우른 의회를 탄생시켰다. 의회에서는 400석 중 252석으로 과반수를 훨씬 넘은

유엔에서 연설하는 만델라

(62.7%) 아프리카민족회의의 후보 만델라가 흑인 가운데 최초로 대통령에 당선되었다. 만델라는 5월 10일 대통령에 취임하고, 국민당, 인카타자유당 등 야당들과 거국정부를 구성했다. 이것은 46년간 그토록 끈질기게 모든 사회악폐의 근원으로 작동했던 인종 격리 및 차별 정책의 영원한 종식을 의미했다.

사회의 변화와 더불어 만델라의 신상에도 어쩌면 예고되어 있던 변화가 일어났다. 1996년 3월, 3년간의 별거 끝에 1958년에 결혼해 38년간 부부관계를 유지하면서 오랫동안 옥바라지를 했던 두번째 부인 위니 마디키젤라와 황혼 이혼을 했다. 이들의 이혼 이유를 놓고 말이 많았다. 원래 위니는 만델라의 영향을 받아 인종격리 반대 투쟁

세번째 부인 그라사 마셸과 함께

에서 투지가 굳고 충직하며, 모성애가 깊은 모습으로 명망이 높았다. '흑인의 어머니'라 불릴 정도의 인물이었으나 만델라가 곁을 떠나면서 변하기 시작했다. 위니는 지위를 이용해 국정을 농단하는 등 전횡을 부렸고, 아프리카민족회의에 가담해 활동하던 시절에 남편 만델라와는 달리 추종자들에게 배신자들에 대한 보복행위를 허락하고 특히 스파이로 의심되는 흑인 청년을 살해하도록 사주한 것 등 폭력적 행위로 인해 평화적 해결책을 강구하는 만델라와는 심한 의견 대립이 불가피했으며, 외도를 했다는 풍문이 도는 등 이혼 사유 여론이 구구했다.

두번째 부인 위니와의 이혼 2년 뒤(1998)에 고 모잠비크 대통령 사모라 마셸(Samora Machel)의 미망인, 53세의 그라사 마셸과 삼혼(三婚)했다. 그의 나이 80세에. 그라사는 광산 노동자의 딸로 태어나 포르투갈 리스본에서 유학하고 돌아와서는 모잠비크해방전선에 가입해 게릴라가 되었다. 그라사는 프랑스어, 영어, 독일어, 포르투갈어, 스페인어에 능통한 전사로서 모잠비크 독립 이후에는 모잠비크해방전선이 집권한 첫 11년 동안 초대 교육부 장관을 비롯해 내각의 장관직을 맡아온 유일한 여성이며, '모잠비크 여성인권운동의 어머니'로 불렸다. 만델라는 그라사와의 결혼을 선언하면서, "나는 지금 사랑의 늪에 빠져 있다. 오늘부터 내 생활에서 가장 중요한 것은 두가지인데, 하나는 그라사이고, 다른 하나는 모잠비크에 가서 왕새우를 먹는 것이다"라며 열애 청년 같은 순진한 심경을 그대로 공개했다. 순진과 솔직은 위인의 한 미덕이기도 하다.

53
'무지개 나라', 만델라의 꿈

만델라는 대통령 취임식 날 프리토리아의 정부 청사 안뜰에 모인 수많은 청중 앞에서 용서와 관용의 정신을 강조하면서 아프리칸스어로 "지난 일은 과거의 일이다"라고 소리 높여 외쳤다. 취임 연설 도중 만델라는 로벤섬 감옥에 있을 때 그에 대한 감시를 전담했던 3명의 간수 이름을 하나씩 호명하면서 일으켜세웠다. 그러고는 그들의 노고에 감사하다는 인사까지 했다. 참석자 모두는 어안이 벙벙했다. 뒷날 사실이 밝혀졌지만, 사실 이들 간수들은 특명을 받고 만델라의 일거수일투족을 하루 24시간 동안 밀착 감시하면서 없는 일도 허위로 꾸며 그를 상당히 괴롭혔다고 한다. 이러한 가해 사실을 모를 리 없는 만델라는 '지난 일은 과거의 일이다'라며 관용으로 흘려보내고는 오히려 고마워했다. 가위 큰 그릇다운 행동이다.

그는 과거의 정적들에게도 너그러운 포용의 태도를 취했다. 전임 백인 대통령 데 클레르크를 각료로 받아들였고, 그가 민주주의 달성에 기여한 점을 인정해 '아프리카의 위대한 아들'이라고 칭찬했다. 일부 편협한 이들이 압제자의 언어라며 거부했던 아프리칸스어를 두고는 '희망과 자유의 언어'라고 하면서 연설할 때 자주 사용했다. 그리고 케이프타운 대통령 관저 이름을 '웨스트브룩'에서 케이프주에 있는 최초의 기독교 선교지 이름인 '지나덴달'(Genadendal, '자비의 계곡'이라는 뜻)로 바꿨다. 한편 아프리카 역사상 중요한 사건과 영웅을 기리는 동상이나 기념물, 거리 이름 등은 일체 손대지 않고 그대로 남겨두었다.

대통령 만델라는 과거 아파르트헤이트 시대의 지도자들과 유력한 흑인 활동가들, 그 부인 및 미망인들을 초청해 '화해의 점심식사'라는 행사를 치르기도 했다. 또한 아파르트헤이트 정책의 주역이었던 헨드릭 페르부르트의 미망인을 만나기 위해 백인 전용 거주지로 보존되고 있던 오렌지강(江) 인근의 소도시까지 친히 찾아갔다. 그리고 재판 때 자신에게 사형을 선고했을 뿐 아니라 뒷날 사형이 집행되지 않은 데 대한 유감의 뜻까지 표시한 바 있는 검사를 만나기 위해 점심식사 자리를 마련한 기상천외한 일도 있었다.

오늘날까지도 남아프리카공화국 국민들 사이에서는 1995년 남아공이 럭비월드컵 개최국으로 선정되었을 때 대통령의 행적이 미담으로 인구회자되고 있다. 흑인들은 럭비를 백인우월주의의 상징으로 여겨 '보어게임'(Boer game)이라고 부르며 경원시한다. 반면에 백인들은 럭비에 열광한다. 만델라는 럭비월드컵을 국가적 행사로 승격시키기로 작심했다. 당시 럭비월드컵 대표팀은 한명 말고는 모두가 백인이었다. 만델라는 대표팀 훈련장을 찾아가 격려하고 흑인들에게 대표팀을 지지해주기를 부탁했다. 그러면서 "우리는 이 젊은이들을 우리의 친자식이자 친손자로, 우리의 스타로 인정한다. (…) 나는 그 어느 때보다도 이들 젊은이들에게 자부심을 느낀다. 나는 모든 국민들이 이런 자부심을 공유하기를 바란다"라고 격려의 말을 했다. 남아공 팀과 뉴질랜드 팀 간에 결승전을 치르던 날 만델라는 대표팀 주장의 등번호 6번이 새겨진 유니폼을 입고 경기장에 나타났다. 백인이 다수를 이루는 관중들은 열광의 환호성을 올렸다. 응원에 힘입어 자국팀이 우승하자 전국민이 축제 분위기에 휩싸였다. 만델라가 기대했던 국민 화합이 이루어지는 순간이었다.

만델라가 대통령에 당선되자 정부에 봉직하던 백인들은 보복이 두려워 앞을 다투어 짐을 싸기 시작했다. 그러나 만델라는 '진실화해위원회'(Truth and Reconciliation Commission, TRC)를 발족시켜 '용서하되 잊지는 않는다'라는 슬로건 아래 과거 인권침해 범죄의 진실을 낱낱이 밝힌 뒤 범죄자들은 처벌하지 않고 사면했다. 그는 이 위원회의 목적은 처벌이 아니라 진상규명과 과거의 불의를 없애는 데 있다고 강조했다. 만약 "용서 못한다. 너희도 한번 죽어봐라"라는 태도로 보복했더라면 남아공에서 내전이 일어났으리라는 것이 역사가들의 중론이다. 사면을 받은 백인들은 모진 죄책감에 시달려, 한 사람은 "흑인들이 나를 천만번 용서하고, 하나님도, 그리고 모든 사람들이 나를 천만번 용서한다 해도 나는 이 지옥을 벗어날 수 없을 것이다. 문제는 나의 머릿속에, 나의 양심에 있기 때문이다"라고 절규하며 "머릿속에, 기억 속에 지옥이 있으니" 자신의 머리를 폭파시켜달라고 애원했다는 일화가 전해온다. 인종차별 피해자들을 위해서는 비석을 세워 그 명예를 회복했다.

추장 가문 출신의 만델라는 다른 아프리카 지도자들에게서는 찾아보기 힘든 친화력과 겸허함을 지니고 있었다. 어린이나 청년들과 마주치면 가던 길을 멈추고 그들과 이야기를 나누면서 진심에서 우러나오는 관심을 보여주었다. 노동자에게나 사회의 고위층에게나 똑같이 정중한 태도로 인사를 건넸다. 나이와 신분을 불문하고 모든 사람을 똑같이 정중하고 상냥하게 대했다. 그토록 다망한 가운데서도 꼬박꼬박 시간을 내어 개인 요청에 응했고, 방문을 바라는 학생이나 시민들을 찾아가 만나곤 했다. 사진을 함께 찍고 싶어하는 사람을 만나면 스스럼없이 포즈를 취해줬다. 얼마나 사회와 대중 속에서 신망이 높고 차지하는 비중이 컸으면, 그의 건강이 좋지 않다는 소문만 돌았다 하면 주가와 환율이 떨어졌겠는가! 그러한 '마다바'(어른)이지만, 만델라는 정부에서 자신이 차지하는 비중을 최소화하기 위한 일념으로 자신은 낮추고 남은 높이면서 "나의 동료들 가운데는 모든 면에서 나보다 단연 뛰어난 사람들이 많다. 나는 유용한 인재라기보다는 장식물에 가까운 존재다"라고 말하곤 했다.

만델라는 대통령 재임 5년 동안 시종일관하게 화해와 관용, 친화를 우선 과제로 제시하고 그 실천에 지혜와 정열을 아끼지 않았다. 그 바람에 경제와 문화, 사회의 건설은 상대적으로 소홀히 함으로써 경제가 별로 나아진 것이 없다든가, 빈부격차는 더 심화되었다는 등 부정적 비판과 평가를 받았다. 평생 민복(民福)을 위해 헌신해온 만델라 자신이 이 점에 대해 모르쇠하고 넘어가지는 않은 것으로 보인다. 다만 그는 자신의 집권 기간에는 인종차별을 비롯한 각종 악폐와 불평등, 갈등을 해소함으로써 사회적 화합을 이루는 데 모든 제도와 정책, 활동의 초점을 맞추고, 국가 건설 과제는 후임에게 일임한 듯했다. 그래서 그는 미련 없이 깨끗하게 5년제 단임을 마치고 대권을 동지의 아들인 타보 음베키(Thabo Mbeki)에게 넘겨주었다. 흔히들 만델라와 음베키의 차이점을 화해(전자)와 사회변혁(건설, 후자)이라고 대비하여 논하는 이유가 바로 여기에 있다고 사료된다.

만델라는 진실화해위원회 위원장인 투투 대주교의 "남아공은 세계의 무지개 나라가 될 것이다"라는 구상을 받아들여 "흑인과 백인 모두가 가슴속에 어떤 두려움도 없이 당당하게 걸을 수 있는 무지개 나라를 만들겠다"는 결심을 밝힌 바 있다. '무지개 나라'란 무지개처럼 아름답게 단합된 다민족 다문화의 나라란 뜻이다. 여기서 관건은 단합이다. 그래서 만델라는 퇴임을 앞두고 흑인 학생들에게 흡사 유언 같은 절절한 심정을 이렇게 토로했다.

"나는 여론을 만드는 주역인 젊은이와 모든 국민이 차이점을 뛰어넘어 전 국민을 단합시키려고 노력할 거라는 확신을 지닌 채 만면에 미소를 띤 모습으로 영겁의 잠에 빠져들고 싶다."

확실히 만델라는 단합을 이룬 국가를 유산으로 남기고 싶어했다. 그러나 아쉽게도 대(代)를 넘기면서 그의 바람은 희석되어 국가의 단합은 순행(順行)과 역행(逆行)이 반복되어가고 있다. 이것은 아프리카 독립국가에서 세대 간 차이로 말미암아 일어나고 있는 보편현상이기도 하다. 이를테면, 독립투쟁 세대는 국민의 단합과 참여로 독립을 이루고 나라를 건설해나가다가도 '온실에서 자란' 이후 세대에 이르러서는 탐욕에 사로잡혀 독재를 부린다든가 해서 나라의 단합이 허물어지는 역행이 아프리카의 이곳저곳에서 종종 나타나고 있다.

벼슬을 그만두어야 할 나이인 현거(懸車, 70세)를 11년이나 초과해서 퇴임한 만델라는 퇴임 뒤에도 계속 노익장을 과시하면서 국내외의 여러가지 활동에 적극 참가했다. '가장 위대한 무기는 평화'라고 하면서, 국제 긴장 완화와 평화 유지 활동에서 주도적 역할을 수행했다. 2000년 코피 아난 전 유엔 사무총장 등 세계 현인 20여명과 함께 '문명의 동맹 구상 회의'를 개최해 서방과 이슬람권 간의 갈등 조절에 나섰다. 미국이 이라크 전쟁을 발동했을 때 그는 "이번 이라크 전쟁에서 우리는 미국과 부시의 일거일동(一擧一動)과 누가 세계를 위협하고 있는가를 보았다"라고 하면서 미국 대통령 부시가 이라크 주권을 마음대로 유린하는 것을 비난했다. 둘째 아들을 에이즈로 저승에 보낸(2005) 통한을 안고 만델라는 국내나 아프리카에서는 물론 국제적으로도 에이즈 퇴치운동에 물심양면으로 앞장섰다.

한국에는 1995년과 2001년 두번이나 방문해 우리 국민과의 우의를 다졌으며, 김대중 대통령과 특별한 친분을 쌓았다. 1차 방한 때는 서울대에서 명예철학박사 학위를 받았으며, 2차 때는 김대중 대통령과 공동기자회견을 열기도 했다. 1997년 김대중 대통령이 대선에 출마하자, 만델라는 딸을 통해 27년간의 교도소 수감생활을 함께 해온 낡은 시계를 선물했다. 이에 김대중 대통령도 답례로 유신독재 탄압을 받으며 20년간 사용했던 낡은 가방을 선물했다. 김대중 대통령은 만델라의 명저『자유를 향한 머나먼 길』을『만델라의 자서전』(두레, 2006)이라는 제목으로 번역 출간했다.

만델라와 지지자들이 설립한 '만델라기금회'는 에이즈 퇴치와 농촌학교의 환경 개선을 2대 목표로 하여 눈부신 활약을 펼쳤다. 학교 환경개선 사업은 가장 빈곤한 동케이프주에서부터 시작했는데, 우선 이 주의 오지 마을에 15개소의 '만델라 학교'를 개축하거나 신축했다.

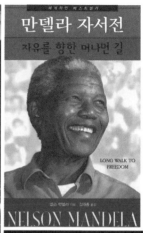

서울대 명예철학박사 학위 수여식의 만델라

김대중 대통령이 번역한『만델라 자서전』(상)과
만델라가 김대중 대통령에게 선물한 시계(하)

만델라는 노구에 몇시간씩 헬리콥터를 타고 학교마다 낙성식에 참석
해 테이프를 끊었다고 한다. 2002~05년 3년 동안 전국적으로 300개
학교의 교육 환경을 완전히 현대적으로 바꿔놓았다. 자금은 만델라가
국내외의 대기업으로부터 갹출한 후원금으로 충당했다. 낙성식 때마
다 그는 "나는 돈도 없고 권세도 없는 퇴직한 한 늙은이에 불과해. 그
러나 여러분의 나에 대한 열렬한 사랑과 친구들의 지지가 나로 하여
금 여러분을 위해 계속 자그마한 일이라도 하게 만들거든"이라는 말
을 해 참석자들의 가슴을 뭉클하게 했다. 만델라의 위인다운 행보는
'만면에 미소를 띤 모습으로 영겁의 잠에 빠져들' 때까지 쉼 없이, 조
금도 쉼 없이 이어졌다.

2013년 12월 6일(남아프리카 시간으로는 5일), 만델라는 요하네스버그 자택에서 영면에 들어갔다. 향년 95세. 열흘간의 국장을 치렀다. 12월 11일부터 13일까지 매일 아침 영구를 프리토리아 연방 청사에서 중심거리로 옮겨 시민들로 하여금 영결종천(永訣終天)을 고하도록 했다. 시신은 고인이 나서 자란 고향인 쿠누 마을 가족 묘지에 안장되었다. 장례식에는 세계 91개국에서 온 원수급 조문객을 비롯한 근 5,000명이 참석했다.

유족으로는 3녀와 미망인 그라사 마셸이 있다. 원래 그에게는 첫번째 부인과의 사이에서 낳은 2남 2녀, 두번째 부인과의 2녀 등 모두 2남 4녀가 있었으나, 장녀는 출생 후 요절하고, 장남은 차 사고로, 이남은 에이즈로 사망했다. 2014년 2월 만델라기금회 총무가 2008년 9월 만델라 생전에 최종 확정된 22쪽의 유서 내용을 공개했다. 유산액은 총 4,600만 랜드(rand, 약 45억원)이며, 유산 상속자로는 가족을 비롯해 모두 30여명이 지목되었다. 유산은 그의 요하네스버그 주택과 케이프타운 및 고향에 있는 부동산이 주원천이다. 상속의 구체적 내역을 보면, 작고한 3명을 포함한 6명의 자식들에게는 각각 30만 달러(약 330만 랜드), 미망인 그라사와 고 모잠비크 대통령 마셸 사이의 2자녀는 각각 300만 랜드, 손자들(몇명인지는 미상)은 각각 30만 랜드, 외손과 증손들, 그리고 혈연관계가 없는 그라사의 손자들은 각각 10만 랜드, 근접 보좌진 9명에게는 각각 5만 랜드씩 남겼다. 그밖에 고인이 다니던 초·중·고등학교와 대학(2개소), 고향의 쿠누중학교에 각각 10만 랜드, '만델라가족신탁기금' 관리소에 150만 랜드의 상속분이 차려졌다. 유산의 절반에 대한 상속권은 그라사 마셸이 가지고 있었다. 만델라기금회 측에서는 모든 상속은 철저하게 법에 따라 이루어졌으며, 따라서 가족을 포함한

만델라와 유가족(3녀)

상속인 모두는 감사와 만족을 표했다고 발표했다. 고인이 직접 작성한 이 상속 내역을 보면, 그가 퇴직 후 자신을 '돈도 없고 권세도 없는' 한 평범한 늙은이라고 표현한 그 진정성과 사리사욕을 멀리하고 유산의 사회환원을 몸소 실천한 위인다움을 다시 한번 절감하게 된다.

만델라는 평생 자신이 걸어온 빛나는 노정을 담은 진서들을 남겨 놓았다. 그의 저서로는 『자유를 향한 머나먼 길』 『투쟁은 곧 생활이다』 『세계 자유쟁취 선언』 『자유의 길은 천천히』 등이 있다. 만델라가 화가라는 사실을 알고 있는 사람은 많지 않을 것이다. 그도 자신을 화가라고 말해본 적은 애당초 없었다. 그는 84세 되던 해에 감옥 생활을 주제로 한 개인 화전(畵展)을 열었다. 감옥에서 목탄과 크레용으로 그린 그림들인데, 선이 간명하고 색채가 선명한 독특한 화풍으로 화단

만델라 하우스를 찾은 추모객들(© Robert Dennison)

의 주목을 받았다.

만델라는 책과 글, 그리고 일상 생활에서 금과옥조 같은 숱한 어록과 격언을 남겼다. 필자만이 알고 있기에는 너무나 아쉬워 차제에 몇 가지만 골라 소개한다.

"나는 대단한 인간이 아니다. 단지 노력하는 한 노인일 뿐이다."

"여러분이 '성자'에 대해 '끝없이 노력하는 죄인'이라고 생각하지 않는 이상, 나는 성자가 아닙니다."

"삶의 가장 큰 영광은 한번도 실패하지 않는 것이 아니라, 실패할 때마다 다시 일어서는 데에 있다."

"삶에서 중요한 것은 우리가 살았다는 단순한 사실이 아니다. 다른 사람들의 삶을 어떻게 변화시켰는지가 우리 삶의 의미를 결정할 것이다."

"결혼이 얼마나 터프한 거냐면 넬슨 만델라도 이혼했어!"

"이 땅의 수많은 사람들은 나보다 먼저 자유를 얻기 위한 대가를 치러왔으며, 앞으로도 많은 이들이 그러할 것이다."

"죽음은 피할 수 없다. 국민과 나라를 위해 마땅히 해야 한다고 스스로 생각한 일들을 끝마친 사람이면 누구나 편히 영면할 수 있다. 나 스스로 그런 노력을 기울여왔다고 믿는다. 그렇기에 나는 영원의 시간 속에 잠들 것이다."

"사람이 자신의 신념대로 살 자유를 (사회에 의해) 빼앗겼을 때, 그는 범법자가 될 수밖에 없다."

"나는 자유를 향한 머나먼 길을 걸어왔습니다. 나는 주춤거리지 않으려고 노력했습니다. 나는 도중에 발을 잘못 내딛기도 했습니다. 나는 커다란 언덕을 올라간 뒤에야 올라가야 할 언덕이 더 많다는 것이 발견된다는 비밀을 알았습니다. 내가 가야 할 머나먼 길은 아직 끝나지 않았기 때문에 나는 감히 꾸물거릴 수가 없습니다."

"누구도 피부색, 배경 또는 종교 때문에 다른 사람을 미워하도록 태어나지 않는다. 미워하게끔 배운다. 미워하는 것을 배울 수 있다면 사랑하는 것도 가르칠 수 있지 않은가. 사랑은 미움보다 더 자연스레 사람 가슴에 다가온다."

"가장 위대한 무기는 평화입니다."

"교육은 세상을 바꾸는 가장 강력한 수단이다."

만델라가 서거한 다음날 애플 사는 홈페이지 첫 화면 전체에 만델라의 사진을 싣고 최고경영자 팀 쿡(Tim Cook)의 다음과 같은 애도문을 게재했다.

"위인, 자유와 인류 존엄성의 챔피언, 그는 세계 모든 이들의 본보기
가 되었습니다. 평안히 쉬소서. 넬슨 만델라, 우리는 벌써 당신을 그리워
하고 있습니다."

만델라는 생전에 세계 여러 나라들과 국제기구로부터 노벨평화상
을 비롯해 100여개의 상을 받았다. 그가 옥중에 있을 때 세계 53개 국
가의 2,000명 시장들이 그의 석방을 위한 서명운동을 펼쳤고, 영국의
78명 의원들이 석방을 요구하는 연합성명을 발표했으며, 50여개 시
장들이 런던에서 석방 시위를 벌였다. 2009년 11월 유엔 총회에서는
세계평화 유지와 자유 위업에 대한 만델라의 빛나는 기여를 높이 평
가해 7월 18일을 '만델라국제일'로 제정하는 결의가 만장일치로 통
과되었다. 그래서 세계는 그를 두고 '지구 대통령'이라며 칭송하는
것이다. '지구 대통령'이자 '역사의 거인'인 만델라의 '무지개 나라'
꿈은 남아공에서, 아프리카에서, 세계 6대주 5대양에서 기필코 실현
될 것이다.

54
400년 식민 고도(古都), 모잠비크섬

　　남아공의 케이프타운과 요하네스버그 탐방을 마치고 향한 곳은 아프리카 동남 해안에 위치한 모잠비크다. 그중에서도 첫 행선지는 모잠비크섬이다. 2014년 4월 14일, 새벽 3시 반에 기상해 5시에 케이프타운 공항에 도착, SA(남아공 항공) 1785편(좌석 5D)으로 현지시각 7시 58분에 이륙해 10시 10분에 모잠비크 수도 마푸투(Maputo) 국제공항에 착륙했다. 인도양 연해를 따라 3시간 8분간 비행한 셈이다. 약 80명이 탑승하는 중형 비행기라서 비행고도가 별로 높지 않은 데다 화창하게 갠 날씨라서 들쑥날쑥한 해안선이 가끔씩 시야에 들어온다. 공항에서 수수료 98달러를 물고 즉석에서 입국비자를 발급받았다. 입국 수속이나 세관 통과는 의외로 간단하고 신속하다. 공항에는 30대 후반의 여행사 직원이 현지 가이드로 마중을 나왔다. 반갑게 인사를 나누고 나서 일정을 협의했다.

남풀라 공항

　가이드의 친절한 안내로 하루 종일 마푸투 시내를 관광했다. 크지 않은 도시라서 중요한 대상은 거의 둘러봤다. 단 월요일은 휴관이어서 박물관에 들르지 못한 것이 아쉬웠다. 이날의 관광 내용에 관한 소개는 상관성을 감안해 다음 절로 미룬다.

　북부에 자리한 모잠비크섬으로 가려면 동북부 남풀라(Nampula)의 주(州)도인 남풀라시를 거쳐야 한다. 이튿날도 역시 새벽 3시 반에 기상해 5시에 공항에 도착했다. 시간을 아끼려면 아침 첫 비행기를 타야 하니 이렇게 이른 새벽에 움직일 수밖에 없다. TM(모잠비크 항공) 190편(좌석 20E)으로 6시 40분에 이륙해 1시간 53분간 비행, 8시 33분에 남풀라 공항에 안착했다. 마침 이 나라 아르만두 게부자(Armando Emilio Guebuza) 대통령이 이곳을 방문한다고 한다. 일행이 탄 비행기가

다당제를 상징하는 형형색색의 깃발을 든 대통령 환영 군중

착륙하자마자 채 10분도 안 돼 헬리콥터 두대가 공중에서 굉음을 내면서 바로 공항 출입문 앞에 내려앉는다. 중무장한 경찰들이 승객들을 에워싸고 공항 청사 안으로 몰아넣고는 꼼짝달싹 못하게 감시한다. 짐도 찾지 못한 채 근 2시간 동안 서서 기다려야 했다. 어떤 승객은 길이 바쁘다며 뛰쳐나가려고 하지만 경찰은 막무가내다.

울긋불긋 화려한 명절옷 차림을 한 수천명 환영 군중이 구름떼처럼 모여든다. 교복을 가쯘하게 차려입은 학생들도 눈에 많이 띈다. 간단한 환영 행사를 마치고 대통령이 밀집한 군중 속을 헤집고 빠져나가는 데만 30분가량이 걸렸다. 대통령 행렬이 보이지도 않는데, 끼리끼리 무리를 지어 노래하고 춤추며 함성을 지르기도 한다. 저마다의 손에 든 깃발이 가관이다. 십자가만 달랑 그려진 깃발이 있는가 하면,

낫과 망치와 밀 이삭이 새겨진 국기가 보이기도 하고, 더러는 붉은색 바탕에 글자가 들어간 네모꼴을 그려넣은 깃발을 휘두르기도 한다. 성향이 다른 여러 당파를 상징하는 깃발이라고 한다. 이를테면 다당제의 과시다.

가까스로 공항을 빠져나와 여행사가 추천한 소형 봉고차를 타고 남풀라 시내를 가로질러 모잠비크섬으로 직행했다. 남풀라는 이 나라에서 세번째로 큰 도시로서 인구는 약 74만명(2017)이다. 북방 지역의 경제 중심지로서 면화와 땅콩 및 콩류, 곡물의 집산지다. 부근에는 방사성 광물을 비롯해 희귀광물이 많이 매장되어 있다고 한다. 인접국 말라위로 통하는 철도가 도시 한복판을 지나간다. 도시 곳곳에서 집을 짓고 길을 포장하는 건설공사가 한창이다. 모잠비크섬까지는 약 200km 거리다. 길이 넓지는 않지만 포장이 잘돼 있어 기사는 시속 100~120km를 장담한다. 2시간 15분만인 12시 40분에 목적지에 도착했다.

길은 자갈과 야생초가 뒤엉킨 푸르싱싱한 초원지대 한복판을 뚫고 지나갔다. 농부들은 몇평 되지 않는 뙈기밭을 단위로 농작물과 과일을 재배하고 있는데, 옥수수가 주작(主作)이다. 이곳 주민들의 주식은 옥수수라고 한다. 가루로 빻아 빵을 만들어 먹거나, 이삭째 삶거나 구워먹기도 한다. 화산 분출로 인해 평지에 수백m 높이의 돌산이 불쑥불쑥 튕겨나와 한개 혹은 몇개의 돌출산을 조성하고 있는 것이 독특하다. 키 낮은 관목수가 뙈기밭들의 경계를 이루고 있다. 그 사이사이에 마른 코코넛 잎사귀로 이엉을 엮은 전통 초가(마꾸티, maquti)들이 띄엄띄엄 끼어 있어 시골 정취가 한껏 풍긴다.

이윽고 뭍 끄트머리에 다다르자 실오리같이 가느다란 다리가 아스라이 보인다. 대륙과 모잠비크섬을 이어주는 다리다. 길 왼쪽에는 넓

바다 밑 수로 매설 공사를 수주한 중국 '산서국제공사' 작업 현장

은 염전이 펼쳐져 있다. 다리를 건너기 직전 오른쪽에는 섬사람들이 들르는 마지막 장터가 있다. 갖가지 잡화 위주의 장터는 꽤 붐빈다. 그리고 이 시장 맞은편 길가에는 '산서국제공사(山西國際公司)'라고 쓴 대문짝만 한 중국어 광고판이 걸린 공사 현장이 눈길을 끈다. 공사 주위는 얼기설기 철조망을 쳐놓아 출입을 엄격히 단속한다. 대문을 지키는 중국인 경비원은 출입은커녕 아예 접근을 막는다. 눈을 부라리며 빨리 돌아가라고 손짓한다. 기사에게 물어보니 식수 공급관 부설공사를 맡은 중국의 한 건설회사라고 한다. 이전에는 섬 안에 있는 성채의 저수탱크로 1만 2,000명 섬사람들의 식수를 공급할 수 있었으나, 근년에 와서 주민이 늘어난데다가 수원마저 고갈되어 바다 밑에 뭍과 섬 사이를 잇는 수도관을 매설해 식수난을 해결하려는 공사가 진행 중이다. 중국의 지원하에 기공한 지는 꽤 되는데 공정은 지지부진해 언제나 완공되겠는지 부지하세월(不知何歲月)이라면서 기사는 한

대륙과 모잠비크섬을 잇는 길이 3.5km의 다리

숨을 쉰다.

수심이 비교적 얕은 해협을 가로지르는 이 다리의 길이는 3.5km에 달하며, 너비는 2m에 불과하다. 보통 트럭의 일방통행 너비다. 그래서 다리 중간중간에 3~4m 너비의 교차공간을 마련해놓고 있다. 일방 통행교라서 다리 어귀에서 통행을 기다리는 차량들이 장사진을 치고 있다. 바닥돌을 맨눈으로 가려낼 수 있을 만큼 바닷물은 깨끗하고 수심은 얕다. 솔솔 부는 미풍에 은빛 바닷물이 잔잔히 일렁인다. 뛰어내려 발이라도 잠그고 싶다. 그런데 교각이 새다리처럼 약해 보이고, 바닥도 튼실하지 못해 10여분간 지나가는 내내 마음이 조마조마했다. 정부는 신축이나 개축을 계획하고 있지만, 재정 문제로 미루고 있다고 한다.

다리를 건너 좌측에 있는 스톤타워(Stone Tower, 돌 타워) 구역의 테라꾸다스끼딴다스(Terraco das Quitandas) 호텔 6호 방(1층)에 여장을 풀었다. ㄷ자형 2층짜리 호텔의 1일 숙박비는 250달러이다. 옛 식민 시대

각종 도로표지판

관료의 저택을 구입해 개축한 이 호텔의 주인은 여행사 '다나'(Dana)의 공동 운영자의 한 사람으로 모잠비크 태생의 포르투갈인이다. 2층 식당에서 포르투갈 전통음식인 속에 고기를 넣은 새우순대로 늦점심을 때우고 2시 반에 섬 관광에 나섰다. 호텔에 부탁해 호출한 택시 기사는 49세의 섬 출신인 에디 마에세르(Edy Maecer, 전화 827042932)인데, 영어가 유창해 가이드를 자임했다.

섬은 건설 당초부터 구조적으로 크게 북쪽의 스톤타워와 남쪽의 마꾸티타워(Maquti Tower, 갈대 타워) 두 부분으로 나뉘어 있다. '스톤타워'라는 말은 섬에 깔려 있는 돌들을 채석해 돌로 성채와 기관, 주택들을 아주 공고하게 지었다는 데서 유래되었으며, '마꾸티타워'는 남쪽 지역에 있는 돌을 죄다 파서 스톤타워를 짓다보니 남쪽 지역의 지면이 낮아져 거기에 마른 잎을 엮어 서민들의 주택을 지었다는 뜻에서 유래된 말이라고 한다. 이러한 명명의 유래에서 짐작할 수 있는 것은, 이 섬의 구조물들은 시종일관하게 같은 유의 건축자재와 건축기술 내지는 건축양식에 의해 지어졌으므로 공통성과 일치성을 지닐 수밖에 없다는 사실이다. 바로 이 구조물들의 공통성과 일치성이 모잠비크섬이 지니고 있는 남다른 특징이라고 안내서는 누누이 강조한다. 오늘날까지 유물로 남아 있는 구조물들의 재료와 형태, 무늬 등이 그것을 잘 말해주고 있다.

모잠비크섬은 1507년부터 1898년까지 약 400년 동안이나 포르투갈 식민정부의 수도로 기능해왔다. 이와 같이 장기간 줄곧 한 식민 당국의 수도로 남은 '식민 고도(古都)'의 예는 보기 드물다. 이제 그 과정을 대충 훑어보기로 하자. 원래 이곳에는 아프리카에서 가장 오래된 종족의 하나인 코이산족(Khoisan)이 살고 있었으나, 10세기경 반투족이 이주해와 정착민이 되었다. 15세기 중엽에는 마타파(Matapa)왕국의 속령이 되었다. 한편 9세기부터 아랍-무슬림들이 모잠비크의 북부 및 중부 연해지대와 무역을 진행했으며, 11세기에 이르러서는 한때 페르시아인들이 아랍-무슬림들을 대체했다. 그들 모두는 연해지대에만 머물렀을 뿐 내지까지는 침투하지 못했다.

15세기 말엽 포르투갈 식민주의자들이 인도로의 해상항로 개척을 위해 그 중간 기착지인 이곳에 도착했다. 1498년 바스꾸 다 가마가 처음으로 이 섬에 상륙했으며, 1505년에는 포르투갈인들이 무력으로 이 나라의 소팔라(Sofala)강 하구의 유명한 항구도시 소팔라로부터 아랍-무슬림들을 축출하고 거기에 첫 식민 거점을 세웠다. 그러고는 그곳을 발판으로 2년 후 모잠비크섬을 강점했다. 1520년대에 와서는 모잠비크 연해의 주요 항구들을 점령한 데 이어 모잠비크의 내륙지역과 잠베지강 유역으로 식민 마수를 뻗었다. 1569년과 1571년, 1574년 연속 3차례나 마타파왕국에 대한 정복전쟁을 벌였으나 번번이 쓴 고배를 마셨다. 그러다 1629년 마타파왕국에서 내홍이 일어난 틈을 타 포르투갈은 모잠비크 내륙지역에 대한 지배권을 거머쥐게 되었다.

17세기 초 포르투갈은 동아프리카 일원에 대한 세력 확장의 전성기를 맞았다. 포르투갈인들은 모잠비크에서 다량의 황금을 약탈해갔는데, 항구도시 켈리마느(Quelimane) 한곳에서만 갈취해간 황금의 양이 무려 1,700kg이나 되었다. 포르투갈은 1700년 모잠비크를 '보호령'으로 선포한 데 이어 1752년에는 예하 식민지로 전락시키고 리스본에서 총독을 파견했다. 한편 17세기 중엽부터 포르투갈 식민주의자들은 고수익의 노예무역에 손을 대기 시작해 18세기에 이르러서는 노예가 황금이나 상아를 대체해 주요한 수출상품이 되었다. 모잠비크에서의 노예무역은 19세기 말까지 지속되었다. 노예매매 제도가 폐지된 19세기 말부터는 포르투갈 식민 당국은 모잠비크에서 강제노동 제도를 실시하면서 인접국들에 계약 노동자들을 대대적으로 수출해 숱한 이윤을 챙겼다. 포르투갈 식민주의자들은 잠베지강 유역에서 일어난 대지주들의 반정부 반란을 평정한 후에는 1888~93년 사이 모잠비크 회사니 잠베지 회사니 하는 특허 회사들을 만들어 모잠비크 전 영토의 3분의 2에 해당하는 토지를 강점했다.

식민지 분할과 재분할을 위한 갈등과 쟁탈전은 제국주의 열강들의 내재적 생리이며 생존수단이다. 모잠비크에 대한 포르투갈의 식민통치는 다른 열강들의 끊임없는 도전에 부딪쳤다. 17세기 네덜란드는 얼토당토않은 구실로 모잠비크섬을 여러차례 무력으로 포위했다. 그러나 점령에는 실패를 거듭했다. 19세기 60년대에 이르러 모잠비크에 인접한 케이프 식민지에서 황금과 다이아몬드가 발견되자 식민주의자들 간의 각축전은 더더욱 치열해졌다. 1869년 영국은 모잠비크 동남해안에 자리한 델라고아만(Delagoa Bay, 남아공 접경지, 인도양 무역의 중간 기착지)을 점령하려 했으나 실패했다. 1884~85년에 열린 독일 베를린 회의에서 포르투갈은 논쟁 끝에 동아프리카가 포르투갈의 영지임을 프랑스와 독일로부터 인정받아냈다. 이어 1891년 영국과 포르투갈 사이에 맺은 협약에 의해 전체 모잠비크는 포르투갈의 완전 속지가 되었다. 같은 해에 모잠비크의 국경이 공식 확정되고, 포르투갈령 동아프리카로 공식 명명되었다. 1898년에는 수도를 모잠비크섬에서 로렌수마르께스(Loureço Marques, 오늘날의 마푸투)로 천도했다.

20세기 초 포르투갈은 식민지 독립운동의 시류에 편승해 모잠비크에 제한적인 자치권을 부여했다. 그러나 1930년 포르투갈의 군사독재정권은 이른바 '신민조례(植民條例)'를 반포해 모잠비크를 다시 식민지로 규정하고 모잠비크의 제한적인 자치권과 특허 회사의 개발권을 취소해버렸다. 1951년에 모잠비크는 포르투갈의 해외주(海外州)로 편입되었다. 그러나 1960년대 아프리카에서 민족 독립운동이 고조되자, 포르투갈은 식민지 정책에 수정을 가하지 않을 수 없었다. 1964년 포르투갈 정부는 '해외주 조직법'을 공포해 명의상 아프리카인들에게 포르투갈 시민권을 부여하고, 모잠비크 지방정부의 권리를 확대했다. 그러나 옛 종주국 포르투갈은 여전히 모잠비크에 대한 식민 야욕을 버리지 못한 채 정치적·군사적 개입을 현재까지 계속 시도하고 있다.

이상에서 조금은 장황하게 포르투갈의 모잠비크 식민지화 400년 역사를 간략하게 더듬어봤다. 사실 넓은 의미에서 보면 이러한 일국의 역사는 서구 열강의 아프리카 식민지화 역사의 축소판이기도 하

식민 시대에 지은 오래된 성당

고, 하나의 패턴이기도 하다. 물론 세부에 들어가면 서로 다른 점들과 특수성이 발견되지만 식민지화의 역사적 배경이나 그 과정, 성격, 수단 및 열강들 간의 식민지 분할과 재분할을 위한 갈등 등에서는 대동소이한 보편성을 보이고 있다. 따라서 특정 나라나 지역의 식민지화 역사를 고찰할 때, 이러한 특수성과 보편성을 제대로 식별하는 것이 매우 중요하다.

오후 2시가 좀 넘어 섬 관광에 나섰다. 섬은 남북의 길이가 약 2.5km

성당 박물관에 전시된 전통 배　　　　　성당의 테라스

이고, 동서의 너비는 300~500m의 장방형이다. 면적은 1km²에 불과하
며, 인구는 약 1만 4,000명인데, 그중 25%가 아랍-무슬림들이고, 기독교
도와 힌두교도는 각각 5%씩 차지한다. 비록 작은 섬이지만 지하자원이
풍부하고, 기후도 해양성 기후로 안성맞춤하며, 섬을 에워싼 해변가에
는 아름다운 모래톱이 널리 펼쳐져 있다. 지금은 쇠퇴했지만 한세기 전
까지만 해도 모잠비크섬은 해상실크로드의 요로에 위치해 중요한 동서
교역거점으로서의 역할을 담당해왔다. 이것 말고도 이 섬은 중세 포르
투갈과 아랍-이슬람, 인도의 전통문화를 고스란히 간직하고 있어 섬 전
체가 유네스코 세계문화유산으로 등재되었다. 유산 보호를 위해 오래된
건물은 매매나 내부 개조는 가능하지만, 외형 변경은 절대 할 수 없다.

　첫날은 섬 북부 지역인 스톤타워만 답사하기로 했다. 섬이 오랫동
안 식민 당국의 수도였을 때 이 지역에는 주로 석재로 지은 행정기
구나 교역소, 문화시설 같은 공공건물들이 모여 있었는데, 그 건설에

해변에 세워진 항해가 다 가마의 입상

62년간(1558~1620)이 걸렸다고 한다. 관광은 호텔 곁에 있는 자그마한 성당에서부터 시작되었다. 성당 매표소에서 전체 스톤타워 관람권을 일괄 구입해야 하는데, 요금은 총 10달러다. 성당 내부를 잠깐 둘러보고 바깥에 나오니 해변가 저만치에 동상 하나가 우뚝 서 있다. 다가가 보니 높이가 약 3m나 되는 항해가 바스꾸 다 가마의 입상이다. 다 가마는 인도항로 개척을 위해 아프리카 동남해안을 북상하다가 1498년 우연히 이 섬을 발견하고 상륙했다. 떠나면서는 이 미지의 섬을 '포르투갈의 땅'이라고 언명했다. 4년 후에 다 가마는 일군의 포르투갈인들과 함께 이 섬에 다시 찾아와 2년간(1507~08)에 걸쳐 싼가브리엘(St. Gabriel, 성 가브리엘) 성보를 축조했다. 그러나 지금 이 성보의 흔적은 찾을 길이 없다.

동상에 새겨진 비문을 읽는 순간, 500여년 전 바스꾸 다 가마가 대서양과 인도양의 거친 파도를 헤치며 목숨을 걸고 사상 초유의 인도항로를 개척하던 그 장엄한 모습이 머릿속에 그려졌다. 포르투갈의 항해가이자 인도항로의 개척자이며 장교인 다 가마는 국왕의 동방으로의 해로 개척 명령을 받고 1497년 대포로 무장한 120톤급 범선 4척(승선 인원 160명)을 이끌고 리스본을 떠나 아프리카 서해안으로 남하했다. 그는 적도의 무풍지대를 피해 육지에서 멀리 떨어진 심해를 항해했으며, 아프리카 남단인 희망봉을 우회한 다음 동해안을 따라 북상해 1498년 모잠비크섬에 잠시 들렀다가 그해 4월에 케냐의 말린디(Malindi)에 도착했다. 그곳으로부터 아랍 항해가 이븐 마지드(Ibn Mājid)의 안내에 따라 그해 5월 20일 출항 10개월 만에 인도 서해안의 캘리컷(Calicut)에 종착했다. 이것이 이른바 다 가마에 의한 인도항로의 개척이다. 그는 후추와 육계(肉桂, 계피) 등 향료를 싣고 이듬해에 리스본으로 귀향하여 60배의 이익을 남겼다. 그가 총 4만 2,000km의 이 새로운 항로에서 보낸 시간은 2년이 넘었으며(그중 해상에서만 약 300일), 항해 중 3분의 1 이상의 선원을 잃었다. 그후 다 가마는 두차례(1502~03, 1524)나 인도를 다시 찾았다. 인도항로의 개척은 서방의 동방식민지화 경략(經略)의 서막이며, 서세동점(西勢東漸)의 효시다.

동상을 보고나서 허름한 석조건물이 늘어선 골목에 들어섰다. 어디선가 무슬림들의 오후 예배시간을 알리는 갸날픈 아잔 소리가 들려오기에 찾아가보니 웬 늙은이가 천정도 없는 휑뎅그렁한 빈 방 한 구석 땅바닥에 보풀이 일어난 낡은 예배용 카페트를 깔아놓고 한창 허리를 굽혔다 폈다 하면서 예배를 올리고 있었다. 문지방 저쪽에서는 역시 한 늙은이가 손바닥으로 귀를 감싼 채 아잔을 부르고 있다.

허름한 사원에서 홀로 예배를 보는 무슬림

측은한 마음이 들어 기다렸다가 그 무어진(아잔 부른 사람)에게 사연을 물으니, 원래 이곳은 마스지드(이슬람사원)였는데 지금은 이렇게 무너져 잔해만 남아 있지만 옛 정이 그리워 가끔 친구끼리 찾아와 예배를 올리곤 한다고 한다. 늙은이들의 독실한 신앙심의 발현이다. 사실 다 가마가 이곳에 상륙하기 300여 년 전에 아랍-무슬림들은 이미 이곳까지 와 무역을 하고 정착하면서 흑인들 속에서 이슬람교를 전파했다. 그래서 이슬람이 이곳에 뿌리를 내리기 시작했으며, 그것이 오늘날까지 이어지고 있다.

골목 끝머리에는 인도인들이 살던 집 3채가 그대로 남아 있다. 문가에 힌두교 신상들이 그려져 있는 것을 보고 금세 인도인들의 집이었음을 알 수 있었다. 주인들은 몇 년 전에 뭍으로 이사갔는데, 가옥은

인도에서 이식했다는 피그레 나무

팔리지 않아 허물 수도 없고 해서 그대로 두고 갔다고 한다. 오래전에
그들이 인도에서 가져온 피그레(pigre)라고 하는 나무들이 집 주위에
서 무성하게 자라고 있다. 희끄무레한 줄기에 두텁고 짓푸른 잎사귀
가 촘촘히 달려 있는, 보기에도 탐스러운 나무다. 나무 그늘에서 땀을
훔치고 있던 노파가 인도의 성수(聖樹) 보리수라고 하기에 아니라고
하자, 목에 핏대까지 세우며 옳다고 우긴다.

   이어 발길이 가는대로 따라가 닿은 곳은 이 섬에서 유명한 싼세바
스띠앙(St. Sebastian, 성 세바스티안) 성보다. 바닷가에 자리한 이 성보는
16세기 초에 방어 목적으로 축조된 것으로 추측된다. 벽 높이가 3m
에 달하는 이 성보는 워낙 단단한 돌로 지었기 때문에 500여년의 풍
상 속에서도 별로 허물어지지 않고 거의 원형 그대로 보존되어 있다.

노예 감방으로 쓰이기도 했던 싼세바스띠앙 성보 원경

성보 내부

식민 시대의 건물 잔해

마꾸티 식 전통 초가집

옥상의 포대 자리도 선명하며, 깊이 6m의 저수탱크도 물만 말라버렸
지 구조는 그대로 남아 있다. 특이한 것은 방어 능력을 배가하기 위해
벽을 이중으로 쌓은 점이다. 어떤 곳에는 내벽에 벌집처럼 다닥다닥
붙은 작은 방들이 있는데, 이것은 뒷날 노예무역이 성행할 때 노예들
의 감방으로 쓰기 위해 개조한 것으로 짐작된다. 성보 귀퉁이에 아담
한 성당이 하나 있는데, 건축양식에서 원형 돔을 갖춘 것으로 미루어
이슬람사원을 기독교 성당으로 개수한 것이 분명하다. 개수 연대는
1522년이라고 벽면에 새겨져 있다.

　이튿날(2014.4.16.수) 오전에는 섬 남쪽 지역인 마꾸티타워를 답사했
다. 마꾸티는 마른 코코넛 잎사귀로 이엉을 엮은 이곳 전통 초가를 말
한다. 이 지역에는 유산으로 남겨놓은 마꾸티 가옥들이 해변가를 따

바다 한가운데의 방어용 성보

라 볼품 없이 수두룩하게 널려 있다. 지금은 새로 지은 마꾸티와 현대
식 가옥들이 뒤섞여 공존하고 있는 모습이다. 마꾸티 이엉은 3~5년에
한번씩 갈아야 한다. 이 지역 답사를 시작하면서 먼저 들른 곳은 해사
박물관이다. 2층 건물의 1층에는 15~16세기 다 가마 시대에 타고 다
니던 배 모형들과 중국 명대의 도자기 유물이 여러점 전시되어 있다.
지금까지 알려진 것으로는 15세기 전반에 명대 항해가 정화(鄭和)가
7차 하서양(下西洋, 서양 원정) 때 아프리카의 소말리아 동해안에 위치
한 모가디슈(Mogadishu)까지 항해한 것이 서쪽으로 가장 멀리 간 것인
데, 그보다 퍽 남쪽인 여기 모잠비크섬에서 명대 도자기 유물이 발견
되었다는 것은 그만큼 해상실크로드를 통한 교류의 범위가 확대되었
다는 의미다. 2층에는 고대 포르투갈과 모잠비크 관련 지도들이 여러

정갈한 이슬람 마스지드

점 전시되어 있다. 전시품 모두가 희귀한 역사 유물들로 몽땅 카메라에 담고 싶은 마음이 굴뚝 같았으나, '촬영 금지'라는 딱지 앞에서는 별 수 없었다.

마꾸티타워 끝 바다 한가운데의 커다란 바위덩어리 위에는 웬 집 한채가 덩그러니 놓여 있다. 육지에서 1km쯤 떨어져 있어 육안으로는 무슨 집인지 분별하기가 쉽지 않다. 아무런 기록도 없어 한때 그것은 해상 유원지에 속한 식당쯤으로 추측되었다가, 지금은 방어용 성보였다는 것이 중론이다. 그리고 타워 끝 해안가에는 힌두교도들의 화장터가 있으며, 그 옆에는 나란히 무슬림들의 공동묘지가 있다. 그곳을 에돌아 섬 서편의 주거지에 들어서니, 초록색과 흰색으로 칠한 이슬람 마스지드가 눈에 확 비친다. 뜨락이나 세정실(洗淨所), 예배실… 그 어디나 흠잡을 데 없이 정갈하며, 깔끔하게 정돈되어 있다. 지은 지 얼마 되지 않아 그러하겠지만 관리가 잘 되어 있다. 예배 전에 반드시 손과 발을 깨끗이 하는 데서도 알 수 있듯이 이슬람은 원래부터 청결을 강조한다.

오후 1시, 서둘러 호텔 인근 식당에서 새우구이로 간단하게 점심을 먹고 남풀라를 거쳐 마푸투에 이르는 귀로에 올랐다. 우선 택시로 남풀라로 향했는데, 도중 갑자기 청청 하늘에 먹구름이 밀려왔다. 이윽고 '꽈르릉 꽈르릉' 천지를 진동하는 낙뢰(落雷)가 일더니 장대비가 쏟아진다. 약 20분간 내리다가 비도 구름도 가뭇없이 사라지고 쪽빛 하늘에 햇빛이 반짝인다. 이맘때면 자주 닥치는 소낙비라고 한다. 17시에 남풀라에 도착, TM 463편(좌석 12F)으로 2시간(20~22시) 비행해 마푸투에 도착했다. 이틀 전 올 때 묵었던 까르도소(Cardoso) 호텔 224호 방이 차려졌다.

55
모잠비크의 사회주의, 그 실과 허

2차 세계대전 후 구 소련을 비롯한 동유럽의 여러 나라들과 중국을 비롯한 아시아의 몇개 나라들로 구성된 사상 초유의 신형 사회주의 진영이 형성되었다. 그 영향력이 점차 커짐에 따라 유라시아는 물론 라틴아메리카와 아프리카를 포함한 전세계적 범위에서 많은 나라들이 사회주의에서 자신들의 출로를 찾으려 했고, 그 의향과 시도가 시대적 추세를 이루었다. 제3세계의 신생 독립국가들에서 그러한 추세는 더욱 절박하고 강력했다. 그리하여 여러가지 명의와 성격의 사회주의가 대두했다. 개중에는 마르크스주의에 바탕한 진정한 사회주의, 이른바 과학적 사회주의가 있는가 하면, 진부한 민족주의나 자본주의, 자유주의, 수정주의, 극단주의 등을 내용으로 하는 사이비 행세식 사회주의도 수두룩했다. 그뿐만 아니라 사회주의를 추구하다가 난제에 부딪치면 이러저러한 구실을 붙여 초지(初志)를 접고 중도에 포기하거나 변질하는 현상이 종종 나타났다. 특히 1990년대 들어 사회주의 진영이 제구실을 못해 진영으로서의 일체성을 잃고 와해되면서 이러한 현상은 더욱 두드러지게 나타났다. 내공 없이 허영에만 들떠 허장성세를 부리던, 적잖은 이름뿐인 '사회주의' 나라들은 갈피를 잡지 못한 채 좌왕우왕 허둥대기만 했다.

그리하여 이 시점에서 회자되는 어느 한 나라의 사회주의를 해부대에 올려놓고 실(實)과 허(虛)를 가려보는 것은 이 시대의 소명에 부응하는 값진 시도라 아니할 수 없다. 여기 아프리카 동남쪽 일우에 사회주의를 표방해온 한 나라가 있다. 바로 모잠비크다. 모잠비크를 비롯한 식민지 나라에서의 사회주의는 대저 외래 식민통치를 반대하는 민족주의 독립투쟁에서 시원해 독립 후에는 사회 제도와 이념으로 채택된다. 그런데 채택자가 처한 역사적 환경이나 여건에 따라 채택 과정이나 명칭, 내용, 성격, 수행 방도 등은 일률적일 수 없고 다양하다.

모잠비크의 경우 1950년대 말부터 독립을 쟁취하기 위한 민족주의 운동이 세차게 일어났다. 그 와중에 1960년 남로디지아(South Rhodesia)에서 '모잠비크민족민주연맹'이 결성된 데 이어 이듬해에는 케냐에서 '모잠비크아프리카민족연맹'이, 니야살란드(Nyasaland, 현 말라위)에서 '독립모잠비크아프리카인연맹'이 각각 출범했다. 2년 후인 1962년 6월에는 이 3개의 민족주의 정치조직(정당)이 탕가니카(현 탄자니아)의 다르에스살람에서 '모잠비크해방전선'(FRELIMO, 이하 '해방전선'으로 약칭)으로 통합되었다. 해방전선은 1964년 9월 25일 포르투갈 식민통치에 항거하는 게릴라전쟁을 선포해 10년 동안이나 싸웠다. 전쟁을 통해 병력은 200명에서 2만으로 급증했으며, 북방 3주(州)와 중부 2주의 일부 지역을 해방했다. 이에 위협을 느낀 포르투갈 정부는 1974년 해방전선 측에 정전 담판을 제의, 마침내 그해 9월 쌍방 간에 '루사카(Lusaka) 협약'이 체결되었다. 협약에 따라 그달 20일 해방전선을 주축으로 한 과도정부가 수립되었다. 이듬해 6월 25일에는 사모라 마셀이 초대 대통령으로 추대되었다. 이어 1977년 2월에 소집된 해방전선 제3차 대표자 대회에서는 '과학적 사회주의 건설'이 모잠비크의

초대 대통령 사모라 마셀

국가적 목표라고 선언했고, 1983년 4월에 열린 해방전선 제4차 대표자 대회에서는 조국을 보위하고 후진성을 극복하며 사회주의를 건설하자는 골자의 당면 3대 과제를 제시했다. 대통령 마셀이 1986년 10월 19일 비행기 추락사고로 사망하기 전까지 집권당인 해방전선과 정부는 사회주의 노선과 정책을 추구했다.

그러나 온건파인 조아킹 시사누(Joaquim Alberto Chissano)는 마셀의 후임으로 대통령에 선출되자 1990년대 사회주의 진영의 와해와 때를 같이해 사회주의 노선을 포기하면서 다당제와 대통령 직선제를 채택하고 국명도 모잠비크인민공화국에서 '인민'을 뺀 모잠비크공화국으로 개명했다. 이것은 말로는 '경직된 과학적 사회주의로부터 활기찬 민주적 사회주의'로의 전진적 전환이라고 하지만, 실제는 사회주의로부터 자본주의로의 역행으로서 사회주의 포기 선언은 그 변곡점(變曲點)이다. 이 역행과 변곡을 이해하려면 모잠비크 사회주의의 정초자(定礎者)이자 인도자였던 마셀의 사회주의관과 그가 이끌었던 집권당

인 해방전선(당)의 강령과 정책 및 행적을 구체적으로 추적해봐야 할 것이다. 더불어 이 모든 것의 실험장이었던 수도 마투푸의 현실에서 그 실증적 증거를 찾아내야 할 것이다. 그 과정에서 모잠비크 사회주의가 내포하고 있는 실과 허의 이중성이 낱낱이 밝혀지게 될 것이다.

사모라 마셸(Samora Machel, 1933~86)은 현 모잠비크 남부의 한 빈농가에서 태어났다. 당시 경제작물만을 재배하라는 식민 당국의 강요에 의해 면화만을 재배했기 때문에 가정은 늘 기황(饑荒)에 시달려야 했다. 설상가상으로 대대로 지켜오던 경작지가 식민 당국에 의해 강제로 몰수되자 가정 형편은 더욱 어려워졌다. 일가친척과 함께 살길을 찾아 남아프리카로 유랑을 떠나 광산노동을 하던 형이 광산 붕괴로 참변을 당했으나 배상 한푼 받지 못했다. 어린 마셸의 마음속에 불만의 씨앗이 움트기 시작했다.

마셸은 고향의 천주교 교회가 운영하는 학교에서 6년간 기초교육을 받으면서 야간에는 간호사 학원에 다녔다. 간호사 마셸은 자격증을 들고 수도 마푸투에 상경했다. 그가 받는 노임은 같은 직종의 백인 간호사가 받는 노임보다 훨씬 적었다. 심한 인종차별은 그에게 적개심을 불러일으켰다. 그즈음 그는 마르크스주의 서적 탐독을 통해 사회의식을 키워갔으며, 몇차례 흑인 간호사들의 파업을 주도하기도 했다. 사회활동을 하면서 마르크스주의자인 몬들레인(Eduardo Mondlane)을 만나 그로부터 많은 사상적 영향을 받았다. 마침내 1962년 모잠비크해방전선에 가입한 후 비밀리에 해방전쟁 중이던 알제리에 파견되어 군사훈련을 받았다. 1964년 9월 귀국해서는 북부 지역에서 반정부 게릴라전을 조직 전개했다.

이듬해에는 게릴라부대 양성사업에 전념하면서 해방전선의 정치

마셸(앞줄 가운데)과 동료들

조직에서 요직을 맡아 정열적으로 활동했다. 그는 조직 내에서 주로 집단농장 건설 등 농촌 문제에 관한 마르크스주의 보급에 심혈을 기울였다. 그러다가 1969년 몬들레인의 피살사건 후 발생한 해방전선의 내부 분열을 수습하는 과정을 통해 조직 내 유력 지도자 3인 가운데 한 사람으로 부상했다. 이듬해(1970)에는 해방전선 의장에 추대되었다. 그는 마오쩌둥의 농촌 근거지 건설에 관한 전략적 사상을 받들어 해방전선의 세력권을 농촌 대부분 지역으로 확대해나갔다. 해방전선의 공격적인 게릴라 작전 앞에서 식민 당국은 속수무책이었다. 때마침 1974년 4월 25일 포르투갈에서 이른바 '카네이션 혁명'(무혈 쿠데타, 일명 '리스본의 봄')이 발생해 새로 등장한 정권은 모잠비크로부터의 철군을 선포하고, 모잠비크의 독립을 인정했다. 마셸은 1975년 6월 25일 초대 대통령으로 추대되었다. 1977년에 모잠비크해방전선

(1962.6.25. 결성)은 당원 230만을 옹유한 '모잠비크해방전선당'(Partido FRELIMO)으로 개명하고, 1977년 당 제3차 대회 때는 당의 성격을 '마르크스-레닌 선봉당(先鋒黨)'이라고 규정했다.

집권 후 마셸은 사회주의 국가 건설을 목표로 해방전선당 일당제, 포르투갈 식민주의자들의 재산 국유화, 낙후지역에서의 기초교육 보급, 무상의료제 확립, 중앙계획경제의 도입, 농업생산의 집단화, '마을 단위의 토지 소유화' 정책 실시, 정부 정책 집행을 위한 열성 당원들의 기업체 및 공공기관 파견, 현대화를 위해 전통 관습이나 토지와 관련된 관행 극복, 추장들의 영향력 약화, 대중적 종교축제 행사 폐지, 교회 재산 몰수, 교육과 혼인에 대한 교회의 관여 금지, 로디지아 인민해방군 지원, 남아공의 인종격리 정책 반대 등등 사회 전반에 걸쳐 사회주의적 노선과 정책을 추구했다. 이것이야말로 사회주의 본연의 '실'이다.

1977년 이러한 사회주의의 '실'로 이끌어낸 변혁에 관해 마셸은 다음과 같이 천명했다.

"포르투갈 국기 대신 새로운 국기를 올리는 것이나, 백인 대신 흑인이 선출될 수 있는 총선을 실시하는 것이나, 백인 총독 대신 흑인 대통령을 세우는 것은 우리의 최종 목표가 아니다. (…) 우리의 목표는 완전한 독립을 달성하여 인민의 권력을 보장하고 착취 없는 새로운 사회를 건설하여 모잠비크 국민으로 자부하는 모든 사람의 이익을 도모하는 것이다."

이러한 사상 초유의 사회주의적 노선과 정책의 집행은 처음부터 숱한 난관과 장애에 부딪혔다. 모잠비크의 독립이 이루어지자, 행정관과 공무원, 경영자, 기술자, 숙련공, 상인을 포함한 근 20만의 백인이 집과 공장, 농장을 버리고 모잠비크를 떠났다. 일부 추장들을 비롯해 식민 당국에 봉사하던 기득권 세력들은 정부의 각종 시책에 반기를 들고 끊임없이 음으로 양으로 훼방을 놓았다. 인접한 로디지아와 남아공은 앙심을 품고 반모잠비크 모략을 집요하게 꾸몄다. 종주국 포르투갈과 미국을 비롯한 서방 열강들은 아프리카에서 '홍일점(紅一點)'이 생겨나는 것에 대해 위협을 느껴 시기하고 반대했다. 여기에 모잠비크의 10년 내전은 돌이킬 수 없는 피폐와 재난을 몰고왔다. 내전이 끝날 당시 1인당 연간소득은 평균 70달러로 세계 최하위권에 속했다. 마셀은 소련과 쿠바로부터의 원조로 이러한 혼란과 난국을 타개하려고 했다. 그러나 여의치 않자 서방을 향해 낯을 돌리지 않을 수 없었다. 1983년부터 미국은 모잠비크에 다량의 원조를 제공하기 시작했으며, 1985년에는 마셀 자신이 직접 워싱턴에 날아가 레이건 대통령과 회담하고 지속적인 원조를 요청했다.

이로써 모잠비크(마셀) 사회주의의 '실'에는 '허'를 향한 금이 나기 시작했다. 아이러니하게도, 레이건을 만난 이듬해(1986) 10월 19일 마셀은 구 소련제 'Tu-134형' 비행기를 타고 잠비아에서 귀국하는 도중 수도 마푸투 상공에서 낙뢰를 맞아 몇시간 동안 배회하다가 착륙에 실패하고, 서남 방향으로 비행하다가 마푸투에서 70여km 되는 남아공과의 접경 상공에서 그만 추락하고 말았다. 기체는 남아공 영내 200m 지점에서 발견됐다. 승객 38명 중 4명만 살아남고, 마셀 대통령을 비롯해 외교부 장관과 교통부 장관 등 34명이 희생되었다. 추락 원인에 관해서는 남아공 인종주의자들의 소행이라는 설이 있지만, 지금까지도 명확한 원인 규명은 이루어지지 못한 형편이다.

마셸의 사망과 그 후임인 온건파 조아킹 시사누의 사회주의 포기 선언은 모잠비크 사회변혁의 변곡점인 동시에 모잠비크 사회주의의 '실'과 '허'의 분계선이다. 1989년 해방전선당 제5차 대회에서는 1977년 3차 대회에서 규정한 '마르크스-레닌 선봉당'을 '전민당(全民黨)'으로 바꾸고, "인권을 존중하고 평화와 진보를 옹호하며, 국내에서의 사회적 및 지역적 차별을 줄이며, 재부를 보다 공평하게 분배"할 것을 주장하면서 "민주사회주의와 평등, 자유, 단결에 바탕한 모잠비크 사회 건설"을 당의 목표로 제시했다. 당 창건 때는 '과학적 사회주의'를 주창했으나, 여기서는 그 내용이 애매모호한 소위 '민주사회주의'로 대체된다. 2006년 제9차 대회에서는 빈곤 퇴치와 변혁을 당의 '중심 임무'로 명시했다. 그런가 하면 2012년 제10차 대회의 의제는 '50년간 단결해 빈곤과 투쟁, 해방전선당은 변혁을 주도한 힘'으로서 주로 당이 사회적 빈곤을 퇴치하기 위해 기울인 노력을 총화했을 뿐, 사회주의에 관해서는 일체 언급이 없었다.

　2004년 12월부터 발효된 새 헌법은 다당제로 일당제를 대체하고, 당정 분리와 사법 독립을 실행하며, '여러가지 경제 요소가 병존하는 시장경제'를 실시한다고 규정하고 있다. 여기서 말하는 '다당제'나 '당정 분리'는 고전적(과학적) 사회주의 국가운영 원칙에서 이탈한 것이다. 또한 여기서 말하는 '여러가지 경제 요소'에는 자본주의적 자유경제 요소가 포함되어 있다. 1984년 8월과 1987년 1월에 각각 발표한 '외국투자법'과 '개인투자법'은 국내외의 개인투자와 합자(合資)기업의 창업을 유도하고 있다. 2009년 한해 동안의 모잠비크에 대한 외국투자 총액은 약 159억 달러에 달했으며, 2009~13년 사이에 정부가 승인한 외국의 직접투자 항목은 1,400건으로 그 총액은 무려

180억 달러였다.

　대표적인 사례로 마푸투 교외에 있는 모잘(Mozal) 알루미늄 제련기업을 들 수 있다. 2006년 6월에 조업을 시작한 이 기업의 주식 배당을 보면 영국과 호주 자본인 BHP빌리턴사(社)가 47%, 일본의 미쓰비시 상사가 25%, 남아프리카 개발공사가 24%였고, 모잠비크 정부는 겨우 4%에 불과하다. 이 기업의 건립 총공사비는 약 22억 달러였는데, 이는 당시 모잠비크 국내 총생산액의 3분의 1에 해당하는 것으로 이 기업의 설립이 얼마나 거대한 프로젝트였는가를 짐작할 수 있다. 아프리카에서 초우량 기업으로 각광받아온 이 기업의 2006년 알루미늄 수출량은 50만톤 이상으로 모잠비크 전체 제조업 수출액의 60%를 넘어섰다. 한마디로 외국자본의 과독점이다. 이러한 경제 정책들은 '광범위하게 친구를 사귀며 적(敵)을 만들지 말자'라는 외교적 캐치프레이즈 아래에서 추진되어왔다.

　모잘 알루미늄 제련기업을 비롯한 외국 투자기업의 침투와 외국원조에 의해 2000년대에 들어서면서 이른바 '모잠비크의 기적'이 일시적으로 일어났다. 2007년 7%의 경제 성장률을 기록해 1인당 국민소득은 830달러까지 급증했다. 1993년부터 10년간 전기 소비량은 7.4배나 늘어났으며, 2004년의 아동 사망률은 1990년에 비해 83%나 줄었다. 같은 시기에 아프리카에서 아동 사망률을 80% 이상 줄인 나라는 모잠비크와 기니밖에 없었다. 내전 종결 후 10년 만에 밑바닥에 떨어진 경제를 성장으로 이끌고 최빈국이라는 오명을 털어버린 모잠비크의 일약 변신은 국제사회에서 '모잠비크의 기적'이라 불리며 주목받았다. 그러나 이것은 잠깐의 훈풍(薰風)에 불과했다. '호경기'는 오래 가지 못했다.

문제는 이러한 변신이 범국민적으로 적용되지 않고 성장의 과실이 소수 기득권층에 국한되었다는 것이다. 이에 빈부격차가 심화되고, 부의 쟁탈을 위한 모순과 갈등과 불안이 더욱 격화되었으며, 사회적 부조리와 부패가 만연되는 등 후폭풍이 일어났다. 실업률은 5명당 1명꼴(18.7%, 2006)로 늘어나고, 에이즈 감염률은 전인구의 10%를 초과(11.5%, 2010)했으며, 인문발전지수(人文發展指數)는 세계의 하위권에 속하는 185위로 추락했다. 모잠비크의 기적이라는 말과는 도저히 어울리지 않는 수치다. 그 주요 원인의 하나가 바로 집권당과 정부, 지도층이 사회주의적 동력을 제대로 발동하지 못한 것이었다.

　　이상과 같이 집권당인 해방전선당의 노선과 강령 및 정책에서 나타난 모잠비크 사회주의의 실과 허의 이중성은 수도 마푸투를 답사하는 과정에서 어렵지 않게 감지되었다. 면적 346km²에 인구 약 110만(2017)을 가진 마푸투의 본래 이름은 로렌수마르께스였으나, 독립 후 지금의 이름으로 개명했다. 내륙으로 깊숙이 파인 인도양의 델라고아만에 위치한 천혜의 중계무역항이다. 900년경 동아프리카 해안에서 일찍부터 교역활동을 해오던 아랍-무슬림들이 반투족이 살던 모잠비크 지역을 점령한 후 이곳을 항구로 사용했다. 포르투갈의 상인 로렌수 마르께스에 의해 중계무역항으로 개척된 후 그 이름을 따랐다가 1976년에 지금의 이름인 마푸투로 개명했다. 15세기 말에 인도항로를 개척한 바스꾸 다 가마가 이곳에 들른 후 마푸투는 포르투갈의 인도항로에서 빼놓을 수 없는 주요한 중간기지가 되어 17세기 말까지 크게 성장했다.

　　1787년에는 이곳에 에스삐리뚜산뚜(Espírito Santo) 성채가 구축되어 군사요지가 되었고, 1887년에 시(市)로 승격했으며, 1907년에는 포르

에스삐리뚜산뚜 요새(1787년 구축)

투갈령 동아프리카의 수도가 되었다. 1895년에는 철도로 남아프리카 공화국의 트란스발주와 스와질란드 및 로디지아(현 짐바브웨)와 연결되었고, 다시 아프리카 대륙횡단철도와도 이어져 명실상부한 교통 요충지가 되었다. 1907년에는 모잠비크 식민통치의 본산인 정청(政廳)이 설치되어 영내 정치와 행정의 중심도시가 되었으며, 1975년 독립이 선포되자 수도로 지정되었다.

마푸투는 노예와 상아뿐 아니라 남아프리카의 다이아몬드 광산 및 금광에서 채굴한 광물을 실어나르기에 적합한 장소에 위치하고 있어 이 지역의 소유권을 둘러싸고 포르투갈·네덜란드·영국 등이 치열한 경쟁을 벌였지만, 종국에는 포르투갈의 속지가 되었다. 1960년대부터 '모잠비크해방전선'을 비롯한 독립운동 단체들이 지속적인 독립투쟁을 전개한 결과 1975년에 포르투갈로부터 독립했으며, 마푸투는 독립

초대 총독 안토니 잉글리시의 기마동상   마셸 대통령의 관

국가의 첫 수도가 되어 번영일로를 걸어왔다. 현재 시가는 해안의 습지대를 매립해 건설한 상공업지구와 언덕 위의 주택지구로 나뉘어 있다.

4월 14일 오전 케이프타운에서 항공편으로 마푸투에 도착한 후 현지 여행사 가이드의 안내를 받으며 시내 관광에 나섰다. 마푸투는 반투계의 한 종족 이름에서 유래되었다고 한다. 처음으로 들른 곳은 해변가에 위치한 에스삐리뚜산뚜 요새다. 붉은 벽돌로 축조된 이 요새 뜨락에는 포르투갈 식민통치의 상징 인물인 초대 총독 안토니 잉글리시(Antoni English)의 기마동상이 서 있으며, 요새의 방 한칸에는 추락사한 초대 대통령 마셸과 그의 첫번째 부인 시신이 안치되어 있다. 녹슨 대·소형 대포들이 흉물스럽게 널려 있다. 이어 마푸투의 상징이라고 하는 104년 전에 지은 기차역에 들렀다. 일부 홍보책자에는 프랑스의 에펠이 이 역사를 지었다고 하는데, 이것은 사실이 아니라고 가이드는 힘주어 말한다. 녹슨 기관차 몇대는 지금도 운영되고 있다. 첫 기관차가 기념으로 전시되어 있다.

키 큰 캐슈(cashew)나무가 곳곳에서 가로수나 정원수로 시가를 푸르

104년 전에 지은 기차역　　　　　　　　　캐슈나무 가로수

싱싱하게 뒤덮고 있다. 이 캐슈(학명 Anacardium occidentale)는 옻나무과에 속하는 상록교목으로 키는 10~15m까지 자라며, 열매도 먹거니와씨(캐슈너트)는 견과류로 인기가 많다. 줄기에서 흘러나오는 수지는도료나 고무로 쓰인다. 캐슈는 열대지방의 재배식물임에는 틀림없고,그 원산지에 관해서는 남아메리카라고도 하지만 이곳 사람들은 모잠비크라고 믿는다. 모잠비크섬은 물론이거니와 길가나 들 어디에나 지천에 깔려 있다.

　점심 후 첫 행선지는 마스지드(이슬람사원)다. 아주 정갈하고 아담하다. 아랍-무슬림들이 이곳에 정착한 지도 오래되고 오늘날도 적지않은 비중을 차지하고 있음에도 시내에서는 마스지드가 별로 눈에띄지 않으며, 학교도 초등학교밖에 없다. 이어 시청광장으로 발길을옮겼다. 시 청사를 배경으로 대형 마셸 동상이 서 있다. 거리 끝자락에 항구가 있는데, 정차나 촬영이 금지되어 그저 먼발치에서 조심스레 움직이고 있는 육중한 크레인 몇대와 정박 중인 대형 화물선 몇채만 바라보고 스쳐지나가고 말았다.

이슬람사원의 외관

　이곳저곳 시가를 누비면서 한가지 의아했던 것은 마르크스, 마오
쩌둥, 호찌민, 김일성 등 옛 사회주의 국가 지도자들의 이름이 붙은
거리가 여전히 남아 있다는 사실이다. 그 가운데서 가장 크고 화려한
거리는 역시 마오쩌둥 거리다. 이 거리 입구에는 거리를 가로지르는
대형 아치가 세워져 있다. 상점에는 중국 제품이 수북이 쌓여 있다.
그리고 서양 원조의 패스트푸드 레스토랑이나 커피점도 즐비하다. 이
나라가 사회주의 포기를 선언한 지 20여년이나 지났는데도 아직 그
지도자들의 이름이 붙은 거리가 그대로 남아 있다는 것은 작금의 관
행으로 보면 신기한 일이 아닐 수 없다. 미련에서일까, 관용에서일까?
이것을 모잠비크 사회주의의 '실'이라고 하자니 너무나 무지한 해석
같고, 그 '허'라고 하기에는 지나치게 가혹한 지적 같다.
　'모잠비크 사회주의'를 모잠비크와 중국과의 관계로 좁혀 보면, 해

마르크스 거리

호찌민 거리

시청광장의 마셀 동상

김일성 거리

마오쩌둥 거리

답은 더 난감하다. 저녁식사를 하려고 해변가 식당에 찾아갔을 때, 중
국의 한 도로건설공사가 '중국교량(中國橋梁)'이라고 쓴 붉은 깃발을
꽂아놓은 채 한창 식당 앞 도로의 확장공사를 진행하고 있었다. 어제
모잠비크섬에 다녀오면서도 비슷한 광경을 목격했다. 100여만 중국
인들이 아프리카에 진출해, 바야흐로 아프리카가 중국의 '두번째 대
륙'이 되어간다고 하는 우려는 여기 모잠비크 땅에서도 그럴 성싶게
다가온다. 2012년 중국과 모잠비크 간의 무역 총액은 약 13억 달러로
미국과 모잠비크 간의 약 3억 달러보다 무려 4배나 더 많았다. 호텔의
이쑤시개까지도 '환영광림'(歡迎光臨, 어서 오십시오)이라는 한자가 새
겨진 중국제다. 사회주의의 실이니 허니 하는 따위의 푸념이나 넋두
리를 떠나서 차라리 그저 있는 그대로 이해하거나 묵시(黙視)하는 것
이 정답일지도 모르겠다.

56
빅토리아호와 리빙스턴

아프리카 전반이 그러하지만 동남아프리카에서의 항로 연결은 상상 외로 복잡하고 불편하다. 그 속에서 일정을 따라 동선을 잡는데는 상당한 기지가 필요하다. 다행히 동행한 강상훈 대표는 다년간 여행사업에 이골이 난 베테랑이라서 별 하자 없이 뜻하는 바대로 돌아다녔다. 마푸투로부터의 행선지는 탄자니아와 인접한 짐바브웨의 빅토리아호(Victoria Lake, 일명 빅토리아 폭포Victoria Falls)인데, 항공로는 요하네스버그를 거쳐야 한다.

꼭두새벽 3시 반에 기상해 공항에 도착하니 동틀 무렵이다. 첫 비행기라서 공항은 한산하고 조용하다. 직원 몇명만이 데스크에 앉아 첫 손님을 기다린다. TM 301편(좌석 9D)으로 7시 13분 마푸투 공항을 이륙해 7시 56분에 요하네스버그 국제공항에 착륙했다. 비행에 43분이 걸렸다. 공항에서 캐논 소형 카메라를 786달러에 구입했다. 여행,

특히 미지의 세계에 대한 탐방에서 카메라는 애지중지할 수밖에 없는 필수품이다. 카메라는 눈과 기억을 대신해주기 때문이다. 눈과 기억이 없다면 여행이나 탐방은 애당초 엄두를 내지 못할 것이 아닌가. 카메라도 분명 시대의 산물이다. 흑백 시대의 카메라와 디지털 시대의 카메라에는 엄연히 구별되는 시대상이 각인되어 있다.

공항에서 4시간쯤 휴식하고, SA 6285편(좌석 6D)으로 환승, 11시 53분에 이륙해 1시간 12분 비행 끝에 13시 5분, 빅토리아폴스 공항에 안착했다. 공항에서 수수료 45달러를 물고 2회 출입국용 짐바브웨 입국비자를 받았다. 수속은 간단하고 꽤 빠른 편이나 워낙 입국자가 많아서 수속하는 데 근 1시간이나 걸렸다. 그 사이에 여러 비행기가 꼬리를 물고 착륙해 수속실은 입추의 여지 없이 만원이다. 그만큼 이 세계적 명소를 찾아오는 사람들이 많다는 얘기다. 14시 30분경에 공항에서 차로 20분 거리에 있는 킹덤(The Kingdom) 호텔에 도착해 2109호 방에 여장을 풀었다. 3층짜리 구식 전통 건물이다.

상공에서 조감하고 싶었으나 비행 방향이 달라서 아쉽게도 공중에서의 폭포 감상은 할 수 없었다. 빨리 가보고픈 초조감에 사로잡혀 호텔에서 샌드위치 한조각으로 허기를 달래고는 폭포로 직행했다. 택시기사가 가이드를 겸했다. 15분쯤 숲속을 달리는데, 갑자기 요란한 폭포 소리가 숲의 공명(共鳴)을 타고 귓전을 울린다. 이윽고 폭포가에 닿았다. 자욱한 안개 속에 물보라가 이슬비를 뿌리더니, 어느새 세찬 바람을 몰고 와서는 장대비를 마구 쏟아붓는다. 그것도 잠시, 햇볕이 쨍하고 나더니 영롱한 쌍무지개가 천길만길 낙수 절벽에 걸려 신비를 자아낸다. 이러한 장관이 무시로 반복된다. 마지막으로 가장 끝 전망대로 향하고 있는데, 갑자기 폭풍우가 들이닥치고 짙은 안개가 낮

■ 빅토리아 폭포의 비경

게 깔리더니 비바람과 안개가 삽시간
에 오솔길을 묻어버린다. 네발 걸음으
로 전망대 앞 50m쯤까지 엉금엉금 기
어갔을 때, 기사가 헐레벌떡 달려와서
앞을 막아서며 무조건 팔을 잡아채 되
돌려세운다. 위험천만하다는 것이다.
순간 기사가 얄밉기도 했지만 고맙기
도 했다. 물병아리 신세로 리빙스턴
동상 등 물안개와 비바람 속에서도 살
아남은 유적·유물 몇군데를 돌아보
고 호텔로 돌아왔다.

이어지는 일정은 인근을 흘러 지
나가는 잠베지강의 '석양 크루즈 유
람'(Sunset cruiser)이다. '위대한 강'이라

탐험가 리빙스턴 동상

는 뜻의 잠베지(Zambezi)강은 중앙아프리카 고원에서 발원해 앙골라
와 잠비아, 보츠와나, 짐바브웨, 모잠비크를 거쳐 인도양으로 흘러들
어가는 길이 2,740km에 유역면적이 133km²나 되는 큰 강이다. 남아
프리카에서는 가장 크고, 아프리카 전체에서는 4번째로 크다. 이 강은
1.7km의 너비를 유지해오다가 강 상류에 있는 빅토리아 폭포에 이르
러서는 갑자기 폭이 60~100m밖에 안 되는 좁은 현무암 계곡으로 떨
어지면서 천지를 진감하는 괴음을 낸다.

1851~55년 탐험 끝에 잠베지강을 발견한 영국 여행가 리빙스턴은
이 강을 일컬어 '하느님의 고속도로'(God's Highway)라고 했다. 이 강이
장차 기독교 문명과 교역품을 내륙으로 실어나르는 고속도로가 될

잠베지강에서의 '석양 크루즈 유람'

것이라는 뜻에서 이렇게 부른 것이다. 그는 애초에 기독교 전도를 위한 배들이 내륙으로 들어갈 수 있는 뱃길을 알아보려고 이 길을 탐험한 것인데, 탐험 과정에서 노예무역의 참상을 보곤 격분했다. 한 흑인 여성이 아이를 업느라 등짐을 지지 않으려 하자 노예상이 그 어린이를 총으로 쏴 죽였다. 그 현장을 목격한 리빙스턴은 울분에 차 노예들을 풀어주었다고 한다.

급류가 없고 물결이 잔잔한 잠베지강의 석양 크루즈 유람은 자고로 유명하다. 선창가에서는 전속 악무단원 10여명이 전통 노래와 춤으로 환영을 표시한다. 자그마한 크루즈선에는 세계 각지에서 온 30여명의 유람객이 합승했다. 선상에서는 무료로 음료와 간식을 제공한다. 20여척의 유람선이 석양에 반짝거리는 수면을 미끄러지듯 오

호텔 전통식당에서의 바비큐 뷔페 행사

간다. 서로가 손을 들어 인사를 나누기도 한다. 여기서만은 화평한 세상이다. 간간이 악어와 하마 떼가 물위로 육중한 대가리나 등을 내밀었다가는 어디론가 사라진다. 만약 저 놈들이 배 밑에서 이따위 짓을 한다면 배는 과연 어떻게 될까? 뒤집힐 것이다. 순간 등골이 오싹해진다. 다행히 그런 일은 없다고 선장은 승객들을 안심시켰다. 무슨 자연의 조화인지는 몰라도 긴 낙조(落照)에 비해 늘 마음을 설레게 하는 붉은 노을은 의외로 짧다.

약 2시간의 선상 유람을 마치고 호텔에 돌아오니 전통식당에서는 바비큐 뷔페가 손님들을 기다리고 있다. 주요한 일정의 하나다. 식비는 1인당 70달러다. 입구에서는 이곳 전통에 따라 줄무늬가 가로세로로 난 큰 보자기로 손님의 어깨를 감싸준다. 환영의 표시다. 자욱한 연기 속에 싱그러운 향기가 감돈다. 자유로이 자리를 찾아 앉자 손을 씻으라고 자그마한 세숫대야에 물을 가져온다. 그만큼 청결을 지킨다는 뜻이다. 이어 입가심으로 삶은 옥수수와 볶은 땅콩, 완두 비슷한 찐 콩이 나온다. 육식 위주의 요리 메뉴는 부위별로 10여가지씩 마련되어 있다. 특식으로 악어 꼬리가 별미라고 해서 주문했다. 희끔한 색깔에 맛은 담백하며 육질은 약간 쫄깃쫄깃하다. 막간에 이곳 쇼나족 남녀 청년 7~8명이 번갈아가며 타악(打樂) 리듬에 맞춰 춤과 노래를 선보였다. 거의 포식 상태에서 호텔에 돌아와 연속 3일간 덧쌓인 노독을 숙면으로 풀었다.

이튿날(2014.4.18.금)의 오전 일정은 잠비아 쪽에 있는 빅토리아호를 관광하는 것이다. 호텔에서 약 10분간 달리니 잠베지 강안에 자리한 짐바브웨 국경초소가 나타난다. 다시 돌아와야 하기 때문에 출국수속은 간단히 하고 두 나라 국경을 이루는 잠베지강 다리를 건넜다. 다리는 깊이가 111m나 되는 협곡을 가로질러 놓여 있는데, 여기서 간 큰 청년들이 번지점프 훈련을 한다고 한다. 잠비아 쪽 국경초소에 이르러서는 1인당 20달러를 주고 입국비자를 즉석에서 발급받았다. 제집 드나들 듯하는 택시기사가 모든 수속을 대행해주었다. 그 역시 택시기사이면서 안내원임을 자임한다. 그쪽 빅토리아호 관광은 '잠비아 빅토리아 공원'이 종합적으로 관리 및 운영하고 있다. 폭포가를 따라 뻗은 약 2km의 왕복로가 관광코스다.

공원에 들어서자마자 폭풍이 불어닥친다. 전진할수록 더 세차다. 거센 비바람이나 짙은 물안개, 그리고 무지개의 출몰은 어제 짐바브웨 쪽 폭포 관광에서 조우한 경우와 대동소이하나 강도는 훨씬 더 세며, 도처에 위험이 도사리고 있다. 특히 너비 1m, 길이 200m쯤 되는

모잠비크와 잠비아 사이를 흐르는 잠베지강을 건너는 다리

흔들리는 부교를 지날 때는 머리카락이 바싹 곤두서는 긴장과 불안·위험을 느꼈다. 중간까지 갔다가 돌아가는 이가 있는가 하면, 어떤 이, 특히 고령자들은 부교 어귀에서 아예 진입을 포기하기도 한다. 사실 공원 입구 안내판에는 폭우시에는 진입을 삼가라는 등 이 부교에 대한 경고 안내가 따로 있다. 잠비아 쪽 폭포는 약 1km의 너비로 고요히 흐르던 잠베지강이 돌연히 화강암으로 된 절벽과 계곡을 만나 낙수하면서 이루어진 폭포다. 이 공원은 폭포와 더불어 식물원과 자연동물원을 함께 아우르고 있다. 숲속에서 기린과 얼룩말, 임팔라, 원숭이 같은 아프리카 희귀 짐승들이 한가로이 노닐고 있다.

공원 입구에서 대기하고 있던 짐바브웨에서 타고 온 택시로 귀로에 올랐다. 전격(電擊) 답사에는 2시간 반이 걸렸다. 잠비아 쪽에서는 출국수속을, 짐바브웨 쪽에서는 재입국수속을 간단히 마치고 킹덤 호텔에 돌아와 짐을 챙겨 부랴부랴 공항에 도착했다. 행선지는 남아공 요하네스버그다. BA(영국 항공) 6282편(좌석 23E)으로 14시 5분에 빅토리아폴스 공항을 이륙해 1시간 28분 만인 15시 33분에 요하네스버그 국제공항에 안착했다. 늘 그러하듯이 구름 위의 일망무애(一望无涯)한 상공을 비행하다보면, 불현듯 방금 전에 대면했던 세계가 주마등처럼 눈앞을 스쳐지나간다. 그것을 회상하고 메모하는 데는 더할 나위 없는 호기다.

현지 부족어인 키냐르완다어로는 '니안자'(Nyanza)라고 불리는 빅토리아호는 1860~63년 영국의 탐험가 존 스피크(John Hanning Speke)와 제임스 그랜트(James Augustus Grant)가 나일강의 수원을 찾아다니다가 우연히 발견했다. 당시 영국 여왕 빅토리아에게 이 발견 소식을 알리면서, 여왕을 기리기 위해 그 이름을 따서 '빅토리아호'라고 명명한 것이다. 불규칙한 사변형 모양을 한 이 호수는 서쪽 면을 제외한 3면의 굴곡이 심하다. 남북 길이는 337km, 동서 폭은 240km로 총 둘레는 무려 3,220여km이며, 총 면적은 약 6만 9,000km²에 달한다. 호수 수면은 해발 1,134m이고, 평균수심은 40m이며, 최고수심은 82m다. 유역면적은 23만 8,900km²로 여기에는 약 3,000만 인구가 살고 있다. 빅토리아호나 그 폭포가 차지하는 세계적 위상을 따져보면 호수로서는 아프리카에서 가장 크며, 세계적으로는 북아메리카 5대호 가운데 하나인 슈피리어(Superior)호에 버금가는 두번째로 큰 담수호다. 폭포로 말하면 북의 나이아가라 폭포와 남아메리카의 이구아수 폭포와 함께 세계 3대 폭포의 하나로 꼽힌다. 빅토리아 폭포는 규모에서 3번째다. 그중 너비와 낙차로는 이구아수가 단연 1위이고, 수량으로는 나이아가라가 앞선다. 세 폭포의 공통점은 모두 두 나라의 수계(水界)를 이루지만, 수량이나 규모에서는 어느 한쪽에 치우친다는 점이다. 나이아가라의 큰 폭포(수량 94%)는 캐나다 쪽으로 흐르고, 이구아수는 유역면적의 8할을 아르헨티나가 차지하며, 빅토리아의 경우 5개 물줄기 중 4개가 짐바브웨 경내를 지나간다.

빅토리아호 유역은 수백만년 전 신생대 제3기의 고생인류가 태어난 곳이며, 석기시대의 석기 및 토기 유물들이 발굴되고 있다. 지금까지 알려진 기록 가운데서 가장 오래된 것은 1154년 아랍 지리학자 알 이드리시(Al-Idrisi)가 남겨놓은 세계지도 기록인데, 당시 아랍인들은 이 호수를 '우케레웨호'라고 불렀다. 기원전 6세기 그리스 과학자 탈레스(Thales, 기원전 624~547) 이래 사람들은 들려오는 소문에 근거해 이 호수가 지하수나 유입된 바닷물, 계절풍에 의한 빗물, 고산지대의 눈 녹은 물로 형성되었다는 등 여러가지 추측성 해석을 내놓았지만, 어느 것 하나 확실치는 않았다. 호수의 정체는 오랫동안 수수께끼로 남아 있었다.

1857년 영국 왕립지리학회로부터 위탁받은 영국 탐험가 리처드 버튼(Sir Richard Burton, 1821~90)과 스피크는 나일강의 수원을 찾기 위해 아프리카로 떠났다. 두 사람은 지금의 탄자니아의 잔지바르로부터 서쪽을 향해 출발, 1858년 2월에 동아프리카 대열곡(大裂谷)에 있는 여러 호수 가운데 하나인 탄자니아호에 도착했다. 그들은 탄자니아호에 도착한 첫 유럽인이었다. 버튼은 이 호수가 나일강의 수원일 것이라고 믿었으나, 스피크는 얼마 후 이 호수보다 더 큰 빅토리아호를 발견하고 이 호수가 다름아닌 나일강의 진짜 수원이라고 주장했다. 스피크가 1864년 자고(鷓鴣, 꿩과에 속하는 맛 좋은 사냥 새) 사냥을 갔다가

오발로 사망할 때까지 두 사람 사이에서는 논쟁이 계속되었다. 많은 탐험가들과 연구자들도 나일강의 수원에 관한 관심을 포기하지 않고 탐험의 기회만 노리고 있었다.

그러다가 1865년 영국의 유명한 선교사이자 탐험가인 데이비드 리빙스턴(David Livingstone, 1813~73)이 나일강 수원 찾기에 나섰다. 찾던 끝에 그만 콩고강 유역으로 잘못 들어섰다. 결국 스피크의 발견을 확인할 수가 없었다. 몇년 지난 뒤인 1871년 미국의 탐험가 헨리 스탠리(Henry Morton Stanley, 1841~1904)는 빅토리아호 탐험 과정에서 드디어 스피크의 발견을 긍정하기에 이르렀다. 이로써 빅토리아호가 나일강의 수원이라는 사실이 세상에 널리 알려지기 시작했다. 이를테면 빅토리아호의 출수구(出水口)가 바로 나일강의 수원인 것이다. 그 지점은 현 우간다의 진자(Jinja)시로서 강 서안(西岸)의 높은 곳에 스피크의 이름이 새겨진 삼각형 기념비가 세워져 있는데, 그의 이름 밑에는 "1862년 7월 28일 스피크가 여기서 나일강의 수원을 발견했다"라는 비문이 씌어 있다. 빅토리아호와 나일강 물이 만나는 곳은 커다란 깔때기 모양의 지형인데, 중간 몇곳에 암석이 불쑥 솟아나 3개의 물길로 갈라졌다. 호수물이 일단 나일강에 흘러들어갈 때는 자그마한 낙차가 생기는데, 거기서 보면 호수물은 탁하고 물결이 일렁이나, 나일강 수면은 평온하고 맑다.

아프리카의 탄자니아호와 말라위호, 빅토리아호 3대 호수 중에서 앞의 두 호수는 동아프리카 대열곡(大裂谷)이 갈라지면서 생긴 단층호(斷層湖)이나, 빅토리아호는 지각운동에 의해 지면이 가라앉으면서 형성된 얕은 집수분지(集水盆地, 물이 고인 분지)에 생긴 구조호(構造湖)로서 3대 호수 가운데서 가장 얕다. 탄자니아호는 세계에서 두번째로 깊은 호수로 평균수심이 700m나 되지만, 빅토리아호는 40m에 불과하다. 그러나 빅토리아호는 세계에서 가장 큰 담수 어장의 하나로서 연간 어획량은 12만톤이며, 아프리카 붕어 등 여러가지 토종 어류와 함께 나일강 농어가 많이 번식하고 있다. 농어는 한마리 무게가 45kg 넘는 것이 수두룩하며, 최대로 94kg짜리가 잡힌 기록이 있다. 호수에는 육중한 악어와 하마 떼가 어정버정 몰려다니고, 수없이 많은 펠리컨(사다새)과 백로, 가마우지가 유유히 무자맥질한다. 무성한 주변의 목초지에서는 사자와 코끼리, 서우(犀牛, 코뿔소), 반마(斑馬, 얼룩말), 기린이 떼 지어 다닌다. 케냐, 우간다, 탄자니아 3국은 아프리카 굴지의 유람대국으로 그 천혜의 여건이 바로 야생동물자원이다. 그런가 하면 호숫가에는 각종 열대과일이 지천에 깔려 있다. 특히 푸르싱싱한 파초(芭蕉)는 그 종류가 200여가지에 달한다. 고생인류가 이곳을 기원지로 한 까닭이 바로 여기에 있다.

당면한 문제는 심각한 생태계의 파괴다. 어업량을 늘리려고 1950년대부터 나일강 농어를 들여왔는데 기대와는 정반대의 결과를 얻었다. 수백종의 특산 어종이 농어의 먹이가 되어 멸종해버린 것이다. 또한 원산지가 아메리카 열대지방인 수호로(水葫蘆, 물조롱박, Eichhornia crassipes)를 생산 목적으로 이식했으나, 엉켜 사는 이 식물의 특성 때문에 교통은 물론 어업과 수력발전, 생활용수 공급 등 여러 분야에서 큰 피해를 입었다. 1995년에 90%의 우간다 쪽 호안이 이 수호로 때문에 막혀버렸다. 기계로 제거하고 화학적 방법으로 박멸하려 시도했지만 다 헛수고였다. 요행히 이 식물을 먹이로 하는 상비충(象鼻虫, Neochetina eichhorniae)이라는 벌레를 호수에 기생시켜서야 겨우 효과를 얻었다. 그밖에 호수 오염도 심각한 상태다.

주변 어촌에서는 면화와 벼, 사탕수수, 커피, 바나나 등의 식물을 많이 재배한다. 1954년 우간다 경내의 나일강에 축조된 오언 폭포 (Owen Falls) 댐은 세계에서 저수량이 가장 많은(2,048억m³, 댐 높이 312m) 댐으로 관개와 발전(15만kw)에 쓰인다. 이 댐의 건설로 인해 3km 떨어진 빅토리아호의 수위는 점차 높아지고 있다. 호숫가는 아프리카에서 인구밀도가 가장 조밀한 지역의 하나로, 호숫가 80km 주위에 수백만 인구가 살고 있다. 1990년대부터 호수 선박이 3국을 잇는 주요한 교통수단으로 이용되면서, 호안에는 키수무(Kisumu), 부코바(Bucoba), 므완자(Mwanza), 엔테베(Entebbe), 포트벨(Port Bell), 진자(Jinja) 등 항구들이 잇따라 개발되어 지역 발전에 큰 기여를 하고 있다.

제4부

아시아의 가까운 이웃

57

"마음만은 남겨두고 가라!",
노예들의 애절한 절규

빅토리아 폭포를 보고 요하네스버그에 와 하루를 묵은 뒤 이튿날 인 4월 20일(일) 낮 12시 35분에 SA(남아공 항공) 186편(좌석 20D)으로 공항을 이륙해 3시간 4분 만에 탄자니아 수도 다르에스살람 국제공 항에 착륙했다. 공항 청사를 막 빠져나오려는데 갑자기 먹구름이 몰 려오면서 천둥번개가 하늘을 가르더니 국지성 호우가 쏟아진다. 이곳 은 저위도 지역으로 인도양 계절풍의 영향을 받아 찌는 듯 무덥다. 연 평균 기온은 26도이며, 일교차가 10도 이상 벌어진다. 연평균 강수량 은 1,100mm에 이르는데, 우기는 4월부터 9월까지이고 그밖에는 건 기이다. 연중 천둥번개가 치는 날이 무려 32~48일간이나 된다. 이제 금방 우기가 시작된 셈이다. 그러나 이러한 규칙적 계절변화는 옛말 이고, 지금은 이상기후 탓으로 우기에는 큰 비가 없고 건기에 큰 비가 내린다며 마중 나온 현지 가이드가 푸념한다.

시내에 들어서니 비 한방울 맞은 흔적 없이 땅은 찜통더위에 푸석 푸석 말라 있다. 자리잡은 곳은 세레나(Serena) 호텔 309호 방이다. 늘 하던 대로 짐부터 점검하고 나가려는 참에 동행한 강상훈 대표의 트 렁크가 비스듬히 열려 있는 것을 발견했다. 아차! 불길한 예감에 트렁 크를 열어제치니 아니나 다를까, 물건들이 뒤죽박죽이다. 그 속에서 주머니에 넣어 보관해오던 외장하드 하나가 자취를 감췄다. 그날그 날 찍은 사진을 입력해 저장하는 외장하드다. 이러한 사태를 미리 예 견해 찍은 사진자료들을 카메라와 외장하드에 이중으로 보관해왔다. 반사적으로 본인의 트렁크를 열어보니, 역시 이것저것에 손을 댄 흔 적은 있으나 다행히 축난 것은 없었다. 추측건대 좀도둑은 아니고, 십 중팔구는 첩보원 계통의 소행일 것이다. 평생 돌아다니며 당할 대로 당해본 경험이 그저 쓴웃음을 자아내게 할 뿐이다. 돌이켜보니 요하 네스버그 공항에서 정복 차림으로 지원 인력을 가장한 40대 후반 남 자가 탑승수속 데스크에 다가와서 여직원더러 빨리 수속을 해주라고 눈짓으로 당부하고는 어디론가 사라져버린 일이 있었다. 정말 시키는 대로 직원은 '친절하게' 탑승수속을 해주었다. 비행기 출발이 지연되 는 바람에 공항에서 2시간이나 대기하고 있던 사이에 일이 꾸며진 것 이다. 원래 요하네스버그 공항은 이런 식의 모사(謀事)로 악명 높은 곳이다.

그저 호사가들이 고약한 심사를 부리는 것쯤으로 치부하고, 의젓 하게 오후 4시 반에 시내 관광을 시작했다. 다르에스살람은 과거 식 민 시대의 수도이고, 오늘날의 공식 수도는 도도마(Dodoma)다. 해발 1,300m의 고지라서 날씨가 쾌적한 데다가 도로교통 요지이기 때문에 1973년 국민투표로 천도를 결정했다. 도도마주(州) 주도인 도도마는 면적 2,576km²에 약 19만명(2006)이 살고 있다. 그러나 아직까지 다르에스살람이 탄자니아 모든 분야의 중심 역할을 하고 있다.

100여년 전에 동부 일원에서 쿠투족이 현 다르에스살람 지역에 이주해와 정착하면서 이곳을 쿠투어로 '상쾌한 지방' 또는 '건전한 곳'이라는 뜻의 '므지지마'(Mzizima)촌이라고 불렀다. 그러다가 1857년 잔지바르의 술탄 마지드 빈 사이드(Majid bin Said)가 이곳에 궁전을 세우고 나서 얼마 있다가 촌 이름을 반다르에스살람(Bandar es Salaam)으로 고쳐 불렀다(1862). '반다르'는 페르시아어로 '항구'란 뜻인데, 언제 누가 왜서 이 말을 '집' 또는 '가옥'이라는 뜻의 아랍어 '다르'로 바뀠는지는 미상이다. 흔히들 알고 있기로는 '다르에스살람'은 '평화의 항구'라는 뜻이라고 하는데, 사실은 '평화의 항구'가 아니라 '편안한 곳'이다. '다르'는 아랍어로 '집'이나 '곳'이라는 뜻이지 '항구'란 뜻은 없고, 또한 '살람'은 '평화'나 '편안'을 뜻하기 때문이다.

원래 다르에스살람은 서인도양안에 위치한 자그마한 어촌이었으나 잔지바르 술탄이 이곳에 궁전을 지으면서 도시로 변모해갔다. 1887년 독일의 동아프리카 회사가 이곳에 닻을 내리면서 번성해 1891~1916년 기간에는 독일령 동아프리카의 수부(首府)였고, 1차 세계대전 이후에는 독일령에서 영국령으로 바뀌면서 영국령 탕가니카의 수도가 되었다. 이를 계기로 다르에스살람은 동아프리카 연안의 식민지 무역 중심으로 부상했다. 2차 세계대전이 끝나고 탕가니카와 잔지바르가 각각 영국으로부터 독립한 후 1964년에 두 나라가 합병해 탄자니아로 통일하고 다르에스살람을 공식 수도로 정했다. 오늘날 다르에스살람은 탄자니아에서 가장 큰 도시이며, 동아프리카에서는 케냐의 수도 나이로비에 버금가는 도시이다. 이곳의 공업생산량이 전

탄자니아 국립박물관 외관

진잔트로푸스 보이세이 두개골(400~500만년 전)

국 총 공업생산량의 절반 이상을 차지하며, 동아프리카 해상실크로드의 요로에 자리한 가장 활발한 국제무역항이다. 그뿐만 아니라 내륙교통·운수의 요충지이기도 하다. 이 나라를 횡단하는 중앙철도의 동단이 바로 다르에스살람이고, 그 서단은 탕가니카 호반 도시 키고마(Kigoma)다. 다른 한갈래의 철도는 1975년 9월에 중국의 지원하에 준공한 길이 1,860km(탄자니아 경내 통과 977km)의 탄자니아-잠비아 철도인데, 그 동단 기점도 역시 다르에스살람이다. 특이한 것은 이 도시에는 중앙철도역이 없으며, 각 지방으로 운행하는 열차를 타려면 각기 다른 역으로 가야 한다.

도시는 동심원(同心圓) 구조로 중심은 상점들이 몰려 있는 상업구인데, 이 구역에는 인도와 잔지바르계 상인들이 운집한 거리가 있다. 그 동쪽은 정부기관과 대사관들이 자리한 구역이고, 도시의 북면과

"ZINJ"

Mchoro wa msanii wa Zinj
An artist's rendering of Zinj

1. Aligunduliwa na Mary Leakey mwaka 1959 kwenye Bonde la Oldupai
2. Ana umri wa miaka millioni 1.74 iliyopita
3. Zinj anajulikana kwa namba O.H. 5 kwenye Makumbusho ya Taifa, ambayo kirefu chake ni Olduvai Hominid 5.
4. "Zinjanthropus" maana yake ni "mwanadamu wa Afrika ya Mashariki"
5. Zinj ni zamadamu mzima wa jamii ya spishi iitwayo *Paranthropus boisei*, ambayo si mhenga wa karibu wa binadamu .
6. Magego na taya kubwa la Zinj yalimsaidia sana kutafuna chakula kigumu

Louis Leakey qkimchimbua Zinj
Louis Leakey excavating Zinj

1. Found by Mary Leakey in 1959 at Olduvai Gorge
2. 1.74 Million years old
3. Zinj's accession number is O.H. 5, which stands for Olduvai Hominid 5.
4. "Zinjanthropus" means "East African Man"
5. Zinj is an adult male member of species *Paranthropus boisei*, which is not directly ancestral to modern humans.
6. Zinj's huge molars and massive jaw helped him chew tough food

Louis na Mary Leakey wakiwa Oldupai
Louis and Mary Leakey at Olduvai

진잔트로푸스 보이세이의 발견 과정

서면은 각각 주택구와 문화구이며, 남면에는 항구와 철도역들이 있다. 교외의 서북부와 서남부는 공업구역이고, 동부와 동북부는 풍광이 아름다운 바닷가 관광구역이며, 북부에는 독일과 영국 식민주의자들을 비롯한 부옹들이 사는 고급주택이 즐비하다. 시내 곳곳에서는 루뭄바나 은크루마 같은 아프리카 독립영웅들의 이름을 딴 거리가 눈에 띈다. 그만큼 이 나라는 아프리카 나라들과의 관계를 돈독히 하고 있다.

시내 관광에 나서서 처음 들른 곳은 국립박물관이다. 가파르게 경

고대인류의 이동로 지도

몸바사의 고지도

유럽인 도래 이전의 동방무역로 지도

노예 포획도

노예의 고역상

중국 도자기 유물

탄자니아-중국 우호조약 체결 장면

한자리에 모인 아프리카 독립투쟁 지도자들

사진 이엉을 얹은 전통건물이다. 6개 전시실에는 고대 유물을 중심으로 귀중한 역사고고학적 자료들이 전시되어 있다. 그 가운데서 백미는 단연 올두바이(Olduvai) 계곡에서 발견된, 인류 진화의 첫단계에 속하는 400~500만년 전 고생인류인 진잔트로푸스 보이세이(Zinjanthropus boisei)의 두개골(뒤에 설명)이다. 그밖에 눈길을 끈 것은 이곳에 처음 온 중국 상선의 잔해와 중국 도자기 유물, 다르에스살람과 몸바사(Mombasa)의 고지도, 고대인류의 이동로 지도, 노예 포획과 노예무역 자료, 각종 발굴현장 지도, 아랍-이슬람 지배 시대와 독일과 영국의 식민 시대가 남겨놓은 여러가지 유물, 아프리카 독립 지도자들의 단체 사진, 초대 대통령 니에레레의 초상화, 베이징에서 거행된 탄자니아-중국 우호조약 체결 장면 사진, 영국 총독에 이어 니에레레 대통령도 탔던 승용차 등 희귀한 유물과 사진자료들이다. 종합적인 국가 박물관의 수준에서 헤아릴 때, 고대 유물 전시품에 비해 중세와 근세 관련 전시품이 적은 것이 흠이다. 전통적인 생산도구나 생활용품들도 얼마간 전시되기는 했으나 미흡하다.

동심원 길을 따라 시내 관광을 마치고 돌아오는 길에 신시가지의 중심부 광장에서 아담한 기마동상과 마주쳤다. 1차 세계대전 참전용사들을 기리는 '아스카리 모뉴먼트'(Askari Monument)라고 부르는 기마동상이다. 광장 모퉁이에 차를 세워둔 채 차에서 내려 동상을 카메라에 담고, 약 30분간 주위를 산책했다. 향기 그윽한 생화들이 광장을 아롱다롱 수놓고 있었다. 저층건물 위주의 거리는 나름대로 정갈하다. 서너군데에서는 고층건물이 한창 올라가고 있다. 상점 진열장에 내놓은 상품들은 대부분이 사치보다는 실용적인 것들인데, 간혹 '중국 티'가 나는 물품들이 보인다. 여타 아프리카 지역도 마찬가지지만,

독립투사 기념 동상

이곳에서도 염가의 중국 상품이 판을 친다고 한다. 이 골목 저 골목에서 튀어나오는 퇴근자들로 거리는 갑자기 붐빈다. 근간에 이 나라 경제 사정이 좀 나아져서일까, 다들 활력이 차 보인다.

밤새 두번이나 일어난 다리 경련을 진정시키느라 잠을 설쳤다. 모닝콜이 늦단잠을 깨웠다. 서둘러 7시에 아침식사를 하고 호텔을 나섰다. 오늘의 행선지는 북으로 70km 떨어진 고대 항구도시 바가모요(Bagamoyo)다. 19세기 동아프리카 최대 노예무역 시장의 하나였다. 잔뜩 찌푸린 하늘에서는 장맛비를 뿌리기 시작한다. 가뜩이나 '인류사의 재난' 현장을 찾아간다는 우울한 심정에 비까지 뿌려대니 더더욱 심란하다. 그러나 이 재난의 역사적 근거를 현장에서 찾아내야 한다는 작심(作心)은 가까스로 심란함을 평정하고 현장으로의 갈길만을 채촉한다. 목적지에 다가가자 길 양옆에는 푸르싱싱한 논밭이 펼쳐진다. 그런데 재배법에서 우리네 같은 수경법(水耕法)이 아니라 마른 논밭에 씨를 뿌리는 건경법(乾耕法)을 취함으로써 벼폭이 엉성하다. 일찍이 동남아시아에서 이러한 건경법을 본 적이 있다. 이러한 재배법에 의해 생산된 쌀은 자바니카 같은 장립형(長粒型)으로 이곳 사람들은 쌀에 코코넛즙을 섞어 쪄 먹는다. 밥맛이 의외로 고소하다.

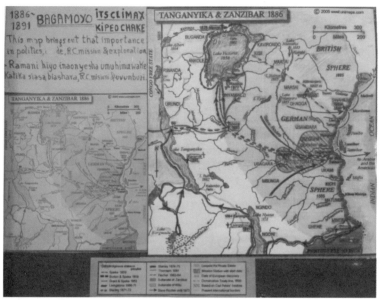

탕가니카와 잔지바르 고지도(1886)

9시 반경에 바가모요에 도착했다. '바가모요'란 스와힐리어로 '마음만은 남겨두고 가라!'라는 뜻이라고 한다. 19세기 이곳이 동아프리카 노예무역의 중심지였을 때 기약 없이 팔려가던 이들은 고향에 대한 애틋한 마음으로 이러한 말을 한마디씩 남기고 떠났다고 한다. 얼마나 애절하고 비통한 말인가! 잔지바르 해협의 해안가에 위치한 이 항구도시는 탄자니아의 주요한 무역항인 동시에 내륙으로 통하는 대상로(隊商路)의 시발점이기도 했다. 18세기 중엽까지만 해도 보잘것없는 작은 포구에 불과했는데, 19세기 노예무역의 중심지가 되고, 독일령 동아프리카의 거점이 되면서 급속하게 성장했다. 1880년 1,000명에 불과했던 인구는 1890년대에 급증해서 오늘날은 약 3만 명

바가모요의 가톨릭 성당

바다를 향해 세워진 십자가

(2012)에 이르고 있다. 그 가운데는 아랍 오만의 수니파 무슬림과 인도의 힌두교도, 페르시아 상인, 천주교도(소수) 등 다양한 부류가 섞여 있다.

먼저 성당과 단층짜리 부속 박물관을 둘러봤다. 박물관의 전시물은 크게 두 부류다. 하나는 노예무역에 관한 기록물과 노예들을 다루던 무시무시한 각종 형구들이다. 다른 하나는 가톨릭 선교사들의 활약상이다. 마당에는 1,000여년이나 묵은 대형 바오바브 나무가 음덕(蔭德)을 자랑하는데, 나무줄기에는 한 수녀의 희생적 봉사정신을 기리는 글이 붙어 있다. 여기서 200m쯤 떨어진 인도양 해변가에는 성당과 함께 대형 십자가가 바다를 향해 우람하게 서 있다. 바다너머로의 복음 전파를 상징한다고 한다.

이어 시 중심에서 남쪽으로 약 5km 거리에 있는 유명한 카올레 유적(Magofu Ya Kaole)을 찾았다. 여기는 아랍-무슬림들의 대표적인 노예무역 유적지다. 필자가 꼭 한번 찾아가 한때나마 아랍-무슬림들이 선

이슬람 마스지드

아랍-무슬림 상인들의 노예무역장

량한 아프리카인들에게 들씌웠던 인류사의 재난을 직접 확인하고, 세
상에 고발하고 싶었던 곳이다. 가는 길에는 아랍-무슬림들의 통치 시
대에 남겨진 아랍식 건물들과 마스지드, 공동묘지 등 유적·유물들이
지천에 깔려 있다. 한두개 마스지드는 새롭게 지은 듯하다.

우선 현장의 실상부터 알아보기로 하자. 폐허가 된 집터를 지나니
4층짜리 정방형 흰 돌집이 덩그러니 나타난다. 대서양 바닷가에서 약
500m쯤 떨어진 곳에 자리하고 있다. 마당에는 희미한 비문이 남아 있
는 나지막한 비석 하나가 서 있다. 아랍-무슬림 노예무역상들은 내륙
에서 포획했거나 사들인 노예 150~200명을 한꺼번에 1평 반도 채 안
되는 11개의 돌집 방에 나눠 가두어놓았다. 짧게는 며칠씩, 길게는 몇
달씩 구속해놓고 무역이 성사되면 비밀통로를 통해 바닷가에서 대기
중인 노예무역선에 짐짝처럼 선적했다. 노예들은 해협 하나를 사이
에 둔 잔지바르섬에 끌려가 그곳 노예시장에서 세계 각지로 팔려갔
다. 이렇게 해마다 바가모요를 거쳐 끌려간 노예들의 숫자는 자그마

독일 식민주의자들이 반항 노예들을
교수형에 처한 장소

옛 부두 건물

치 5만명에 이르렀다고 한다.

　노예들이 끌려간 비밀통로를 따라 해변가로 나가던 도중, 숲속에
서 높이가 15m가량이나 되는 석비 하나를 발견했다. 비문에 의하면
독일령 식민 시대에 독일 당국은 반항하는 노예들을 잡아다가 무화
과나무에 매달아 교수형에 처하곤 했다. 그 참상을 기리기 위해 주민
들이 이 석비를 세웠다고 한다. 바닷가에 이르니 너비가 족히 100m나
되는 모래사장이 확 펼쳐진다. 해안가에는 우중충한 옛 부두 건물들
과 새로 지은 부두 건물들이 뒤섞여 있다. 여력이 없어 몰골사납지만
옛 건물들을 해체하지 못하고 그냥 놔둔 채로 새 건물을 그 곁에 붙여
지었다고 한다. 수백톤짜리 화물선 3척이 부둣가에서 등짐으로 선적
작업을 하고 있다. 그 옛날 노예선들이 열어놓은 뱃길을 오늘은 이렇
게 화물선이 오가고 있다. 부둣가 어물시장에서는 물고기 훈제 냄새
가 코를 찌른다. 야자수의 마른 잎사귀로 이엉을 얹은 전통식당에서

민속촌에 전시된 각종 전통가옥

이곳 명물인 새우튀김과 물고기 훈제 요리로 늦은 점심을 때웠다.

　바가모요는 시 전체가 탄자니아의 7번째 세계문화유산으로 유네스코에 등재되었다. 등재 이유는 알 수 없으나, 그 이유가 아랍-무슬림들과 서구 식민주의자들이 감행한 노예무역이라는 인류사의 재난을 역사적으로 증언하고 고발하는 데 있다면 필자로서는 더 말할 나위가 없다. 이 대목에서 필자가 굳이 아랍-무슬림들이 범한, 만고에 씻을 수 없는 죄행을 강조하고 단죄하고자 하는 것은 이때까지 그 진실이 무언가에 가려져 제대로 밝혀지지 않았기 때문이다. 이슬람의 교조 무함마드는 생전에 노예를 석방한 바 있고, 또한 경전『꾸란』에도 노예무역은 금물이라고 명시되어 있다. 이슬람교에서 무함마드에 의한 노예해방 같은 것은 준경전 격인『하디스』(al-Hadith)의 범위에 속한다. 사실 이러한 것이 표면상 준법(遵法)이 되어 정통 이슬람사(史) 어디서도 무슬림들이 노예를 사유하거나 노예무역을 자행했다는 내

육로(철로)와 해로(항구)의 연결

용을 찾아볼 수 없다. 여기 바가모요의 역사적 사실을 추적하고, 그 현실을 목격하면서 그 허위성과 이중성을 실감했다. 역사는 현명하고 냉철한 재판관이다. 역사 앞에서는 어떠한 허위나 조작, 기만이나 이중성이 결코 허용되지 않는다. 허울을 쓰더라도 말이다. 여기 아프리카 땅에 와서 이 한가지 진리를 더 굳게 터득한 것만도 큰 보람이다. 이것으로 인해 오늘 이곳에 올 때는 심란했지만, 돌아갈 때는 발걸음이 한결 가벼웠다.

오후 2시에 다르에스살람으로의 귀로에 올랐다. 어제 요하네스버그 공항에서의 피습사건을 교훈 삼아, 길가 쇼핑몰에 들러 필자는 단단한 자물쇠 하나를, 강 대표는 500GB짜리 외장하드를 한화 7만원에 구입했다. 이어 민속촌으로 향했다. 주로 각지의 여러 부족들이 살던 전통 가옥들을 그대로 재현하고 있다. 수십채의 각이한 구조와 형태를 갖춘 가옥들을 통해 여러 부족들의 주거생활을 이해할 수 있었다.

석양이 비치기 시작하자 오늘의 마감 일정으로 이 도시에서는 어떻게 철도(육상실크로드)와 해로(해상실크로드)가 연계되어 있는가를 관찰하기 위해 철도역과 항구를 두루 배회했다. 그러나 촬영이 금지되어 소기의 성과는 거두지 못한 채 의도를 접어야만 했다. 어제 저녁에 잠을 설친데다가 하루 종일 설사에 시달리다보니 육신이 녹초가 되어 일찌감치 호텔에 돌아와 휴식을 취했다.

58
아프리카의 '흑진주', 잔지바르

다음날(2014.4.22) 일정은 이 나라 연방공화국의 한축을 이루는 잔지바르(Zanzibar) 섬 탐방이다. 첫 배를 타기 위해 4시 반에 기상해 6시에 호텔을 나섰다. 20분 만에 잔지바르행 페리 승선장에 도착했다. 승선한 킬리만자로(Kilimanjaro)호는 3,000톤급 연안 여객선으로 현대적 설비를 갖추고 있다. 시간당 32노트 속도로 항진하는 배는 7시에 출항해 8시 40분에 잔지바르항에 도착했다. 두 항구 간의 거리는 약 36km다. 굵은 빗줄기가 선창을 적시고, 짙은 안개가 해면에서 연신 피어오른다. 세찬 바람에 파도가 출렁인다. 한마디로 악천후다. 멋진 해경(海景)을 포착하려던 시도는 끝내 수포로 돌아갔다. 항구는 잔지바르 2대 섬의 하나인 웅구자(Unguza)섬의 서쪽 해안에 자리하고 있는데, 어떠한 기후 조건하에서도 각종 선박들이 편리하게 이용할 수 있는 정박소를 제공해주고 있다. 항구의 남북 진입로 수심은 각각 11m

잔지바르행 페리 승선장

잔지바르항

와 12.8m로 서로 다르며, 최대 흘수(吃水, 배의 밑이 물에 잠기는 깊이)는 9.14m다. 5대의 기중기가 작동하는데, 최대 기중량은 5톤이다.

항구에는 현지 여행사 가이드 무하람(Muharam, 50대) 씨와 직원 한 명, 그리고 내내 수행한 여성 견습생(20대 중반의 흑인) 세 사람이 영접 나왔다. 숙박소는 항구에서 얼마 멀지 않은 세레나인(Serena Inn) 호텔이다. 다르에스살람에서 숙박했던 동명의 체인 호텔이다. 승강기가 없어 1층을 요구했더니 15호 방이 차려졌다. 구식 호텔로 가구는 몽땅 목제다. 호텔에서 간단하게 점심식사를 하고 장대비가 내리는 와중이지만 서둘러 관광에 나섰다.

잔지바르는 페르시아어의 '잔지'(zanzi, 검은, 흑인)와 '바르'(bar, 해안)의 합성어로 '검은 해안'이란 뜻이다. 이러한 의미 때문에 잔지바르를 일컬어 아프리카의 '흑진주'라고 하는 미칭(美稱)이 나왔다. 2대

섬인 웅구자섬과 펨바섬을 비롯해 20여개의 섬으로 구성된 잔지바르의 면적은 2,654km²이며, 인구는 약 130만(2012)으로 지역에 따라 최대 인구밀도는 km²당 2,581명, 최소는 135명이다. 전반적으로 인구밀도가 높은 편이며, 주민의 9할은 무슬림이다. 잔지바르섬 주변의 탄자니아나 케냐에서 수백만년 전 고생인류의 유골이 발견된 점으로 미루어 잔지바르에서도 고생인류가 살았을 개연성이 상당히 높다.

이 섬의 원주민은 대륙에서 유입된 반투족이며, 그들은 기원전 2000년경에 후기 구석기시대로 진입했다. 원주민들은 일찍부터 독목주(獨木舟, 통나무를 파서 만든 작은 배)로 연해지역을 왕래했다. 고대 이집트나 바빌로니아, 인도의 배들이 우연이기는 하지만 잔지바르 연해에 오간 흔적이 보이며, 로마제국 시대에는 해상무역망이 이곳까지 확대되었다. 1세기 중엽에 씌어진, 해상실크로드에 관한 고전 1호로 평가받는 『에리트라해 안내기』를 비롯한 중세 아랍 문헌에는 이곳이 메누디아스(Menudias)라고 불리웠으며 기원을 전후한 시기 범인도양 교역의 한 거점이었음이 적시되어 있다. 기원 5세기경 아라비아 반도 주민들이 전란을 피해 잔지바르를 비롯한 동아프리카 일원으로 피신했으며, 7세기 말엽에 발생한 페르시아와 오만 간의 전쟁에서 오만이 패전하자 많은 오만인들이 이 지역에 유입되면서 상아나 노예 무역이 본격적으로 시작되었다.

드디어 1107년에 이르러 오만-무슬림들이 잔지바르에 첫 마스지드를 세움으로써 이슬람화가 추진되었다. 1828~61년에 잔지바르는 오만제국의 수도였으며, 1861년부터 1964년 독립할 때까지는 오만제국에서 분리한 잔지바르왕국의 수도였다. 이와 같이 2,000여년간의 잔지바르 역사는 아랍-무슬림들의 역사와 불가분의 관계 속에서 발

잔지바르 국립박물관 외관　　　　　　　　　국립박물관 기둥 무늬

전해왔다. 그 과정에서 포르투갈과 독일, 영국 등 서구 열강들의 치하
에 들어간 때도 몇번 있었다. 이와 같이 잔지바르는 아프리카 원주민
반투족과 아랍인들, 인도계 무슬림들, 그리고 서양인들이 한데 어울
려 사는 다인종·다문화의 융합사회다.

　굴곡 많은 이러한 역사상은 섬 곳곳에 남아 있는 유적·유물에 오롯
이 반영되어 있다. 유적·유물이 가장 많은 곳은 잔지바르의 주도(主
島)인 웅구자섬이다. 이 섬은 건설 자재가 주로 돌이었다고 해서 일명
'돌섬'(The Stone Town)이라고 부른다. 2000년 돌섬 전체가 유네스코 세
계문화유산으로 등재되었다. 우선 찾아간 곳은 호텔 인근에 있는 국
립박물관이다. 이 박물관에 교역을 비롯한 여러가지 역사상에 관한

소박한 팰리스 박물관 외관

박물관 내의 술탄 침실

자료가 많다는 안내서를 보고 첫 탐방소로 지목하여 장대비 속에 찾아갔다. 그런데 재수 없게도 발코니 수리로 인해 문을 닫는다는 방문(榜文)이 정문에 붙어 있지 않은가. 할 수 없이 발길을 돌려 향한 곳은 오만 통치 시기 여러 술탄들이 사용했던 궁전을 개조한 팰리스 박물관(Palace Museum)이다. 일세를 풍미하던 술탄들의 궁전치고는 너무나 소박하다. 주로 가정 집기들이 바닥에 전시되어 있고, 술탄 개개인의 대형 초상화가 벽에 걸렸다. 침실과 사무실에는 중국제 청화백자가 여러점 놓여 있는데, 한결같이 온전한 형태로 보존되어온 점으로 보아 누군가로부터의 선물로 추측된다. 위층에서는 활짝 열린 창문으로 항구가 한눈에 들어온다. 이어 서민들의 생활상을 알아보기 위해 재래시장을 구경했다. 갖가지 싱그러운 채소와 과일, 곡물들이 매대마다 듬뿍 쌓여 있다. 어물 매대에서 일어나는 경매 장면이 퍽 인상적이

노예시장이었던 앵글리칸 대성당

다. 어디서나 무릇 경매에 연동(聯動)되는 목소리의 고저장단은 초록
동색(草綠同色)인 것만 같다.

　다음으로 발길을 옮긴 곳은 노예시장이었던 앵글리칸 대성당
(Anglican Cathedral)이다. 아랍 노예상인들은 동아프리카 전역에서 붙잡
아온 노예들을 잔지바르까지 실어와서는 바로 이곳에서 노예시장을
열어 고이윤의 노예장사를 했다. 46×27m의 장방형 노예시장은 3면
은 야자수 잎으로, 나머지 한면은 돌로 에워싸여 있다. 한 방에 노예를
75명씩 수용했던 지하감방 2개가 아직까지 남아 있다. "마음만은 남
겨두고 가라!"라는 절규를 뒤로 하고 끌려온 노예들을 상품화하는 데
는 잔인하기 이를 데 없는 방법이 동원되었다. 노예들을 이틀 동안 먹
이지도 재우지도 않고 있다가 매대로 끌어낸다. 그러고는 이른바 '채
찍 세례'로 노예의 몸값을 매겨서 팔아넘긴다. 채찍 한대에 쓰러지면

흰 동그라미가 상감된 붉은 석판   노예 75명을 수용했던 지하감방

'무용자'로 낙인되어 매매에서 아예 제외되고, 10대 채찍에도 쓰러지지 않으면 고가가 붙으며, 20대 채찍에도 견디어내면 10대 채찍의 배를 받는다. 무용자나 쓰러져서도 살아 있는 자는 가차없이 생매장한다. 섬 서쪽 끝 해변가에 있는 옛 술탄 궁전이었던 '진기궁(珍奇宮)' 마당에는 굵은 원주(圓柱) 40개가 서 있는데, 원주당 60명의 노예가 생매장된 표식이라고 한다. 궁전의 주인장(술탄)과 노예상인들은 한 뱃속이었다.

그러다가 1873년 6월 6일 노예무역이 폐지되자, 영국 성공회 주교 에드워드 스티어(Edward Steere)는 1873~80년에 그 노예시장 자리에 지금의 대성당을 지었다. 성당 안 정면에는 주교의 관이 놓여 있고, 그 앞에는 한가운데에 흰 동그라미가 상감된 붉은 석판(2×0.8m)이 놓여

스웨덴 조각가가 조각한 5명의 노예 군상

있다. 붉은 색은 노예들이 흘린 피를, 흰 동그라미는 노예들을 속박했던 나무를 상징한다고 한다. 북측 연단 위에는 영국의 탐험가 리빙스턴이 생을 마감한 땅 치탐보(Chitambo, 잠비아)에서 보내온 목재로 만든 십자가가 걸려 있다. 그리고 이 성당 앞마당에는 1998년 이곳을 방문했던 스웨덴의 한 조각가가 제작한 5명의 노예 군상이 마냥 역사를 증언하듯 서 있다. 오늘의 이 치떨리는 인류사의 재난 현장은 어제 바가모요에서 목격한 바로 그 현장의 재현이다. 그만큼 필자의 이성적 역사의식을 더 굳건하게 다지게 했다.

이어 가이드가 얼결에 '중국인들이 사는 곳'(Chinese Place)이라고 발설한 곳을 찾아갔다. 물어물어서 해변가에 자리한 후완차오(胡完橋, 60세)라는 중국인의 집 문앞에 이르렀다. 인기척을 내고 주인을 불러

중국인 후완차오의 집

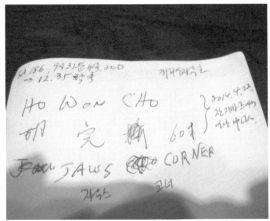
후완차오가 쓴 성명과 주소

도 대답이 없다. 반쯤 열린 문을 열고 마당에 들어서면서 좀더 높은 소리로 불렀다. 그제야 어망을 손질하던 손을 툭툭 털면서 나타난다. 같은 동양인임을 알아채고는 금세 얼굴에 화기를 띄운다. 후씨 일가가 여기까지 오게 된 경위(교류학에서는 인적 교류나 인적 이동에 속하는 사항)에 관해 알고파 찾아왔다고 하니 의심의 눈빛을 거두면서 제법 수문수답(隨問隨答)한다. 서투른 중국어를 영어가 보충해주니 거리낌 없다. 후씨는 광둥 출신으로 50여년 전에 무역업을 하는 선친을 따라 이곳에 와 중등학교까지 마치고는 선친의 장사일을 돕다가 결혼해 성가한 뒤에는 어부로 생계를 유지해왔다. 상처한 후에는 동생과 한집에서 함께 살고 있다. 잔지바르에는 40여호 중국인(화교)들이 살고 있는데, 인근에 몇집이 이웃하고 있다. 고국에 여러 친척이 있다는 것만 알고 있지, 한번도 가보지는 못했다고 한다. 이 대목에서 어쩐지 동병상련(同病相憐)의 측은함이 가슴을 저민다. 문어귀까지 나와 손

일본인 기생들이 살았다는 조스 코너의 안내 그림 조스 코너의 거리 모습

을 흔들며 일행을 바래주던 후씨의 모습이 지금도 눈앞에 선하다.

이곳을 떠나 향한 곳은 전설 같은 얘기가 깃든 일본인 기생(妓生)들의 집과 바(bar)다. 바가하니(Bagahani) 거리 중간쯤에 위치한 미로 같은 골목을 이리저리 돌아서 3층 목조주택이 길게 늘어선 조스 코너(Jaws Corner) 골목에 도착했다. 주택 맞은편 잡화가게에 들러 나이 지긋한 주인 아저씨에게 찾아온 사연을 말하니, 대뜸 건너편 주택 2층을 가리키면서 오래전에 거기서 일본 여성들이 살았다는 말을 전해들었다고 얘기한다. 부근에서는 이미 널리 회자인구되어온 민담 같은 얘기라고 한다. 그러면서 그곳에서 약 20m 떨어진 광장 모퉁이에 그들이 운영하던 바, 즉 '일본 바'(Japanese Bar)가 있었다는 것까지 알려주었다. 알려준 곳에 가보니 광장은 이미 주택가로 변해서 바 자리를 아는 사람은 아무도 없었다. 알고 보니, 일본이 개항 시대를 맞은 1894년에 몇몇 여성들이 기생 신분으로 이곳에 와 주로 선원들을 상대로 바를

옛 포르투갈 성채 잔해

운영했다고 한다. 바는 바로 영국 영사관 앞 항구와 가까운 거리에 자리잡고 있어 선원들이 많이 이용했을 것이다.

　오늘의 마지막 일정으로 옛 포르투갈 성채에 들렀다. 바닷가에 방어용으로 축조한 성채다. 높이가 3m쯤 되는 50×50m의 정방형 성채로서, 원래는 상당히 견고했을 것이나 세월의 풍진 속에 많이 닳고 허물어졌다. 복원 작업도 거의 이루어지지 않았다. 뜨락에는 잡초가 무성하다. 성벽에 의지해 빈민가들이 다닥다닥 붙어 있다.

　다음날(2014.4.23)의 첫 일정은 약 30분간 소형 보트를 타고 인근 섬에 있는 노예수용소를 가보는 일로 잡혔다. 그런데 짓궂은 날씨에 파도가 심해 소형 보트를 타고 간다는 것은 천만 위험하기 때문에 그만두는 것이 좋겠다는 가이드의 의견을 받아들여 그 일정은 취소하고, 시 북쪽 10km 거리에 있는 잠보 향신료 농장(Jambo Spaci)으로 직행했

육도(陸稻) 밭에서 김매는 농부

다. 야자수와 정향수를 비롯한 각종 열대림이 우거진 들판을 차는 쏜
살같이 달린다. 아프리카의 대표 수종인 우람한 바오바브 나무도 띄
엄띄엄 시야에 들어온다. 농장 정문에서 통지를 받고 영접 나온 20대
후반의 농장 기사 알리 아미니(Ali Amini)가 일행을 반갑게 맞이한다.
정향(丁香)을 비롯한 수십가지 향신료 나무와 약재가 빼곡히 자라고
있는 소문난 대형 향신료 농장이다. 나무마다 풍기는 향기가 달라 농
장은 그야말로 대향연장(大香宴場)을 방불케 한다. 알리는 예리한 칼
과 송곳 같은 찌르개 등 채집 공구를 옆구리에 차고 다니면서, 무르익
은 열매들을 칼과 찌르개로 능수능란하게 따고 자르며, 벗기고 짓부
수면서 열정적으로 설명해준다. 어떤 것은 즙을 짜 피부에 발라 색깔
을 확인하는가 하면 어떤 것은 입술에 발라 맛이나 향내를 알아보게
한다. 나무도 밋밋하게 자라는 나무, 넝쿨진 숲나무, 가시 돋힌 나무,

■ 잠보 향신료 농장의 각종 향신료 나무

향신료 매대

향신료 나뭇가지로 만든 관을 선물받은
강상훈 대표(좌)와 필자(우)

지면으로 뻗어나가는 나무, 일년생과 다년생 나무 등 가지각색이다.

동행한 여행사 견습생의 도움을 받아 향신료 나무들을 접하는 족족 영어 이름과 효능을 이렇게 메모했다. ① clove(정향), ② tumeric(울금, 인도 카레의 착색 원료, 노란색), ③ breadfruit(빵나무), ④ vanila(바닐라, 푸른 잎사귀에서도 향내가 풍김), ⑤ lodin(즙으로 상처 치료, 구토와 설사 약), ⑥ cassava(카사바, 아프리카인들의 주식의 일종), ⑦ mandarin(귤), ⑧ cacao(코코아), ⑨ coffee(아랍 커피와 다른 종류의 커피), ⑩ lime(레몬의 일종), ⑪ lipstik(립스틱 원료, 홍색), ⑫ cinnamon(시나몬, 과자 원료 및 약재), ⑬ starfruit(kalabob, 별 모양의 향신료 및 과일), ⑭ lemongrass(향신료, 갈대풀처럼 생긴 나무) 등등. 서너가지는 미처 적지 못했다. 이날 의외의 수확은 바로 농장과 잇닿은 육도(陸稻, 밭벼) 밭에서 한 아낙네가 한자쯤 자란 파란 벼폭을 헤가르며 김을 매고 있는 사실을 발견한 것이다. 수도(水稻)와는 달리 메마른 밭에서 벼폭들이 조금은 엉성하게 자라고 있다.

향신료 가운데서 가장 유명한 것은 정향이다. 현재 잔지바르에는 약 450만 그루의 정향나무가 자라고 있다. 정향은 이 섬의 단일 경제 작물로 수출액의 주종을 이루며, 세계 공급량의 70%나 차지한다. 그래서 잔지바르를 '정향의 섬'이라고도 한다. 정향의 원산지는 인도네시아의 몰루카 제도(말루쿠 제도)이지만, 오늘날은 잔지바르와 마다가스카르 등 몇몇 곳에서 수익성 높은 경제작물로 각광을 받고 있다. 잔지바르에는 18세기 말에 대륙을 통해 유입된 것으로 알려져 있다. 나무는 키가 6~10m인 상록교목으로 향신료 나무 중 유일하게 꽃봉오리를 향신료로 쓴다. 향신료 가운데서 맛과 향이 가장 강한데, 상쾌하고 달콤한 향이 특징이다. 묘목을 심어서 5~7년이 지나야 꽃이 피며, 꽃봉오리를 따서 말리면 곧 정향이 된다. 정련된 정향유로는 여러가지 고급 향료와 향수를 만든다. 그뿐 아니라 위장병이나 복통, 치통, 풍습성 신경통 등 질환을 치료하는 약재로도 쓰인다. 식민주의자들은 오로지 고소득의 경제 이권만을 탐해 재배 적지인 잔지바르에 여타 전통적 농작물은 배제한 채 정향나무 재배에만 편중했다. 그 결과 정향은 본의 아니게 이 섬의 경제작물 단일화의 주범이 되고 말았다.

약 2시간 동안 향기 그윽한 숲속에서 똑부러진 해설과 더불어 난생처음 숱한 향신료 나무 사이를 누비면서 향신료에 관한 산 지식을 얻을 수 있었던 것은 정말로 행운이고 유익한 순간이었다. 견학을 마치면서 알리는 큰 만다린(귤) 나무에 기어올라가 꼭대기에서 양광을 많이 받아 잘 익은 만다린 5개를 골라 따가지고 내려와서는 일행에게 선물로 주었다. 출구 직전에 차려놓은 판매장에는 각종 마른 향신료와 홍보물이 진열되어 있다. 필자는 기념으로 립스틱을 비롯한 향신료 6종을 한화 약 2만원에 구입했다. 작별을 아쉬워하던 알리는 어느새 싱싱한 카카오 잎사귀를 엮어 만든 월계관을 일행에게 친히 씌워준다. 우리는 농장의 무궁한 번영을 기원하면서 뜨거운 포옹으로 알리와의 석별을 나눴다.

돌아오는 농촌길에서 한가지 특이한 현상을 발견했다. 농작물의 키라든가, 색깔이 이상하게도 층층을 이루고 있는 것이 차창에서 얼른거리며 스쳐지나간다. 가이드 무하람 씨에게 물어보니 그것이 바로 '입체경작법(立體耕作法)'이라는 것이다. 필자도 들어본 바 있었다. 인구는 많고 경작지는 제한된 고장에서 도입하는 경작법이다. 중국 남방이나 라틴아메리카 일부 지역에서도 이와 유사한 경작법이 도입되고 있다. 방법은 키 큰 작물과 키 낮은 작물, 다년생 작물과 성장기간이 짧은 작물을 수직적으로 배합해 경작하는 것이다. 구체적으로 이곳에서는 키가 가장 큰 야자수와 버금으로 큰 정향수, 다음으로 큰 파파야나 바나나, 마지막으로 가장 낮은 콩류나 채소류를 수직적으로 혼합해 경작하고 있다. 이렇게 작물이 성장할 수 있는 공간을 수직적으로 안배하여 최대한 이용하고, 다년생 작물의 낙엽 등을 유기농 비료로 삼아 지력(地力)을 보강함으로써 단위 면적당 수확률을 크게 높일 수 있다. 근로하는 농민들이 발휘한 귀중한 지혜의 소산이다.

정오가 좀 지나서 돌아오는 길에 교외에 있는 '스와이코스'라는 지정 관광마을에 들렀다. 가이드가 당국이 지정한 관광지라고 하기에 거역할 수도 없는데다가 흥미도 동하고 해서 따라나섰다. 어구에는 코코넛 건조실과 건조실에서 배출한 코코넛 껍데기가 산더미처럼 쌓여 있다. 건조한 껍데기라서 불쏘시개로라도 쓸 법한데, 아깝게도 그대로 버려지고 있다. 마을은 완전히 숲속에 묻혀 있다. 그저 구차한

코코넛 건조실과 껍데기

'스와이코스'라는 지정 관광마을

보통 마을이다. 일정한 프로젝트에 의해 관광용이나 홍보용으로 만들어진 마을 같지도 않다. 과부들이 많아 생활이 극히 어려운데도 당국은 보조 하나 없이 아랑곳도 하지 않는다고 한다. 고불고불한 진창길을 따라 30분간 20여 농가에 들러봤다. 다들 고만고만, 어렵기는 마찬가지다. 이런 볼거리 하나 없는 고장을 왜서 관광마을로 지정했는지 가이드도 해명을 주지 못한다. "전통마을 하나를 구경한 셈 치자"라는 자위(自慰) 속에 뜻도 모르는 '스와이코스' 답사를 마쳤다.

이어 점심때를 넘겨 출출해진 배를 달래기 위해 '통보탑(通寶塔)'이라는 중국 식당에 찾아갔다. 주인 아주머니가 손님을 맞으며 전반적인 식당 일을 챙긴다. 쌀밥에 광둥식 채소국과 잡채볶음으로 오래간만에 입맛을 되돌려 세웠다. 식사 후 차를 마시며 주인 아주머니와 이러저러한 얘기를 나눴다. 남편의 할아버지가 광둥에서 장사차 이곳에 왔다가 눌러앉았다고 한다. 본인은 이곳 태생으로 어릴 적에 집에서 광둥 말을 배워서 지금도 어지간한 말은 한다고 한다. 계산대를 맡고 있는 20대 중반의 아가씨는 조카로 일손을 도와주기 위해 중국에서 이곳에 왔다. 잔지바르에는 건축업과 장사를 하는 40여명의 화교와 공무를 수행 중인 직원 60명 등 모두 100명가량의 중국인들이 살고 있다. 주인 아주머니는 해외 화교 대표로 얼마 전에 베이징에 가 화교대회에 참석했다. 그

거리 측정 기준인 마일주석(柱石)

때 원자바오(溫家寶) 총리와 회의 참석 대표들이 함께 찍은 대형 사진을 자랑삼아 카운터 뒷벽에 걸어놓았다. 벽에는 또한 잔지바르 주재 중국 영사관에서 기증한 액자도 하나 걸려 있다. 액자에는 공자가 『논어』에서 말한 '사해지인개위형제(四海之人皆爲兄弟)', 즉 '세상 사람들은 모두가 형제다'라는 글귀가 씌어 있다. 중국의 해외 화교들에 대한 태도와 사업의 단면을 엿볼 수 있다.

　시내로 들어오는 어귀에서 '마일주석(柱石)', 즉 거리 측정 기준인 기둥돌과 마주쳤다. 영국 식민지 시대에 세워진 이 기둥돌의 높이는 1.5m쯤 되는데, 표면에는 런던까지의 거리가 8,064km라는 등 여러곳까지의 거리가 새겨져 있다. 위치는 대통령 궁전 바로 맞은편이다. 대통령 궁전과 나란히 있는 국영 산부인과 병원 앞은 진료를 기다리는 부인들로 인산인해를 이룬다. 진료는 거의 무료라고 한다. 여기서 얼마 안 가니 길 우측에 '평화기념관'(Peace Memorial Museum)이라는 간판

두차례의 세계대전과 관련된 기념관이라고 하는 '평화기념관' 외관

이 눈에 띄었다. '평화'란 말에 마음이 끌려 하차했다. 상당한 규모의
현대적 백색 건물이다. 실내 공간 높이만도 30m는 실히 된다. 그런데
바닥은 텅 비어 있고, 벽에는 50여장의 작은 사진들이 덩그러니 무질
서하게 걸려 있다. 가까이 다가가서 보니 모두가 독립 후 역대 대통
령들의 활동을 담은 사진들뿐이다. 입구 우측 벽에는 이 집이 양차 세
계대전과 관련된 기념관이라고 소개해두었으나 해당 자료는 아무 것
도 없다. 한마디로 '평화기념관'이라는 이름과는 너무나 거리가 먼
유령 건물이다. 허구도 유분수(有分數)이지, 혀를 끌끌 차면서 기념관
을 나섰다.

59
67개소 자연경관이 밀집한 땅, 탄자니아

우리가 아프리카를 '문명의 요람'이라고 치켜세우는 데는 크게 두 가지의 인문지리학적 요인이 있다. 하나는 인류의 발상지라는 인문학적 요인이고, 다른 하나는 원초적 자연경관을 유지해온 지리적 요인이다. 광활한 아프리카 땅에서 이 두가지 요인을 겸유한 곳이 다름아닌 탄자니아다. 역설적(力說的)으로, 오늘의 탄자니아가 있기에 아프리카를 감히 '문명의 요람'이라고 말할 수 있는 것이다. 우리는 이러한 요인과 역설의 가당성을 작금 탄자니아가 갈무리하고 있는 다음과 같은 67개소의 두드러진 자연경관에서 찾아보게 된다. 그 일부나마 찾아 떠나는 것이 지금부터의 여정이다.

우선 그 두드러진 67개소의 자연경관에는 국립공원 15개소, 야생동물 보호구 21개소, 명산(名山) 10개소, 모래사장 14개소가 포함된다. 15개소 국립공원은 ① 세렝게티(Serengeti), ② 아루샤(Arusha), ③ 킬리만자로(Kilimanjaro), ④ 마냐라호(Lake Manyara), ⑤ 타랑기레(Tarangire), ⑥ 미쿠미(Mikumi), ⑦ 루아하(Ruaha), ⑧ 우드중와(Udzungwa), ⑨ 사다니(Saadani), ⑩ 키툴로(Kitulo), ⑪ 카타비(Katavi), ⑫ 곰비강(Gombe Stream), ⑬ 마할레(Mahale), ⑭ 루본도(Rubondo), ⑮ 응고롱고로(Ngorongoro)이고, 21개소 야생동물 보호구(Game Reserve)는 ① 셀루스(Selous), ② 룽와(Rungwa), ③ 키지고(Kizigo), ④ 무헤시(Muhesi), ⑤ 마스와(Maswa), ⑥ 키제레시(Kijereshi), ⑦ 이코롱고(Ikorongo), ⑧ 우갈라강(Ugalla River), ⑨ 우완다(Uwanda), ⑩ 므코마지(Mkomazi), ⑪ 부리기(Burigi), ⑫ 비하라물로(Biharamulo), ⑬ 이반다(Ibanda), ⑭ 루마니카(Rumanyika), ⑮ 오루군두(Orugundu), ⑯ 무요워시(Muyowosi), ⑰ 키고시(Kigosi), ⑱ 움바(Umba), ⑲ 그루메트(Grumet), ⑳ 우상구(Usangu), ㉑ 므팡가키펭겔레(Mpangakipengele)이며, 10대 명산은 ① 킬리만자로(Kilimanjaro), ② 메루(Meru), ③ 울루구루 산맥(Uluguru Mountain Range), ④ 우드중와 산맥(Udzungwa Mountain Range), ⑤ 마할레(Mahale), ⑥ 우삼바라(Usambara), ⑦ 파레(Pare), ⑧ 무핀디 고지(Mufindi Highlands), ⑨ 니아사호 산맥(Lake Nyasa Mountain Range), 일명 리빙스턴산(Livingstone Mountains), ⑩ 우포로토 산맥(Uporoto Mountain Range)이며, 유명한 14개소 모래사장은 ① 마피아(Mafia), ② 팡가니(Pangani), ③ 바가모요(Bagamoyo), ④ 다르에스살람(Daressalam), ⑤ 라스쿠타니와 키감보니(Ras kutani and Kigamboni), ⑥ 사단(Saadan), ⑦ 코코(Coco), ⑧ 므부디아도(Mbudia Island), ⑨ 봉고요도(Bongoyo Island), ⑩ 므나지만(Mnazi Bay)(이상 대륙 부분), ⑪ 푸지와 추이니(Fuji and Chuini), ⑫ 망가프와니와 눙위(Mangapwani and Nungwi), ⑬ 마템웨, 마펜지, 키웽가와 우로아(Matemwe, Mapenzi, Kiwenga and Uroa), ⑭ 핑웨, 브웨주와 잠비아니(Pingwe, Bwejuu and Jambiani)(이상 잔지바르 부분)다.

그밖에 유네스코에 등재된 세계문화유산이 7개소 있다.

탄자니아를 비롯한 아프리카의 위대하고 유구한 문명사를 제대로 이해하는 데 일조가 될 성싶어 67개소의 자연경관을 일일이 명시하는 약간의 지루함을 굳이 마다하지 않았다. 적어도 이 나라에 가서 경승명소(景勝名所)를 찾는 데 참고가 될 것이다.

이제 그 몇몇 곳에 탐방을 나선다. 2014년 4월 24일(목), 며칠째 찌뿌둥하던 날씨가 이날따라 화창하다. 섬 공기는 티끌 하나 없이 맑고 깨끗하다. 흥분을 가라앉히며 일찌감치 공항에 도착했다. 탑승 직전에 받은 잔지바르 항공사 소속의 자라(Zara) 208편의 비행기표에는 좌석번호가 공백으로 남아 있었다. 의문이 났다. 큰 비행기에 승객이 적으니 좌석을 정할 필요가 없어서 그러하겠지라고만 생각했다. 문득 30여 년 전 지중해의 몰타에서 인도네시아의 자카르타까지 근 20시간이 소요되는 비행에 영국 항공 소속 비행기를 탔던 일이 떠오른다. 80여 명을 수용하는 중형 비행기에 10여 명만 탔으니, 기내는 적막감마저 감돌았다. 애당초 좌석표가 필요 없이 누워갔다. 혹여 그 재현의 행운이 아니겠는가 하고 내심 기대를 걸고 탑승구와 마주했을 때는 실로 제 눈을 의심하지 않을 수 없었다. 꽃나무 가지에 사뿐히 앉아 있는 한마리 잠자리 같은, 프로펠러 한개짜리 소형 경비행기다. 길이가 20m도 채 안 된다. 이 나라에서 두번째로 큰 도시 아루샤를 오가는 비행기가 과연 이럴 수가 있는가. 알아보니 중형 비행기의 정기항로가 있기는 하나, 경비행기의 항공료보다 근 2배나 비싸다고 한다. 그제야 여행사가 이렇게 경비행기를 택한 이유를 알아챘다.

기내에 들어가니 11인승 경비행기인데, 이날 승객은 모두 8명뿐이다. 부기장이 모든 안내를 도맡아 한다. 칸막이가 없어 조종사의 일거

킬리만자로행 11인승 경비행기

아프리카의 중심을 상징하는
아루샤의 시계탑

수일투족이 환히 보인다. 비행고도가 2,000~3,000m로 지상의 산하가
손금처럼 또렷이 보인다. 약간의 기류에도 비행기는 상하좌우로 요
동친다. 그럴 때면 등골이 오싹한다. 11시 49분에 이륙해 13시 26분에
아루샤의 킬리만자로 국제공항에 안착했으니, 1시간 47분을 비행한
셈이다. 안착하고 나서야 다들 안도의 숨을 내쉰다.

　아루샤는 북부 행정구의 수부로서 267km²의 면적에 41만여명(2012)
이 살고 있는 꽤 큰 도시다. 메루산 남쪽 기슭 해발 1,409m의 고원에
자리한 관광 도시로, 부근에 킬리만자로 국립공원을 비롯한 여러 자
연경관구가 있다. 교통 요로와 커피의 산지로서도 유명하다. 시 중심
에는 위도상에서 아프리카의 중심을 가리키는 높이 30m의 시계탑이
우뚝 서 있다. 특히 인상적인 것은 시내에 조성한 1,300m에 달하는 화
사한 꽃거리다. 노란 꽃을 피우고 있는 캔들부시 나무(candle bush tree)

킬리만자로 가는 길 양편에서 탐스럽게 자라는 논벼

를 비롯한 갖가지 나무와 꽃들로 거리 양편을 아름답게 수놓았다. 아루샤에서 90km 지점에 있는 모시(Moshi)를 거쳐 거기서 다시 20km 떨어진 히모(Himo)를 지났다. 마지막으로 다시 60km를 더 가서 드디어 킬리만자로 기슭에 자리한 마랑고(Marango)에 도착했다. 도중의 모시(인구 약 18만)는 킬리만자로의 등산기지이며, 특유의 신맛이 나는 아라비카 커피 산지로 잘 알려진 고장이다. 정부가 전문적으로 경영하는 공영 커피점(Kibo House)이 있다. 아루샤에서 마랑고까지 오는 데 3시간쯤 걸렸는데, 곳곳에서 푸르싱싱한 논밭과 이곳 사람들의 주식인 옥수수밭을 발견했다.

킬리만자로 고봉의 지척에 있는 킬리만자로산(Kilimanjaro Mountain) 호텔 1층 M101호에 투숙했다. 마랑고에 가까워지는 동안 킬리만자로의 주봉 키보(Kibo, 5,896m)와 차봉(次峰) 마웬시(Mawensi, 5,149m)는 거

아스라이 바라보이는 킬리만자로의 차봉(次峯) 마웬시(해발 5,149m)

듭 휘몰아치는 짙은 구름 속에서 자태를 드러내길 꺼렸다. 그래도 마
웬시는 잠깐이나마 방긋거리는 바람에 그 모습을 카메라 렌즈에 담
을 수 있었지만, 키보는 구름 속에 잠기거나 마웬시에 가리워 종시 얼
굴을 드러내지 않는다. 킬리만자로 고봉에 저녁노을이 피기 시작하자
더이상 입산은 하지 못하고, 어귀에서 비스듬히 경사진 오솔길을 따
라 50m쯤 내려가서 이곳 산사람들이 살았던 동굴 하나를 구경한 다
음 인근에 있다고 하는 폭포를 찾아갔다. 그런데 장맛비에 길이 허물
어져 되돌아서고야 말았다. 해발 1,000미터에 가까운 고산지대의 호
텔 방에는 스산한 한기가 스며든다. 급기야 새벽녘에는 몸이 오들오
들 떨려 잠까지 설쳐댔다. 일찍이 일어나 로비에 마련된 이 명산에 관
한 여러가지 홍보자료들을 뒤적거렸다.

  '아프리카의 용마루' '아프리카의 왕자(王子)'라고 하는 이 킬리만자로는 탄자니아 동북부, 적도와 남위 3도 사이에서 탄자니아와 케냐 양국의 분수령을 이루는 아프리카에서 가장 높은 산맥이다. 동서로 80km나 뻗은 이 산맥은 가장 높은 키보봉과 차봉인 마웬시봉, 그리고 세번째 고봉인 시라봉(Shira, 3,962m)의 3대 화산으로 구성되어 있으며, 면적은 756km²에 달하고, 평균 고도는 1,200m다. 킬리만자로 지구는 1968년에 국립공원으로 지정되었고, 1981년에는 유네스코의 '세계 문화와 자연유산 보호명록'에 등재되었으며, 열대와 온대, 한대의 3대 동식물이 서식하고 있어 여러개의 보호구가 설치되어 있다.

킬리만자로는 약 75만년 전 3대 화산의 폭발로 생겨났는데, 그중 시라와 마웬시는 일찍이 화산활동을 멈춘 데 반해 키보는 계속 활동을 해왔다. 그러다 약 36만년 전에 대규모 폭발을 일으켜 인접한 시라와 마웬시의 화구를 검은 용암으로 덮어버렸다. 정확한 기록이 없어 확실치는 않으나, 지질학자들은 키보의 최근 폭발이 15~20만년 전에 일어난 것으로 추정한다. 키보는 휴면 상태이지만, 남측의 지름 2km, 깊이 300m의 화산구에서는 잔여 화산활동이 감지되고 있을 뿐 아니라 화산 분기공(噴氣孔, 뿜어내는 구멍)에서는 무시로 화산기체가 뿜어져 나온다. 최근에는 지구의 온난화로 인해 킬리만자로의 얼음과 눈이 녹아 만고의 경관인 빙하가 소실될 위험에 처해 있다. 지난 80년 간 빙하가 80% 이상 줄어들었다고 한다. 환경 전문가들의 견해에 의하면, 앞으로 10년 내에 정상에 쌓여 있는 눈이 몽땅 녹아 없어질 것이라고 한다. 그때가 되면 킬리만자로 특유의 '적도설산(赤道雪山)'의 기관(奇觀)은 영원히 인류와 작별하고야 말 것이다.

습도와 기온에 따라 킬리만자로는 위에서 아래로 내려가면서 각이한 산지 수직 식피대(植被帶, 식물로 덮인 지대)가 형성되어 있다. 해발

4,000m 이상에서는 고산한막대(高山寒漠帶, 4,000~5,200m)와 적설빙하대(積雪氷河帶, 5,200m 이상)가 나타나고 있으며, 그 이하에서는 1,000m마다 고산초전대(高山草甸帶, 풀이 무성한 저습지, 3,000~4,000m)와 온대삼림대(溫帶森林帶, 2,000~3,000m), 아열대 상록활엽림대(亞熱帶常綠闊葉林帶, 1,000~2,000m), 열대우림대(赤道雨林帶, 1,000m 이하)가 각각 형성되어 있다. 생태자원으로 보면 2,000~5,000m 사이에서는 삼림이 무성해 목재가 공급되고, 2,000m 이하에서는 기후가 온화하기 때문에 커피나 땅콩·차·면화 같은 경제작물이 생산되며, 산기슭에서는 기후가 뜨거워 코끼리와 기린·타조 등 열대동물들이 서식한다. 이 지역에 유명한 동물보호구가 있다. 이 지역의 연평균 강수량은 1,780mm로 비교적 풍족한 편이다.

1848년에 유럽인으로는 처음으로 독일의 두 선교사가 킬리만자로에 왔는데, 당시 사람들은 적도에 가까운 산정에 만년설이 있다는 사실을 믿으려 하지 않았다. 독일의 지리학자 한스 마이어(Hans Meyer)와 오스트리아 등산가 루트비히 푸르첼러(Ludwig Purtscheller)가 1889년 처음으로 키보 등정에 성공했으며, 독일 지리학자 프리츠 클루트(Fritz Klute)가 1912년에 최초로 마웬시 정상을 밟았다. 킬리만자로 등산 코스는 두가지가 있는데, 하나는 일반인들이 이용하는 길로 가이드를 따라 정상까지 3일이 걸린다. 다른 하나는 전문 등산인들의 길로, 가파른 절벽을 타야 하는 험난한 길이다. 키보 정상까지의 역대 등산 기록은 미국 등산가가 세운 5시간 28분 58초다. 등산 적기는 1~3월과 7~9월이다.

킬리만자로의 기슭 마랑고에서 하룻밤을 보내고 이른 아침 7시에 응고롱고로 보호구(Ngorongoro Conservation Area)를 향해 길을 떠났다

(2014.4.25.금). 거리는 약 360km이다. 어제 오던 길을 되돌아 170km 지점에 있는 아루샤에서 잠시 휴식하고, 정북향으로 길을 틀었다. 70km쯤 가니 푸르름으로 뒤덮인 옥토 지대는 차츰 누르스름한 잡초가 무성한 초원지대로 바뀐다. 마사이(Masai) 초원의 시작이다. 마사이족이 사는 초원이라는 데서 비롯된 이름이다. 마사이족은 아프리카의 4대 종족의 하나로, 주로 탄자니아 북부와 케냐를 중심으로 한 넓은 지역에 산재해 있다. 호리호리한 키에 붉은색 옷을 입는 것이 특징이다. 그들이 사는 지역의 땅도 신통히 적색토다.

약 20분을 달려 '운토'와 '완보'(모기라는 뜻) 두 강을 지나가니 갑자기 바둑판같이 규모있게 짜인 드넓은 논밭이 나타난다. 보기에도 튼실한 벼폭들이 촘촘히 지면을 가리고 있어 수도(水稻)인지 육도(陸稻)인지는 스쳐지나가는 차 속에서 분간할 수가 없었다. 그 튼실함으로 보아 십중팔구는 수도라고 여겨진다. 이곳 마사이인들의 주식은 쌀밥과 바나나라고 한다. 한참 달리니 마냐라호 국립공원이 나타나고, 다시 30분 더 가니 손에 무언가를 잔뜩 움켜쥔 호객꾼들이 길을 막고 서서 과객들을 유혹한다. 할 수 없이 차에서 내려보니, '아프리카의 예술'이라고 쓴 대문짝만 한 간판이 민예품 상점임을 알려준다. 100평은 실히 되는 매대와 전시대에는 각종 민예품과 수공예품들이 산더미처럼 쌓여 있다. 마당에는 현대적인 그림들도 걸려 있다. 값싼 '상품'으로만 일괄 치부하기에는 아쉬움이 남는다. 개중에는 진정 아프리카 전통예술의 혼을 담아낸 작품들도 더러 눈에 띈다. 10달러를 주고 자그마한 목각인형을 기념으로 구입했다.

오후 2시경에 드디어 목적지 응고롱고로에 도착했다. 아프리카 전통 가옥을 개조한 소파로지(Sopa Lodge)라는 호텔 9호 방에 여장을 풀

마냐라호 국립공원 안에 있는 '아프리카의 예술'이라는 상점에 전시된 각종 민예품

었다. 점심을 먹고나서 호텔 측이 운영하는 이른바 '사파리게임 드라이브'에 자원 참석했다. 사파리, 그것도 '사파리 중 사파리'인 아프리카 사파리. 오래전부터 동경해오던 체험이다. 일반적으로 사파리(safari)라고 하면 야생동물을 놓아기르는 자연공원에서 차를 타고 다니며 관람하는 일을 말한다. 이 말은 스와힐리어의 '여행'이라는 말에서 유래했는데, 그 본래의 어원은 아랍어의 '사파르'(여행, 복수형은 아스파르asfár)이다. 시대의 변천에 따라 사파리의 함의(含意)도 달라졌다. 지난 식민 시대에는 유럽인들이 동아프리카 내륙지역에서 주로 야생동물 사냥을 위한 수렵여행을 하거나 탐험조사 여행을 하는 행위를 일컬었지만, 야생동물 수렵이 금지된 오늘날에 와서는 주로 직접 접하기 어려운 야생동물을 관찰하거나 사진 촬영을 하는 등의 체

응고롱고로 사파리장 입구

험을 즐기는 여행이 되었다. 일명 '사파리 투어'라고 한다. 그러나 아직까지도 적잖은 밀렵꾼들이 호시탐탐 밀렵의 기회만 노리고 있다고 공원 경호원은 귀띔한다.

현재 사파리 투어로 가장 유명한 곳은 동아프리카 탄자니아의 세렝게티 국립공원과 케냐의 마사이마라(Masaimara) 국립공원을 아우른 약 10만km²의 사바나(savanna, 열대지방의 초원으로 우량이 적고 식물도 듬성듬성한 곳) 초원지대인데, 여기에는 300여만마리의 야생동물이 살고 있다. 비록 야생동물들의 집중도나 군집도(群集度)에 따라 각각의 '공원'으로 나뉘어 있지만, 동물들은 국경 없이 자유로이 오간다. 이 광활한 초원지대에는 약 23만명의 목축민 마사이족이 흩어져 살고 있다. 그런가 하면 이곳은 인류의 발상지이기도 하다. 세렝게티 공원 가까이의 올두바이 계곡에서 아프리카 고생인류 진잔트로푸스 보이세이의 두개골이 발견되었다.

세렝게티 공원 내의 응고롱고로는 동물들의 집중도나 군집도가 가장 높기 때문에 사파리 투어의 첫째 명소로 곱힌다. 여기서는 사파리 투어를 일명 '게임 드라이브'라고도 한다. 이곳은 세계 최대의 화산 분출구로, 동서 너비와 남북 길이가 각각 19km와 16km에 달하고, 분출구 높이는 해발 2,300~2,400m이며, 바닥에서 분출구까지의 높이는 약 600m다. 장마 때는 바닥에 물이 고이나 건조기가 되면 마른다. 그렇지만 염기(鹽氣) 호수는 군데군데 남아 있어 동물들의 음수원(飮水源)이 된다. 풀이 무성하고 관목도 자라고 있어 동물들이 서식하기에는 안성맞춤이다. 그래서 이곳에는 자고로 갖가지 동물들이 서식하고 있다. 이곳을 비롯해 두 공원에 서식하고 있는 동물들로는 아프리카 5대 동물인 코끼리, 코뿔소, 버팔로, 사자, 표범 외에 하마, 누, 임팔라, 톰슨가젤, 하이에나, 기린, 여우, 자칼, 대머리독수리, 원숭이, 얼룩말, 멧돼지, 물사슴, 그리고 각종 조류 등이 있다.

신기한 것은 동물세계의 공생공존 현상이다. 맹수와 약체 짐승, 짐승과 새, 육식동물과 초식동물 등 이곳 동물들은 초원이라는 벽 없는 공간에서 자기만의 영역을 갖고 서로가 이웃해 오손도손 살면서 남의 영역을 절대 침범하지 않는다고 한다. 절제 없이 서로가 먹고 먹히기만 한다면 사자 같은 맹수나 살아남았을 것이고, 그렇다면 오늘과 같은 사파리 투어는 없었을 것이다. 적어도 관광객들 앞에서는 약육강식(弱肉强食)의 참상이 벌어지지 않고 있었다. 이 대목에서 소위 만물의 영장이라고 하는 인간이 새겨야 할 교훈을 생각하게 된다.

관광객들은 저마다 흥분을 가라앉히지 못한 채, 고대하던 사파리

■ 응고롱고로 사파리 구역 전경과 동물들

탄자니아의 세렝게티 공원 입구

투어에 투입될 시간만을 초조히 기다렸다. 가이드는 하차하지 말라니, 고성방가하지 말라느니 하는 사파리 투어 수칙을 하달하면서 엄수를 강조한다. 5~6명씩 조를 짜서 무개차를 타고 출발했다. 숲길을 한참 달리는데, 앞차가 갑자기 멈춰선다. 황소 같은 어미 사자가 관목 속에서 나와 어슬렁어슬렁 길을 건너간다. 뒤에는 숫놈과 새끼 두마리가 졸졸 따른다. 사방에서 술렁거리고 셔터가 찰칵거려도 녀석들은 아랑곳하지 않고 유유히 길을 가로질러 숲속에서 자취를 감춘다. 가이드는 엄지손가락을 치켜들고 '해피(행운)!'라고 축하를 보낸다. 이렇게 마수걸이로 사자 가족을 만나는 건 드문 일이기 때문이다. 3시간 넘게 걸린 투어에서 앞에 언급한 야생동물들과 거지반 마주쳤다.

아프리카 고생인류 진잔트로푸스 두개골 화석이 발견된 올두바이 계곡 전경

　다음날부터 이틀간(4.26~27)은 꼬박 탄자니아 쪽의 세렝게티 공원과 케냐 쪽의 마사이마라 공원에서 사파리 투어로 보냈다. 응고롱고로를 떠나 고원지대를 한참 달리다가 황량한 초원으로 내려갔다. 음덕(蔭德)을 입으려는 것은 사람이나 동물이나 다 마찬가지다. 동물들은 뜨거운 뙤약볕을 피해 나무그늘에 옹기종기 모여 있다. 저만치에 가건물 같은 집 한채가 우두커니 서 있어 가까이 가보니 올두바이 박물관이다. 명성에 너무나도 어울리지 않는 왜소한 집이다. 박물관 앞에 아스라이 펼쳐진 계곡이 바로 약 176만년 전 석기를 사용한 것으로 추정되는 고생인류 진잔트로푸스 보이세이의 두개골 화석이 발견된 올두바이 계곡이다. 박물관에서 4~5km 떨어진 발견지를 가

진잔트로푸스 보이세이 두개골 발견자
루이스 리키

리키면서 해설원은 멀리 우측에 흰 유조선처럼 보이는 지점이 바로 1959년에 루이스 리키(Louis Leakey, 1903~72)가 두개골 화석을 발견한 지점이며, 거기서 좌측으로 약 1km 되는 곳에서 부인 메리 리키(Mary Leakey, 1913~96)가 1978년에 350만년 전 화산재 위에 남겨진 발자국(직립보행을 입증)을 발견했다고 소개한다. 인류가 이 황량한 동아프리카 대열곡(大裂谷) 계곡의 두 발 가진 원인(猿人)으로부터 오늘의 인간, 바로 나 자신으로까지 진화되었다는 이 수백만년의 도도한 역사 앞에 서니 실로 감개무량하다.

이어 널빤지로 지은 두칸짜리 박물관 전시실에 들렀다. 40~50평밖에 안 되는 작고 허술한 공간이다. 발굴 과정 및 발굴자들에 관한 몇장의 사진과 글이 벽에 붙어 있다. 세월의 때가 묻어 모두 누르무레하게 변

반출된 각종 유물 　　　　　　　　350만년 전 직립보행자의 발자국 유적

색했다. 내용도 부실하기 짝이 없다. 부실하지만 몽땅 카메라에 담았
다. 몇해 지나면 건물이 허물어질 것만 같다. 왜 보수나 신축을 하지
않느냐 물으니, 해설원은 대답 대신 입술만 불숙 내민다. 마치 헐벗고
굶주리는 자식을 험악한 고도에 홀로 남겨두고 떠나는 심정으로, 발
길이 떨어지지 않는다. 허울 좋은 '유물 보존', 유네스코나 고고학계
는 어디서 잠자고 있는지?

　하루 종일 야생동물들과 벗하면서 사파리 투어를 이어갔다. 노루
비슷하게 생긴 톰슨가젤은 달리는 차와 눈길을 맞추다가도 가까워지
면 죽어라 하고 줄행랑친다. 녀석들은 어려서는 배에 검은 띠를 두르
고 있다가도 나이 들면 없어진다고 한다. 마치 우리네 몽고점처럼 말
이다. 이날 밤도 응고롱고로에서 묵었던 숙소와 같은 체인인 소파로
지에서 투숙했다.

　다음날은 탄자니아의 세렝게티 공원에서 케냐의 마사이마라 공원

간소한 올두바이 박물관 외관   세렝게티의 소파로지 호텔

으로 넘어가는 날이다. 아침 6시, 로지에서 준비해준 아침과 점심 도
시락을 싸들고 길을 떠났다. 8시경에 세렝게티 게이트(문)를 빠져나
와 풀밭에 앉아 아침 도시락을 깠다. 어디선가 뿌연 먼지가 날아오기
에 게이트 안을 들여다보니, 누(검은꼬리뿔말, wildebeest) 무리들이 줄지
어 이동하고 있었다. 이와 같이 무리를 지어 살아가는 동물들은 하루
에도 몇번씩 먹이를 찾아 집단이동을 한다고 한다. 게이트를 나서니
여기는 마사이족 세상이 아니다. 복식 갖춤새로 보아 분명 다른 종족
들이 살고 있는 고장이다. 여기서 한참 달리니 메인도로, 즉 고속 포
장도로가 나타난다. 여기까지 오는 5시간 동안 200km의 사파리 투어
를 한 셈이다. 80여km 더 달려 탄자니아 쪽 마지막 국경마을인 시라
리(Sirari)에 도착했다. 맞대고 있는 두 나라 국경초소에서 출입국 수속
을 간단하게 마쳤다.

    여기서 마사이마라 공원까지는 약 100km로, 3시간이면 충분하다.

■ 케냐의 마사이마라 공원

집단이동하는 누 무리

수수밭

기린

그런데 허허벌판 초원길이라 눈 감고도 찾아간다며 장담하던 기사가 그만 길을 헷갈리는 바람에 2시간이나 더 걸렸다. 겸연쩍은 일에 자기복수라도 하듯 기사는 가속페달에서 발을 떼지 않는다. 케냐 국경을 넘자마자 찾아간 곳은 전형적인 마사이족 마을이다. 마을 어귀에 도착하자 7~8명의 청년들이 몰려와 노래 부르고 춤을 추면서 환영한다. 이 마을에는 4대 가족 100여명이 살고 있다. 일부다처제이기 때문에 가족 수에 비해 성원은 많다. 남자는 소 10마리면 취처(娶妻)할 수 있다고 한다. 후처들은 이웃에서 각각 따로 살며, 그들이 사는 집은 허리를 굽혀야 겨우 드나들 수 있는 작은 2~3평짜리 흙집이다. 이런 흙집들이 남편들을 중심으로 빙 둘러 있다. 여자들은 뜨락에 임시 매대를 설치해 잡동사니를 팔고 있다. 이따금씩 모여 노래를 부르기도 한다. 마냥 행복한 표정들이다. 마을에서 20분 거리에 있는 마라세레나(Mara Serena)읍의 사파르(Safar) 로지 41호 방에서 하룻밤을 보냈다.

다음날인 2014년 4월 28일 숙소를 출발해 약 2시간을 달리니 'TK'(탄자니아와 케냐)라는 영문 글자가 새겨진 삼각 시멘트비(碑)가 나타났다. 높이는 약 120cm로, 아무런 자연 표식물이 없는 평범한 초원 풀밭에 세워진 양국 간의 경계비다. 여기서 1시간 더 달려 9시 20분경에 마사이마라 공원 게이트를 빠져나왔다. 게이트 입구에는 '중국-긍아 관광공사'(中國-肯雅觀光公司, '긍아'는 케냐)의 환영표시판이 세워져 있다. 알고 보니 이 중국 회사가 여기로부터 로이타(Loita) 초원까지의 도로포장 공사를 도맡아 진행 중이라고 한다. 약 2시간 후에는 탄자니아와 케냐를 통틀어 마사이족 지역에서 가장 큰 도시인 나로크(Narok)를 지나 16시에 목적지 나이로비 국제공항에 도착했다. 장장 3일간의 사파리 투어에서 누적된 여독도 풀 사이 없이 서둘러 몸바사

■ 마사이족 마을

호객 프로그램의 일환으로 합창하는 마사이족 부인들

마사이족 청년들

마른 나무를 갈아 점화(點火)

마사아족 흙집

잡동사니 매대

초원에 세워진 'TK', 즉 탄자니아와 케냐 국경 표지석

행 KQ(케냐 항공) 616편(좌석 28C)의 탑승수속을 마치고, 17시 45분에
이륙, 40분 만인 18시 25분에 파김치가 된 육신을 의자에 그대로 맡긴
채 몸바사 공항에 안착했다. 공항에서 1시간 20분이나 걸려 밤 8시에
사로바(Sarova) 호텔에 도착, 2층 2017호 방에 투숙했다.

60
탄자니아의 '국부', 줄리어스 니에레레

줄리어스 니에레레(Julius Kambarage Nyerere, 1922~99)는 정치가, 외교가, 교육가, 문학가, 번역가, 탄자니아혁명당 창건자, 탄자니아연합공화국 초대 대통령이며, '아프리카의 현인' '아프리카 사회주의 실험자' 등 숱한 경칭으로 불린다. 그러나 탄자니아 국민들의 그에 대한 가장 높고 가장 친근한 경칭은 '국부(國父)'와 '므왈리무'(Mwalimu)다. '므왈리무'는 스와힐리어로 '스승' '도사(導師)'라는 뜻이다. 그 어원은 같은 뜻의 아랍어 '무알리무'(Mua'limu)이다. 그밖에 그의 공로가 인정되어 평생 동안 국내외에서 받은 상이나 훈장은 '네루국제이해촉진상'을 비롯해 '제3세계 기금상' '국제레닌평화상' '국제시몬볼리바르상' '국제간디평화상' '기사훈장' '전국해방훈장' 등 어림잡아 30개 가까이 된다.

영국의 아프리카 전문가 마저리 퍼럼(Margery Perham)은 저서 『식민주의에 대한 성찰』(1961)에서 니에레레가 "내가 만나본 아프리카 지도자들 가운데서 가장 침착하고, 대담하며, 외향적이고, 빛나는 사람"이라며 극찬을 아끼지 않았다. 니에레레의 독립투쟁 과정과 집권 21년간(1964~85)에 달성한 성과, 그리고 그의 현인다운 생활 모습을 알고 있는 사람들은 그에 대해 대저 이러한 평가를 내리고 있다. 집권 과정에서 범한 실책이나 미흡점에 대해 비평가들이 냉철한 비판의 메스를 들이댄 것도 사실이다. 그러나 본인이 솔직하게 자성했다는 점은 여느 아프리카 지도자들과는 다른 점이다. 제아무리 현인이요 도사라고 해도 역시 시대의 피조물(被造物)인 만큼, 시대의 제약을 받아 한계를 드러내지 않을 수 없었다.

니에레레는 뒷날 하야한 후 이렇게 회고했다. "조금씩 경제가 발전하고 사람들 사이에서 사회주의에 대한 이야기가 오가고 있었다. 그러나 탄자니아는 사실상 방향을 잃고 표류하는 배와 같았다. 종합적으로 판단할 때, 탄자니아는 인간의 평등과 존엄, 인민에 의한 정부 운영이라는 가장 기본적인 사회주의 목표로부터 점점 멀어져가고 있었다." 영국의 전기작가이며 사학자로 아프리카 현대사에 밝은 마틴 메러디스는 니에레레 정권이 이루어놓은 일련의 성과들을 공정하게 인정하면서도 저서 『아프리카의 운명』에서는 니에레레 집권 시기의 일당제 독재와 그 피해에 관해 다음과 같은 신랄한 비평을 가하고 있다. "니에레레가 대통령으로 재직하는 동안 탄자니아에서는 어느 누구도 그가 주도하는 전략에 대해 이의를 제기하지 않았다. 전략의 선택은 이데올로기적인 신념의 문제로 여겨졌다. 정치 분야에서는 진지한 논의가 전혀 이루어지지 않았다. 일당제 정치 아래에서 의회는 무능했고, 언론에는 재갈이 물려 있었다. 실권은 다르에스살람의 대통

령 집무실과 정당위원회, 그
리고 상층 관료에게 있었으
며, 이들은 하나같이 반대를
용인하지 않았다. 니에레레
는 예방구금법을 이용해 정
치적 반대파의 입을 막는 행
위를 제재하지 않았다. 탄자
니아는 오랫동안 정치범이
존재하는 아프리카 국가들의
명단에서 상위를 차지했다."

탄자니아 '국부' 줄리어스 니에레레

　이상은 니에레레가 그토록
평생의 심혈을 기울여 시도
한 아프리카 사회주의의 실
험에 대한 평가와 판단이다. 주지하다시피 니에레레는 이른바 우자마
(Ujamaa) 사회주의 이념을 기본으로 한 아프리카 사회주의의 선두주
자였다. 그의 '도사' '현자'로서의 됨됨이를 살펴보고, 권력자로서의
지도 능력과 사업 성패를 조명해보는 것은 탄자니아나 아프리카뿐
아니라 인류의 미래를 예단하는 데서 유용한 전철과 귀감, 교훈이 될
것이다.

　니에레레는 1922년 4월 13일 탕가니카(현 탄자니아)의 무소마시(市)
부티아마촌(村) 자나키족의 추장 가정에서 태어났다. 비록 추장 가
정이지만 살림이 어려워 유년 시절에는 집에서 목동으로 일했다.
1934년 무소마의 교회학교에 입학해 기독교 세례를 받았다. 몇년 지
나서는 타파라 중학교에 진학, 천주교로 귀의(1942)했다. 1943~45년

에는 우간다에 있는 마케레레 학원(현 마케레레 대학)에서 교육학을 공부했으며, 재학 중에 '천주교충성회(忠誠會)'에 가입해 '탕가니카아프리카인협회'(TAA) 지부인 '탕가니카학생연합회'를 조직했다. 귀국후 천주교협회 소속의 성마리아 학원에서 3년간 교편을 잡는 동안 탕가니카아프리카인협회 타파라 지부를 결성하고 서기에 임명되었다. 1946년 협회의 전국 대표자 대회에서 케냐의 백인 이민자들을 앞세워 동아프리카연방(케냐, 탕가니카, 우간다 3국 포함)을 건립하려는 영국 식민 당국의 획책을 규탄했다. 이것은 니에레레의 정치활동의 효시다.

1949~52년에는 장학금으로 영국 에든버러 대학에 유학해 경제학과 역사학을 전공하고 문학석사 학위를 취득했다. 유학 기간에 니에레레는 아프리카 각국에서 온 민족주의자들과 자주 만나 민족 독립운동에 관해 많은 토론을 하면서 아프리카 대륙에서의 식민제도 청산에 뜻을 모았다. 한편 영국 노동당 당원들과의 친교를 통해 그들이 주장하는 페이비어니즘(Fabianism) 사상의 영향을 받았다. 페이비어니즘이란 1884년 영국에서 설립된 '페이비언협회'(Fabian Society)가 주창한 사상체계이자 정치강령인데, 그 주된 내용은 점진적으로 자본주의를 개조해 평화적으로 사회주의에 진입한다는 일종의 개량주의적 사회주의다. 혁명을 통해서만 사회주의에 과도할 수 있다는 레닌주의와는 상치되는 사상이다. 니에레레를 비롯한 상당수의 아프리카 민족주의자들이 이 페이비어니즘의 영향을 받아 적극적인 혁명투쟁이 아닌 소극적인 평화주의로, 이른바 '아프리카 사회주의'의 실현을 기대했던 것이다.

1952년 영국에서 돌아온 니에레레는 다르에스살람 부근의 성프란치스코 학원에서 잠시 교사를 하다가 이듬해 4월 탕가니카아프리카

탕가니카 마을을 방문한 니에레레(왼쪽 두번째)

인협회 회장에 선임되었다. 다음해 7월 7일에는 반식민투쟁에 한계를 드러낸 이 협회를 '탕가니카아프리카민족동맹'(TANU, 이하 '타누')으로 개편하고 의장에 당선되었다. 그는 비폭력 투쟁 방식으로 '내부자치'를 통해 단계적으로 민족 독립을 달성할 것을 주장하면서 아프리카인과 아시아인, 백인들이 서로 신뢰하고 협력하는 다민족 공존 국가 건설을 희망했다. 1955년 2월에는 타누의 대표로 유엔 총회에 참석해 신탁이사회에서 자국 독립에 대한 주장을 피력했다. 귀국해서는 교사직을 그만두고 전국을 주유하면서 비폭력적이며 단계적인 독립을 주장했다. 이듬해 다시 유엔을 찾아가 식민국가들의 가혹한 약탈과 아프리카인들에 대한 유혈탄압을 폭로하고 독립을 강력히 촉구했다.

1957년 8월, 니에레레는 타누의 대표로 영국 식민 당국에 의해 입법의회 의원으로 임명되었다. 그러나 영국이 시간만 끌면서 탕가니카의 독립을 지연시키는 행태에 항의해 4개월 만에 의원직을 내놓았다. 이듬해에는 동방주(東方州, Eastern Province)에서 입법의회 의원으로 재선되었다. 1960년 1월에는 미국 듀크(Duke) 대학에서 법학박사 학위를 받았다. 그해 9월 타누는 입법의회 선거에서 1표 차이로 승리를 거두었다. 그리하여 니에레레는 책임정부의 조각(組閣)을 위임받았다. 그 자신은 1960년 9월 2일부터 이듬해 5월 1일까지 수석부장으로 정부의 실권을 장악했다. 그는 합법적 직권을 이용해 독립투쟁을 가속화했으며, 급기야 아시아인과 유럽인들의 양해와 협력을 얻어내어 탕가니카의 독립을 앞당기도록 영국에 압력을 가했다. 드디어 1961년 5월 1일 탕가니카의 '내부 자치'가 결정되었고, 니에레레는 자치정부의 총리직을 맡게 되었다. 그해 12월 9일 탕가니카는 독립을 선언했고, 니에레레는 총리직을 계속 유지하였다. 그러다 1962년 1월 22일에는 총리직을 내놓고 타누의 사업에 전심몰두하면서 나라의 완전독립을 위해 동분서주했다. 그해 12월 9일, 니에레레는 탕가니카공화국의 성립을 선포하고, 영국 총독제를 폐지했다. 이어 국민투표에서 97%의 지지율로 초대 대통령으로 당선되었다. 당선 즉시 그는 영국 왕실과의 일체 관계를 단절하고, 영국 여왕은 더이상 탕가니카의 국가 원수가 아님을 만천하에 선포했다.

독립은 니에레레에게 새로운 리더십을 요구했다. 그가 독립 후 국가 건설에 착수하면서 처음으로 행한 사업은 잔지바르와의 연합공화국 건립이었다. 1964년 4월 니에레레는 인접한 신생 잔지바르공화국을 방문해 두 나라 대통령 간에 양국을 하나의 주권국가로 합치기로 합의하고, 4월 26일 연합공화국을 정식 선포했다. 그해 10월 24일에는 국명을 탄자니아연합공화국으로 고치고, 니에레레가 연합공화국의 초대 대통령 겸 무장부대 총사령관을 맡았다. 초기 얼마간은 외교부 장관도 겸직했다. 그후 1970년 11월과 1975년 11월, 1980년 11월 등 3번의 대선에서 승리해 대통령을 연임했다. 1977년 2월 5일에는 타누와 잔지바르의 집권당인 아프리카시라즈당이 '탄자니아혁명당'(CCM)이라는 이름으로 합당했고, 니에레레가 당 위원장으로 선출되었다. 또한 1982년 10월과 1987년 10월의 선거를 통해 당 위원장으로 재선되었다. 대통령과 당 위원장의 연임으로 니에레레에게 권력이 집중되었다.

독립 직후 니에레레는 여러 경제 주체들로 하여금 맡은 바 소임을 다하게 함으로써 일시적인 경제 호황을 가져왔다. 그런 속에서 1967년 2월 5일 이른바 '아루샤 선언'(Arusha Declaration)을 발표해 사회주의를 국가 발전의 총적(總的) 방향으로, 그리고 자력갱생을 지도방침으로 제시했다. 그러면서 농업 발전을 강조하고, 대·중형 공광(工鑛)기업과 무역회사 및 금융기관의 국유화를 선포하면서 일련의 국영기업과 준국영기업을 설립했다. 아울러 민족자본의 발전을 제한하고, 재부의 과도한 집중과 착취 현상의 재현을 방지했다. 또한 인도양 해안과 항구들을 연결하는 철도와 도로를 부설하고, 공공기업의 아프리카화를 추진했다. 특히 농촌에서는 대규모로 우자마촌을 건설하고 학교와 음용수 및 의료 시설을 확충했다. 그뿐만 아니라 농촌에서 전통사회의 토지공유제와 집단노동, 그리고 결실의 공동분배 같은 제도를 복원함으로써 아프리카 사회주의의 모델을 수립하려 했다.

이러한 일련의 신선한 니에레레 식 사회주의 시책들은 일정한 성과를 거두었다. 그가 집권한 21년간 초등학교 취학률은 학령인구의

25%에서 95%로 급증했고, 성인의 식자율은 10%에서 75%로 상승했다. 깨끗한 음용수가 공급되는 마을과 의료시설이 갖춰진 마을의 비율은 각각 40%와 30%에 달했다. 평균수명도 41세에서 51세로 늘어났다. 이 모든 것은 분명히 국민들의 생활 개선과 향상을 위한 사회주의적 시책의 결과이다.

이와 더불어 국제 무대에서는 미독립국가들의 반식민주의와 반인종주의 투쟁을 적극 지원했다. 1965년 12월에는 남로디지아의 백인 우월주의 정권을 비호하는 영국에 항의하면서 결연히 단교(斷交)하기까지 했다. 니에레레는 아프리카통일기구의 해방위원회 위원장과 아프리카국가수뇌회의 의장을 맡아 그 직책을 훌륭하게 수행했다. 그는 특히 남아프리카 각국의 독립 쟁취와 수호 투쟁을 물심양면으로 적극 지원했다. 미독립국가의 민족주의 조직들에게 활동거점을 제공해주고, 유격전사들의 훈련기지를 마련해주기도 했다. 외환 수입의 감소를 감수하면서 남아프리카 식민당국에 노동력을 공급할 목적으로 체결한 협정을 일방적으로 파기해버렸다. 그는 비동맹 정책을 실시하고, 새로운 국제경제 질서의 수립을 강력히 주장했다. 1979년 2월 77개국 블럭 제4차 장관급 회의를 주최하면서 제3세계가 단결과 협력을 강화해 한목소리로 불평등한 국제경제 질서를 혁파하기 위한 선진국들과의 담판에 나서야 한다고 역설했다.

니에레레가 탄자니아 국민들뿐만 아니라 세계인들로부터도 그토록 높은 존경과 깊은 사랑을 받으며, 그 징표로서 아프리카 출신으로서는 드물게 숱한 상을 받은 데는 그럴 만한 까닭이 있다. 앞에서 본 바와 같은 사건창조적인 출중한 경력 말고도 그는 남다른 '됨됨이'를 지녔기 때문이다. 그는 소박하고 겸손하며 사욕이 없는 수수한 아버지였다. 언제 어디서나 청렴결백하며 봉공멸사(奉公滅私)하는 현인이었다. 하여 탄자니아 국민들이 그를 '나라의 아버지(국부)'라며 살갑게 부르는 것이다. 시골에 시찰을 나갈 때면 차는 아예 제쳐놓고 평상복에 태양모 차림으로 수십km를 맨발로 걸어다녔다. 농민들과는 한 집안 식구처럼 스스럼없이 이야기를 나누었고, 한 밥상에서 식사하며, 밤에는 한장의 소가죽을 함께 깔고 잠을 청했다. 그는 여타 아프리카 지도자들처럼 많은 봉급을 받은 것도 아니었으며, 해외에는 일전 한푼의 예금도 없었다. 1981년에 '제3세계 기금상'으로 받은 10만 달러는 몽땅 국가도서관을 짓는 데 내놓았다. 그는 고급별장 하나 없이 교외의 일반 주택에서 살았다. 주택은 보통의 농촌주택과 전혀 다를 바가 없었다. 가재도구나 창문은 모두 낡을 대로 낡아서 바람이 조금만 일어도 모래와 먼지가 흩날렸다. 그가 관직을 떠날 때 정부는 그에게 주택을 지어주려고 했으나 그는 일언지하(一言之下)에 거절했다. 이 모든 역사의 준엄한 증언 앞에서 정적마저 그를 '국부'라고 부르지 않을 수 없었다고 한다.

니에레레는 자신이 범한 과오나 실수를 회피하거나 남에게 돌리는 일이 결코 없었다. 중대한 실정에도 늘 자성을 앞세우면서 자진해 시정 방도를 찾곤 했다. 그는 나라를 빈곤에서 구출하지 못한 점에 대해 늘 자괴를 느꼈다. 만년에도 그는 노구를 이끌고 조국의 안전과 평화 그리고 제3세계의 단결과 진보를 위해 동분서주 헌신했다. 그는 오랫동안 아프리카통일기구 해방위원회 위원장직을 맡았으며, 탄자니아를 남아프리카 민족해방의 보루로 삼아 물심양면으로 실제적 지원을 아끼지 않았다. 다르에스살람 대학의 고란 하이든 교수는 "탄자니아는 신자본주의에 도전하는 사례를 보고자 열망하는 전세계 진보주의자들과 사회주의자들의 정치적 '성지'가 되었다"고 밝힌 바 있다. 1970년대에 탄자니아가 제공한 1인당 해외원조액은 아프리카 국가들 가운데서 가장 높았다.

아프리카는 언제나 내외 전란이나 내우외환(內憂外患)에 휩싸여 있어 하루도 편안한 날이 없었으나 유독 탄자니아만은 '평화의 섬'이었다. 영국의 유명한 동물학자이자 환경운동가이고 2017년 제21회 만해대상 실천부문 수상자이기도 한 침팬지 연구자 제인 구달(Jane Goodall, 1934~)이 1960~70년대에 탄자니아에서 연구사업을 했을 때, 그는 국경 근처의 이웃 나라들에서는 화염이 자주 올라왔으나 탄자니아에서는 한번도 그런 일을 겪은 적이 없었다고 저서에서 회고하고 있다.

국제활동에서 니에레레는 중국과의 우호관계를 특별히 소중히 여겼다. 생전에 그는 13번이나 중국을 방문했다. 매번 방문하고 나서는 중국으로부터 많은 것을 배웠다고 했다. 사실 우자마 운동을 비롯한 사회경제 시책과 당 건설 등 정치 분야에서 그와 탄자니아혁명당이 취한 일련의 정책들을 자세히 분석해보면, 과(過)와 실(失)을 떠나 중국의 영향을 받았음이 쉬이 감지된다. 탄자니아는 중국의 원조를 가장 많이 받은 아프리카 나라들 중 하나다. 니에레레는 어느 군중대회 연설에서 다음과 같은 감회 어린 일화를 소개했다. 1965년 그가 중국을 방문했을 때 방직공장 하나를 지어달라고 요청했더니 중국 측은 즉석에서 동의했다. 뒷날 공장이 완공된 후 중국을 방문해 그 공장을 '마오쩌둥 방직공장'이나 '저우언라이 방직공장'으로 명명할 것을 제안했더니 당국 측은 중국에는 개인의 이름을 기업에 붙이는 관행이 없다고 하면서 사양했다. 의논 끝에 '우의(友誼)방직공장'으로 명명했다. 회담에서 다른 요청사항이 있었지만 망설이고 있는데, 류샤오치 주석이 "방직공장말고는 다른 요청사항이 더 없습니까?" 하고 묻기에 용기를 내 탄자니아-잠비아 철도 건설 문제를 꺼냈다. 류샤오치 주석은 한참 듣고 있다가 "필요하다면 우리가 해야지! 다들 들었지요? 필요하다면 우리가 해야지!"라며, '해야지'라는 말을 거듭 강조했다. 계획안은 곧바로 마오쩌둥 주석의 비준을 받았다. 당시 서방 언론은 이는 중국의 탁상공론에 불과하다고 비웃었다. 사실 탄자니아-잠비아 철도 건설은 당시 중국이 지원한 사업 가운데 규모가 가장 큰 것이었다.

니에레레는 혁명당 위원장직을 사직하기 직전, 자신의 재임기간에 중국으로부터 받은 모든 원조 항목들을 하나하나 시찰하고 점검했다. 1990년대 초 탄자니아에 사유화 바람이 불 때, 일부에서 이 우의방직공장을 매각할 것을 제의했다. 그 제안을 들은 니에레레는 노발대발하면서 "우의를 팔아먹는 것은 곧 친구를 팔아먹는 것이니, 중국과 탄자니아의 우의는 절대 팔아먹을 수 없다!"라고 일갈했다.

만년을 조용히 고향에서 보내던 니에레레가 노환으로 쓰러지자 국가에서 영국으로 병치료를 보냈다. 그러나 치유되지 못한 채 1999년 10월 14일 향년 77세로 이 사건창조적 위인은 영면에 들어갔다. 세계 각국에서는 그의 서거에 깊은 애도의 뜻을 표했고, 정부는 이날을 '니에레레 도사일(導師日)'로 정하고 해마다 성대한 추모행사를 치르고 있다. 2013년 10월 14일 유엔에서는 고인을 기리는 특별 추모회를 열었다. 그즈음해 추모집 『줄리어스 니에레레: 국제 무대의 아프리카 거인』(*Julius Nyerere: Africa's Titan on a Global Stage*)이 출간되었다.

61
니에레레의 사회주의 실험

    앞에서 보다시피 아프리카에서는 기라성 같은 여러 지도자들이 독립 후 국가의 활로를 사회주의, 정확하게 말하면 아프리카식 사회주의에서 찾으면서 그 실현을 위한 숱한 사상과 주의, 전략과 전술, 방도와 시책들을 쏟아내고 성공을 위한 다양한 실험을 진행했다. 세월이 지나 실험의 결과를 종합해보면, 한마디로 성공률은 미미한 상태다.

    탄자니아의 대통령이고 혁명당의 당수이며, 아프리카 사회주의의 선봉적 실험자인 니에레레는 독립 후 30년 이내에 탄자니아 사회주의를 실현하겠다는 야심찬 목표를 내세우고 그 실현에 일로매진했다. 미숙에서 오는 실정으로 인해 실험 과정은 순탄치 않았고, 그 결과도 여의치 않았다. 그럼에도 불구하고 사회주의 불모의 땅 아프리카에서 그가 뿌린 사회주의 실험의 씨앗은 결코 썩지 않고 미래의 그 어느날 다시 싹트고 꽃필 것이라는 전망을 안겨주고 있다. 그 전망은 그가 아프리카식 사회주의를 지향해 제시한 대강(大綱)에서 기대할 수가 있다. 그 대강은 그가 의지한 지도사상과 그가 취한 사회경제 시책, 그리고 그가 수립한 정치체제 등으로 요약할 수 있다.

우선 니에레레가 의지한 지도사상은 이 나라에서 두번째로 큰 도시인 아루샤에서 1967년 2월 7일 발표한 정치강령 '아루샤 선언'에 오롯이 담겨 있다. 그것은 자력갱생의 기초 위에서 사회주의를 건설해 빈곤과 질병, 우매를 일소하고 인간의 평등과 자유, 존엄을 실현하려는 것이었다. 이를 위해 경제면에서는 국가가 경제의 명맥을 장악하고, 누구나 노동하며 노동한 것만큼의 보수를 받는다. 대외적으로는 신·구 식민주의와 제국주의, 종족주의에 반대하면서 각국의 혁명정부와 정당들을 연합해 아프리카의 통일을 실현한다. 탄자니아혁명당은 농민과 노동자의 정당으로서 당원은 반드시 당의 신념을 믿고 당의 원칙을 지켜야 한다. 당의 지도자들은 봉건주의적이며 자본주의적인 활동에 종사할 수 없고, 어떠한 회사의 주식도 보유할 수 없으며, 개인기업체의 이사직을 맡을 수 없다. 또한 이중으로 봉급을 취득할 수 없고, 임대용 주택을 소유할 수 없다.

이 내용에서 보다시피 아루샤 선언은 자력갱생과 자립을 강조하고, 지도자가 지녀야 할 덕목을 구체적으로 밝히고 있다. 이에 관해 니에레레는 정곡(正鵠)을 찌르는, 숱한 아프리카 독립운동 지도자들 가운데서 감히 그만이 할 수 있을 촌철살인의 언설을 다음과 같이 개진했다.

"지금 탄자니아에서는 해외에서 돈을 끌어올 방안에만 지나치게 관심이 쏠려 있다. 정부와 지도자들이 주도하는 여러 조직은 해외에서 재원을 확보할 방안만을 연구하고 있다. 각료와 공무원 가운데는 대외원조를 확보하려는 방안 외에는 자립적인 발전 계획을 구상할 능력이 없는 사람들이 많았다. 탄자니아의 지도자들은 '돈, 돈, 돈'에만 골몰해서 자립적인 발전을 주도할 책임을 감당하지 못했다.

　우리나라처럼 가난한 나라에서 돈을 발전의 핵심 방편으로 삼는 것은 어리석은 일이다. 자립적으로 확보한 재원이 아니라, 원조받은 재원으로 가난에서 벗어날 수 있다고 생각하는 것은 더더욱 어리석은 일이다. (…) 무엇보다 우리는 돈을 얻어오지 말아야 한다. 우리나라가 모든 발전 목표를 달성할 수 있을 때까지 유상·무상으로 차관을 제공하거나 공장을 세워줄 나라는 세계 어디에도 없다. (…) 설사 부자 나라들이 진심으로 가난한 나라들을 돕는다고 해도 그런 원조로는 발전 목표를 제대로 달성할 수 없다."

　"독립투쟁을 이끌어온 지도자들 가운데는 자본주의에 반대하지 않는 사람이 많았다. 그들은 자본주의의 결실을 누리고 싶어했고, 독립을 그 목적을 위한 수단으로 보았다. 사실 독립운동에 참여했던 열혈 투사 가운데는 현대적인 분야에서 쌓은 학력이나 경험을 통해 개인의 부를 추구한다는 이상을 품고, 그 이상을 실현할 수 있는 방법은 독립뿐이라는 생각으로 활동했던 사람이 많았다."

다음으로 니에레레가 시행한 사회경제 시책은 다음과 같다.

① 대규모의 국유화 추진. 1967년 2월부터 모든 은행과 보험회사, 주요 공상(工商) 기업체와 운수업체 및 외국 농장, 임대(賃貸)산업 등에 대해 일련의 국유화 조치를 취했다. 나중에는 중소기업이나 농촌

의 개인 상점까지 국유화 대상에 포함시켰다.

② 우자마촌의 확산과 농촌에서의 집단화 운동. 탄자니아에서 대부분의 농가들은 산재(散在)해 있어 여러 농가로 이루어진 촌락(村落)은 매우 적다. 그래서 농촌 집단화를 통해 농업생산의 선진화를 목적으로 하는 소위 우자마 운동을 전개했는데, 이 운동은 3단계로 나눠 추진키로 했다. 첫단계에서는 분산된 농가들을 새 마을로 이주시켜 모여 살게 하고, 점차적으로 집단생산에 필요한 공공시설의 수리나 신설을 담당하게 함으로써 농민들의 집단 개념을 강화했다. 둘째 단계에서는 집단경제의 비중을 높여 집단생산액이 개인생산액을 초월하게끔 하고, 교육사업을 적극 발전시켜 우자마촌으로 하여금 선진적 농업생산과 문화교육의 중심이 되도록 했다. 셋째 단계에서는 우자마의 규모 확대를 통해 우자마로 하여금 전반적인 농공상(農工商)을 포함하는 연합체가 되도록 했다. 우자마 운동을 추진한 후 1975년 1월까지 전국에 900만명을 아우른 6,944개의 우자마촌이 생겨나 전국 인구의 66.6%를 점했다. 그런데 이러한 마을들은 아직 우자마 운동의 첫단계 수준에 불과했다.

③ 특권을 제한하고 도시인구의 수입 격차 줄이기. 새로운 착취계급의 출현을 막기 위해 민족자본가와 농장주의 성장을 억제하는 것 말고도 당은 당정 관료들의 특권을 최대한 제약해야 했다. 아루샤 선언 중의 '영도자 수칙'에는 이에 관한 구체적 규정이 있다. 그밖에 당은 고수입은 제한하고 저수입은 부단히 제고하는 방법을 강구하여 도시인구의 수입 격차를 줄이려 했으며 실제로 그 격차는 1960년 1:70에서 1974년 1:11로 크게 줄어들었다.

이와 같이 니에레레가 실시한 사회적·경제적 시책들은 본질적으로 사회주의적 시책들로, 일정한 성과를 거뒀음에도 불구하고 그 과정에서 발생한 시행착오로 인해 여론의 호된 비판을 받았다. 니에레레 자신도 자성을 감추지 않았다. 특히 국유화와 우자마 운동은 집중포화를 맞았다. 물론 그러한 비판 가운데는 반사회주의적인 악의에서 비롯된 것이 없지 않았지만, 탄자니아를 비롯한 아프리카의 발전적 미래와 사회주의 진영논리에 관한 정확한 파악을 위해서는 교훈으로 삼아야 할 전철로 받아들여야 할 것이다.

니에레레는 아루샤 선언을 공포하고 나서 대규모의 구체적인 국유화 조치를 잇달아 발표했다. 알려진 바에 의하면 그는 세부 계획이나 법률 정비, 정부에서의 적법한 논의 절차 없이 독단적으로 일련의 국유화 시책을 밀어붙였다고 한다. 모든 민간은행과 보험회사, 주요 식품회사, 8개의 주요 수출회사, 전체 도매업체, 10만 실링(약 6,000파운드)을 초과하는 모든 상업용 건물과 공동주택, 심지어 소유자가 거주하는 주택 이외의 단독주택까지 국유화 대상에 포함시켰다. 또한 대부분의 사이잘삼(sisal hemp, 마의 원료) 농장과 시멘트, 담배, 신발, 맥주 제조회사의 지배 지분도 국유화했다.

국유화 조치를 통해 1979년까지 약 300개의 준국영기업들이 설립되었다. 그러나 시간이 지나감에 따라 국유화 기업들에서 문제점이 속출했다. 기업 임원들은 기업가라기보다는 관료처럼 행세하면서 기업을 정실주의적·관료주의적으로 운영했다. 1977년 '아루샤 선언 10년 후'라는 연설에서 니에레레는 국영기업의 관리자들과 종업원들의 비효율성과 무관심, 태만을 비판하면서 "우리는 엄격한 산업 규율을 확립해야 한다. 업무에 태만하고 봉급의 대가로 근면한 노력을 기울이지 않는 자세는 사회의 다른 사람들을 착취하는 것이다. 아루샤 선언이 공포된 뒤 업무 태만이 크게 늘어났다"라고 현실을 진단했다.

국유화의 실책보다 더 심각한 폐단은 우자마 운동에서 나타났다. 1967년 9월 니에레레는 「사회주의와 농촌의 발전」이라는 논문에서 전국에 자급자족적인 사회주의 마을을 건설해 농촌 발전의 토대를 다져나가야 한다는 주장을 내놓았다. 이것은 일종의 토착 사회주의를 말하는데, 스와힐리어로 '우자마'(ujamaa)라고 한다. 그는 흩어져 있는 농촌 인구를 우자마 마을로 끌어모아 집단노동으로 농업 생산성을 끌어올리려고 했다. 이를 위해 소작농들에게 현대적 농법과 장비를 제공하는 한편 소규모 농장을 대규모 공동농장으로 확대했다. 그는 우자마 운동을 통해 마을 공동체에 여러가지 혜택을 줄 수 있을 뿐 아니라, 계급 간의 불평등도 해소할 수 있을 것이라고 믿었다. 그는 논문에서 이렇게 언급했다.

"우리가 주목해야 할 것은 이 공동체는 집단을 이루어 농사짓고, 집단을 이루어 생활하게 되리라는 것이다. (…) 농장에서 생산된 수확물과 공동체의 각종 활동을 통해 확보된 수익은 작업 성과와 성원들의 필요에 따라 분배되고, 그 가운데 아주 일부만 세금으로 지출되며, 또다른 일부가 공동체 성원의 장래를 위해 투자될 것이다. (…)

공동체 단위의 생활과 작업은 탄자니아 사람들의 생활을 변화시킬 수 있다. 이런 노력을 기울이지 않고 가만히 기다리기만 한다면 형편이 약간 나아질지 몰라도 크게 넉넉해지지는 않을 것이다. 무엇보다 중요한 것은 이런 체계를 통해 조금이라도 더 많은 수익을 올린다면 그것은 모두 '우리의 것'이 된다는 점이다. 이 수익은 한두명의 개인 수익이 아니라, 노동을 통해 수익을 창출해낸 모든 사람들에게 돌아갈 것이다."

니에레레는 "우자마 마을은 자유의사에 따라 함께 생활하고 공동의 이익을 위해 함께 일하겠다고 결정하는 사람들이 자발적으로 꾸리는 연합체다"라고 정의했다. 이렇듯 대통령과 정부가 적극적으로 밀고나갔음에도 불구하고, 이 운동의 성장속도는 기대에 미치지 못했다. 1968년 말까지 공포한 지 1년 3개월이 되었는데도, 우자마 마을은 180개에 불과했다. 이에 정부는 이듬해에 대통령훈령 제1호를 발표해 당과 정부는 우자마 마을을 우선적으로 돕겠다는 의지를 표명했다. 그러자 1973년 중반까지 우자마 마을은 인구의 15%에 육박하는 약 200만명을 망라한 5,000개로 늘어났다. 1976년을 이 운동의 목표 완수해로 잡고 애쓴 결과 1973년부터 1977년 사이에 무려 1,100만명이 새로운 우자마 마을로 이주했다. 이는 아프리카 역사상 최대 규모의 집단이주다.

그러나 이 대규모의 집단이주를 놓고 많은 이론이 제기되었다. 그중 가장 큰 문제는 강제성 여부였다. 니에레레나 정부는 강제성을 극구 부인했지만, 이주자들이 다시 돌아가지 못하도록 하기 위해 옛 집을 불태워버렸다는 등 강제성을 시사하는 증언 여론이 사방에서 일어났다. 탄자니아의 사회주의 실험에 호의적이었던 프랑스 작가 실뱅 위르페르마저도 저서 『아프리카의 사회주의 국가 탄자니아』에서 다음과 같이 증언했다.

"1974년 8월부터 11월 사이에 그 나라(탄자니아 — 필자)는 구석구석까지 해일이 밀려온 것 같은 형국이었다. 수백만 주민들이 독재적인 강압 조치에 떠밀려 하룻밤 사이에 강제이주를 당했다. 그들은 황무지에 끌려가서 손수 마을을 세우고 논밭을 일구어야 했다. 많은 지역에서 군대가 동원되어 이주를 거부하는 사람들을 무력으로 굴복시켰다. 10월에는 마치 전쟁의 참화가 휩쓸고 지나간 지 얼마 안 된 나라처럼 나뭇가지와 잎사귀로 만든 초라한 오두막들이 길가에 어지럽게 늘어서 있었다."

프랑스의 농학자 르네 뒤몽(René Dumont)도 유사한 비판을 가했다.

"사실대로 말하면, 그 정책(집단이주 정책 ─ 필자)은 아무런 계획 없이 실시되었다. 관료들은 해당 지역에 대한 사전 정보 없이 책상 앞에 앉아 '정착촌을 건설'했고, 각 지역 지도자들은 자신의 능력을 과시하기 위해 정착촌에 주민들을 최대한 많이 몰아넣으려고 기민하게 움직였다."

주관적 욕망과는 달리 우자마 운동은 혼란과 재앙을 불러왔다. 우선 식량 생산량이 크게 줄어들었다. 1974년부터 1977년 사이에 곡물 부족량은 100만톤이 넘었다. 설상가상으로 가뭄이 겹치면서 상황이 더욱 악화되자 정부는 1975년에 국제통화기금과 세계은행으로부터 금융지원과 함께 20만톤이 넘는 식량 원조를 받지 않을 수 없었다. 따라서 협동 농업이라는 개념도 뿌리를 내리지 못했다. 1979년 소농 인구의 90%가량이 우자마 마을로 이주했지만 협동 농업을 통한 생산량은 전체 농업생산량의 5%에 불과했다.

국유화와 우자마 운동 등 사회주의 실험의 실책으로 인해 1970년대 말에 탄자니아는 심한 곤경에 빠졌다. 1980년 공업생산고가 총생산 능력의 3분의 1 이하로 떨어짐으로써 수출총액은 수입총액의 40%에 머물러 심한 무역적자를 기록했다. 농업생산고는 1979년부터

1982년 사이 10% 감소했고, 국민총생산은 1977년부터 1982년 사이 3분의 1로 줄어들었다. 1975년부터 1983년 사이에 생활 수준은 평균 50% 가까이 하락했다. 급기야 1981년 12월, 탄자니아 독립 20주년을 기념하는 대국민 연설에서 니에레레는 "지금 우리는 1972년보다 더 가난하다"라고 실토하는 지경에 이르렀다.

그다음으로 니에레레가 수립한 정치체제는 다음과 같다. ① 일당제를 실시했다. 1977년 니에레레는 탕가니카아프리카민족동맹(타누)과 잔지바르아프리카시라즈당을 탄자니아혁명당으로 합병했다. 같은 해 탄자니아 의회는 새 헌법을 채택하면서 혁명당은 전국의 유일한 합법적 정당으로서 최고 권력을 옹위하고 정부의 일체 활동을 영도하고 감독하며, 모든 의원과 장교들은 반드시 혁명당 당원이어야 한다고 규정했다. 이때부터 탄자니아는 진정한 의미의 일당제를 실시하기 시작했으며, 당의 자체 건설과 각 영역에서의 당의 영도 역할을 강화했다. 물론 그 이전에도 일당제를 실시했지만, 그때는 타누와 잔지바르아프리카시라즈당이 각각 탕가니카의 연합정부와 잔지바르의 혁명정부를 이끌었다. ② 당 건설을 중시했다. 상부로부터 하부까지 꾸려진 당의 각급 조직에 당의 전직(專職) 간부가 배치되었다. 당원의 입당 절차는 엄격했고, 입당은 3개월간의 예비기(후보기)를 거쳐야 했다. 당 중앙에는 당 간부를 감독하고 중앙과 지방조직 간의 연계를 강화하는 목적의 당무감독상무위원회가 설치되었다. 당 기층 조직의 활동을 건실하게 하고, 당 소조(세포)의 회의제도를 엄격하게 준수하도록 했다. 중앙과 지방에 당 학교를 설치해 분기별로 간부를 육성했다. ③ 군대와 경찰 내에 회의제도를 수립하고, 당의 활동을 전개함으로써 군경 가운데서의 당의 영도 지위를 확보하려 했다. ④ 혁명당의 영도하에 노동자, 청년, 부녀, 합작사 연맹, 부모협회를 망라하는 5대 대중조직을 꾸려 당의 여러 부류들을 단결시키는 사업을 도움으로써 당의 대중정책이 원만하게 관철되도록 했다.

이상의 제반 정치적·경제적 조치들을 취한 결과 국내에서는 거대한 변화가 일어났다. 집권당의 세력이 강화된 것이 가장 큰 변화로서 1978년 말 당원 수가 150만에 달했으며, 각 분야에서 당의 영도적 역할이 보장되고 영향력이 확대되었다. 경제 분야에서는 국가가 기본적으로 경제 명맥을 장악하고 공업화를 추진할 수 있었다. 이것은 탄자니아에서의 아프리카 사회주의 실험 과정이었다. 이는 앞에서 본 바와 같이 여러가지 실정을 수반하는 과정이기도 했다. 1977년 니에레레는 "너무 많은 것을 국유화했으며, 너무 일찍 집단화했다"라며, 과분수(過分數)에서 초래된 과욕과 실정을 고백했다. 이러한 실정을 만회하기 위해 1970년대 후반부터 다음과 같은 몇가지 시정 조치를 취했다.

① '촌락화(村落化)'로 우자마 운동을 대체했다. 촌락화란 우자마 운동의 초보단계에 해당하는 수준의 농촌집단화로서, 촌민이 토지 사용권을 향유하나 매매권은 행사할 수 없었다. 농민들의 호응하에 이러한 촌락이 1980년까지 8,200개나 생겨났으며, 포괄 인구는 농촌인구의 90%에 달하는 1,300만이나 되었다. ② 국영경제를 정비했다. 국영기업으로의 과도한 경제 집중을 막고, 엄중한 손해를 끼친 국영기업은 운영을 중단하거나 다른 기업으로 전환하며, 소형 기업을 육성했다. ③ 개인경제에 대한 제약을 풀고, 개인 자본으로 공·농업을 운영하는 것을 장려하며, 개인이 집을 지어 임대하는 것을 허용했다.

이러한 시정조치를 취했음에도 불구하고 경제가 좀처럼 살아나지 않자, 1982년 1월 혁명당은 특별 대표자 대회를 열고 '혁명당 지도방침'을 채택했다. 대회는 국가경제의 어려움은 당 사업의 과실과 관련이 있다고 자성하면서 농업 발전을 중시함과 동시에 계획경제 요소들도 확대해야 한다고 제의했다. 그해 10월 또 한차례의 대회를 열어 당장(黨章)을 수정하고, '1982~85년 경제구조 조정 계획'을 발표했다.

독립 후 30년 이내에 사회주의를 실현하려던 니에레레의 원대한 구상은 이제 한낱 허황한 몽상으로 돌아갈 공산이 커졌다. 그에게 있어 이 사실은 상상 외의 굴욕과 고통일 수도 있었을 것이다. 더구나 그는 아프리카 사회주의 실험의 선두주자로서 끝까지 그 끈을 놓지 않고 천착해보려던 '도사'고 '현인'이 아니었던가! 그러나 그러했던 니에레레도 역사와 시대 앞에서는 자성하고 겸손해져야 했다.

62
체 게바라의 신랄한 아프리카 평언(評言)

　'라틴아메리카의 파우스트'(Faust, 악마를 불러내어 굴복시키는 술사)로
불린 에르네스토 체 게바라(Ernesto Che Guevara, 1928~67)는 삐델 까스뜨
로와 함께 쿠바혁명을 승리로 이끈 후 홀연히 세계 변혁의 원대한 이
상을 실현하기 위해 아프리카로 떠났다. 그는 120명으로 구성된 국
제지원 부대('국제 프롤레타리아 군대' '쿠바 파병대')를 이끌고 탕가니카
의 옛 수도 다르에스살람을 거쳐 1965년 4월 24일 콩고에 도착했다.
부대의 지원 대상은 콩고 동부, 탕가니카호 서쪽 연안에서 활동하는
26세의 로랑 카빌라(Laurent Kabila, 1939~2001, 1997~2001 대통령 역임)가
이끄는 게릴라 부대였다.
　그러나 게바라가 보기에 카빌라 부대는 진정한 혁명군이나 게릴
라가 아니었다. 게바라는 후일 이에 관해 다음과 같은 기록을 남겼다.
"인민해방군(카빌라 부대 —— 필자)은 기본적으로 기생충 같은 군대였

다. 그들은 일도 하지 않고 훈련도 하지 않으며 전투도 하지 않고 주민들에게 식량과 노역을 요구했다. 그들은 때때로 주민들에게 지나치게 혹독한 요구를 하기도 했다." "그(카빌라 ─ 필자)는 정치적 언쟁만 일삼으며 세월을 보냈고, 모든 상황을 종합해볼 때 술과 여자에 깊이 빠져 있는 상태였다." "장교가 앞장서서 달아나는 일도 많았다." 게바라는 우선 7개월 동안 이러한 무능하고 부패한 군대를 개조하여 협력해보려고 온갖 노력을 다했지만 아무런 성과도 거두지 못했다. 결국 기진맥진해 실망한 나머지 지원 부대를 철수하기로 결정하고, 그해 11월 탕가니카호를 건너 그 북동부에 위치한 도시 키고마(Kigoma)로 이동했다.

이렇게 아프리카의 변혁을 갈망하던 게바라의 꿈은 수포로 돌아가고 말았다. 그러자 악의적인 서구 언론들은 기다렸다는 듯이 게바라에게 '망동'이니 '모험주의'니 '개인영웅주의'니 하는 등 온갖 비방과 공격을 퍼부었다. 그러나 세계변혁이라는 대의명분에 끝까지 충실한 이 '철의 사나이' '의로운 사나이'는 아랑곳하지 않고, 좌절 없이 '더 큰 조국' 라틴아메리카의 변혁을 위한 전선의 진두에서 생을 불태웠다. 그러기에 체 게바라는 '우리 시대의 가장 완벽한 인물'로 아프리카인을 포함한 세인의 가슴속에 영원히 간직되어 있다.

콩고 전선에서 부득이하게 철수한 게바라는 그해 12월부터 이듬해 1월까지 다르에스살람 주재 쿠바 대사관 2층의 작은 방에서 혁명가로서 지난 7개월 동안 겪었던 일들과 이역 아프리카에 대한 신랄하면서도 애정 어린 장문의 평언(評言)을 남겼다. 이 글은 30년 동안 묻혀 있다가 세상에 알려지게 되었다. 글은 "이것은 실패를 기록한 역사다"라는 비통한 말로 시작하면서 아프리카가 맞닥뜨리고 있는 여

■ 아프리카에서의 체 게바라

콩고 게릴라 부대와
함께 있는 게바라

게바라가 사용하던 무전기(상)와 가방(하)　　아프리카 전우들과 함께 있는 게바라
　　　　　　　　　　　　　　　　　　　　　(아바나 군사요새의 '체 게바라 전시실' 소장)

러가지 사회문제들에 관해 변혁가로서의 입장에서 설득력 있는 구체적 자료들에 근거해 예리한 분석과 해법을 제시하고 있다. 콩고를 비롯한 아프리카 문제 전반을 이해하고 연구하는 데서 지침적 참고가 되리라고 믿는다. 이에 필자는 마틴 메러디스의 저서 『아프리카의 운명』(2014, 225~39면)에 실린 이 글을 인용부호 없이 내용별로 발췌해 소개하고자 한다.

게바라는 우선 아프리카 국가들이 독립 후 맞닥뜨리게 된 여러가지 태생적 자연재해를 지적한다. 기후는 혹독하고 변덕스러운 때가 많으며, 가뭄은 늘 사람들을 위협했다. 1913~14년과 1930~33년의 두차례 가뭄은 대재앙이었다. 대륙의 절반이 강우량이 부족해 토양이 척박해졌고 유기물 함유량이 적어져 농작물 수확량이 감소되었다. 또한 주민의 약 85%는 자급용 농업에 종사하면서 기초교육이나 의료 서비스의 혜택을 제대로 받지 못해 말라리아나 수면병(睡眠病) 같은 악성 질병이 만연되었다. 수면병을 일으키는 체체파리 때문에 농토 1,000만km²가 불모지로 변했다. 거의 박멸되었다고 알려졌던 빌하르츠 주열흡충증이 1960년대에 이르러 해발 600~900m 이하의 거의 모든 수역(水域)으로 퍼져나갔다. 그 결과 1960년 아프리카 어린이 사망률은 세계 최고를, 기대수명은 평균 39세로 세계 최저를 기록했다. 독립의 혜택이란 아직 기대밖의 일이었다.

이어 게바라는 숙련된 인력의 부족을 문제로 짚었다. 아프리카 성인 인구의 16%가 글을 읽지 못하는 문맹이었던데다 1950년대 말 독립의 시기를 맞이한 아프리카에서 학령기 아동 가운데 중학교 교육을 받은 비율은 3% 미만이었다. 즉 아프리카 대륙 인구 약 2억명 가운데서 중학교 졸업자는 8,000명에 불과했다. 그마저도 절반가량은 가

나와 나이지리아에 집중되어 있었다. 신생 독립국 중 대학생이 200명 이상 되는 나라는 몇 안 되었고, 프랑스 식민지였던 나라에는 대학교가 전혀 없었다. 그러다보니 정부와 민간기업의 고위직에 종사하는 인력의 4분의 3 이상이 외국인이었으며, 현지인은 거개가 잡무(雜務)나 처리하는 말단 직원이었다. 게다가 독립을 맞아 고위직 외국인들 대부분은 이직해 귀국해버려, 독립 후 나라 건설에 필요한 인재의 부족을 더욱 가중시켰다.

한편 인구성장률이 급격히 늘면서 인구과잉이라는 새로운 난제가 발생했다. 1945년 약 1%였던 인구성장률은 미흡한 보건정책이나마 그 실시에 힘입어 1960년에는 약 3%로 급증했다. 평균 6명이던 독립 당시 아프리카 여성 1인당 출산 자녀수는 점차 증가 추세를 보였다. 예컨대 케냐의 경우는 1970년대에 이르러 그 수가 8명으로 늘어났다. 그 결과 1950년부터 1980년까지의 30년 사이에 대륙 인구는 3배나 폭증했다. 이것은 사상 유례없는 인구 성장이다. 증가한 인구의 3분의 2가량이 시골 지역에 몰려 있다보니 경작 토지의 부족 현상이 나타났다. 급기야 수도를 비롯한 도시로 사람들이 밀려들었다. 농사 지을 땅이 없거나 빈곤에 쪼들려 이주한 사람들 외에도 더러는 시류(時流)에 따라 현대적 도시생활에 유혹되어 이주한 사람들도 있었다.

이와 같이 아프리카 도시 인구는 다른 대륙의 도시 인구보다 빠른 속도로 증가했다. 아프리카 35개 수도의 인구증가율은 연간 8.5%인데, 이대로라면 인구는 10년마다 갑절로 늘어나게 된다. 인구과잉 공포를 우려하지 않을 수 없는 지경이다. 1945년 이 대륙에 인구 10만이 넘는 도시는 49곳에 불과했다. 그 가운데서 절반이 북아프리카에 몰려 있었다. 사하라 사막과 림포포강 사이에 인구 10만인 도시는 13곳뿐이었는데, 그중 4곳이 나이지리아에 있었다. 그러나 10년이 지난 1955년에 라고스의 인구는 31만 2,000명, 레오폴드빌(킨샤샤)은 30만 명, 아디스아바바는 51만명, 아비장은 12만 8,000명, 아크라는 16만 5,000명으로 급증했다. 다시 25년쯤 지난 1980년대 초에 이르러서는 라고스와 킨샤샤 인구는 각각 300만을, 아디스아바바와 아비장, 아크라는 각각 100만을 넘어섰다. 그러나 대부분의 도시 주민은 상하수도 와 포장도로, 전기 같은 기본 편의시설을 누리지 못하고 있었다. 수백 만 명이 플라스틱 조각과 포장용 상자, 종이상자, 양철 조각을 모아 만 든 빈민촌과 판자촌의 올망졸망 붙어 있는 지옥 같은 오두막에서 하 루하루를 연명해가고 있었으며 이들 대부분은 취업할 가능성이 거의 없었다. 대륙 전체적으로 독립 당시 임금 소득이 있었던 사람은 10% 미만이었다. 그만큼 도시 주민 대다수는 빈곤에 신음하고 있었다.

아프리카 나라들은 이러한 당면 사회문제를 해결하기 위해 여러가 지 정책과 대책을 세우고 있었지만, 문제는 그 실현을 위해 필요한 재 원이 턱없이 부족하다는 것이었다. 세계무역에서 아프리카가 차지하 는 비중은 3%에 불과했다. 아프리카 전체 국가의 국내총생산액은 미 국의 3대 기업인 제너럴모터스, 듀폰, 뱅크오브아메리카의 자산보다 도 적었다. 각 정부의 세수입 규모는 극심하게 요동쳐 사회적 불안과 파동을 야기했다. 가나의 경우 1955년부터 1963년에 이르는 8년 동안 관세 수입의 연간변동률이 28% 안팎이었다. 그리하여 현대적 경제 발전을 이룬 지역은 극소수에 지나지 않으며, 그 대부분은 연안지역 이나 채광지역이었다. 대륙 내부 지역은 대부분 접근이 어렵고 현대 세계와 접촉이 단절되어 있었다. 15개 아프리카 나라는 육지로 둘러 싸여 있어 바다를 이용하려면 길고도 불편한 연결로를 이용해야 한다. 그리고 아프리카의 경제 시설은 대부분이 외국 기업의 소유이거나 관리하에 있으며, 외국 투자자들은 국내 시장이 협소하기 때문에 채광업이나 무역업 외에는 투자하기를 꺼린다. 아울러 제조업이 국내 총생산에서 차지하는 비중은 5%도 채 안 되어, 이러한 상황은 사회문제 해결에 소요되는 재원 조달을 어렵게 만들었다.

게바라는 이러한 사회·경제 문제와 더불어 아프리카 신생 독립국가들이 직면한 몇가지 정치 문제도 정확하게 진단하면서 직언한다. 아프리카인들은 의회민주주의를 운영한 경험이 없기 때문에 독립 후 새로이 도입된 정치제도는 깊이 뿌리를 내리지 못하고 있다. 영국과 프랑스 등 식민지 종주국가들이 남겨놓은 유산은 총독과 행정관들에게 막대한 개인 권력을 허용했던 독재정권이다. 식민 통치의 잔재는 아프리카 사회에 깊이 뿌리박고 있었기 때문에 신생 독립국가의 지도자들이 물려받은 각종 제도 속에는 독재정치와 온정주의, 통제정책 같은 식민 시대의 낡은 유산이 고스란히 남아 있다는 것이다.

아프리카의 새로운 지도자들에게 가장 어려운 과제의 하나는 서로 다른 언어를 사용하며, 정치적으로나 사회적으로 서로 다른 발전단계에 있는 각양각색의 이질적인 민족들을 하나의 '국민'으로 묶어세우는 일이었다. 게바라는 이 점을 직시하면서, 아프리카 신생국들은 수많은 민족을 하나로 결합시킬 수 있는 인종적·계급적·이데올로기적 접합 요소에 바탕한 역사적·사회적 정체성이 아직 형성되지 않았다고 지적한다. 그러면서 이러한 정체성을 확립하기 위해서는 민족의식을 적극 함양해야 한다고 역설했다. 이어 게바라는 선거를 실례로 아프리카에서의 민족주의와 정치의 변증법적 관련성을 밝히고 있다.

"제2차 세계대전 직후 아프리카에서 도입된 선거에서 민족주의 정치인들은 독립을 목표로 내걸고 출신 민족과는 관계없이 정당 후보를 내세웠다. 그러나 선거를 실시하는 횟수와 유권자 수가 늘어나고, 독립 달성의 가능성이 커지자 선거운동의 토대가 변하기 시작했다. 야심에 찬 정치인들은 출신 민족의 지원을 호소하고, 출신 지역에 대한 정부의 지원을 늘리고 개발사업을 조직하겠다는 공약을 내세우면 표를 얻을 수 있다는 사실을 깨달았다. (⋯) 계급 형성 과정이 진행되어도 충성심이 좀처럼 변하지 않던 대륙에서 민족성이 강력한 정치적 기반이 되었다. 정치인들은 물론, 유권자들까지도 민족의 유대감에 의존하기 시작했다. 그것은 정치인의 입장에서 보면 권력으로 이어지는 통로였다. 그들은 사실상 출신 민족에 의존하는 사업가로 변신했다. (⋯) 혈족, 씨족, 민족과 관련된 고려가 유권자들의 행로를 결정하는 주요한 요인이었다. 한마디로 아프리카 정치의 핵심 요소는 혈족집단이다."

이것은 아프리카의 현실을 감안하여 민족주의와 정치의 관련성에 대해 내린 현명한 판단이다. 이러한 민족주의적 혈족집단을 지지 기반으로 하여 1944년 나이지리아에서 최초의 근대적 정치조직(정당)인 '나이지리아-카메룬 민족회의'(NCNC)가 출범했다. 이 정당은 민족주의 운동의 지지층을 두텁게 하려는 목적으로 활동을 시작했지만, 민족집단 간의 불화로 인해 동부지역당과 행동조직당으로 분열됨으로써 동력을 잃고 말았다. 이와 유사한 사례는 아프리카 민족주의 운동에서 적잖게 찾아볼 수 있다. 그 과정에서 아프리카 민족주의자들은 불화와 분열이 민족주의 운동에 미치는 치명적인 영향을 깨닫게 되었다.

이와 같이 체 게바라는 희세의 세계적 변혁가로서 아프리카 혁명가들을 도와 '아프리카 해방'이라는 원대한 꿈을 실현하기 위해 일군의 국제적 지원군을 이끌고 사선을 넘어 콩고 전선에 뛰어들었다. 그러나 여건이 여의치 않자 통분을 머금고 철수하면서도 아프리카 해방에 대한 불변의 신념을 잃지 않고, 이 글을 남겨 국제주의적 변혁전사로서의 마지막 본분을 다했다. 그러한 의지와 각오의 소유자였기에 아프리카에 관해 이토록 세심하고 구체적인 연구와 신랄한 평언을 남겨놓을 수 있었다. 이 글을 접하는 순간, 체 게바라야말로 이 시대의 참 사표(師表)라는 것을 재삼 느끼게 되었다.

63
정화(鄭和) '하서양(下西洋)'의 서단, 말린디

　　탄자니아와 케냐의 국경을 이루는 세렝게티 공원과 마사이마라 공원의 드넓은 초원지대를 가로질러 케냐의 수도 나이로비에 도착한 후 거기서 케냐 항공편으로 이 나라의 두번째 큰 도시인 몸바사로 향했다. 몸바사에서 하룻밤을 보내고 이튿날(2014.4.29) 아침 일찍이 155km 떨어진 항구도시 말린디(Malindi)로 출발했다. 이곳은 케냐의 동남부 인도양에 면해 있는 고대 항구도시로, 산호석의 낮은 해안 단구(段丘)에 자리하고 있다. 이 항구는 일찍이 7세기에 아랍-무슬림들에 의해 개척된 이래 14세기에 이르러 스와힐리(아랍어로 '해안'이란 뜻)인들이 정착하면서 항구도시로 발달했다. 지금은 약 20만명(2009)이 살고 있다.

　　해안가의 시원한 아침 공기를 헤가르며 몸바사 시가를 빠져나왔다. 얼마 나오지 않아 길 양편에는 얼핏 봐서는 선인장 같은 사이잘

케냐 몸바사 근교의 무연한 사이잘 밭

(sasal) 밭이 눈 모자라게 펼쳐져 있었다. 사이잘은 수선과에 속하는 여러해살이풀로서 고온건조한 기후에서 잘 자란다. 강직한 초록색 잎은 길이가 100~150cm, 너비가 9~15cm, 두께가 8mm쯤 되고, 잎 끝에 3cm가량의 뾰죽한 날카로운 침이 있다. 잎에서 섬유를 뽑아 로프나 삼(sasal hemp) 등 직물을 짜는 원료로 사용한다. 원산지는 멕시코와 중앙아메리카이며, '사이잘'이라는 말은 멕시코의 사살(Sasal)만에서 수출되었다는데서 유래되었다고 한다. 말린디에는 언제 전해졌는지는 확실치 않으나 자연환경이 적재지(適栽地)라서 많이 생산된다. 인근에는 사이잘의 가공공장이나 사이잘삼을 원료로 하는 방직공장이 여러채 보인다.

사이잘 농장을 지나자 무성한 숲길이 나타난다. 유명한 아라부코(Arabuko) 숲길이다. 길 좌우에는 이름 모를 갖가지 열대나무와 숲이 하늘을 가리고 있다. 100km는 실히 되는 곧은 길이다. 얼마전에 중국측에서 이 길을 보수했다고 한다. 해변가라서 모든 것이 청정하고 시원스럽다. 띄엄띄엄 아프리카의 상징인 수십년 수백년 묵은 바오바브나무가 숲의 어른으로 우뚝우뚝 서 있다. 어쩐지 바오바브나무는 믿음직하고 거룩해 보인다. 그 너그러운 음덕으로 과객을 한품에 끌어안고 더위를 식혀준다. 숲은 헤아릴 수 없이 많은 진수진조(珍獸珍鳥)를 품어 키우고 있다. 차창을 스쳐가는 나비를 보고 기사는 "중국사람들이 이 길을 닦아준 보상으로 저 나비들이 중국으로 날아간다"고 말한다. 진담이다. 중국에서는 희귀한 이곳 나비를 수입해 개량하고 번식시키고 있다고 한다.

2시간 달려서 도착한 곳은 12~17세기에 번성했던 게데(Gede) 이슬람왕국의 궁전터다. 정문에서 박물관 학예사가 기다리고 있었다. 인사말과 더불어 박물관에 관한 간단한 브리핑을 한다. 부지가 넓지는 않지만 대단히 아기자기한 유적지다. 성한 건물이란 한채도 없고 모두가 거의 폐허가 되다시피한 유적·유물뿐이나 궁전의 구도라든가 마스지드의 터는 분명하다. 일부 남아 있는 벽채라든가 조각 무늬, 그리고 독특한 건축양식 등에서 이 해양 소국이 누렸던 번영, 특히 항구도시로서의 해상교역상을 가늠할 수 있었다. 궁전 곁에는 왕국의 역사를 증언하듯, 500년을 훨씬 넘긴 우람한 바오바브나무 한그루가 궁터를 굽어보며 지키고 서 있다. 이 고목에는 아직도 어른의 주먹만 한 열매가 주렁주렁 달려 있다. 소담한 흰 꽃도 피어 있다. 현지 가이드 무사 알리 씨의 설명에 의하면 이 붉은 속 과실은 그저는 먹을 수 없고 소금이나 설탕을 넣어 끓여 먹으면 별미라고 한다.

궁터 안에는 '작은 박물관'이 있다. 자그마한 단칸 전시실에는 이

게데 이슬람왕국 궁전터 정문 　　　　　폐허가 된 궁전터 내부

궁터에서 출토된 여러가지 유물이 그대로 전시되어 있는데, 그 가운데서 우리의 눈길을 끄는 것은 중국 명대의 도자기 파편들이다. 아직 학술적으로 정리가 되지 않아 유물을 출토된 그대로 전시하고 있지만, 중국 명대의 도자기 유물임에는 틀림이 없다. 이어 곁에 있는 게데 국립박물관으로 안내되었다. 이 지역 전통문화인 스와힐리 문화를 복원하는 국립박물관으로, 단아하게 꾸린 흰색 전통건물이다. 그런대로 규모를 갖춘 70여평 되는 전시실에는 12세기부터 19세기까지의 시기에 주로 말린디 지역에서 발견된 교류 유물들을 시기별로 일목요연하게 전시하고 있다. 그 가운데는 역시 중국 명대로 추정되는 도자기 유물들이 여러점 선을 보이고 있다. 이러한 도자기 유물들은 명대(明代) 정화(鄭和)의 제5차 '하서양'(下西洋, 남해 항행) 때 묻어들어온 것으로 추측된다.

중국 사서에 의하면, 정화는 1417년 6월 제5차 하서양 선단을 이끌

'작은 박물관'에 전시된
중국 명대의 도자기 유물

당시 사용하던 배의 모형

고 오늘의 난징(南京)을 출발해 중국 동해안의 취안저우(泉州)와 베트
남의 점성(占城, 참파), 인도네시아의 자바(瓜哇)를 거쳐 동아프리카 해
안의 모가디슈(소말리아)와 마림(麻林, 말린디)까지 항행했다. 이때 귀국
길에 정화는 기린(麒麟) 한마리를 선물로 가지고 온 말린디 왕국의 사
신과 함께 왔다. 당시 중국 사람들은 이 동물을 '긴목사슴'(목이 긴 사
슴, 長頸鹿)이라고 불렀다. 초면인 이 신기한 동물은 큰 인기를 끌었다.

이와 같이 15세기에 벌써 말린디와 중국(명대) 간에는 해상실크로
드를 통한 교류가 이루어졌다. 그 증거가 바로 말린디와 몸바사를 비
롯한 동아프리카 곳곳에서 생생한 명문이 남아 있는 명대의 각종 도
자기 유물이 발견되고 있다는 사실이다.

지리적으로 보면 말린디는 정화의 하서양 서단(西端, 서쪽 끝)이다.
정화 선단은 어떻게 근 600년 전에 수천km 떨어진 이곳 말린디까지
와서 도자기를 비롯한 중국 명대 유물들을 남겨놓았을까? 그 실마리

는 정화의 7차에 걸친 이른바 하서양에서 찾을 수 있다. 정화는 원나라가 멸망(1368)한 뒤인 1371년 중국 윈난성 쿤양(昆陽)에서 서역으로부터 이주해온 회회인(回回人, 이슬람교도) 마(馬)씨 가문에서 태어났다. 12세 때 이곳 고향으로 진격해온 명군에게 생포되어 거세당한 후 난징을 거쳐 대도(大都, 베이징)에 이송되었다. 그는 당시 대도를 지키던 주체(朱棣, 후일의 성조 영락제)가 선대를 전복하는 '정난(靖難)의 변'에 적극 가담해 무공을 세웠다. 논공행상에서 정화는 내관들의 총수인 내관감(內官監)에 발탁되고, 하서양을 앞두고는 총사령관 격인 흠차총병태감(欽差總兵太監), 세칭 삼보태감(三寶太監)에 전격 기용된다. 그러고는 성조로부터 '정(鄭)'가 성을 하사받았다.

성조의 두터운 신임을 받았던 정화는 그의 명을 받들어 7차례나 하서양, 즉 해로를 통해 서양에 파견되었다. 당시의 서양은 오늘날의 서양 개념과는 달리, 보르네오 서쪽에서 아프리카 동해안까지의 인도양 해역을 말했다. 정화가 이끄는 대규모 선단은 28년 동안(1405~33) 7차례에 걸쳐 난징에서 아프리카 동해안까지 무려 30개국, 500여개 지방, 총 18만 5,000km나 되는 사상 초유의 대규모 항해를 단행했다.

정화는 하서양에 나설 때마다 당시로는 명망있는 학자나 문장가들을 대동해 기록을 남기게 하고, 자신이 직접 기념비 같은 것을 세워 장거를 알리기도 했다. 그런가 하면 그가 지나간 동남아 곳곳에 그를 기리는 묘당이나 비석들이 세워졌다. 비록 훗날 조정의 무모한 분서로 기록들이 숱하게 소실되었지만, 적잖은 기록과 유물들이 남은 덕분에 역사적 하서양의 전말을 그런대로 세세히 알 수 있다.

정화의 하서양은 15세기 말 소위 '신대륙'을 발견했다는 콜럼버스나 인도항로를 개척했다는 바스꾸 다 가마의 항해보다 시간적으

로 근 한세기 앞섰을 뿐 아니라, 선단의 규모나 선박의 구조면에서
도 그들과는 비교가 안 될 정도로 월등했다. 제1·3·4·7차 출해 때 매
번 선단의 승선 인원이 2만 7,000명이나 되었고, 매번 출동 선박은 대
소 200여척이나 되었다. 선박 중에서 기함 격인 보선(寶船)은 매번
20~30척씩 참가하는데, 보통 보선의 길이는 138m이고 너비는 56m
쯤 된다니 어림잡아 축구장 크기다. 적재량은 1,500톤으로 1,000명
이 승선할 수 있으며, 9주의 돛대에 12장의 대형 돛을 단 대범선이었
다. 이에 비해 87년이나 뒤늦은 1492년에 대서양을 횡단한 콜럼버스
의 선단은 고작 3척의 경범선에 90명의 선원으로 구성되었으며, 기함
의 적재량은 250톤에 불과했다. 이어 1498년 인도양 항해에 성공한
다 가마의 선단도 4척의 소범선에 승선 인원은 160명이었으며, 길이
가 25m도 채 안 되는 기함의 적재량은 겨우 120톤이었다. 정화보다
약 100년 후에 환지구 항행을 단행한 마젤란 선단의 경우도 5척의 소
범선에 265명이 승선했으며 적재량도 최대 130톤에 불과했다.

  그렇다면 정화는 왜서 이러한 전무후무한 대규모의 항행을 단행했
을까? 그 동기와 원인에 관해서는 이론이 구구하나 종합하면 이러하
다. 우선 건문제(建文帝)의 향방을 추적하기 위함이라는 것이다. 성조
주체는 이른바 '정난지변'을 일으켜 건문제를 폐위시키고 등극했다.
그런데 정변시 건문제가 궁화(宮火)에 타죽었다고도 하고, 해외에 도
피했다고도 하여 그 향방이 묘연하게 되자, 성조는 후환이 걱정되어
남해제국에 정화를 파견해 건문제의 종적을 탐지하게 했다는 것이다.
그러나 이것은 일회적이거나 부차적인 동기는 될 수 있어도 항시적
인 주요 동기는 아니다. 다음으로는 해외에 국위를 선양하기 위함이
라는 것이다. 명초에 해금정책을 실시한 결과 대외무역이 위축되고,

번국(藩國, 해외 속국)들의 조공도 격감하며, 대외통교도 부진해지자 '천조상국(天朝上國)'을 표방해온 명조의 국제적 지위가 크게 추락했다. 그리하여 성조는 국면 전환용으로 대규모 선단을 해외에 파견해 추락된 국제적 위신을 회복하고 국위를 선양하려 시도했던 것이다.

그다음으로는 경제적으로 대외무역을 진작시키기 위함이라는 것이다. 성조는 대외무역의 쇠퇴를 막고 전통적인 조공무역을 부활시키기 위해 시박사(市舶司)를 증설하고 '사해일가(四海一家)'를 제창하면서 대외무역을 권장했다. 그래서 국내 생산이 점차 회복되어 대외무역의 물질적 기반은 조성되었지만, 서북방과 중앙아시아에서 흥기한 타타르와 티무르 제국에 의해 오아시스로를 통한 대서방 교역은 저애(沮礙)되었다. 그리하여 성조는 해로를 통한 대서방 교역에 주력했다. 따라서 하서양은 사실상의 대규모 해상교역이었다. 끝으로, 황족과 귀족들의 부귀영화에 필요한 이방의 진귀한 보물을 취득하기 위해 이러한 항행을 단행했다는 것이다. 선단은 매번 중국의 각종 특산물을 싣고 가서는 향료를 비롯한 외국의 여러가지 진귀품들을 대량으로 교역해 황족이나 귀족을 비롯한 특권층들에게 공급하거나 상납함으로써 그들의 재욕(財慾)과 사치욕을 만족시켰던 것이다. 그밖에 파견 지역 국가들의 세력이나 연안 방위 상황 및 해로 등을 조사하기 위함이었다는 주장도 있다. 요컨대 그 동기와 원인은 한두가지에 국한되지 않고, 복합적일 수 있다.

1997년 미국의 학술지 『라이프』가 새로운 세기를 맞으면서 학자들의 설문조사를 통해 지난 1,000년 동안 '역사를 만든' 위인, 이를테면 사건창조적 인간 100명을 순위를 매겨 뽑았다. 동양인은 11명밖에 물망에 오르지 않았다는 찜찜함을 금할 수 없기는 하지만, 그래도 무언가 제대로를 찾았다는 데서 일말의 위안은 느꼈다. 이 11명 가운데서 내로라하는 간디나 쿠빌라이, 마오쩌둥 같은 기라성 같은 인물들을 멀리 제치고 단연 선두(14위)에 오른 사람은 다름아닌 정화다. 바꿔 말하면, 지난 1,000년 동안 동양에서 가장 위대한 사람이 바로 정화라는 것이다.

이러한 세계적 위인이 이끈 전대미문의 대항해의 장거는 세계 항해사와 교류사에 불멸의 업적을 기록했다. 여기 아프리카 땅, 그의 하서양의 서단인 말린디에 와서 그의 족적을 발견하니 그 장거의 세계사적 의미를 더더욱 절감하게 된다. 그 의미를 찾아보면 다음과 같다. 첫째, 중국과 해상실크로드 연안국들과의 통교를 활성화했다. 정화는 아시아와 아프리카의 30여개 해로 연안국을 역방해 상호 내왕을 촉진시켰다. 영락 19년(1421) 한해에만 호르무즈, 아덴, 모가디슈, 수마트라, 샴 등 21개 나라가 사절을 보냈으며, 영락 21년 9월에는 한꺼번에 16개국 1,200명 사절이 도래했다는 기록이 남아 있다. 물론 중국도 여러나라에 답례 사절을 파견했다.

둘째, 중국과 여러 나라들 간의 교류가 추진되었다. 하서양을 계기로 남해교역이 크게 번성했는데, 수출품은 청자기·사향·차·칠기·비단·면포·금은 세공품 등이고, 수입품은 총 180여종인데 그중 오금(금, 은, 구리, 철, 주석 등 다섯가지 금속) 등 금속 17종, 보물(사자, 흰코끼리, 기린 등) 23종, 옷감류 51종, 향료 29종, 약품 22종 등이다. 한편 여러 지역에 남아 있는 유물이나 비문에서 하서양을 계기로 중국인들이 남양(南洋) 각지에 대거 이주했다는 사실을 알 수 있다.

셋째, 세계 항해사에서 선구적 역할을 수행했다는 의미도 있다. 하서양은 항정 거리나 항행 기간, 선박의 규모와 수량, 선박의 적재량,

승선 인원수, 선단 조직, 항해술 등 모든 면에서 15세기 당시로서는 세계 최대 규모의 원양항행이었으며, 목선과 범선 항행의 기적이었다. 유럽인들의 '지리상 대발견' 항행보다 단연 앞섰다. 1차 하서양은 콜럼버스의 아메리카 도착보다 87년 앞섰고, 다 가마의 인도항로 개척보다는 93년 앞섰다. 더욱이 용선의 규모나 항해술에서는 비교할 수 없이 월등했다. 7차 하서양 항로를 그린 「정화항해도」에는 무려 500여개의 지명(그중 외국 지명 300여개)과 방위, 정박 항구, 암초 등이 구체적이고도 정확하게 표시되어 있어 세계 원양사의 귀중한 문헌으로 평가받고 있다.

오늘날 중국이 국제적 전략구상으로 추진하고 있는 '일대일로(一帶一路)'는 고대 실크로드를 '거울'과 '토양'으로 삼고, 그 구체적 내용과 방도를 설계하는 것이다. 이 전략의 2대 구성 요소의 하나인 '일대', 즉 '21세기 해상실크로드'는 그 서단을 정화의 하서양 서단인 말린디를 비롯한 아프리카 동해안으로 잡고 있다.

게데 왕국 유적지를 둘러보고 발길을 옮긴 곳은 차로 10분 거리에 있는 포르투갈 항해가 바스꾸 다 가마 탑이 있는 해변가다. 원추형 백색 탑은 높이가 10m쯤 되는데, 꼭대기에 십자가가 얹혀 있다. 탑 곁의 게시판에는 다 가마가 이곳에 상륙하게 된 경위와 이곳을 통해 인도항로를 개척하게 된 연혁을 간략하게 소개되어 있다. 다 가마는 인도항로 개척을 위해 동아프리카 해안을 북상하다가 1498년 4월 우연히 당시로서는 한창 번성하던 말린디항을 발견하곤 여기에 잠시 닻을 내리고 북상 항로를 구상하고 있었다. 여기서 그는 유능한 아랍 항해사 아흐마드 이븐 마지드(Ahmad Ibn Májid)를 만나 그의 도항(導航)을 따라 거친 인도양을 무사히 건너 인도 서부의 캘리컷에 도착함으로

항해가 다 가마가 '인도항로' 개척을 위해 이곳에 머물렀던 것(1498.4)을
기념하기 위해 세워진 원추형 백색 기념탑

써 사상 처음으로 아프리카를 에돌아 인도(동양)로 가는 항로를 개척
하게 되었다. 역사에서 가정이란 무의미한 일이지만, 만약 항해사 마
지드의 도항이 없었더라면 다 가마의 인도 항로개척은 도시 불가능
했을 것이다.

　다 가마는 포르투갈어를 아는 한 아랍인으로부터 이곳에는 홍보석
을 비롯한 귀중한 보석과 향료와 비단이 많다는 이야기를 듣고는 이
곳을 식민화하기 위해 당국과 무역협정을 체결하고, 말린디를 인도
항로 상의 주요한 경유 거점의 하나로 중시했다. 그는 1502~03년에
10척의 배를 이끌고 제2차 인도 항행에 나서서 이곳을 지날 때는 완
전히 종주국 행세를 했다. 그가 이 제2차 항행 과정에서 약탈해간 보
석과 향료, 비단 등 동방 진귀품의 값어치는 항행 비용의 60배 이상에

달했다고 한다. 이 소문이 퍼지자 유럽 상인들은 앞을 다투어 동방 교역에 나섰다. 다 가마는 1519년 백작 작위를 받은 뒤 1524년에 인도 부왕(副王)에 임명되었고, 그해 4월에 포르투갈령 인도 총독 신분으로 세번째로 인도에 갔다가 객사했다.

본래 다 가마 탑은 그가 상륙한 지점에 세워졌는데, 아랍인들이 들어오면서 이유는 알 수 없으나 지금 있는 자리로 옮겼다고 한다. 1499년 포르투갈인들이 이곳에 정식으로 무역 거점을 건설하면서 점차 항구도시로 변모해갔는데, 당시 항구의 위치는 탑이 있는 북쪽 만이었다. 지금도 항구 구실을 하고 있지만, 갯벌이 생겨 수심이 얕아지는 바람에 큰 배는 드나들 수 없다. 1590년에 포르투갈이 무역 거점을 몸바사로 옮겨가면서 말린디는 쇠퇴일로를 걷기 시작했다가, 19세기 중엽 인근 잔지바르의 술탄이 5,000여명의 노예를 동원해 대규모 농장을 운영하면서 다시 살아나기 시작했다. 지금은 색바랜 우중충한 건물들이 흉물스레 그대로 방치되어 해안가의 생기를 잠식하고 있어 못내 안타깝다.

'노인과 바다'라는 자그마한 전통식당에서 가이드 알리 씨의 추천으로 이곳 별미라고 하는 새우구이로 점심을 때운 뒤 몸바사로의 귀로에 올랐다. 차 안에서 다년간 몸바사 일원의 여행 안내를 맡아온 알리 씨는 한가지 기담을 들려주겠다면서 다음과 같은 내용의 이야기를 줄줄이 엮어댄다. 여기서 북쪽으로 약 200km 떨어진 해변가 섬에 라무 고성(古城, Lamu Old Town)이라는 고대 항구도시가 있는데, 지금은 유네스코 세계문화유산으로 등재되어 인구 2만에 아름다운 해양 경관을 가진 관광명소로 각광을 받고 있다. 전하는 바에 의하면, 그 옛날 중국의 한 배가 이 섬에 왔다가 길을 잃고 표류하던 끝에 간신

길이 100m, 너비 80m의 大자형 지저스 성보(1958년 박물관으로 개조)

히 상가(Shanga) 모래톱에 표착했다. 그들(중국인 선원들)은 여기에 안착해 현지인들과 통혼, 눈썹과 눈동자가 꺼먼 후예들을 남겨놓았다. 상가인들은 자신들을 중국인의 후예라고 하면서 해마다 열리는 문화축제에 참석해 장기를 자랑한다고 한다. 이에 관한 소개 책자 같은 것이 없는가 하고 물으니, 알리 씨는 영어 책자는 동나서 독일어 책자만 있다고 한다.

　이야기를 나누는 사이 몸바사의 동남 끝자락에 자리한 지저스 성보(Jesus Fort)에 도착했다. 인도항로가 개척되면서 항로 상의 중요한 보급기지이며 물산 집산지인 몸바사에 대한 서구 식민주의자들의 약탈전은 날로 치열해졌다. 1589년 맨 먼저 오스만제국은 원정군을 파

유네스코 세계문화유산 등재 증서   아랍 및 몽골 건축 양식의 영향을 받아
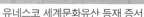   축조된 성보의 벽

견해 무력으로 몸바사를 강점하고 성보를 지었다. 이어 1593년 포르
투갈이 역시 무력으로 몸바사를 점령하고 항만에 더 큰 성보를 축조
해 항구를 감시하고 통제를 가했다. 선교사들이 잇따라 도래해 이 성
보를 '지저스 성보'라고 이름지었다. 산호암(珊瑚岩) 위에 축조된 이
성보는 '大'자 형태로 길이는 100m, 너비는 80m, 벽의 높이는 15m,
두께는 2.4m의 견고한 방어 성보다. 대문에는 코끼리의 기습을 막기
위해 10mm 굵기의 뾰죽한 대못을 박아넣었다. 1696년에 아랍 오만
군이 성보를 포위하자 포르투갈 수비대는 2년 9개월을 견뎠으나 결국
투항하고야 말았다. 성보는 365년 동안 유물로만 남아 있다가 1958년
에 박물관으로 개조되어 동아프리카와 항로 개척에 관한 문물과 지
도 등의 전시장이 되었다.

　전시품 중에는 각종 대포와 소총 등 무기, 탄알 같은 유물이 녹슨
채 노천에 전시되어 있으며, 땅바닥과 벽면에는 주로 항해에 관한 소

지저스 박물관에 전시된 중국 명대 도자기 유물　성채 벽에 그려진 소박한 항해 관련 그림

박하면서도 생동한 소묘 그림이 그려져 있다. 그런가 하면 아프리카 초원과 야생동물들을 그린 산뜻한 현대적 유화도 여러점 걸려 있다. 특히 중국 명나라 의덕(宣德) 연간에 제작된 청자 접시와 꽃병, 그리고 동전 등 여러점의 명대 유물이 발길을 멈추게 했다. 이런 도자기 유물은 정화의 하서양을 전후해 이곳에 유입된 것으로 추정된다. 성보 2층에 올라가니 독특한 양식으로 축조된 벽이 눈에 띈다. 벽 상단이 몽골 게르 식 톱니 모양으로 촘촘히 꾸며져 있다. 가이드는 몽골식 성벽 축조법이라고 소개하면서도 그 유래에 관해서는 알 수 없다고 한다. 몽골 대제국 시대에 바다를 통한 아프리카와의 내왕과 교류가 있었던 점으로 미루어 아마도 당시 몽골에서 유행하던 성벽 축조법의 영향을 받지 않았겠는가 하고 조심스레 추단해본다. 사실 우즈베키스탄의 부하라를 비롯한 중앙아시아의 몇군데에서 이와 유사한 몽골식 축성법을 목견한 바 있다.

문을 나서니 민예품 시
장이 펼쳐진다. 가장 눈길
을 끄는 민예품은 각양각
색의 목각품이다. 자고로
목각은 아프리카의 보편
적 전통미술이지만 그중
에서 케냐가 출중한데, 케
냐 가운데서도 몸바사가
가장 유명하다. 타의 추종
을 불허하는 몸바사의 특
산품이다. 목각품 국제시

거리화가가 그린 체 게바라 초상

장에서도 당당한 명성을 얻고 있다고 한다. 시간이 없어 들르지 못했
지만, 목각품 전매 시장으로 아캄바 핸드크래프트(Akamba handcraft)가
있다. 유명한 목각 장인들의 출신지는 인근의 와캄바(Wakamba)다. 목
각의 대표적 주제는 동물이며, 재료는 열대지방산 경목(硬木, 단단한 나
무)이면 다 되지만 가장 좋은 재료는 다년생 상록교목인 오목(烏木),
즉 흑단(黑檀)이다. 이곳 목가품의 가장 두드러진 특색은 개성화(個性
化)다. 고정된 양식이나 모델 없이 장인의 안목이나 기교, 제작 당시
의 심경이나 감수성에 따라 개성 넘치는 작품이 만들어진다. 한가지
놀란 것은 목각품 시장 곁에서 한 젊은 거리화가가 체 게바라의 초상
화를 직접 그려서 파는 장면이다. 체 게바라가 아프리카의 독립투쟁
을 도와주겠다고 이웃나라 탄자니아에 다녀간 지도 근 반세기가 지
났는데, 아직까지 이곳 민중은 그를 못 잊어 이렇게 거리에서 초상화
를 그려 기리고 있다. 그 갸륵한 심정에 머리가 숙여진다. 위인은 영

■ 지저스 박물관에 전시된 생동한 현대적 유화와 조각품

생하는 법!

1시간 남짓 지저스 성보와 구항구를 둘러보고 나서 시내 중심가에 들어섰다. 거리는 인파로 붐비며, 활기가 넘친다. 몸바사는 면적 294km²에 약 92만명(2009)의 인구가 살고 있는 케냐의 제2대 도시다. 옛 이름은 '싸우는 섬'이라는 뜻의 '므비타'이다. 이름이 뜻하다시피, 몸바사의 역사는 외세를 물리치는 투쟁으로 점철되어 있다.

몸바사의 중심거리에 있는 커다란 상아 두대씩을 크로스로 엮은 대형 조형물 투스크스(Tusks) 2기가 오가는 사람들의 눈길을 끈다. 이 도시의 상징물로, 높이가 실히 10m는 된다. 무릇 평화와 결백을 상징하는 상아 조형물은 몸바사 사람들의 선량한 심지(心地)를 반영하고 있는 성싶다. 이곳에는 다양한 종교(이슬람교 60%, 기독교 30%, 힌두교 10%)와 문화가 어울려 지내고 있지만, 하등의 분쟁이나 갈등이 없다고 만나는 사람마다 자랑한다. 아프리카에서는 흔치 않은 일이다. 그리고 거리를 거닐다보면 건물의 구조나 색조의 다양성, 그리고 그 조화에 놀라지 않을 수 없다. 한채도 건축양식이나 색깔이 꼭 같은 집이 없다고 말해도 과언이 아니다. 현대적 도시도 구현하기 어려운 특색이다. 다양성을 생명으로 하는 이곳의 건축만큼은 앞선 건축술의 표현이라고 말해야 할 것이다.

돌아오는 길에 신항구를 찾아갔다. 언덕에서 내려다보니 어마어마한 크기의 항구다. 이름은 '킬린디니'(Kilindini) 항구라고 하는데, 스와힐리어로 '킬린디니'는 '깊은 물'이라는 뜻이라고 한다. '깊은 물', 그 말 자체가 천혜의 양항임을 시사하듯 이 항구는 넓고 수심이 깊으며, 흘수량(吃水量)은 9.45m 이상이고, 화물취급량이나 기계화 수준이 동아프리카에서 으뜸간다. 이 항구는 케냐의 화물 수출입항일 뿐 아니

몸바사의 상징물인 투스크스(상아 두대씩을 엮은 조형물)

라, 인접한 우간다와 브룬디, 르완다, 콩고 동부와 수단 남부에서 보내오는 화물의 수출항구이기도 하다. 한마디로 동아프리카 해상실크로드의 요항이다. 그 실태가 궁금하여 찾아갔으나, 입항은 물론 근처 접근도 불허했다. 언덕 위의 먼발치에서 눈요기만 하고 돌아섰다.

자고로 몸바사는 동아프리카 해상교통의 요충지였다. 인근 도서들과의 통교는 물론, 내륙의 나이로비나 남아프리카의 여러 연안도시들과도 육·해로로 연결되어 소통이 원활했다. 그런가 하면 저 멀리 동방의 인도나 중국과도 해상교역이 빈번했다. 「정화항해도」에 보면, 몸바사를 '만팔살(慢八撒)'로 음사하고 있다. 지저스 박물관에 전시된 다양한 중국 도자기와 동전 등 유물이 이를 증명해주고 있다.

■ 몸바사의 각양각색의 건축물

64
'세인이 선호하는 땅', 케냐

2014년 4월 30일, 나이로비행 첫 비행기를 타기 위해 몸바사 중심가에 있는 사로바 호텔에서 6시 반에 체크아웃하고 공항으로 향했다. 35분 만에 공항에 도착, KQ(케냐 항공) 616편(좌석 28C)으로 9시 3분에 이륙해 9시 42분에 480km 떨어진 나이로비의 조모케냐타 국제공항(JKIA)에 안착했다. 우선 강상훈 대표의 여권에 부족한 비자용 공지(空紙)를 보충하기 위해 나이로비 주재 한국 대사관으로 직행해야 했다. 평일인데도 차가 막혀 찾아가는 데 1시간 반이나 걸렸다. 결국 오전 반나절은 허송한 셈이다.

약속대로 오후 2시 반에 대사관 영사부에 가서 여권을 수령했다. 한국은 1963년 12월 케냐가 독립한 즉시 국가로 인정하고, 몇달 사이에 외교급을 총영사관에서 대사관으로 전격 승격했다. 케냐는 유엔이나 비동맹 회의 등에서 한국의 입장을 지지하고 있다. 한국은 그간 케냐에 경운기와 자동차 등을 무상으로 제공하는 한편 기술 연수생을 받아들여 훈련시키고, 전문가와 태권도 시범단을 파견하기도 했다. 그리고 양국 간에는 1973년 이래 의료협력 협정과 무역협정, 문화협정 등이 체결되어 있다. 케냐는 제24회 서울올림픽 대회 때 103명의 대규모 선수단을 파견하기도 했다. 양국 간의 친선우호관계는 날로 발전하고 있다. 사실 케냐는 한국이 아프리카 나라들 중에서 가장 먼저 외교관계를 맺은 나라다. 외람된 얘기지만, 이러한 양국관계의 역사나 중요성에 비춰볼 때 대사관 청사가 너무나 허술해 보인다. 보통 관록(貫祿)있는 대사관이라고 하면 울타리 속의 버젓한 단독 건물이 연상되는데, 여기는 상업용 빌딩 같은 건물 1~2층에 임시로 자리하고 있다는 느낌을 주니 하는 소리다. 그런 속에서도 친절하게 맞아주고 성실하게 업무를 처리해주는 대사관 직원 여러분이 참으로 고마웠고 믿음직했다.

케냐의 수도 나이로비(Nairobi)는 684km²의 면적에 약 294만명(2009)이 사는 동아프리카 최대의 국제도시다. 적도에서 남쪽으로 불과 140km밖에 떨어져 있지 않은 곳이지만 해발 1,661m의 고원지대에 위치해 있기 때문에 연간 평균기온은 17.7도로 열대지방답지 않게 서늘하다. 북반구의 여름철에 맞먹는 6~8월에는 계절이 마치 상춘(常春)을 방불케 한다. 2017년에는 세계 10대 '봄도시'의 하나로 뽑혔다. 나이로비란 마사이어로 '차가운 물'이라는 뜻이라고 한다. 도시의 짜임새라든가 아름다운 자연경관으로 인해 '동아프리카의 작은 빠리' '햇빛속의 푸른 도시'라는 별칭을 가지고 있기도 하다.

도시로서의 나이로비 역사는 100여년 좀 남짓하다. 일찍이 몸바사에 식민지 항구도시를 개척한 영국은 몸바사에서 우간다의 빅토리아

주 케냐 한국 대사관 청사 외관

호안까지 철도를 건설하기 위해 1896년 지금의 나이로비에 중간기지를 건설했다. 그러다가 3년 후 이 기지에까지 철도가 부설되자 백인 식민주의자들을 비롯해 많은 사람들이 몰려들어, 점차 도시의 면모를 갖춰가면서 급기야 영국의 동아프리카 식민통치를 위한 본산으로 변했다. 오늘날 여기에는 유엔의 아프리카 총부가 자리하고 있는데, 이 총부는 제네바 총부나 빈 총부와 동격의 유엔 산하 기구로서 제3세계에서는 유일하다. 이 총부에는 유엔 소속 공식직원 800명과 현지 채용직원 1,200명이 근무하고 있다. 어마어마한 국제기구다. 국제민간항공기구(ICAO)의 아프리카 동남부 사무소도 여기에 설치되어 있다.

나이로비 관광의 첫걸음은 시 중심에 자리한 케냐 국립박물관이다. 2층 건물인 이 박물관은 1910년에 지어진 것을 1960년대에 몇년에 걸쳐 확충했다. 숱한 전시품 중 백미는 단연 1층에 전시된 각종 고생인류의 유골들이다. 450만년 전까지로 추적되는 유인원 유골(베이징

아프리카 고생인류의 유골 발견지   케냐 국립박물관 정문

인 유골 포함)에서 수만년 전 현생인류의 조상 유골에 이르기까지 실로
다종다양한 인류 유골들이 설명문과 함께 일목요연하게 전시되어 있
다. 순수 유골뿐 아니라 그 유골의 주인공들이 활동하던 시대의 지질
변화와 해양생물의 서식 등 자연상과 의식주를 시연하는 인문사회상
도 전시해두어 인류사회의 진화 과정을 실감나게 이해할 수 있다. 유
골의 대부분은 모조품이지만 케냐에서 출토된 몇몇 유골만은 진품
그대로라서, 보는 순간 나도 모르게 '친견(親見)'이라는 근엄함에 가
슴이 조여들었다. 얼마나 만나고 싶었던 유물들인가! 2층에는 동식
물과 조류 박제품, 인간 생활과 관련된 각종 전통 도구와 농기구가 전
시되어 있다. 조류 박제품만도 900여종에 달한다. 식물들의 아름다운
세밀화도 눈길을 끈다. 전시관을 대충 둘러보는데도 2시간 반이나 걸
렸다.

　이튿날(2014.5.1)은 시내 관광에 하루종일을 할애했다. 오늘은 노동

■ 아름다운 각종 화초의 세밀화

메이데이 **경축행사**(우후르 공원)

절이다. 연례행사가 있다고 하기에 9시에 행사장인 우후르(자유) 공원
으로 갔다. 숲으로 에워싸인 광장으로 사람들이 모여들기 시작했다.
경찰이 막아서서 현장에는 들어가지 못하고 행사장이 내려다 보이는
언덕바지에 차를 세우고 부감했다. 요란한 확성기 방송과 노래 속에
사람들이 구름떼처럼 모여든다. 왕년보다는 못하지만 열기는 여전히
높다고 한다. 노동쟁의나 노사분규 같은 노동운동은 점차 사그라져가
고 있다고 한다.

　차제에 케냐의 경제 상황 특징 몇가지를 한번 짚어보기로 하자. 케
냐는 사하라 사막 이남의 아프리카 나라들 중에서는 경제가 비교적
발전한 나라로 인정받고 있다. 특별한 부존자원은 없지만, 식량은 기
본상 자급자족하고 생활 필수품의 85% 이상은 국산이니 이웃들이 부

러워할 만도 하다. 인구의 80% 이상이 농목축업에 종사하고, 수출품의 절반 이상은 농산물이므로 여전히 농업국가임에는 틀림이 없지만 제조업을 중심으로 한 공업생산액이 총생산액의 16.2%를 차지하고 공업 종사자는 26만여명에 이른다. 농업과 공업 및 서비스업이 국민경제의 3대 지주를 이루며, 경제체제는 70%의 사영(私營) 경제를 비롯해 각종 경제 형태가 혼재하는 '혼합경제체제'로 운영된다. 차와 커피, 꽃 재배는 농업의 3대 창업 항목으로 정부가 크게 장려한다. 차는 1903년 영국인 케인(G.W.L. Caine)이 처음으로 차나무를 들여다가 심은 후 100년도 채 못 되어 세계 4위의 차 생산국으로 초고속 성장했다. 연간 세계 차 생산량의 10분의 1인 30만톤을 생산하며, 세계 최다 홍차 수출국이다. 커피는 아라비카종으로 카페인이 적고 산도도 적당해 세계적인 명커피에 속한다. 특이한 것은 모기나 파리, 벼룩을 박멸하는 약으로 쓰이는 제충국(除蟲菊)의 주생산국이라는 점이다. 그 연간생산량은 세계 총생산량의 85%를 차지한다.

이어 나이로비의 상징인 케냐타 인터내셔널 컨벤션센터(국제회의장소, KICC)를 둘러봤다. 시에서 가장 높은 36층의 원추형 건물로, 1973년 국제회의를 개최하기 위해 한국 삼성이 지은 기념비적 건물이다. 꼭대기 전망대에 서면 시내 전경이 한눈에 들어온다. 여기서 내려다보면, 시는 4개 구역으로 나눠져 있다. 이 컨벤션센터 주위는 관청과 상업 구역인데, 여기는 케냐뿐 아니라 동아프리카의 상업 중심지다. 서부 교외는 고급주택 구역이고, 동북부는 슬럼(빈민촌)을 비롯한 서민 거주 구역이며, 동남부는 공업 구역이다.

다음 도착한 곳은 중앙광장(Centro Park)이다. 광장의 한가운데에 '화해'라는 이름의 웅장한 조형물이 자리잡고 있다. 제2대 대통령의

한국 삼성이 지은 36층의 케냐타 인터내셔널 컨벤션센터(KICC) 건물

지시에 따라 만들어진 구조물이다. 얼핏 삼각기둥이 연속적으로 배치된 듯한 모습으로, 면마다에 소정의 의미를 부여하고 새긴 도안이 퍽 흥미롭다. 정면에는 억세고 활달한 수탉이 새겨져 있는데, 이것은 권력의 상징으로 집권당을 뜻한다는 것이 현지 가이드의 설명이다. 그러나 1982년 6월 헌법 개정으로 일당제를 실시할 때는 그렇다손 치고, 1991년 12월 다시 헌법 개정에 의해 다당제를 복원한 이후는 어떻게 설명할 것인가? 이 개정 헌법은 케냐를 '다당(多黨) 민주국가'라고 규정하고 있다. 이 나라 국장(國章) 해설문에서 수탉은 '새로운 생활'의

'화해'라는 이름의 중앙광장 조형물

복지와 행복을 상징하는 조형물의 한면

상징이라고 달리 해석되어 있다. 곁 면의 벼와 옥수수 이삭은 풍요를, 다른 한면의 기계와 톱니는 건설을, 또다른 면의 여성과 아동은 복지와 행복을 의미한다고 한다. 이러한 네가지의 복합적 의미를 '화해'라는 한마디 속에 응축한 것이 이 조형물의 제작 모티프가 아니겠는가 하는 것이 필자의 사견이다. 42개의 종족에다가 다종교를 갈무리한 이 나라 치세(治世)에서 화해보다 더 중요한 것은 없을 것이다. 국장에 드리운 커피색 리본에 적힌 스와힐리어 '공존'은 '화해'의 이음동의어(異音同義語)일 것이다. 사실 몸바사에서도 보다시피 케냐는 다종족 다종교 국가임에도 불구하고 인접국가들에 비해 상대적으로 갈등이나 분쟁이 적으며, 화해와 공존이 이루어지고 있다는 것이 일반적인 평가다. 그런데 정말로 이 나라에는 겉치레가 아닌, 실질적인 화해와 공존이 이루지고 있는가? 진정한 화해와 공존은 차별 없는 평등 위에서만 실현 가능한 것이다. 그렇다면 이 나라에는 과연 이러한 평등이 있는가?

물론 식민지 처지에서 벗어나 독립한 뒤 민족적 평등은 쟁취했으며, 민주국가 건설이라는 지향적 목표 속에 일정한 평등을 이루어냈지만, 가만히 속내를 들여다보면 갈길은 까마득하다. 왜? 수도 나이로비에 '지상 최악의 슬럼(빈민촌)'이 있기 때문이다. 인구 300여만 중 250만이 시 면적의 5%에 불과한 슬럼 지역에 모여 살고 있다. 그중 150만이 밀집해 있는 키베라 슬럼(Kibera slum)은 아프리카에서 두번째로 큰 슬럼으로, 대부분이 하루 1달러 미만으로 생활한다고 한다. 얼마나 우려되었으면 세계의 양식있는 시민들이 슬럼 지역을 달리는 이른바 '슬럼 마라톤'을 벌였겠는가! 참상을 눈으로 직접 확인하고 당국의 강제 철거에 항의하기 위한 마라톤 대회였다. 필자는 2년 전

인구의 10%가 신봉하는 이슬람교의 중앙사원 격인 자미아 마스지드

라틴아메리카 베네수엘라의 수도 까라까스에서 40만명이 밀집해 사는 슬럼 지역을 목격한 바 있다. 두 지역의 참상에는 진배가 없지만, 까라까스의 슬럼 지역은 치안의 불안을 이유로 외부인이 아예 들어갈 수 없으나, 나이로비의 슬럼 지역은 세계인들이 마라톤 대회를 벌일 정도로 개방되어 있다는 데는 분명 차이점이 있다. 추측건대 전자는 치열한 정치적 이슈의 현장이고, 후자는 소위 '화해'의 전시장으로 묵인되고 있기 때문으로 보인다.

주지하다시피 마라톤하면 케냐, 케냐하면 마라톤을 연상시킬 정도로 케냐와 마라톤은 숙명적 관계에 있다. 차제에 마라톤에 관해 한가지 기우를 토로해보고자 한다. 나이로비에서는 해마다 '지상 최고의 레이스'(The Greatest Race on Earth)가 펼쳐진다. 이 레이스는 영국계 스탠

산봉우리를 에워싼 군상 조형물   양차 세계대전 기념 동상

다드차타드은행(Standard Chartered Bank)이 세계에서 가장 산소가 적은 도시, 가장 더운 도시, 가장 습도가 높은 도시, 가장 복잡한 도시 등 마라톤에 가장 악조건이 되는 도시에서 벌이는 경기이다. 나이로비, 뭄바이, 싱가포르, 홍콩 등 4개 도시에서 4인 1조로 국가대항전이 벌어진다. 인간(젊은이) 극기(克己)의 극한(極限)을 실험하려는 혹은 즐기려는 이러한 레이스가 과연 신성한 체육의 본연(本然)일까?

나이로비 레이스만 보더라도 응야요 스타디움(Nyayo Stadium)에서 출발해 극심한 공해 속에 공기가 희박한 고지대의 울퉁불퉁한 흙길을 숨이 턱에 찰 때까지 달리고 또 달려야 하니, 그러한 레이스가 심신 단련을 본연으로 하는 체육일 수는 없다. 허울 좋은 '국가의 명예'라는 압박으로 젊은이들을 병들게 하는 가해적 행태는 아닌지!

이어 자미아 마스지드(금요일 이슬람사원이라는 뜻)에 들렀다. 인구의 10%(주로 해안가에 거주)가 신봉하는 이슬람교의 중앙사원 격인 이 사원은 외경이 깔끔할 뿐 아니라 내부도 갖출 것은 다 갖추고 있다. 흰 모자를 쓴 몇몇 무슬림들이 경건하게 낮예배를 올리고 있다. 여기서 얼마 안 되는 곳에서는 양차 세계대전 기념비와 맞다들었다. 날렵한 3인 병사의 조각상이 인상적이다. 또 얼마 안 가서 고풍이 물씬 풍기는 가톨릭(인구의 33% 차지, 45%는 기독교 신교) 성당이 나타난다. 신자만 출입할 수 있다고 해서 들어가지 못했다. 성당 앞 십자로 한가운데는 높은 산봉우리를 에워싼 여러 사람이 손을 맞잡고 치켜든 형상의 조형물이 서 있다. 역시 단합과 화해의 상징물이다.

얼마 안 가서 발길이 닿은 곳은 유명한 철도박물관이다. 영국 식민주의자들은 내륙 개척을 위해 해안지대에 식민거점을 건설하고 나서는 곧바로 내륙 철도 부설에 착수했다. 핵심은 몸바사에서 고원지대인 나이로비를 거쳐 물산이 풍족한 우간다의 빅토리아 호안까지 이르는 이른바 '루나틱 익스프레스'(Lunatic Express, '미치광이 급행열차')의 부설이다. 1896년에 기공의 첫 삽을 뜬 후 1930년대까지 무려 30여년이 걸려 이 철도를 완공했다. 이 철도는 남동으로 인도양 연안의 몸바사, 서쪽으로 우간다의 빅토리아 호안, 북쪽으로 케냐산 북서 산록의 나뉴키와 이어진다. 이 철도박물관은 바로 이 '미치광이 급행열차' 길의 연혁을 여러가지 현장 유물과 사진, 기록 등을 통해 생생하게 전해주고 있다.

박물관에 전시된 UR(우간다 철도, Uganda Railway) 객차의 벽에는 초기 철도를 부설하면서 겪었던 전설 같은 끔찍한 일들이 여러건 기록되어 있다. 많이 회자되는 사건은 '차보(Tsavo)의 식인 사자'이야기다. 차

나이로비 철도박물관

보 강가에 사는 사자가 노동자 28명을 물어 죽였다는 비보를 들은 몸바사 철도 경비 담당이자 포수인 찰스 라이얼(Charles Ryall)은 1900년 6월 이 식인 사자를 잡을 요량으로 엽총을 들고 집을 나섰다. 1등석 객차(12호 열차)를 타고 창문을 비스듬히 열어제친 채 차보강을 건너는 순간 사자가 나타나자 얼결에 방아쇠를 당겼다. 명중이었다. 그 뒤로는 이 지역에 더이상 식인 사자가 나타나지 않았다고 한다. 이 사건을 소재로 영화 한편이 만들어지기도 했다. 이것이 '백수(百獸)의 왕'이라 불리우는 사자를 제압해 철도의 안전을 보장한 미담이라면, 철도 부설 과정에서 발생한 처참한 유혈사건도 있었다. 케동(Kedong)에 사는 마사이족이 강간당한 부족 소녀들에 대한 보복으로 철도 노동자들을 급습해 500명이나 무참하게 살해했다. 이른바 '케동 학살' 사건이다.

오후에는 시 중심에서 남쪽으로 8km 떨어진 나이로비 국립공원을 찾았다. 말이 '국립공원'이지 기실은 사파리 야생동물원이다. 다른 아프리카의 국립공원들처럼 지금은 사냥은 금지되고 관광만이 허용되고 있다. 면적이 120km²에 달하는 이 야생동물원은 세계에서 유일하게 일국의 수도 내에 있는 야생동물원이다. 이 동물원은 남쪽은 동물들이 자유로이 이동할 수 있도록 개방되어 있고, 나머지 3면은 안전을 위해 전기 철조망으로 에워싸여 있다. 묘하게도 그 지형이 흡사 아프리카 지도의 축소판이다. 공원 내에는 100여종의 야생 포유류와 400여종의 진귀한 조류가 서식하고 있다. 특이하게도 공원 정문 곁에 '동물 고아원'이 병설되어 있다. 동물 고아들을 수용해 병을 고쳐주고, 키우기도 한다. 완치되거나 다 크면 자연 속으로 돌려보낸다.

일행은 3일 동안 이런 유의 국립공원을 몇개나 훑으면서 사파리 관광을 했기 때문에 조금은 지겨워서 공원 안에는 들어가지 않고 먼발치에서 구경만 했다. 도처에 사냥경고문이 붙어 있다. 그렇게 엄하게 사냥을 금함에도 불구하고 아직도 밀렵꾼들이 호시탐탐 기회만 노리고 있단다. 케냐에서의 사파리 사냥이라고 하면 미국의 루스벨트 대통령과 인디애나 존슨이라는 이름의 케냐 소년의 만남, 그리고 미국의 이름난 작가 헤밍웨이의 작품이 떠오른다. 20세기 초 재임의 임기를 마친 루스벨트는 아들 커미트(Kermit Roosevelt)와 함께 스미소니언 재단에 기증할 동물을 사냥하기 위해 나이로비에 왔다. 여기서 인디애나를 만난다. 루스벨트는 그에게 사격술을 가르쳐주면서 사냥으로 얻을 동물이 미국의 소년들에게 가치있는 교육 자료로 사용될 것이라고 역설한다. 유럽의 박물관이나 실험실에 걸려 있는 수많은 아프리카산 동물의 박제품은 멸종 위기는 아랑곳도 하지 않은 채 오로지

돈이나 희락(喜樂)만을 위해 마구 사냥해간 횡포의 증거물이다. 어린 인디애나는 루스벨트에게 거의 멸종위기에 처한 오리스(초식동물인 영양의 일종)가 있는 곳을 알려주면서, 제발 사냥만은 하지 말아달라고 간청한다. 결과 여하는 알려진 바가 없지만, 코끼리를 잡고 의기양양해하는 루스벨트의 사진으로 미루어 그가 인디애나의 간청쯤은 귓등으로도 듣지 아니했을 개연성이 크다.

한편 작가 헤밍웨이는 수렵을 통해 동물세계를 유심히 관찰해오다가 안온한 일상에 염증을 느끼고 좀더 격정적인 세계와의 만남을 지향하며 수렵대를 따라 아프리카에 왔다. 그에게는 이곳의 사파리 관광이 실로 매력적이었다. 그리하여 그 매력을 『아프리카의 푸른 언덕』(1935)과 『킬리만자로의 눈(雪)』(1936)이라는 두권의 작품에 담아냈다. 헤밍웨이의 단편 가운데서 가장 뛰어나다는 평가를 받는 『킬리만자로의 눈』은 미국 문학의 고전으로 자리매김한 명작이다. 수렵광 헤밍웨이는 비록 동물세계에 대한 애착은 가지고 있었지만 아프리카 동물의 멸종 같은 위기에는 둔감한 것 같았다. 헤밍웨이는 루스벨트와 함께 1904년에 문을 연 나이로비의 노포크(Norfolk) 호텔을 케냐 여행의 '거점'으로 삼고 여기서 사파리 관광의 매력을 투영한 작품들을 구사했다.

세인들이 나이로비를 선호했던 흔적은 이밖에도 더 있다. 1952년 영국의 공주 엘리자베스는 남편 에딘버러 공작과 세기의 결혼을 한 뒤 허니문의 장소로 케냐를 택했다. 그들은 나이로비에 잠깐 머물고 나서 이곳에서 북쪽으로 약간 떨어진 니에리(Nyeri) 지역의 에버데이 산맥 남쪽 기슭에 자리한 별장인 트리톱스 로지(Treetops Lodge)에서 신혼의 밤을 보냈다. 문자 그대로 나무 위에 얹혀 있는 이 집은 보이스

카우트 운동의 개척자인 바덴-파웰(Baden-Powell)이 살았던 집이다. 신혼의 밤을 보낸 이튿날 아침 이 부부에게 공주의 아버지인 조지 6세가 서거했다는 청천벽력 같은 비보가 날아왔다. 당시 같은 트리톱스에 머물고 있던 전설적인 명포수 짐 코빗(Jim Corbett)은 당시의 상황을 방명록에 이렇게 적어놓았다. "어느날 소녀가 공주의 몸으로 나무에 올라갔다. 그리고 다음날 여왕이 되어 내려왔다." 이것이 그 유명한 "공주로 올라가 여왕으로 내려오다"라는 속담이다.

세인이 선호한 케냐 일사(一事)를 언급할 때 빼놓을 수 없는 것이 카렌 블릭센(Karen Blixen)과 그의 소설 『아웃 오브 아프리카』(Out of Africa, 아프리카로부터의 탈출)에 관한 목가적이며 비극적인 이야기다. 수모만을 당해오던 '검지 않은 검은 대륙' 아프리카가 세상에 조금씩 제 모습을 드러내면서 아프리카를 동경하다 못해 그 속에서 자신만의 요람과 안식처를 일구고자 찾아오는 사람들이 차츰 늘어났다. 자전적 소설 『아웃 오브 아프리카』의 주인공 카렌 블릭센이 바로 그러한 인물 중 한 사람이다. 덴마크 부호의 딸 카렌은 1913년 케냐에 있는 약혼자 블릭센과 결혼하기 위해 케냐에 온다. 카렌은 결혼 후 키쿠유족 땅에서 커피 농장을 성공적으로 운영해보려고 심혈을 기울인다. 그러나 남편은 그와는 달리 농장 운영에는 통 관심이 없이 사냥한답시고 며칠씩 집을 비우기 일쑤다. 그러는 사이에 결혼생활에는 금이 가기 시작했다. 1차 세계대전이 일어나자 남편은 제멋대로 전쟁터에 나가 얻은 매독을 카렌에게 전염시켜, 아이를 가질 수 없게 된다. 블릭센은 제대한 후에도 외도를 하는 등 제 버릇을 고치지 못하고 카렌에게 계속 깊은 상처만을 입힌다. 급기야 부부는 파경에 이른다.

이혼 후 카렌은 오래전부터 사모해오던 사파리 안내자이자 자유로운 영혼의 소유자인 데니스 해튼과 사랑에 빠진다. 데니스가 사자의 공격에서 카렌을 구해준 일을 계기로 두 사람은 더욱 가까워진다. 데니스는 모차르트의 클라리넷 협주곡을 즐겨 듣고 경비행기를 타고 광활한 초원을 날며 인생과 사랑에 관해 진지하게 얘기하는 멋진 남자다. 카렌은 결혼을 원했지만 자유로운 영혼의 소유자인 데니스는 이해하지 못한다. 그리고 서로 사랑하지만 커다란 사고의 벽이 둘을 가로막고 있다. 그 일례가 아프리카 원주민에 대한 생각의 차이다. 카렌은 자신이 선교사를 불러들여 원주민 아이들에게 영어를 가르치는 것은 그애들을 야만 상태에 놓아두고 싶지 않기 때문이라고 그럴듯하게 그 이유를 설명한다. 이를테면 소위 문명사회에 살고 있는 백인들에게 아프리카 원주민은 오로지 그들이 영어 같은 것을 가르쳐 깨우쳐야 할 '교화의 대상'이라는 것이다. 데니스는 카렌의 이러한 사고방식에 문제가 있다고 갈파했다. 그는 카렌에게 아프리카 원주민들에게는 문명이 없는 것이 아니라 단지 글로 쓰지 않은 것일 뿐이라고 이해시킨다. 아프리카 문화를 그 본연대로 인정하고 받아들여야지, 억지로 고치려 드는 것은 무리하다는 것이다. 이러한 말을 들으며 카렌은 자신을 거울에 비춰보면서 조금씩 생각을 바꿔가기 시작한다.

그러던 어느날 카렌의 커피 농장에 큰 불이 나 삽시간에 농장 전체가 잿더미로 바뀐다. 실의에 빠져 모든 것을 정리하고 고향 덴마크로 돌아가려 할 때 찾아온 데니스에게 카렌은 "당신이 옳았어요. 제가 진작 배웠어야 했는데 너무 늦었군요"라며 회한을 토로한다. 며칠 후 데니스는 다시 와서 카렌을 비행기에 태워 몸바사까지 데려다주겠다고 약속했지만, 오는 도중 비행기 사고로 데니스가 세상을 떠나는 바람에 야속하게도 그 약속은 지켜지지 못했다. 데니스의 장례식에서 카렌은 관에 흙을 뿌리는 유럽식 관습이 아닌, 머리를 쓰다듬는 원주민 풍습을 따랐다. 종당에 카렌은 데니스의 진심 어린 충고와 영향으로 인해 아프리카를 그 자체대로 이해하고 사랑하게 되었다. 마지막으로 카렌은 하인들에게 자신을 '마님'이 아닌 '카렌'으로 불러달라고 부탁한다. 그러고는 모든 것을 원주민들에게 나눠주고 자그마한 가방 하나만을 달랑 들고 아프리카를 떠나 고향으로 돌아갔다.

카렌 블릭센은 고향에서 17년간의 아프리카 생활을 회고하는 책을 썼다. 그것이 바로 소설 『아웃 오브 아프리카』(1937)로, 원제는 Den afrikanske Farm이다. 뒷날 동명의 영화로도 제작되었다. 이 소설은 저물어가는 유럽 식민주의의 종말을 생생하게 묘사한 초상이라는 평가를 받고 있다. 아쉽게도 이 작품은 간발의 차로 노벨문학상을 받지 못했다. 가령 주인공 카렌이 아프리카를 탈출한데만 그치지 않고, 다시 아프리카에 돌아와 깨달음대로 제2의 인생을 보낸 '백 투 아프리카'(Back to Africa)를 썼더라면 틀림없이 노벨문학상의 문턱을 넘어섰으리라는 것이 필자의 바람이고 가설이다. 그의 이름을 딴 박물관이 나이로비에 있다. 카렌 블릭센(1885~1962)의 필명은 아이작 디네센 또는 타니아 디네센이다.

저녁에는 호텔에서 매주 한번씩 마련하는 바비큐 만찬에 초대되었다. 이곳 특유의 양념에 잰 고기를 꼬챙이에 꿰어 화로에 굽는 바비큐인데, 맛이 일품이다. 초대 손님의 80%는 중국인들이다. 나이로비에서의 유익한 관광 일정은 이렇게 마무리했다.

65
아프리카 속의 아시아, 마다가스카르

　오늘은 2014년 5월 2일 금요일, 50일간에 걸친 아프리카 답사의 마지막 나라 마다가스카르로 가는 날이다. 답사, 특히 긴 답사의 경우는 시작과 마지막엔 늘 저도 모르게 설레며 괜히 서두르게 된다. 고요가 짙게 깔린 새벽 4시 반에 잠에서 깼다. 주섬주섬 행장을 챙기고 나서는 호텔에서 제공하는 간식으로 아침을 대충 때우고 6시에 공항으로 향했다. 이 시간대에는 첫 항공편을 이용하는 손님들만 나오기 때문에 공항 청사 안은 휑뎅그렁하다. 그만큼 모든 출국수속이 빠르게 이루어졌다. KQ(케냐 항공) 756편(좌석 18G) 중형 여객기는 정시보다 22분 늦게 괴음을 내면서 하늘로 치솟았다. 잠시 후 짙푸른 인도양은 얼기설기 얽힌 솜뭉치 같은 일망무제(一望無際)한 운해(雲海) 속에 잠기고 만다. 2시간 51분을 날아서 정오 4분 전에 마다가스카르공화국 수도 안타나나리보(Antananarivo)에 안착했다. 비행기가 착륙하자마자 속도를 급히 줄이는 것을 보니 활주로가 짧은 모양이다. 공항에서는 니르(Nir) 여행사 가이드 존(John) 씨의 영접을 받았다.

마다가스카르는 아프리카 나라이면서도 아프리카 나라답지 않은 신비의 나라다. 한번 꼭 와보고 싶은 나라였다. 하늘에서 내려다보니 푸른 바다에 떠 있는 섬이어서 위치라든가 지형이 오롯이 식별된다. 남북으로 길게 뻗은 장방형의 이 섬은 남회귀선 이북의 열대지역인 아프리카 대륙의 동남부와 인도양의 서남부에 위치하고 있다. 좁은 모잠비크 해협을 사이에 두고 아프리카 대륙과 약 400km 거리로 떨어져 있다. 세계에서 네번째로 큰 섬이라고 해서 현지에서는 '대도'(大島, 큰 섬)라고도 한다. 마르카스인들이 사는 나라라고 해서 '마다가스카르'라는 이름이 붙여졌으며, 또한 소가 많다는 데서 '우국'(牛國, 소의 나라), 바닐라(vanilla, 香草)가 많다는 데서 '바닐라의 고향'이라는 별칭으로 불리기도 한다.

면적이 59만 750km²에 달하는 이 섬의 지형은 크게 5개 부문으로 나뉜다. ① 평원과 산악, 군산(群山), 분지가 뒤섞여 있는 고도 1,000~2,000m의 중부 중앙고원지구, ② 너비 25~100km의 중부 산비탈지구, ③ 기복이 심하지 않은 서부의 평원-고원지구, ④ 지형이 비교적 평탄한 남부지구, ⑤ 지형이 복잡하고 전국 최고봉인 고도 2,876m의 마로모코트로산 등이 존재하는 화산 계통의 북부 분지지구 등이다. 고도 1,400m의 수도 안타나나리보는 섬 중앙의 고원지구에 자리하고 있다. 일명 '타나나리베'(Tananarive), 혹은 약칭으로 '타나'(Tana)라고 하는 안타나나리보는 직역하면 '1,000km의 거리'란 뜻인데, '1,000km'가 '높다'는 걸 상징하기에 그 뜻이 '고원의 거리'로 와전(訛傳)되었다. 원래는 '아나라망가'(Anaramanga, 푸른 숲)라고 불렸

아카데미 역사박물관

박물관에 전시된 수만년 전의 공룡 유골

으나, 17세기 이메리나 왕국이 건국되면서 지금의 이름으로 개명되었
다고 한다. 그런가 하면 아직까지도 일부에서는 '타나나리베'라는 이
름을 쓰고 있는데, 이것은 과거 프랑스 식민 시대의 프랑스어 이름이
다. 이 도시의 면적은 88km²이며, 인구는 약 150만명(2006)이다.

 공항을 빠져나와 시내 어귀에 있는 관광객 전용 식당에서 점심으
로 샐러드와 파스타를 주문했다. 양이 족히 2인분은 된다. 섬사람들의
넉넉함이다. 가이드와 일정을 합의하고 본격적으로 시내 투어에 들어
갔다. 처음 들른 곳은 아카데미 역사박물관이다. 2층 건물인데, 지금
은 1층만을 전시 공간으로 쓰고 있다. 가장 눈에 띄는 것은 수만년 전
의 고생물에 속하는 공룡 유골 10여점의 복제품이다. 수만년 전에 이
외딴 섬에 공룡이 서식했을 리가 없어 해설원에게 물어보니, "그즈음

재롱을 부리는 여우원숭이

에는 이 섬이 대륙과 붙어 있었기 때문에 아마 대륙 공룡이 그대로 남아 있었을 것이다"라고 대답한다. 칸막이 전시실에는 각종 조각품과 민예품, 조류 복제품들이 무질서하게 전시되어 있다. 엄밀한 학술적 연구나 감정을 거치지 않고 수집하는 대로 보여주기에만 급급한 것 같다. 이 나라 역사연구의 현주소다.

이어 지척에 있는 동·식물 공원에 들렀다. 호숫가를 낀 무료 노천공원이다. 가족 단위의 산책객들이 많다. 제일 먼저 산책객을 유혹하는 것은 정문 왼쪽 토굴에서 재롱을 부리는 여우원숭이다. 이름 그대로 여우 같기도 하고 원숭이 같기도 한 이 녀석은 마다가스카르섬에서만 서식하는 세계적인 희유 동물로 인기가 높다. 사육사의 신호에 따라 여러가지 신통한 재간을 부린다. 몇가지 부리고 나면 사육사는 구경꾼들에게 손을 내민다. 여우원숭이는 크기나 털 색깔, 생김새에 따라 무려 35가지 종류로 분류된다. 마다가스카르섬에는 여우원숭이를 포함해 20여만종의 동식물이 살고 있다. 섬 특산 동물 중에는 작지만 포악하기로 이름난 포사(fossa)라는 식육 짐승이 있다. 길이는 고작 65~80cm이고, 무게는 5~10kg 정도밖에 안 된다. 큰 맹수가 없는 이 나라에서는 이 포사가 '삼림의 왕'으로 군림한다고 한다. 공원 안에는 '마다가스칼'이라는 이름의 국화(國花) 나무 몇그루가 자라고 있는데, 붉디붉은 진홍색 꽃이 만개해 있었다. 마다가스카르는 생태학의 보고이고 파충류의 천국이다. 공원 안의 아늑한 곳에는 평생 마다가스카르의 생태를 연구하고 관련 저서를 39권이나 남긴 한 생물학자의 동상이 모셔져 있다. 산책을 마치고 정문을 나서는데, 우연하게 나무울타리 그늘 속에

마다가스카르의 국화인 진홍색 마다가스칼

서 가지가 앙상한 무궁화나무 한그루를 발견했다. 시들어가는 꽃 몇 잎이 애처로이 미풍에 나부끼고 있다. 돌보지 않아 풍진(風塵) 속에 말라가고 있지 않은가! 좀 전에 본 이 나라 국화 마다가스칼의 모습과는 너무나 대조적이다. 순간 가슴이 미어지고, 눈앞이 캄캄해진다. 일국의 국화에 대한 홀대는 그 나라에 대한 홀대다.

오후 5시경에 르로얄팰리산드르(le Royal Palisandre) 호텔에 도착해 104호 방에 여장을 풀었다. 경사진 언덕 위에 자리한 호텔 방에서 창문을 활짝 열어제치니 시내가 한눈에 안겨온다. 도시는 사방이 산으로 에워싸인 고지대에 자리하고 있다. 가옥은 태반이 유럽식 건물이며, 동남아시아식 고깔형 건물들도 간혹 눈에 띈다. 오래된 호텔치고는 깔끔하고 가구도 그쯤하다. 서비스도 괜찮은 편이다.

이튿날은 궁전을 비롯한 역사 유적지와 시장 등 현대의 이모저모

키안자 지역의 거석 게이트(지름 2m, 두께 20cm)

를 살펴보는 데 하루를 보냈다. 오늘은 보통 하루가 아니라, 이번 50여 일의 아프리카 탐방을 마무리하는 마지막 하루다. 아침 일찍이 찾아간 곳은 키안자(Kianja) 지역이다. 이곳에는 첫 통일국가의 기틀이 마련된 중세 이메리나(Imerina) 왕국의 궁전을 비롯해 가볼 만한 명소 몇군데가 자리하고 있다. 원래 이 지역에 들어가자면 우선 7개의 거석(巨石) 게이트(문)를 통과해야 했는데, 지금은 가장 큰 게이트 하나만 남아 있다. 관광 대상은 게이트 자체가 아니라, 여닫는 원형의 거석 문짝이다. 지름이 2m, 두께가 20cm쯤 되는 거석 문짝은 필요시 굴려다가 문을 막는다. 어림잡아 무게가 수십톤이나 될 이 문짝은 분명 거석문화의 유물이다. 게이트 좌측에는 이곳 출신의 유명한 작가이자 시인인 엘로나르드(Elonard)를 기리는 비문이 있다. 지금까지 세계의 어느 고고학 서적에도 아프리카에 거석문화가 있었다는 사실(史實)이 기록된 바가 없다. 뒤에 나오는 여름궁전 게이트에도 동류의 거석 문짝이 있다. 필자는 이 발견만으로도 마다가스카르, 아니, 아프리카에 온 일말의 보람을 느낀다.

가톨릭 성당   이웃한 개신교 예배당(좌)과 성공회 성당

   게이트를 지나 한참 오르막길을 걸어 올라가니 우측에 화려한 가톨릭 성당이 나타난다. 거기서 약 200m 더 올라가니 붉은 벽돌로 지은 영국의 성공회 성당과 개신교(프로테스탄트) 예배당이 나란히 자리하고 있다. 마침 아침예배를 마친 신도들이 삼삼오오 각각의 예배 성소에서 나온다. 이 나라는 다민족 다종교 국가다. 2,100만명(2011) 인구는 18개 종족으로 구성되어 있으며, 그들이 신봉하는 종교로는 기독교(70%)와 이슬람교(8%), 기타 토착 종교 몇가지가 있다. 여기를 지나 안내된 곳은 프랑스 총독과 독립 후 첫 수상이 기거한 저택이다. 유럽 고풍의 건물이 지금은 텅 빈 유적으로 외형만 유지하고 있다.

   여기서 발길을 이어간 곳은 안타나나리보의 1호 관광지인 이메리나 왕국의 궁전터다. 쭉 늘어선 계단을 밟고 올라가니 언덕 정상에 철문을 하고 울타리를 높게 친 궁전터가 나타난다. 시에서 가장

첫 통일국가인 이메리나 왕국의 궁전터

높은 곳이어서 시내 전경이 한눈에 안겨온다. 정문 게시판에는 궁전의 내력과 더불어 이 나라의 약사(略史)가 일목요연하게 정리되어 있다. 이 섬이 세상에 가장 먼저 알려지게 된 것은 기원전 2세기로, 로마의 지리학자 프톨레마이오스가 그의 지리서에서 언급한 '메누티아스'(Menuthias)가 바로 마다가스카르일 것이라고 역사가들은 추측하고 있다. 기록에 의하면, 3세기부터 10세기 사이에 인도네시아 등 동남아시아의 말레이족들이 인도를 거쳐 이곳에 이주해와 정착했다. 그들은 소수의 원주민과 통혼해 이른바 '마르카스인'(Marcas)으로 태어나 섬의 주역이 되었으며, 그들이 쓰는 언어를 '말라카시'(Malacacy)라고 한다. 이 혼혈족인 마르카스인들은 이주민인 말레이족들의 문화를 고스란히 수용해 발전시켜왔다. 그래서 오늘날 마다가스카르의 조상을 동

삼각뿔형 유럽 양식(좌)과 고깔형 동남아 양식(우)의 왕묘

남아 말레이족이라고 하는 것이다. 마르카스인들은 14세기 중부와 동남해 연안 일대에 여러 소국을 세웠다. 그중 마르카스의 일파인 메리나(Merina)인들이 16세기 중부에 첫 통일국가인 이메리나 왕국을 세웠으며, 18세기 말엽에는 중앙집권적인 봉건국가로 발돋움했다. 19세기에 이르러서는 섬 전체를 마다가스카르 왕국으로 통일했다. 그후 프랑스와 영국 식민주의자들의 여러 형태의 식민통치를 반대하는 도민들의 끈질긴 투쟁에 의해 드디어 1960년 6월 26일 마다가스카르 공화국으로 독립했으며, 한창 사회주의를 지향할 때인 1975년 12월 21일에는 국명을 '마다가스카르 민주공화국'으로 바꿨다.

지금 서 있는 이 궁전터는 안타나나리보를 중심으로 한 첫 통일국가인 이메리나 왕국의 궁전터로 초대 왕과 기독교에 귀의한 그의 장

왕의 침실 중앙에 있는 바비큐용 돌 5개

자 2대 왕의 무덤 등 값진 문화유산들이 보존되어 있다. 건물은 고깔형 지붕의 동남아 양식과 삼각뿔형의 유럽 양식이 섞여 있다. 왕의 침실에는 높은 나무침대가 놓여 있고, 중앙에는 바비큐를 하는 넓적한 돌 5개가 지면에 돌출되어 있다. 방의 네 모퉁이는 각각 땅과 물, 바람, 불을 상징하는 성소로 신성시되었다. 왕의 침실에 들어갈 때는 오른발이 먼저 문턱을 넘어야 한다는 의례를 지켜야 했다. 촬영이 금지되어 사진은 남기기 못했다.

　다음으로 찾아간 곳은 시내 한복판에 있는 문명연구소다. 아침에 호텔 로비에서 시내 관광지도를 펼쳐보다가 우연히 '문명연구소'(Institut de Civilisations)라는 간판에 눈이 마주쳤다. 순간 흥미가 동했다. 문명연구소이니만치 분명 문명교류에 관한 무엇인가가 있을 성싶

문명연구소 산하 고고학박물관 외관

기도 하고, 또한 혹여 동연(同硯)이라도 만날 수 있지 않을까 하는 기대에서였다. 곧바로 찾아가고 싶었지만, 투어 동선을 따르다보니 몇 시간 뒤에야 이르게 되었다. 복잡한 거리의 고층건물 틈새에 끼어 있는 허술한 건물이다. 가보니 문명연구소 산하의 교류에 관한 유물을 전시하고 있는 고고학박물관이었다. 100여평의 1층 전시실에는 많지는 않지만, 귀중한 도자기와 목각품 유물 수백점이 선을 보이고 있다. 이런 유물들보다 필자의 시선을 끈 것은 인도네시아인들의 이주 경로도와 유럽인들이 오기 전의 동아프리카 교역로 지도 같은 몇점의 세밀한 아프리카 교역로 지도다. 전문 연구자들을 만났으면 했더니, 해설원은 고고학 전공자들은 있으나 문명이나 문명교류의 상임 연구자들은 아직 없고, 대학 교수 몇 사람이 정기적으로 모여 세미나를 하

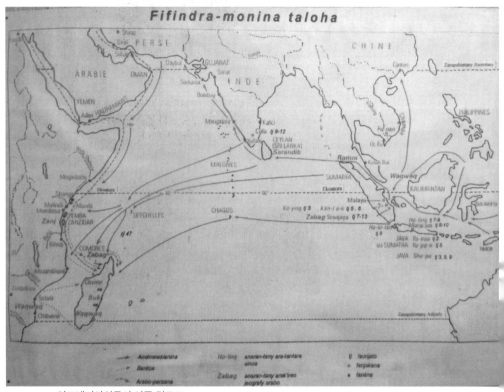

인도네시아인들의 이주 경로도

고 있다고 한다. 문명 관련 학술지나 저서가 있으면 추천해달라고 하
니 아직은 없다고 한다. 마다가스카르와 같은 이른바 '후진국'에서
문명을 연구한다는 것은 상당한 선견지명(先見之明)이라 아니 할 수
없다.

이어 재래시장에 들렀다. 목적은 동남아시아에서 유입된 얌과 타
로, 쌀, 닭 같은 전래품을 현장에서 확인하기 위해서다. 이 네가지 품
목은 모두 인도네시아로부터의 이주민들이 가지고 온 것이다. 이곳
주민들의 주요 식량의 하나인 얌과 타로는 고구마처럼 열대나 아열

대 지방의 일년생 뿌리식물의 열매로서 전분이 많아 식량으로 구워 먹거나 삶아 먹는다. 이곳에서 작은 것은 '얌'이라 하고, 좀더 큰 것은 '타로' 또는 '사온조'(saonjo)라고 부른다. 동남아시아인의 후예답게 쌀을 주식으로 하는데, 거의 자급자족한다. 마다가스카르는 인구의 80%가 농업에 종사하는 농업국가로서 가경지의 3분의 2는 윤작(輪作)을 하는 이모작 논밭이다. 경제작물 가운데서 특기할 것은 바닐라인데, 생산량이 세계 1위로 세계 시장의 3분의 1을 점한다. 이 나라의 물산 가운데서 자랑할 만한 것은 바닐라 말고도 생산량이 아프리카에서 으뜸가는 흑연(黑鉛, 일명 석흑石墨)이 있다. 광물자원은 금·은·동을 비롯해 골고루 매장되어 있다. 여기에 더해, 마다가스카르는 기후도 비교적 쾌적한 편이다. 지형에 따라 날씨나 기온이 다르지만, 수도가 자리한 중부 고원지대를 놓고 보면, 열대성 고원기후대에 속해 연평균 강수량은 1,000~2,000mm이며, 기온은 섭씨 18도로 온화하다. 한마디로, 마다가스카르는 자연환경이나 인문지리적으로 오붓하고 포실한 나라다.

오후의 첫 일정은 시에서 가장 번화한 독립거리 관광이다. 거리 어구 숲속에 기둥 모양의 자연석을 그대로 잘라놓은 높이 약 20m의 독립기념탑이 서 있다. 앞면에는 돋을새김으로 '자유, 국가, 발전'이라는 세 글자가 새겨져 있고, 뒷면에는 독립일인 '1960년 6월 26일'이 새겨져 있다. 탑 바로 앞에는 '건국의 아버지'라고 불리는 공화국 초대 대통령 필리베르트 치라나나(Philibert Tsiranana, 1912~78)의 나지막한 동상이 서 있다. 치라나나는 이 나라 동북부 암바리코라노의 치미헤티 부족의 가톨릭 가문에서 태어났다. 아버지는 소를 키우는 목축업자였다. 우수한 성적으로 고향에서 초등학교를 마치고는 안타나나리

독립기념탑과 '건국의 아버지' 치라나나의 동상

보의 사범학교에 진학했다. 졸업 후에는 고향에 돌아와 교사직에 있다가 1942년에 다시 안타나나리보에 상경해서는 역시 한 지역에서 학교 교사로 지냈다. 그러다가 1946년에는 장학금을 받고 프랑스 몽펠리에 사범학교에서 조교로 봉직했다.

　치라나나는 1956년에 사회활동의 첫걸음으로 국회 하원의원에 당선되었고, 그해 사회민주당(PSD)을 결성해 서기장에 취임했다. 이듬해에는 마다가스카르 집행위원회 부회장에 당선되었고, 1957~58년에는 마다가스카르 정부 평의회 수석의장(총리급)에 임명되었으며,

1960년 6월 독립과 함께 초대 대통령에 선출되는 등 승승장구의 가도를 달렸다. 집권 이후에는 일당제를 도입함으로써 사회민주당이 유일한 정당으로 남게 되었다. 그러면서 그는 서둘러 '마다가스카르식 사회주의' 제도를 도입했다. 그 결과 1965년 3월에 대통령으로 재선되기는 했으나, 얼마 가지 못하고 1972년 5월 일당제와 경제 실책에 항의하는 학생운동 및 반정부 시위에 밀려 정권을 군사령관에게 넘겨주고 물러났다.

필자는 1960년대 전후 중국 외교부와 모로코 주재 중국 대사관에 근무하면서 아프리카를 연구하고 아프리카 사업에 관여할 때 치라나나라는 인물을 알게 되었다. 그때만 해도 그는 아프리카에서 몇 안 되는 열렬한 독립투사이자 급진적 사회주의자로서 인지도가 꽤 높았으며, 중국이나 북한과 좋은 관계를 유지하고 있었다. 오늘의 관광을 안내한 현지 가이드 존 씨의 말에 의하면, 이 독립탑과 치라나나의 동상, 그리고 대통령 저택은 그 시절 북한의 원조에 의해 지어진 것이라고 한다. 치라나나는 하야 후 조용히 6년간의 여생을 보내다가 향년 66세로 생을 마감했다.

다양한 양식의 건물들로 화려하게 꾸며진 독립거리는 인파와 자동차로 몹시 붐빈다. 길 가운데는 화단으로 중앙분리대를 만들어 차량 소통을 원활하게 하고 있다. 이 거리는 빠리의 샹젤리제 거리를 본따 만들었다고 해서 '리틀 샹젤리제'라고도 한다. 상점이나 거리, 골목 이름도 거개가 프랑스어로 되어 있다. 프랑스의 식민통치에서 벗어나 독립한 지 54년(1960~2014)이 되지만, 그보다 21년이 더 긴 혹독한 식민통치(1885~1960)가 남겨놓은 잔재는 언어를 비롯한 여러 분야에 아직까지도 마냥 토착문화처럼 뿌리 깊게 남아 있다. 식민지 잔재 청산!

윤작(輪作)하는 논밭   유네스코 세계문화유산 등재 표지판

아프리카 나라치고 예외가 없는 공동 투쟁 과제다. 이 섬에 와서 이런 현실을 더욱 절감하게 되었다. 거리 상가는 리틀 샹젤리제라는 이름에 어울리지 않게 중국 제품들이 매대나 진열장을 메꾸고 있다. '중국화' 물결이 바야흐로 이 외딴 섬도 휩쓸고 있다.

약 1시간 동안 독립거리를 구경하고 나서 직행한 곳은 시 북방 20km의 암바토미창가나(Ambatomitsangana) 지역에 있는 수림 속 여름 궁전이다. 여기에는 왕궁과 왕실능이 있기 때문에 '신성한 성'이라고도 부른다. 18세기 말엽에 지어진 이 왕궁은 돌 기단 위에 세워진 목조건물로 길이 7m, 너비 6m의 자그마한 공간이다. 지붕은 길이 10m의 횡단목(橫檀木)이 받치고 있다. 원래 이 왕궁은 5칸의 방으로 나뉘어 있었는데, 지금은 통방이다. 왕궁에는 왕세자 실과 응접실이 따로 달려 있다. 고성 안에는 몇대 왕의 능묘가 있다. 호위를 위해 궁 주위에는 둘레 2,500m의 갱도를 파놓았다. 이 고성의 정문은 지름 4.5m,

궁전 내부

동남아식 건축 양식

두께 0.3m의 대형 원주형(圓周型) 돌문의 여닫이에 의해서만 아침저녁에 출입이 가능하다. 지금까지 남아 있는 왕궁 가운데서 가장 오래되고, 가장 완벽하게 보존된 궁전이다. 그리하여 이 고성은 유네스코에 문화유산으로 등재되어 있다.

차제에 현지에서 보고 들은 몇가지 특이한 풍습에 관해 얘기해보고자 한다. 우선, 지독한 소 숭배 풍습이다. 소는 재부의 기준이고, 소머리는 국가의 상징이며, 소도 어린아이처럼 세례를 받는다. 매주 하루는 소에게 힘든 일을 시킬 수 없으며 반드시 휴식시켜야 한다. 길에서 소 무리를 만나면 차는 길을 비껴서야 하며, '무고한 일로 소를 해쳐서는 안 된다'는 것은 이 나라 사람들이 지켜야 하는 하나의 신조다. 다음으로 번시의식(翻尸儀式), 즉 사자의 시체를 묘에서 꺼내서 뒤집는 의식이다. 이들은 이 번시의식이 죽은 자에 대한 산 자의 존경을 표현하는 일종의 의례라고 믿는다. 시체를 꺼내봄으로써 사자에게 직

궁전 출구의 거석 돌문

접 제사를 올릴 또 한번의 기회를 얻을 수 있으며, 몇년간 음습한 지
하에 파묻혀 있던 시체에 바람과 햇볕을 쐬어줄 수 있기 때문이다. 이
번 시 의식은 보통 사후 몇년이 지난 뒤 위생을 고려해 건기에 거행한
다. 구체적 날짜는 같은 종족 출신의 풍수선생이 결정한다. 의식이 거
행될 때는 시체를 조심스레 꺼내서 마포에 싼다. 그리고 사람들의 호
위 속에 호호탕탕(浩浩蕩蕩)히 행진에 나선다. 남녀노소 모두 함께 춤
을 추고 노래를 부른다. 떠들썩할수록 사자에 대한 존중의 의미가 커
진다. 행진이 끝나면 묘지(묘지를 바꿀 수도 있음)에 돌아와서 새 수의를
입히고 매장한다. 매장시 시체를 7번 돌려눕히고 나서 마지막으로 봉
토를 한다. 또 한가지, 이 나라에서는 할례를 상당히 중시한다. 남자
어린이가 할례를 해야 성인 구실을 할 수 있다고 믿기 때문이다. 할례

행사는 해마다 건기인 6~9월 기간에 집중적으로 거행한다. 이때도 떠들썩하게 많은 사람들이 모여와 춤추고 노래하면서 축하한다. 많을 때는 수천명이 참석하기도 한다.

끝으로, 마다가스카르의 정체성 문제를 한번 짚어보기로 하자. 아마 독자들은 앞에서 언급한 이러저러한 기행 내용들을 읽고나면, 자칫 혼동에 빠질 수 있을 것이다. '도대체 마다가스카르란 어떤 나라이기에 이것저것이 뒤범벅인데도 나름대로 굴러가고 있는가?' 사실 이 문제는 학계에서도 해묵은 연구과제로 논의되고 있는데, 요체는 정체성 문제다. 필자는 주로 문명교류사적 시각에서 마다가스카르의 정체성을 '아프리카 속의 아시아'라는, 특유의 이중성에서 찾아본다. 역사에서 유례가 드문 이러한 이중성은 크게 역사·문화의 뿌리와 두 이질 문명의 융화에서 나타나고 있다.

우선 오늘날의 마다가스카르를 있게 한 역사·문화의 뿌리에서 그 이중적 정체성을 찾아보게 된다. 역사에서는 수많은 인간 이동이 이루어져 그 이동에 의해 문명이 교류되고 서로가 영향을 주고받으면서 살아왔다. 그러나 대부분의 경우 그 이동은 개별적 인간의 이동이지, 동남아 말레이인들의 마다가스카르 이주 같은 범민족적 집단이주는 아주 드문 경우다. 앞에서 보다시피, 3~10세기 사이에 말레이인들이 인도를 거쳐 이곳에 집단이주해와 토착민들과의 통혼을 통해 '마르카스'라는 혼혈족을 탄생시켰다. 이들 신생 마르카스인들은 말레이 문화를 고스란히 받아들여 14세기 연해 일원에서 여러 소국을 세워 분립(分立)하다가 드디어 16세기에 첫 통일국가인 이메리나 왕국을 세웠다. 이 왕국은 18세기의 중앙집권적 봉건국가를 거쳐 19세기에는 오늘날의 마다가스카르 공화국의 전신인 마다가스카르 왕국으로 대도 전체를 통일했다. 이와 같이 마다가스카르는 혈통적으로나 역사적으로나 문화적으로 재래(在來)와 외래(外來)의 이중적 뿌리에서 탄생하고 성장해왔다.

다음으로 '아프리카 속의 아시아'라는 정체성은 아프리카 문명과 아시아 문명이란 두 이질문명의 융화(融化, deliquescence)가 빚어낸 이중성에서 나타난다. 일반적으로 이질문명이 만나면, 피전파문명(전통문명)이든 전파문명(외래문명)이든 간에 어떠한 변화가 일어나기 마련이다. 이러한 변화를 문명교류사에서는 문명접변(文明接變)이라고 한다. 이러한 접변에는 피전파문명의 발달을 촉진시키는 적극적이며 건설적인 '융합'(融合, fusion)이 있는가 하면, 이질문명이 만나서 제3의 문명이 창출되는 '융화'와 일방적으로 흡수하는 '동화'(同化, assimilation) 등 세가지가 있다. 마다가스카르의 경우, 융화적인 이중성이 주류를 이룬다. 재래의 인디언 문명과 외래의 서구 스페인 문명이 만나 이것도 아니고 저것도 아닌 제3의 융화적인 문명으로서 출현한 멕시코 문명을 문명교류사에서는 전형적인 융화적 접변의 사례로 본다.

필자는 이곳 마다가스카르에서 멕시코 문명과 비견되는, 어떻게 보면 더 뚜렷한 제3의 융화문명인 '마다가스카르 문명'을 발견했다. 흔히들 체질인류학적으로 오늘의 마다가스카르인들은 동남아 말레이인들을 많이 닮았다고 한다. 물론 혼혈의 후예이니 닮은 점이 없을 수는 없지만, 자세히 뜯어보면 피부색이나 골격·머리카락·의상 같은 것이 고유의 말레이인들과는 엄연히 식별된다. 이곳 국어인 말라카시어는 음소(音素)에서 약간의 공통성은 있다고 하지만 말레이어와는 전혀 다른 언어계통에 속해 있다. 말레이인들이 전래한 쌀이나 얌·바나나·닭 등은 유전학적으로는 동남아 고유의 계통이지만, 이제 맛이나 모양새는 달라져서 융화적 이중성을 보이고 있다. 필자는 이곳에서 이러한 융화적 이중성을 발견한 것만으로도 마다가스카르, 아니 아프리카에 탐방 온 보람과 행운을 느낀다.

아프리카 속의 아시아, 아시아 속의 아프리카… 그 '속', '속'의 경계가 허물어지는 것, 그것이 구경은 인류가 지향하는 미래일 것이다.

닫는 글
'무지개 미래'의 가능성과 잠재력

　필자는 '여는 글'에서 아프리카를 위한 설욕이라는 화두를 던지고, 65개의 '해제 글'에서 나름대로 그 화두를 풀어보려 했다. 이 '닫는 글'에서는 풀어놓은 글들을 몇마디로 추려서 합(合)을 이루어보고자 한다. 시·공을 초월한 '그 추린 합'을 신통히도 네그리뛰드의 젊은 시인, 세네갈 출신의 다비드 디오프(David Diop, 1927~60)의 시 「아프리카」에서 찾아봤다. 이에 그 시문으로 '닫는 글'을 가늠하고자 한다.

　아프리카

　아프리카, 나의 아프리카여!
　대대로 물려받은 대초원에서
　당당하던 무사들의 아프리카,

나의 할머니가 머나먼 강둑에 앉아 노래한 아프리카,

나는 그대를 결코 알지 못하지만
내 얼굴은 그대의 피로 가득하다.
들판을 적시는 그대의 아름다운 검은 피,
그대가 흘린 땀의 피,
노동의 땀,
그대 아이들의 노예 생활,
아프리카, 말해보라, 아프리카
이것이 당신인가, 휘어진 이 등이?
찌는 듯한 길바닥에서
채찍마다 예예 굽실대는
붉은 상처들로 떨고 있는
얼룩무늬의 이 등이

그때 묵직한 목소리가 대답한다.
──성급한 아들아, 이 젊고 튼튼한 나무
창백하게 시든 꽃들 가운데
눈부신 외로움으로 서 있는 바로 이 나무
이것이 아프리카다. 새싹을 내미는
끈기있게 고집스럽게 다시 일어서는
그리고 그 열매에 자유의 쓰라린 맛이
서서히 배어드는 이 나무가.

보다시피 시인은 아프리카에 대한 무한한 자부심과 동정심, 그리고 희망을 안고 당당했던 과거를 회상하고, 고통스러운 오늘(현실)을 직시하며, 아름다운 미래를 확신하고 있다. 짤막한 시작으로 아프리카의 과거와 현재, 미래를 조망하는 시인의 슬기에 감복을 금할 수가 없다. 이 대목에서 지난 2012년 8월 멕시코시티에서 본, 국립궁전 2층 복도에 걸려 있던 라틴아메리카 화단의 거장 디에고 리베라(Diego Rivera)의 불후의 대형 프레스코 명작 「멕시코의 역사」(1930~36년 작) 화폭이 뇌리에 떠오른다. 거장은 멕시코 땅에서 자생한 찬란한 고대 문명의 모습, 그 문명을 파괴한 정복자들의 만행과 그에 항거하는 멕시코인들의 투쟁 과정, 그들의 투쟁이 승리해 독립하고 창창한 미래를 향해 매진하는 기상 등 멕시코 역사의 과거와 현재, 미래를 일목요연하고도 감동적으로 집약해 재현하고 있다. 비록 예술의 성숙도나 인생 경력에서 젊은 시인 디오프는 산전수전 다 겪은 노련한 화가 리베라에 못 미친다손 치더라도 식민지의 예속에서 능욕당하는 사람들의 처지를 거시적인 역사적 안목에서 발전지향적으로 조망하는 입장과 시각에서는 별 차이가 없다. 이것을 일컬어 역사인식의 공유성(共有性)이라고 한다.

시인은 첫째 연에서 '대대로 물려받은 대초원' '당당하던 무사들의 아프리카' '할머니가 노래한 아프리카'라고 읊조리면서, 유구하고 찬란하고 당당했던 아프리카의 과거를 구가하고 있다. 필자는 '문명의 요람'이라는 주제로 '여는 말'을 시작했고, '풀이 글'마다에서 서구 식민주의자들이 들어오기 이전 시대의 유구한 역사와 찬란한 문명을 유적·유물을 곁들여 세세하게 해명하려 했다. 사실 시인의 몇마디 시구에 배어 있는 함의(含意)나 필자의 풀이 글이 직설(直說)하는 내용은 진배가 없이 일맥상통한다.

둘째 연에서 시인은 '그대가 흘린 땀의 피' '아이들의 노예 생활' '휘어진 등' '채찍마다 예예 굽실대는' '붉은 상처로 떨고 있는' 등의 시구로 처참한 모습의 아프리카 현실을 그려내고 있다. 필자는 설욕의 첫 대상으로 '인류사의 재난'인 노예무역을 지목하고 그 비참한 현장을 빠짐없이 찾아가 그 참상을 마냥 '고발장'처럼 답사기에 그대로 옮겼다. 나이지리아의 올로이비리(Oloibiri) 마을이 유전 발견으로 인해 당하는 고통을 심층 취재했고, 화려한 요하네스버그의 검은 뒷 안길에 숨어 있는 '아파르트헤이트'(인종격리) 현장을 샅샅이 훑어봤으며, 150만명이 밀집해 있는 나이로비의 숨 막히는 슬럼(빈민촌)의 참상을 전문(傳聞)했다. 그럴 때마다 연민과 울분을 누를 길이 없었다. 가난과 굶주림, 억압과 착취, 예속과 불평등… 이것이 오늘날 아프리카 사회상에 대한 시인과 필자의 공통된 인식이다.

시문의 셋째 연에서 시인은 미래의 아프리카를 '젊고 튼튼한 나무'에 비유하면서, 비록 오늘은 고통 속에 '눈부신 외로움으로 서' 있지만 종당에는 '끈기있게, 고집스럽게 다시 일어서'서 '새싹을 내미는' '그 열매에 자유의 쓰라린 맛이 서서히 배어드는 나무'로 자라날 것이라는 확고부동한 신념을 피력하고 있다. 사실 필자도 답사기의 종국적 과녁을 아프리카의 '무지개 미래'를 찾는 데 맞추고 있다. 설욕을 화두로 삼은 것도 구경은 아프리카의 밝은 미래를 모색하기 위함이다. 선차적으로 이러한 모색은 변혁 1세대들이 주창한 '미래론'에 착안했다. 왜냐하면 그들은 한결같이 아프리카의 미래론을 제시하고 지난 수십년간 그 실천을 진두지휘해왔으며, 세계는 지대한 관심을 갖고 그들의 미래론을 지켜봐왔기 때문이다.

아프리카 개혁 1세대들의 미래론은 한마디로 '아프리카식 사회주의'에 집약되어 있다. 아프리카식 사회주의는 고전적 사회주의 일반 이론을 아프리카의 현실에 맞게 구현하는 일종의 변형적 사회주의로서, 여기에는 이집트 나세르의 '이슬람 사회주의', 세네갈 상고르의 '민주사회주의', 가나의 '은크루마주의', 모잠비크 마셸의 '민주적 사회주의', 탄자니아의 '니에레레 사회주의' 등 여러 이름하의 사회주의가 포함된다. 필자는 이상의 대표적 아프리카식 사회주의의 실(實, 성공)과 허(虛, 실패)를 구체적으로 따져보는 과정에서 아직은 요원하지만 이 아프리카 대륙을 다시 튼튼한 '나무'로 일떠세우고 밝은 '무지개 미래'를 실현시킬 수 있는 잠재력과 가능성, 불씨를 발견했다. 이것은 아프리카의 미래에 대한 시인과 필자, 그리고 세계 양심의 공유 인식일 것이다.

덧붙이는 글
종횡 세계일주의 '마침'이 아닌 '시작'

　전작인『문명의 보고 라틴 아메리카를 가다』에 이어 이번 책에서도
책날개의 저자 소개글에서 '종횡 세계일주 수행'이라고 자신을 드러
내는 표현을 사용했다. 여러번 망설이다가 그 나름대로의 의미가 있
을 성싶어 감히 용단을 내렸다.

　지금까지의 세계여행사에서 '세계일주'라고 하면, 대저 지구를 가
로로(횡적으로) 한바퀴 도는 것을 뜻했으며, 세인은 그 수행자를 '세계
일주자'로 기려왔다. 그러나 지구를 세로로(종적으로)까지 한바퀴 돈
사례는 흔치 않은 것으로 알고 있다. 필자는 진정한 '세계일주'란 지
구를 가로로 뿐만 아니라 세로로까지 도는 것, 이를테면 '종횡 세계일
주'여야 한다는 소신을 갖고 일찍부터 그 꿈을 키워왔다.

　돌이켜보면 1955년 12월 처음으로 비행기를 타고 아프리카 이집
트 유학의 장도에 오른 것이 '세계일주'의 단초였다. 그후 반세기 동

안 늘 이러한 꿈을 안고 마치 역마살(驛馬煞) 낀 유객(遊客)처럼 이러 저러한 일로 이곳저곳을 동분서주하면서 그 실현에 한걸음 한걸음씩을 보태왔다. 다행스럽게도 그동안 자의반 타의반으로 세차례의 획기적인 호기가 있어 마침내 꿈을 이룰 수가 있었다. 중국에서의 유학 및 봉직 8년간(1958~63)과 북한에서 봉직 10년간(1974~83)이 중동과 아프리카·유럽과 동남아시아·오세아니아 천지를 두루 누비게 한 계기였다면, 한국 생활 10년간(2005~14)은 집중기획답사로 소기의 결실을 맺게 한 행운의 시기였다. 이렇게 총 28년이란 긴 시간의 여행을 거쳐 비로소 종횡 세계일주란 긴 터널을 간신히 빠져나올 수가 있었다.

그 과정은 결코 순탄치 않았다. 특히 인생의 황혼기에 접어들면서 주어진 환경은 난망(難望)을 예고하듯 여의치 않았다. 급기야 걸음새가 주저앉으면서 일시 실의에 빠지기도 했다. 그러다가 나이 현거(懸車, 일흔살)에 이르러서야 행운의 여신이 다시 찾아왔다. 2005년에 '한겨레신문사'가 조직한 40여일간의 아시아 횡단 실크로드 답사는 시들어가던 꿈의 활성소가 되었다. 그후 9년간의 행적은 문자 그대로 종횡무진의 질주였다. 이 질주에만도 총 457일을 쾌척했다.

그간의 종횡 세계일주 답사지를 종합해보면, 가로로는 유라시아 서단인 포르투갈의 후까곶에서 태평양 동단인 칠레 서해안과 대서양 서단인 싼살바도르까지를, 세로로는 유라시아 서북단인 스칸디나비아 반도에서 아프리카 남단인 남아프리카공화국 희망봉과 아시아 남단인 인도네시아 수라바야, 오세아니아 남단인 웰링턴(뉴질랜드)까지를, 아메리카 북변인 알래스카에서 남단인 아르헨티나 우수아이아까지를 두루 갈무리했다. 될수록 내로라하는 세계의 명승요지에는 '인증샷'을 남기려 했다. 그리고 선행한 일주자들이 뚫어놓은 땅길이나 바닷길을 거지반 되밟아봤다. 이러한 점을 감안해 필자는 아프리카 주행에서 돌아온 2014년 6월 30일, 한국문명교류연구소 홈페이지에 「종횡 세계일주를 마치며」란 글을 올려 종횡 세계일주를 공문화했다.

종횡 세계일주를 평생의 화두로 내걸고 발품을 팔아 21세기 세계 여행사(史)에 '종횡 세계일주'란 하나의 장을 엮어놓기는 했지만, 아직은 곳곳에 미답(未踏)의 여지가 남겨져 있어 미완과 부실을 면치 못했다는 자성이 일어났다. 허심탄회한 자성은 새로운 분발을 촉구하는 터, 그래서 즉각 종횡 세계일주의 '마침'을 '시작'으로 환원하고, 그 출발선에 다시 섰다. 2017년 51일간에 걸쳐 북유럽 4개국을 비롯한 유럽 18개국을 주유한 데 이어, 2018년에는 65일간 발해-고구려-몽골-알타이-중앙아시아-러시아-우크라이나를 잇는 북방 초원실 크로드 집중답사로 종횡 세계일주의 미완과 부실을 보완하고 내실을 굳히려고 했다.

필자가 세계일주 내내 마음속 깊이 간직해온 신념은 '하나의 세계'와 '세계 속의 우리'다. 세계를 편견 없이 보고, 세계를 어울려 살아가는 이웃으로 대하며, 세계를 상부상조하는 인류공동체로 간주하는 것, 즉 세계의 일체성(一體性)이 필자가 추구하는 '하나의 세계관'이다. 더불어 우리를 세계 속에 드러내놓고 세계와의 관련 속에서 공시적(共時的)으로 우리의 위상을 헤아리는 것이 바로 '세계 속의 우리관'이다. 넓은 의미에서 보면 '세계 속의 우리관'은 세계의 일체성을 추구하는 '하나의 세계관' 그 자체일 수도 있다. 아무튼 이 두 세계관이야말로 시종 '종횡 세계일주'를 지탱케 한 마음의 기둥이며 원동력이다.

필자는 그동안 이러한 신념과 여행관을 바탕으로 문명교류와 실크로드에 관한 일련의 저술(책날개의 소개글 참고)을 펴냈다. 이 저술들을 관통하는 일관된 기조는 한마디로 '사해시일(四海是一)', 즉 '세계는 하나'라는 '세계의 일체성'이다. 종횡 세계일주를 통해 어렵사리 발견하고 확인하고 선양한 '세계의 일체성'은 인류가 공통적 조상을 갖고 있다는 인류의 혈통적 동조(同祖), 세계 역사가 공통적 발전 법칙을 공유하고 있다는 역사의 통칙(通則), 문명 간에 부단한 소통과 교류가 이어지고 있다는 문명의 통섭(通涉), 그리고 숭고한 보편가치를 다 같이 누리려 하고 있다는 보편가치의 공유, 이 네가지 공통요소의 발현이다. 세계의 일체성을 규정짓는 이 네가지 요소의 발현은 인류의 미래를 결정짓는 시금석이 될 것이다.

이러한 신념을 기조로 한 세계일주의 궁극적 과녁은 범지구적 실크로드를 통한 인류 문명교류의 학문적 정립이다. 이에 천착하기 위해서는 종횡 세계일주의 끈을 놓을 수가 없다. 늘 '마침'이 아니라 '시작'일 뿐이다. 그래서 '종횡 세계일주'는 현재진행형일 수밖에 없다.

참고문헌

• 사전류

내셔널지오그래픽 엮음『세계여행사전 1』, 서영조 옮김, 터치아트 2010.

정수일『실크로드 사전』, 창비 2013.

峯陽一 編著『南アフリカを知るための60章』, 明石書店 2010.

小田英郎·川田順造·伊谷純一郎·田中二郎『アフリカを知る事典』, 米山俊直 監修, 平凡社
    2010.

Ivan Bargna, *Dictionaries of Civilization*, *Africa*, University of California Press 2007.

• 연구서

공일주·전완경『북아프리카사』, 대한교과서 1998.

김윤진『아프리카의 문화』, 다해 2003.

롤랜드 올리버『아프리카: 500만년의 역사와 문화』, 배기동·유종헌 옮김, 여강출판사 2001.

류광철『아프리카를 말한다: 아프리카의 어제와 오늘과 내일』, 세창미디어 2014.

리처드 J. 리드『현대 아프리카의 역사』, 이석호 옮김, 삼천리 2013.

마틴 메러디스『아프리카의 운명: 인류의 요람에 새겨진 상처와 오욕의 아프리카 현대사』,
    이순희 옮김, 김광수 감수, 휴머니스트 2014.

손주영·송경근『한권으로 보는 이집트 역사 100장면』, 가람기획 2001.

시라토 게이치『오늘의 아프리카: 세계의 끝 아프리카, 그곳에도 삶과 사회가 지속된다』,
    이정은 옮김, 현암사 2011.

앤드류 심슨 엮음『아프리카 아이덴티티: 2,000개의 언어를 둘러싼 발전과 통합의 과제』,
    김현권·김학수 옮김, 지식의 날개 2016.

역사교육자협의회『중동·아프리카: 세계사 밖의 세계사 100문 100답』, 채정자 옮김, 비안 1994.

이상완『사하라: 오아시스촌과 사막 유목민의 삶과 사랑과 죽음』, 김영사 1987.

존 리더『아프리카 대륙의 일대기: 거대한 대륙이 들려주는 아프리카 역사의 모든 것』, 남 경태 옮김, 김광수 감수, 휴머니스트 2013.

존 아일리프『아프리카의 역사』, 이한규·강인황 옮김, 이산 2002.

프란츠 파농『알제리 혁명 5년』, 홍지화 옮김, 인간사랑 2008.

하워드 프렌치『아프리카, 중국의 두번째 대륙: 100만 이주자의 아프리카 새 왕국 건설기』, 박홍경 옮김, 지식의 날개 2015.

斯·尤·亞勃拉莫蛙『非洲, 四百年的奴隷貿易』, 陳士林·馬惠平 合譯, 商務印書館出版 1983.

舒運國『非洲史硏究入門』, 北京大學出版社 2012.

張俊彦 編著『古代中國與西亞非洲的海上往來』, 海洋出版社 1986.

中國非洲史硏究會『非洲通史』編寫組, 『非洲通史』, 北京師範大學出版社 1984.

陳國强『曼德拉傳: 那些曲折光輝的歲月』, 人民日報出版社 2014.

巴玆彌·戴維遜『古老非洲的再發見』, 屠彌康·葛佶 譯, 生活·讀書·新知三聯書店 1973.

淡德三郎『アルジェリア革命: 解放の歷史』, 刀江書院 1972.

木村愛二『アフリカ大陸史を讀み直す』第1卷 古代文明の母, 第2卷「火砲」の戰國 史, 株式 會社社會評論 2007.

草光俊雄·北川勝彦『アフリカ世界の歷史と文化: ヨ—ロッパ世界との關わり』, 一般 財團 法人 放送大學敎育振興會 2013.

Harry G. Broadman, *Africa's Silk Road: China and India's New Economic Frontier*, The World Bank 2007.

• 여행기

김명식『모로코로 가는 길, 그리운 카사블랑카』, 자유로운상상 2003.

김성호『내가 만난 아프리카: 에티오피아에서 마다가스카르까지 아프리카 14개국 종단기』, 시대의창 2015.

김화영『김화영의 알제리 기행: '바람 구두'를 신은 당신, 카뮈와 지드의 나라로 가자!』, 마 음산책 2006.

오린하 그레이브스, 『모로코』, 황남석 옮김, 휘슬러 2005.

유인순『실크로드의 나그네 3: 러시아·북아프리카·레반트 편』, 케포이북스 2016.

南里章二, 『全世界紀行·民族と歷史, そして冒險』, 株式會社ナカニシヤ出版 2003.

• 도록

정수일『실크로드·해로편』(한글·영어), 창비 2014.

문명의 요람
아프리카를 가다 2

초판 1쇄 발행/2018년 9월 5일
초판 2쇄 발행/2018년 11월 15일

지은이/정수일
펴낸이/강일우
책임편집/윤동희 김정희
조판/박아경
펴낸곳/(주)창비
등록/1986년 8월 5일 제85호
주소/10881 경기도 파주시 회동길 184
전화/031-955-3333
팩시밀리/영업 031-955-3399 편집 031-955-3400
홈페이지/www.changbi.com
전자우편/human@changbi.com